남부유럽론

홍 성 후 지음

충북대학교 출판부

머 리 말

세계는 넓어 우리 인간이 탐험하고 배워야 할 것이 많다. 우리는 항상 우리가 속한 세계에서 모든 것들을 바라보면서 미지의 세계를 동경한다. 지금 우리는 새로운 경험을 위한 나래를 펴고, 미래를 향해 나아가고 있다. 21세기 교통통신의 발전은 우리에게 불가능한 것을 가능하게 해주고 있다. 필자가 결혼한 딸을 보기 위해 일곱 번이나 유럽을 다녀올 수 있었던 것도 문명의 덕분이 아닌가 반문해 본다.

외국인들은 우리를 코레아라고 부른다. 사실 코레아는 코리아보다 우리에게 더 친근한 표현이다. 누구나 한번쯤 코레아가 어떻게 우리에게 다가왔는지에 대하여 고민해 본 적이 있을 것이다. 우리를 코레아로 불렀던 사람들은 누구일까? 이제 우리를 코레아로 부른 사람들이 사는 곳, 남부유럽으로 항해를 해보자.

남부유럽은 미국의 서브프라임 모기지로 파생된 글로벌 위기로 우리가 자연스럽게 접한 PIGS로 통칭되는 국가들로 이루어져 있다. PIGS는 돼지들이란 뜻으로, 2010년에 재정위기가 닥친 포르투갈(P), 이탈리아(I), 그리스(G), 스페인(S)을 말한다. 여기에 아일랜드(I)와 영국(G)이 추가되어 PIIGGS라고도 한다. 코레아와 매우 친숙한 나라들이 있는 남부유럽이 지금 세계경제의 화약고로 불리고 있는 것이다. 남부유럽의 위기는 그리스의 재정위기에 비롯되어 유럽연합의 경계를 넘어 전 세계에 영향을 미치고 있다.

남부유럽은 지금 유럽의 변방국가라는 오명을 지니고 있지만 과거에는 세계를 호령하면서 5대양 6대륙을 넘나들며 어느 곳에서도 없는 찬란한 역사를 만들었다. 이로 인해 남부유럽은 지금도 다양한 유산들이 도처에 산적해 있으며, 남부유럽인들은 이러한 자신들의 문화와 역사에 대하여 무한한 애정을 가지고 있다.

본 저서는 스페인, 포르투갈, 이탈리아를 중심으로 남부유럽을 살펴보는데 의미를 두고자 한다. 스페인은 이베리아반도의 약 85%를 차지하고 있다. 지정학적으로 아프리카와 유럽의 교차점이며, 지중해와 대서양을 잇는 관문으로서 유럽, 아프리카, 지중해, 대서양의 문화유산을 골고루 간직하고 있다. 1978년에 제정된 헌법에 따라 입헌군주국이 되었으며, 경제적으로는 서방세계와 밀접한 관련을 맺고 있다. 포르투갈은 이베리아반도 서부에 위치하고 있다. 포르투갈은 15~16세기에 해양왕국으로서 지위를 확립하면서 세계 최대의 영토를 소유했지만 18세기 중반 나폴레옹의 침입, 브라질의 독립 이후 국력이 쇠퇴하였으며, 1910년에 공화제가 성립되었다. 포르투갈은 지중해, 북서유럽, 아프리카 등 해상교통의 중심지에 위치하고 있으나 오늘날에는 유럽의 후진국으로 전락하였다. 이탈리아는 이탈리아 반도와 지중해의 시칠리아 및 사르데냐로 이루어진 나라로 유럽 사상사에 지대한 영향을 끼친 르네상스가 탄생한 곳이다. 이탈리아는 세계에서 5번째로 관광객이 많은 나라이며, 유네스코 세계유산이 세계에서 가장 많은 데서 보여주듯 역사와 문화에서 오랜 전통을 지니고 있다.

스페인, 포르투갈, 이탈리아로 구성된 남부유럽론은 저자만의 노력으로는 불가능한 작업이었다. 남부유럽론이 완성되기까지는 항상 옆에서 끊임없는 격려와 조언을 해주신 많은 선후배 교수님들의 도움을 받았는데, 이 자리를 빌어서 그분들에게 감사를 드린다. 아울러 그 동안 쉽지 않은 자료정리와 교정에 수고한 충북대학교 정치외교학과 윤혜영 강사와 충북대학교 정치외교학과 장세희 학생에게도 감사를 드린다. 또한 반평생을 함께 하면서 나의 연구활동을 적극적으로 후원해 준 아내 정순자 님에게도 감사를 드린다. 끝으로 어려운 출판사정에도 불구하고 출판을 기꺼이 맡아 준 충북대학교 출판부 선생님들에게도 감사를 드린다.

2010년 8월에

충북대학교 교수 홍 성 후

목 차

제2부 열정의 나라, 포르투갈

제3부 반도의 나라, 이탈리아

제1부
태양의 나라, 스페인

마드리드 근교의 풍광

하늘 길로 눈 덮인 피레네산맥을 넘으면 따뜻한 남쪽 사막의 땅 이베리아반도가 넘실거린다. 이베리아반도의 맹주 스페인은 찬란한 중세 문화를 간직한 채, 잠자는 듯 조용하다. 수천 년의 문화재를 보유한 나라, 스페인은 이베리아반도를 움켜쥐고 지나는 여행객들을 호령하는 듯 부른다.

암스텔담에서 이베리아 항공기를 타고 프랑스 대서양 연안의 저녁노을 따라 타원형으로 나르다가, 비행기가 피레네산맥에 이르면 대서양 연안 갈리시아 지방을 바라보면서 좌회전한다. 비행기 창밖에 거대한 병풍같은 산이 보이는데, 그것이 피레네 산맥이다. 비행기는 피레네의 만년설이 손에 닿을 듯 낮게 나르며 바르셀로나로 향한다. 하늘이 청명한 좋은 날씨이면, 스페인 비행기 기장은 피레네 설경에 스스로 감동하여 기내 안내방송을 한다. 기장은 어색한 스페인식 영어로, “창문 밖에 하얀 지상천국으로 보시라, 이것을 보여 드리기 위해 우리 비행기는 지금 낮게 나르고 있소”라고 기내방송을 한다. 추측하는 것이지만 스페인으로 향하는 모든 비행기들이 암스텔담이나 프랑크푸르트에서 오후 5시에서 7시경에 이륙하는 이유는 여행자들에게 대서양 연안의 환상적인 노을과 황혼에 휩싸인 피레네 설경을 보여주려는 항공사 측의 배려가 아닐까 한다. 스페인의 면적은 504,788㎢로 한반도의 2.3배, 남한의 5배 정도에 해당하며, 유럽에서 프랑스, 독일 다음으로 3번째로 면적이 큰 나라이다. 이베리아반도를 중심으로 스페인과 포르투갈 두 나라가 걸쳐 있는데, 이베리아반도의 85%가 스페인, 15%가 포르투갈이다.

스페인의 기후는 북서쪽의 대서양과 동남쪽의 지중해에 둘러싸여 있어 다양하다. 해양성 기후이긴 하나 내륙 깊숙한 곳이나 고원지대에서는 사막기후현상도 자주 나타난다. 특히, 7~8월에는 섭씨 45℃ 이상의 뜨거운 날씨가 약 2~3주 정도 계속된다. 강수량도 지역에 따라 차이를 보이는데, 마드리드를 중심으로 북쪽은 비가 자주 온다. 남쪽은 겨울 한철을 제외하고는 맑은 날씨가 많아, 일조량이 연평균 2,500시간까지 이어진다. 특히 스페인의 기후는 3개의 지역으로 대별되는데, 제1지역은 비가 많아 숲이 우거진 북부지역, 서북부의 갈리시아, 레온, 나바라, 카탈루냐의 각 지방이며, 제2지역은 중앙부의 메세타고원 지대, 그리고 제3지역은 지중해 동부, 안달루시아, 발렌시아의 각 지방이다. 이러한 지역 사이를 타오강, 구아디아나강, 에브로강 등 스페인의 5대 강이 흘러, 수량은 부족하지만, 부분적으로 국토에 혜택을 주고 있다.

스페인과 한국과의 시차는 하기 서머타임인 4월~10월 말까지는 7시간이며, 동기인 11월~3월까지는 8시간이다. 스페인 시민들은 오후 늦은 시간이나, 밤 시간을 저녁 만찬시간으로 즐긴다. 그들은 밤 시간을 낮 시간보다 더 좋아하는 것 같다. 어느 동네이건 그들은 저녁 늦게까지 노래하고 춤추는 것을 좋아하는 축제문화에 익숙하다.

제1장
스페인의 역사

프라도 미술관

1. 역사 개관

이베리아반도에 위치한 스페인은 고대 유적이 잘 보존되어 있어 고고학의 박물관이라 할 수 있다. 유럽에서는 약 2만년 전부터 유럽의 고대인 네안데르탈인들이 거주를 시작했으나 빙하기 마지막 시기에 자취를 감추었다. 그 후 5천년이 지나 호모 사피엔스가 이베리아반도에 살기 시작했다. 이들은 알타미라 동굴에 고대벽화를 남겼다. 또한 이베리아반도에는 다른 고대인들이 있었는데, 그들은 기원전 1000년경 해상문화를 꽃피웠던 타르테소스족들이었다. 이들은 열악한 원시적 환경 속에서도 국제교류를 했고, 야금기술을 발달시켜 유럽에서 비교적 앞선 청, 동, 은, 금 문화를 남겼다.

그 후 100년 지나 피레네산맥을 남하한 남부유럽의 겔트계 부족들이 북방민족들과 혼혈족인 이베리아 겔트족과 합쳐 독특한 이베리아 겔트문화를 이 지역에 남겼다.

기원전 200년경에 이베리아반도에 진출한 세력은 로마였다. 로마는 그 당시 선진문명세력으로 제2차 포에니전쟁을 통해서 이 지역에 들어왔다. 로마인들은 제2차 포에니 전쟁 중 이베리아반도의 주도권을 확보하고, 그 곳에서 전쟁물자를 조달하였다. 로마인들은 이베리아반도의 다양한 인종과 자원들을 바탕으로 로마의 세계 정복전쟁에 사용하였고, 이베리아반도에서 국제교류가 이루어지도록 하였다.

그 후 5세기경 북쪽으로부터 이베리아반도에 진출한 게르만 부족들이 북부 유럽의 문명과 종교를 전파하였다. 게르만 부족 중에 서고트족이 먼저 스페인을 장악하기 시작하였고, 서고트족은 고대 스페인지역에 기독교세력을 키우면서 유럽 북부에서 시작된 기독교 문명을 전파시켰다.

8세기 초에 이베리아반도에 이슬람의 아랍세력들이 진출하여 대부분 거점도시들을 점령했다. 800년간 이슬람세력에 의해 사회적 혼란을 거듭하던 스페인지역에 가톨릭 세력인 카스티야 왕국과 아라곤 왕국이 군주의 혼인으로 연합국가를 만들었다.[1] 이 연합국가가 스페인이란 통일국가의 기초가 된다. 이 강대한 통일국가는 십자가를 앞세워 이슬람세력을 몰아내고 이베리아반도를 재탈환한다. 그러나 이미 이식된 이슬람 문화는 편리하고 선진기술문화라는 좋은 평가를 받으며 성장했다.

오늘날 스페인 남부지역이 다민족 융합문화로 건축물이 화려한 것도 8세기부터 시작된 이슬람의 영향이다. 즉, 이베리아반도의 독특한 문명은 이슬람문화와 기독교문화의 만남으로 이루어진 것이다. 결과적으로 이슬람 지배는 종교적으로 갈등을 조장했지만, 문화적으로는 이 지역에 좋은 결과를 남겼다.

그 후 스페인은 유럽의 합스부르그, 부르봉 종가로서 왕권을 공인받았다. 스페인 왕실은 유럽의 종실로 대우받으며, 유럽 전역에 스페인 왕족을 이식시켜 나갔다. 1516년 네덜란드의 통치자이며, 아라곤의 왕자였던 합스부르크 왕가의 카를로스 1세가 아라곤의 페르난도에 이어 왕위를 승계했다. 그 후 카를로스 1세는 로마까지 세력을 넓혀 1519년 신성로마제국의 황제로 선출되어 카를 5세가 된다.

카를로스는 1556년에 스페인과 네덜란드의 왕위를 자신의 아들 펠리페 2세에게 양위하였다. 펠리페 2세는 합스부르크 출신의 스페인 왕들 가운데 가장 '스페인적'이라는 평가를 받은 가톨릭 군주였다. 그는 신교도에 대한 강경한 탄압정책을 실시함으로써 프로테스탄트를 제거하고자 하였다. 결국 펠리페 2세의

1) 이슬람을 몰아내고 기독교를 복원하겠다는 일념에서 아라곤 왕국의 페르난도 3세와 카스티야 왕국의 이사벨 1세가 결혼한 사건이다. 기독교 국가들인 아라곤. 카스티야 연합국은 1492년 이슬람교도들의 마지막 보루였던 그라나다 왕국마저 함락시켰다. 이로서 14세기말 이베리아반도의 새로운 지배국 스페인이 탄생하였고, 이 스페인은 16세기 전후로 아메리카대륙에 식민지들을 거느린 세계 강대국으로 부상하는 계기를 마련한다.

이런 가혹한 종교탄압정책 때문에 큰 전쟁들을 치러야 했고, 재정은 파탄에 이르렀다. 즉, 실속없는 전쟁에 개입하여 너무 많은 재정을 소모하는 우를 범한다. 그 후 스페인은 혼란한 국정 속에 미래를 상실한 채 표류하는 듯했다. 펠리페 2세 이후, 3명의 합스부르크가 왕들은 모두 성격이 무능하고 실정을 거듭하여 스페인은 쇠퇴한다. 1700년 초에 스페인의 카를 2세가 후손없이 사망하자 프랑스 부르봉 왕가의 앙주공(公)이 스페인의 펠리페 5세로 등극하였다.

무능한 펠리페 가문의 왕위다툼, 그 왕들의 연속된 실정들, 그리고 그들의 유약성으로 스페인 왕위계승전쟁(1701~14)이 유발되었고, 합스부르크 왕실은 권좌에서 실각하였다. 그 결과로 스페인 왕실은 유럽의 중심지역인 벨기에, 룩셈부르크, 밀라노, 사르데냐, 나폴리 등의 식민지를 잃었다. 그러나 프랑스는 군사강국으로 발전하고 있었다. 이로써 스페인이 주도했던 스페인 합스부르크 시대는 종언을 고하고, 프랑스의 명문 왕실 부르봉 왕조의 시대가 열렸다. 1808년에 나폴레옹이 스페인을 무력으로 정령한 후 자신의 형인 조제프를 스페인 왕좌에 앉혀 프랑스의 지배를 받도록 하면서 스페인에서 부르봉왕조의 시대가 열렸다.

한편, 영국은 스페인을 선동하고 나폴레옹의 군대를 물리쳐 1814년 스페인 왕가를 복원하였다. 영국의 지원으로 프랑스 세력을 몰아냈지만 국력을 너무 소진하여 외세에 의존하는 위기에 직면하였다. 설상가상으로 스페인은 아메리카 대륙 식민지들의 항거에 직면하고, 1898년 미국과의 전쟁에서 패배함으로써 해외식민지의 대부분을 잃었다.

스페인은 20세기 들어 다시 위기를 맞았다. 유럽의 제국주의가 만연하던 1931년, 스페인은 카탈루냐 지역에서 발원된 공화주의를 요구하는 민주화운동으로 스페인 시민들의 반왕정 분위기가 무르익어 시민들은 선거로 군주제를 붕괴시켰다. 총선 결과 공화제에 대한 압도적인 찬성이 공표되었고, 알폰세 8세가 선거 결과에 승복하여 퇴위하면서 망명하였다. 선거혁명으로 스페인은 공화국이 되었다.

이후 1936년 공화파와 국가주의자(파시스트)들의 대립은 내란으로 전개되었는데, 이것이 유명한 스페인 내전이다. 프란시스코 프랑코가 이끄는 국가주의자들은 독일의 아돌프 히틀러와 이탈리아의 무솔리니와 연대하여 마드리드의 합법적인 공화정부를 붕괴시킨다. 공화파는 국내·외의 사회주의자와 공산주의자,

그리고 자유주의적 경향을 가진 사람들의 지원과 소련의 도움을 받았지만, 나치스의 막강한 화력지원을 받는 국가주의자에게 패배한다.

이런 배경으로 한동안 스페인 내란은 좌우 사상적으로 국제 대리전의 양상으로 발전하여 국내외적으로 많은 희생이 따랐고, 결국 1939년 3월 마드리드를 장악한 프랑코 장군이 이끄는 국가주의자들의 승리로 끝났다.

프랑코 군부 정권의 초기 10년은 스페인에게 매우 참혹했다. 내전으로 약 100만명의 사람들이 죽거나 국제이민을 떠났으며, 프랑코 군부의 혹독한 정치탄압과 경제적인 어려움을 겪었다. 프랑코는 헌법을 대신해 일련의 비상통치 기본법으로 약 40년간 스페인을 자의적으로 통치했다. 그는 국가원수, 총리, 군총사령관으로서 유일한 합법정당인 팔랑헤당의 당수직까지 겸임했다. 그야말로 20세기에 유럽에서는 찾아볼 수 없는 독재정권이었다. 그가 히틀러와 다른 점이 있다면, 스페인의 부르봉 왕가 복원에 관심이 있었다는 점이었다.

1975년은 스페인의 정치적 민주화과정에서 역사적이고 기념비적인 해였다. 철권 통치자 프랑코 장군이 사망하면서 스페인은 지방 저항세력들의 항거로 마드리드의 정치불안은 크게 가중되기 시작했다. 특히, 스페인 변방의 바스크 지역에 극단적인 민족 해방조직들이 일으키는 테러행위가 도를 넘기 시작했다. 에타의 테러폭력이 극에 달하고, 4월에는 기푸스코아 주와 비스카야 주 등에서도 테러가 산발적으로 터지기 시작하였다. 이에 과도정부는 비상국면을 선포하고, 국민들에게 "시간을 달라"고 호소했다. 혼란을 수습하고자 스페인 정부는 테러집단과 대화를 포기하고, 무력진압을 강행하였다. 8월에 반테러리즘 법이 제정되었고, 9월 27일에 세계적인 항의에도 불구하고 스페인 정부는 5명의 테러리스트의 사형을 집행하였다.

이에 미국을 위시한 서방의 민주국가들은 스페인의 테러진압을 스페인 국내의 인권탄압으로 인식하여 비판했으며, 스페인을 UN에서 추방하기에 이르렀다. 스페인 당국은 애국시민 단체와 보수적 교회와 협력하에 UN으로부터의 추방당한 사실을 스페인 내부의 민족단결에 이용했다. 당시 대부분의 스페인 시민들도 유엔의 압력을 서방 국가들의 부당한 국내문제 간섭으로 인식했고 단결했다.

그러나 냉전체제는 미국으로 하여금 공산세력인 구소련 팽창을 막기 위해 스페인에 대한 적대관계를 철회하도록 하였다.

그리하여 1953년에 스페인은 미국과 협정을 맺고 군사기지를 제공하는 대신

재정지원을 받았다. 미국의 정치경제적 후원을 받은 스페인은 이 시기에 비교적 안정된 경제성장을 누렸다. 1960년대에 시작된 경제성장은 1973년까지 지속되어 스페인은 농업국가에서 신흥 산업국가로 변모했다. 특히, 관광업을 비롯해 자동차산업·조선업·장비제조업 등의 분야에 새로운 기술이 도입되고, 외국자본의 안정적 투자로 스페인 국력이 현대화 산업화의 급속한 성장을 하게 된다.

또한 입헌 군주제가 부활되면서, 후안 카를로스 국왕은 스페인의 민주화에 크게 힘썼다. 1977년에 실시된 선거로 구성된 스페인의회는 정치·경제의 민주화에 착수하였다. 역사적으로 인정받던 로마 가톨릭의 과도한 공적 권력과 지위를 박탈했으며, 자유기업제도와 인권보호를 보장했다. 또한 여러 지방에 국가 불안요소로 작용하던 여러 가지 제한적 자치권을 철회했다.

1978년 입헌 군주제를 표방한 헌법이 제정되었으며, 1982년 선거에서 사회노동당이 승리해 펠리페 곤살레스 마르케스를 총리로 한 사회주의 정권이 등장했다. 그때까지 스페인은 서유럽에서 상대적으로 비서구적이고 이질적인 국가였으나 카를로스 국왕의 노력으로 유럽 국가들의 민주문화에 적절히 동화되었으며, 1986년에는 유럽경제공동체(EEC)의 일원이 되었다. 이때부터 오늘의 현대화된 유럽국가, 스페인의 모습이 시작된 것으로 보아도 무방하다.

그러나 스페인에서 지속적인 바스크분리주의집단(ETA)의 테러활동은 스페인의 정치적 불안 요소로 자리잡고 있다. ETA들은 스페인 경찰요원들을 대상으로 테러를 자행하고, 이에 대해 스페인 경찰은 강력한 응징을 하고 있어 스페인의 넘어 유럽연합 전체의 사회불안 요인으로 여겨지고 있다.

2. 고대 스페인의 역사

선사시대의 스페인

스페인의 고대 문명은 학문적으로 모두 설명할 수 없는 광대한 역사자료를 품고 있다. 기원전 시대에 나타난 이베리아반도의 인종들은 드문드문 전 지역에 흔적을 남겼는데, 특히 최남단 이베리아반도에 뚜렷한 흔적을 남겼다. 이 지역에 인간이 최초로 정착한 시기는 2만 년 전으로 추정되나, 이들은 빙하시대 때 갑자기 사라졌다. 파엘 아르가르 농경문화라고 일컬어지는 고대문화는 기원전 2000년쯤 시작되었다고 한다.[2)] 이때 금, 은, 동 야금 기술 등은 기원전 1000

년 타르테소스족에 의한 유적이다. 이때부터 소위 스페인이란 나름대로의 민족 역사시대에 접어들었다고 할 수 있다. 이들 타르테소스족은 고유문자 체계와 뛰어난 청동문화를 가지고 있었다.

북쪽으로부터 기원전 900년경 남하한 피레네산맥 북부의 켈트족이 스페인에 대거 들어왔다. 유럽의 민초라는 켈트족은 이미 들어와 있던 타르테소스족을 지배하면서 이베리아반도에 새로운 변화를 만들었다. 이들 북부 켈트족이 전수한 철기문화는 할슈타트문화로 명명되고 있으며, 이들의 뛰어난 철기문명이 이베리아반도 전역에서 발견되고 있다. 또한 이들 켈트족은 기존의 이베리아 원주민인들과 혼혈하여 갈색 피부와 흑색 머리칼이 특징인 스페인형 켈트 이베리아족을 형성한다. 이들 스페인형 켈트족[3]의 특색이 가장 잘 표상된 곳이 이베리아반도 북동지역의 인종이다. 그들의 주요 신체적 특징으로는 머리카락이 검고, 머리가 크며, 눈썹이 진하고, 상체가 잘 발달되어 있다. 그리고 매우 용맹하다.

어느 면에서, 이들 이베리아 켈트 민족은 이미 기원전에 생겨난 새로운 인종으로 볼 수 있다. 현대에도 스페인 인종이 유럽의 여타 민족들과 외모에서 큰 차이를 보여주는 것도 이런 인종적 기원이 있었기 때문이라 볼 수 있다.

카르타고 지배와 스페인

스페인 지역이 침탈해 들어온 이민족으로부터 지배를 받아온 역사는 이미 기원전 7~6세기에 시작되었다. 당시 이베리아반도 토착민들은 이 지역 동남부와 서남부의 풍부한 광업자원을 매개로 하여 타르테소스 및 페니키아와 교역했다. 기원전 7세기 과달키비르 강 유역은 이미 투르데타니라 불리는 이동해 온 이베리아인에게 점령당했다. 또한 그리스인들은 기원전 7세기 중기부터 기원전 6세기 후기까지 멀리 동쪽에서 이동해 왔다. 이들은 동(東)스페인과 교류했으며, 힘을 결집해서 이오니아의 포카이아인들과 함께 이베리아반도의 동해안에 상업식민지를 건설했다.

무역에 능한 포카이아인은 기원전 600년경 마실리아(마르세유)를 세우고, 이

2) 파엘아르가르 농경문화는 이베리아반도 정착농경의 효시로서, 많은 자료를 남김으로써 스페인 고대 연구에 많은 자료를 제공하고 있다.

3) 켈트족은 기원전 4세기 초에는 이탈리아에 들어가 로마를 침공한 후, 포강 유역에도 정주하였으며, 기원전 3세기에는 멀리 소아시아에도 진출하였다. 라텐문화를 낳은 민족으로서, 특이한 철기문화를 지녔고 호전적이며 목축경제사회를 형성하였다. 이베리안 켈트는 갈리시아쪽으로 들어와 정착한 후, 스페인 원주민의 한 종족을 이루었다.

베리아반도에서 최초의 항구적인 그리스 식민지를 엠포리아이(암푸리아스)에 설립했다. 잠시 포카이아인의 남부 식민지는 카르타고인의 손에 넘어갔으나, 그리스 식민지 엠포리아이만은 로마가 점령하기까지 독립을 유지했다. 기원전 520년경에는 페니키아인의 지역은 카르타고의 지배하에 들어갔고, 카르타고의 고대 철광석과 용병의 공급처가 되었다. 제1차 포에니 전쟁(기원전 264~241)후, 카르타고의 명장 한니발은 카디스를 비롯한 몇몇 연안식민지에서 군영지를 확장해, 카르타고의 지배를 넓혔다.

기원전 218년 한니발은 로마 진영인 우호적인 스페인 동부 사군툼(사군토)을 공격한다. 이것이 빌미가 되어 제2차 포에니 전쟁이 시작되었다. 이 전쟁에서 한니발은 패배하고, 결국 이베리아반도는 로마의 지배를 받게 된다. 이로서 이베리아반도는 동서남북에서 다양한 이민족들의 침탈로 끊임없이 지배당하면서, 다양한 인종들이 섞이고, 그 조화 속에 스페인 고유의 인종과 문명을 만들어졌다. 특히, 이 시기부터 로마의 선진문명이 이베리아반도에 폭 넓게 이식되기 시작하였다. 이베리아반도의 문명적 특징은 다양한 이민족의 비빔밥같은 문명이라고 말할 수 있다. 그중에 가장 강력한 견인세력은 주지하는 바처럼 선진문명을 갖고 있었던 로마세력이다. 이베리아반도는 고대에 로마의 문명을 학습한 또 다른 로마제국이었다.

로마지배의 스페인

로마의 피노키오 군단은 제2차 포에니 전쟁(기원전 218~201)에 승리하고, 이베리아반도의 몇 개의 속주를 점령했다. 점령군 로마는 식민지에 총독을 두었으며, 아프리카 내륙으로 영토를 확장하기 위해 많은 전쟁을 계속했다. 로마는 이베리아반도에서 징발한 전쟁 물자를 해마다 비축하고 투입했다.

로마의 율리우스 카이사르는 기원전 61~60년 점령지를 더욱 확대하고, 독재관(dictator)을 임명하는 등 새로운 식민지배체제를 구축했다. 카이사르는 이탈리아인들을 스페인(히스파니아)으로 이주시키고, 몇몇 스페인 원주민 공동체에 충성서약을 받고 로마 시민권을 부여해 주었다. 이에 스페인 주민은 로마 시민으로서 자부심을 느끼면서 로마제국의 일원으로 동화되었다.

아우구스투스 황제는 스페인 북서부 지역의 정복을 통하여 기원전 19년에 스페인의 주요 농경지역을 거의 정복했다. 이로써 스페인은 친로마적, 친기독교적으로 재편성되었다. 이베리아반도에 세워진 식민시(colonia)와 자유시(municipia)는 비교적 자치적으로 운영되었으며, 단순한 로마 시민세만 부과되는 정도로 자유로웠다. 로마가 직접 관리하는 다른 직할시도 존재했고, 이들 직할시들은 속주 총독이 통치하면서 중앙의 로마 관청에 공물을 바쳤다. 그러나 이들은 로마의 문명을 전수받으면서 많은 지역적 자유를 허용받았다.

이때부터 이베리아반도는 길고 긴 500년간 로마 제국의 지배를 받는다. 고대 스페인 지역은 제2의 로마와 같이, 로마인처럼 로마문화를 즐겼다. 로마인들은 이때부터 스페인을 '히스파니아(Hispania)'로 부르면서 자연스럽게 로마 법률을 비롯하여 언어와 문물 등의 사회제도를 로마식으로 정착시켜 나갔다. 한때 베스파시아누스(69~79, 재위)는 통치기간 중에 350개 도시에 라틴 시민권을 부여했다. 스페인은 이 무렵이 황금기로서 고도의 다양한 문화발전을 구가하였다. 그러나 3~4세기에는 문화의 주도권을 잃고 다시 북부 이민족의 침탈을 겪었다. 로마의 흥망성쇠에 따라 스페인의 운명이 좌우되었다.

북쪽의 게르만족은 로마제국이 쇠퇴기에 접어드는 5세기쯤에 이르러서 이베리아반도에 그 모습을 나타낸다. 그 이후 따뜻한 남쪽으로 피레네 산맥을 넘어 서고트족, 수에비족, 반달족 등 다른 부족들도 이베리아반도로 들어왔다. 북쪽 이민족의 남하는 415년경부터 본격화되었다. 비교적 잘 조직된 서고트 족이 세운 기독교 왕국은 점차 세력을 뻗쳐 이베리아반도 대부분의 영토에 이르렀다. 그들과 비슷한 시기에 이주한 다른 기독교세력인 수에비족은 전에 비잔티움제국이 관리하던 남동부의 비옥한 영토를 인수하고, 기독교를 전파시켰다.

이베리아반도에 미련을 버리지 못한 로마는 552년 동로마의 유스티니아누스 대제 때에 서고트족의 왕위계승분쟁에 개입해 출병하였다. 그리고 스페인 남부의 대부분을 점령하는 등 로마의 스페인 지역 개입은 지속되었다. 서고트의 지배는 스페인지역에 기독교 사상을 강렬하게 전파하는 전기가 되었다. 이 시기는 이베리아반도에서 북쪽에서 남하한 기독교 세력과 로마 등 남쪽에서 북상하여 스페인 지역을 고수하려는 기독교 세력간에 무력 충돌하던 시기로 보인다.

물론 소수의 거칠고 거센 침입세력도 있었으나, 다행히 그들은 수가 작았다. 기동력이 뛰어난 반달족, 수에비족 그리고 알라니족은 스페인 원주민들을 압도할 만큼 그 수가 많지 않았다. 소수의 침입세력들이 전투력은 우수했으나, 이미 문명적으로 선진화된 삶을 영위하고 있는 이베리아 기존세력을 압도할 수는 없었다. 결국 사나운 반달족도, 이베리아 고유의 문화에 동화되었다. 오늘날도 스페인지역에 반달족들이 남겼던 무명이 북부지역에 옛날 소수문화로 잔존한다.

서고트 왕국의 스페인

이베리아반도 북쪽에서 비교적 앞선 문명을 지니고 있었던 서고트 왕국은 종교적 전파목적으로, 스페인지역에 대한 지배욕이 높았다. 남갈리아의 아키텐에 있던 서고트족의 지배자는 5세기 초부터 스페인의 여러 문제에 간섭하기 시작했고, 노골적으로 스페인으로 대이동해 온 것은 494년이었다. 서고트 왕국은 대규모 남하정책을 추진해서 20만명이 넘는 대이동을 단행하였다[4].

497년 시작된 서고트족 이동 속에는 농민, 전사(戰士), 성직자가 포함되어 있었다. 서고트족들은 커다란 저항없이 스페인 중앙지역까지 지배권을 확립했다. 서고트 왕국의 수도는 아타나길드 시대에는 남갈리아였고, 이후에는 스페인지역의 중앙지대인 톨레도였다. 톨레도가 이들 서고트족이 건설한 고대 도시였다.

서고트족은 매우 보수적인 기독교 교리를 갖고 있었다. 특히, 아리우스파 그리스도교를 믿고 있었기 때문에 히스파노(이스파노)로마인과의 통혼은 금지되었다. 스페인의 서고트 왕국은 이민왕국으로 불안정한 상태였다. 귀족들이 왕의 선출문제에 깊게 개입하는 분위기였기 때문에 왕위는 언제나 불안했다. 국정은 귀족의 간섭에 위협받고 있었다. 그런 와중에 서고트의 레오비길드왕(568~586, 재위)은 스페인 북서부에 있는 수에비족 게르만 왕국을 파괴하고, 반란상태에 있던 바스크인을 제압했다. 아리우스파에 반항하는 가톨릭교도의 다른 내부반란도 진압했다. 이어 레카레도왕(586~601, 재위)은 즉위하자, 그는 가톨릭의 세례를 받고 589년 가톨릭을 서고트 왕국의 국교로 선언했다.

종교적 군주의 노력으로 종교상의 경계가 무너지자, 서고트족과 히스파노로마인과의 동화는 급속하게 이루어졌다. 서고트 왕국에게 내재되어 있던 정치적 불안 요소는 귀족적인 성직자가 왕실문제에 심하게 간섭을 한다는 것이었다. 귀족들 간섭의 정도가 심해, 시세난도왕(631~636, 재위) 시대에는 국왕과 정부는 권력적 성직자들의 권위에 종속되어 있었을 정도였다. 중세의 공통적인 모순이었던 교회의 과도한 정치개입은 역시 스페인 고대사 속에서도 그대로 발견된다.

---

4) 스페인 북부에 침입하여 왈리아왕 시대에는 로마로부터 정식으로 아키타니아 지방을 양도받아 여기에 서고트왕국을 세우고 남갈리아에서 스페인의 대부분에까지 영토를 넓혔다. 유리크왕은 로마 문화를 적극적으로 흡수하여 《서고트법전 visigothorum》을 편찬하였다.

물론 서고트 왕국에도 왕정법치가 있었다. 레케스윈트왕(649~672, 재위)은 게르만 관습법을 기준으로 한 재판법전(liber judiciorum)을 공포하고, 이질적인 두 민족의 유일한 법전으로 공용할 것을 선포했다. 이 시기에 비교적 서고트족의 정치가 하나의 왕국으로서 안정되었다.

서고트 사회는 스페인에 살고 있었던 이전의 이스파노 로마 시민사회와 좀 다르다. 서고트 왕국의 사회제도는 귀족·성직자의 귀족계급, 혼혈종족의 자유민계급, 다수의 노예계급으로 다양하게 구성되어 있었으며, 각 지방은 총독(duces) 또는 대리관(comites)이 지배하고 있었다. 로마와 서고트족의 스페인 지배는 차이가 있다. 즉, 서고트족의 지배는 스페인 땅에 주체적인 문화를 일구어 나갔다면, 로마의 지배는 군대를 끌고 와서 점령하고 로마식으로 통치하려는 식민통치였다.

서고트 왕국에 의한 이베리아 지배가 오래가지 못한 것은 서고트 사회가 종교적 신념 이외에는 힘의 주체로서 국가적 통일이념이 부재했기 때문이었다. 또한 유목민같은 유동적인 통치방식 때문에, 한 곳에 정착하여야 할 국가적 동력이 약해 내내 불안했다. 이들이 지배하던 2세기 동안 이베리아반도 내에 어떤 국가적 통일도 이룩하지 못하고, 고대 기독교 문명만 남긴 채 사라졌다. 그러나 그들은 이베리아반도에 기독교문명의 씨앗을 뿌렸다는 의미는 중요하다.

이슬람 지배의 스페인

이슬람의 이베리아반도 진출은 기독교적 이베리아에 새로운 문화적 충격을 주었다. 이미 스페인 내부에선 7세기 전후 기독교 세력이 분열하고 있었다. 무능하고 분열된 채로, 자신들만의 이익을 위해 기독교 귀족들이 내분으로 싸우고 있었다. 서고트 왕국의 기독교 사회는 성직자들의 과도한 정치개입으로 국가통치가 불가능한 상태로 표류하고 있었다. 서고트의 위티사 왕(700~710, 재위)시대에는 결국 분열된 정권으로서 위기가 오고 있었다. 그들의 통치기반부터 흔들리고 있었다.

바로 이 시대에 남쪽에서 북상하는 칼리프의 아랍군이 북모로코를 정복하고, 711년 7월 베르베르족이 해협을 건너 이베리아반도를 침공했다. 고대 수도 톨레도를 비롯하여 세비야·메리다·사라고사·레온·갈리시아·포르투갈 등을 차례로 정복하고, 스페인의 모든 지역을 정복했다. 이에 아랍인은 끊임없이 이주해 왔지만 이베리아 전 국토를 식민지화하기에는 너무 소수였다. 그런 여유로 이슬람 세력은 현지 봉건 제후들의 협력이 절실했다. 즉, 그들은 행정적·군사적 조직을 구축하고, 자치적인 영봉제를 할당했다. 정복자 이슬람왕은 봉건적 제후 및 봉토방식으로 스페인 식민체제를 유지해 나갔다. 이슬람 세력은 선진화된 산업기술을 들여와, 이베리아반도의 획기적인 기술발전을 주도했다. 오늘의 스페인 특유의 건축 문화는 그 양식의 모체가 바로 이슬람 문명[5]과의 융합이라고 볼 수 있다.

이베리아반도의 이슬람왕조인 우마이야 왕조의 성립은 755년에 아브드 알 라흐만 1세에 의해 이루어졌다. 그는 스페인에 상륙하여 AD756년 코르도바를 점령해 스페인의 우마이야 왕조를 창건했다. 이어 아브드 알 라흐만 2세(AD822~852, 재위)의 치세에 이르러, 경제적·문화적 번영의 기초를 세웠다. 한때 무하마드 1세(852~886, 재위) 때에는 스페인인 개종자(muwallad)와 베르베르족의 반란이 끊이지 않았다.

그런 상황 속에서도 이 왕조를 굳건하게 세운 사람은 아브드알라(압둘라)의 손자 아브드 알 라흐만 3세(912~961, 재위)였다. 그는 확고하고 선견지명이 있는 지도자로서, 왕국을 정치적 어려움에서 구하고, 이슬람 권력과 이슬람문화의 전성기를 만들어냈다. 그리고 그는 혼란한 이슬람 이민 왕국을 재통일하고, 10년 치세를 통해 929년에는 스스로를 칼리프라 칭했다. 현대까지도 이 칼리프왕은 전설적인 스페인의 이슬람 군주로 통한다.[6]

스페인 문화재 중에 이슬람이 남긴 최고의 문화재로, 알함브라 궁전이 있는데, 중세 건축물로 걸작이다. 이것은 711년 이탈리크의 아랍인과 베르베르 족이 지브롤터해협을 건너 스페인 남서부를 통치하면서 남긴 인류의 문화유산이다. 이때부터 거의 800년 동안 스페인 지역에서 이슬람 왕국이 실체로서 존재하였다.

8세기 경부터 북아프리카로부터 건너온 무어인(베르베르 무슬림)은 이베리아반도 대부분을 정복했다[7]. 이들의 정복은 무슬림의 우마이야 제국이 이베리아

---

5) 무함마드, 사라센제국, 아바스조 ,아부 바크르, 우마이야조, 이맘, 정통칼리프시대, 파티마왕조

6) 아바스왕조 시대에 만수르(재위 754~775), 하룬 알 라시드(재위 786~809), 알 마문(재위 813~833)과 같은 유명한 칼리프가 학문과 예술을 장려하고 발달시켰다.

7) 무어인이란 용어는 이슬람계인으로서 이베리아반도와 북아프리카에 살았던 사람들을 지칭하는 용어로 쓰여 왔으며 그들은 아랍계나 베르베르족의 후손들이다. 현재까지도 스페인의 이슬람계인들은 무어인들의 흔적을 닮아 있다.

남반부를 완전히 장악했다는 것을 의미한다. 기독교가 토착화된 아스투리아스, 나바라, 그리고 아라곤의 세 개의 작은 북쪽 산간 지방만이 겨우 남아서 독립을 유지하였다. 기독교 정신이 훼손당하지 않았다고 해서 오늘의 아스투리아스 지방은 스페인인 왕자의 직접 사랑을 받는다. 즉, 스페인의 차기 국왕으로 책봉된 왕자를 아스투리아스 공이라 부른다.

무슬림 지배 아래에서도 기독교인과 유대인들은 자신들의 종교를 섬길 자유를 부여받았으나 여러 가지 차별대우를 받아야 했다. 차츰 이슬람 문화의 영향이 커졌으며, 귀족계급부터 신분의 제한과 모욕으로부터 벗어나기 위해 기독교에서 이슬람으로 개종하는 사람이 점점 많아졌다. 10세기와 11세기에 많은 사람들이 무슬림으로 개종을 하게 된다. 특히 알안달루스(안달루시아) 주민의 다수가 이슬람을 믿게 되었다.[8)]

오래된 기록을 보면, 남부 지방에 있는 안달루시아의 코르도바는 무슬림 스페인의 수도로서 중세 유럽에서 가장 크고 부유한 도시였다. 무슬림들은 지중해 무역으로 다양한 문화의 꽃을 피웠다. 아랍과 북아프리카의 풍부한 지적 유산이 유럽으로 전해졌다. 무슬림과 유대인 학자들은 서유럽의 고전 그리스 문화를 되살리고 발전시키는데에 협력하였다. 이런 활동을 통해 스페인의 로마문화, 아랍문화, 그리고 유대문화가 섞이면서 스페인의 특이한 문화가 탄생되었다.

그 이후 초기 이슬람 세력은 분열하기 시작했고 1009년경 슬라보니아인과 베르베르족에 의해 연달아 코르도바를 점령당한다. 이들의 공격은 단순한 싸움 수준이었고, 새로운 정권을 세울 정도로 체계적이지 못했다. 이어진 실정으로 여타의 이슬람 왕국도 우마이야 왕조에 등을 돌렸다.

이슬람 사회는 결국 소왕국들인 타이파로 분열했다. 분열된 이들은 아랍인 타이파, 베르베르족 타이파, 노예집단 타이파로 크게 나누어진다. 이슬람 사회의 내부 분열은 결국 재기를 노리고 있었던 북부의 가톨릭 왕국들이 세력을 확장을 할 수 있는 시간적 여유를 주고 말았다.

결국 기독교 세력에 의해 톨레도가 함락당했다. 그런 후에도 이슬람교도들은 알모라비데족에게 지원을 요청하는 등 재기를 노렸다. 그러나 이미 민심을 잃은

8) 제8대 아브드 알 라흐만 3세 때 칼리프를 자칭하고 왕조는 최성기에 달했다. 후우마이야 왕조를 서칼리프국, 아바스 왕조를 동칼리프국이라고도 했다. 문화·경제적 교류는 활발하여 이베리아반도에는 이슬람 문화가 꽃피었다. 이슬람 문화는 10세기부터 11세기에 걸쳐 안달루시아에서 서방 이슬람 문화가 번영하여 중세 서유럽의 사상이나 문예에 커다란 영향을 미쳤다.

이슬람 세력은 무원고립이 되었다. 한때는 이베리아반도에 상륙한 알리 이븐 유수프(1106~43)의 반격으로 이슬람 세력이 잠시 사라고사까지 재점령하여 부활하는 듯 했었다. 그러나 아라곤 왕 알폰소 1세와 그의 양아들인 카스티야 왕 알폰소 7세의 재차 반격으로 이베리아반도의 이슬람 왕조는 결정적인 패배를 당하고, 스페인 내에서 차츰 몰락의 길로 들어섰다.

이베리아반도에는 711~1479년의 짧지 않은 기간, 기독교와 이슬람교가 상호 충돌하면서 스페인 역사가 진전되었다. 이 현상을 해석하는데 상반된 종교적 이론이 있었다. 첫째는 기독교가 스페인 역사의 주인이요, 스페인 문화의 모든 것이라는 접근이다. 둘째는 스페인에서 기독교와 이슬람교가 동시에 역사적·문화적·경제적으로 밀접한 관계를 맺어오면서, 양대 세력의 조화 속에 스페인 역사와 문화를 만들어 왔다는 접근이다. 물론 종교인들은 각기 종교에 따라 이기적인 주장을 펴지만, 오늘의 스페인 역사는 후자의 분석, 즉 조화론이 더 설득력 있으며, 객관적 학문적 접근이라 볼 수 있겠다.

기독교 중심의 역사관으로만 본다면, 한때 아라곤 왕국에 의해 진행된 기독교적 국토회복운동이 사실상 스페인 역사의 중심이다. 이는 기독교세력이 자신들의 복원 운동을 크게 신격화시킨 것이었다. 그러나 전반적으로 보면, 이슬람 문화가 깊이 깔려있는 중세 스페인적 현실을 감안할 때, 기독교 중심의 스페인 역사관은 다소 비현실적인 해석이다. 기독교 복원보다는 '조화로운 새로운 역사의 진전'이라 볼 수 있다. 예컨대, 기독적인 국토회복이라 칭송되기도 했던 13세기 페르난도 3세의 안달루시아 정복은 남부 스페인에 영속적인 경제 파멸을 가져왔고, 심지어 카스티야의 경제전망에 큰 타격을 주었다. 만일 이슬람 문명의 훌륭한 흔적을 과소평가하고 기독교편에서만 스페인 역사를 조명한다면, 올바른 스페인 역사와 문화를 이해하기 어렵다.

기독교왕국인 아스투리아스(레온) 왕국

이슬람 세력인 아랍인과 베르베르족의 침입하자, 아스투리아스 왕국지역에 남아있던 있던 다수의 기독교 서고트 귀족과 그 추종자들은 아스투리아스 산중으로 퇴각했다. 그들은 서고트의 왕자 펠라요(718경~737경, 재위)를 국왕으로 옹립하여 왕국을 세웠다. 이곳은 매우 척박한 땅으로 생존이 어려운 지역인데도 이들 기독교 도피왕국은 살아남았다. 그들은 후에 이슬람의 침공으로부터 기독교 영혼을 지켰던 유일한 스페인 사람들로 역사적 추앙을 받게 된다.

알폰소 1세(739~757, 재위)는 갈리시아 지역을 신 왕국으로 합병했으며, 그 뒤 여러 왕들은 산간지방에서 중앙평야로 진출하고, 남부에서도 크고 작은 군사적 승리를 거두었다. 아스투리아스 최고의 왕 알폰소 3세(866~911, 재위)는 영토를 넓혔으며, 가르시아 1세(910~914, 재위)는 수도를 오비에도로부터 레온으로 옮겼다. 이후 가르시아의 후계자들은 아스투리아스의 왕 대신에 레온 왕이라는 칭호를 사용했다. 후에 이 레온은 산초 3세의 나바라 왕국에 정복당한다. 기독교적인 아스투리아스의 여러 왕들은 서고트 왕국의 전통적인 계승자를 자임하고 스페인 국토회복운동에 큰 몫을 차지하기도 했다. 어느 면에서 서고트 왕국을 이어받은 잔존정권으로 독특한 문화를 남기기도 했다. 아스투리아스지역은 현재도 이베리아반도의 북서쪽 맨 끝 지방이라 독특한 문화가 잘 보존되어있다.

국력을 키운 레온 왕국은 백작령이던 카스티야왕국과 잦은 충돌을 했다. 이후 카스티야의 혁신적인 경향과 레온의 보수적인 전통이 충돌하게 되면서, 이베리아반도에서 그리스도교 세력은 분열 조짐이 있었고 상대적으로 약해지기 시작했다. 북상하는 이슬람의 세력 앞에 레온은, 칼리프의 지배를 인정해야 했고, 988년에는 만수르의 침입을 받아 레온시는 파괴되었다. 아스투리아스 왕국 건립은 이슬람세력의 침탈 과정 속에 도피세력이 독자적으로 생존함으로서 시작된 것이다. 당시 서고트의 펠라요(Pelayo)왕은 원래 서고트의 귀족출신이었다. 이슬람이 이베리아반도를 정복한 시기에 펠라요왕은 스스로를 아스투리아스 왕국의 왕으로 자칭하고, 이슬람과 싸웠다.

아스투리아스 왕국이 그 후 기독교 영혼을 사수한 최후의 왕국으로 유럽에서 인정받는다. 만일 프랑스에서 가까운 아스투리아스마저 이슬람세력에 정복되었다면, 유럽 전체에 이슬람의 침략이 가능했을지도 몰랐다. 그래서 이 지역이 성스러운 고장으로 알려지면서 유럽전체의 각광을 받게 되었다. 이곳이 이슬람 공격으로부터 마지막 남은 유럽의 방파제가 된 셈이었다.

오늘날 스페인 왕실이 왕세자를 아스투리아스 공으로 봉작하는 것도, 이 고장이 성스러운 역사를 갖고 있기 때문이다. 그 배경으로 첫째, 프랑크의 샤를마뉴와 교황이 아스투리아스 왕 알폰소 2세를 이 지역의 정식 군주로 승인했다는 점이다. 둘째, 아스투리아스 왕국의 영토 안에서 예수의 12제자의 한사람인 야고보의 유골이 발견되었다는 소식이 전해졌다는 것이다. 셋째, 이슬람의 공격으로부터 최후까지 저항하며 기독교 정신을 지켰다는 것이다.

이러한 소식이 전해지자 유럽에서 많은 성직자들이 이 지역을 방문하였다. 이런 연유로 신흥 소왕국에 지나지 않던 레온왕국이 유럽의 독실한 기독교 신자들에게 경배하고픈 기독교 성지가 되었다. 특히, 성인 야고보의 유골을 알현하기 위해 유럽 각지의 힘있는 성직자들이 아스투리아스 왕국으로 몰려들었다.

비로소 이 왕국이 이베리아반도에서 산중국가로 고립된 상태에서 경건한 존경을 받아야 하는 기독교 종가로 운명이 바뀌었다. 아스트리아스 왕국은 924년에 레온 왕국으로 바뀌고, 이 레온 왕국이 카스티야 왕국과 합병해서 기독교 부활전쟁을 일으켰다. 기독교 재정복 운동이 일어났을 때, 신앙심이 강한 아스투리아스·레온 왕국 계열이 신앙의 기치를 걸고 봉기한 것이다. 즉, 이 지역이 스페인 "기독교적 독립전쟁"의 정신적 기둥역할을 한 셈이었다.[9)]

지역적으로는 이 왕국은 현재의 레온을 중심으로 발렌시아·바야돌리드·사모라·살라망카 등을 영토로 삼았다. 국력확장의 기원은 아스투리아스 왕 알폰소 3세의 아들 가르시아 1세(909~914, 재위)의 통치에서 비롯된다. 가르시아의 아들 오르도뇨 2세(914~924, 재위)는 수도를 오비에도에서 레온으로 옮기고, 레온왕국을 창건하였다. 레온 왕국이 카스티야라는 스페인 통일의 종가로 발전했고, 스페인 건국의 핵심역할을 했다는데 역사적 의미가 있다. 이 왕국의 국경지대에는 많은 성채가 구축되어 카스티야(국경의 성이란 뜻)라고 불렸다.

11세기 전반에 국경지역의 백작인 페르난도 곤살레스가 레온에서 독립하여 카스티야 왕국을 세웠다. 그 후 1037년에 레온 왕국은 다시 카스티야의 페르난도 1세에게 병합되어 '레온카스티야 왕국'이 되었다. 이 불안한 통합 왕국은 알폰소 7세(1126~1157, 재위)가 죽을 때까지 계속되었다. 그의 뒤를 이은 카스티야의 페르난도 2세(1157~1188, 재위)는 분할상속에 의해 레온 왕이 되었다. 쇠락하기 시작한 이 레온왕국은 많은 자치권을 허용받은 채, 카스티야와 관계없이 통치되었다. 레온과 카스티야의 최종적인 합병은 카스티야왕 페르난도 3세(1217~52, 재위) 때에 이루어졌다. 어느 면에서 권력을 주고받은 모든 세력들은 당시 모두 종가 나바라의 분할세력들이었다. 이 왕국들은 후일 아라곤 왕국과 혼인정책으로 합병하여 스페인 국가통일의 중요한 원동력이 되었다.

---

9) 레콩키스타는 국토회복운동으로 종교 전쟁의 성격이다. 이슬람의 종교적·문화적 유산을 거부하고, 열광적 기독교 신앙을 요구했다. 이것으로 스페인 내에 교회의 영향력이 비대해졌다.

3. 중세 스페인의 역사

나바라 왕국의 스페인

나바라 왕국은 초기에 팜플로나 왕국이란 이름으로 건국되었다. 기독교를 국교로 하는 나바라 왕국은 이미 10세기부터 국토회복 운동에 적극 참여하여 에브로 강 유역까지 영토를 확장했다. 나바라 왕국에는 스페인 역사상 가장 위대한 왕들 중에 하나로 꼽히는 산초 3세 대왕이 등장한다. 그의 지도력 하에 나바라 왕국은 11세기에 들어 카스티야 왕국과 아라곤 백작령 등을 점령하면서 이베리아반도에서 최강의 왕국으로 부상했다.

나바라의 산초 3세 대왕은 레온을 합병하고 나서, 1034년 자신을 스스로 '스페인 황제'라고 불렀다. 그의 별칭은 대왕 산초(Sancho el Mayor, 992~1035)로 불리기도 하고, 또 팜플로나(나바라)의 왕(1005~1035, 재위)으로도 불린다. 오늘날 스페인어의 산초라는 말은 대장이란 말인데, 그 언어의 유래도 산초 3세의 위용에 근거한다고 한다. 그는 가르시아 2세(또는 3세)의 아들로 이슬람의 칼리프가 지배하던 코르도바가 혼란에 빠져 있을 때, 이슬람 정벌을 선언한다. 스페인의 모든 그리스도교 국가에 대한 나바라의 보호를 선언했다.

산초대왕은 1016~1019년에 소브라르베와 리바고르사의 옛 프랑크족 지역들을 점령하면서 팜플로나의 영토확장에 주력했다. 그는 능수능란한 정치가로서 전술전략을 통해 무력보다는 상대방의 부패를 이용해 자신의 목적을 추구했다. 그는 바르셀로나 백작 라몬 베렝게르 1세를 설득해 가신으로 삼았고, 가스코뉴 공작도 그에게 라부르에 대한 직접 통치권을 넘겨주어 자신의 가신이 되도록 유도했다. 그 후 카스티야에 점령당한 영토를 되찾고자 하는 운동이 동부 레온에서 일어났을 때, 그는 이를 저지하는 한편 레온의 수도를 점령하고, 거기에서 황제로 즉위했다. 그는 기독교 왕국들의 분열을 막고자 한 것이었다.

1034년에 산초대왕은 종가 레온 왕국마저 굴복시킴으로써 가톨릭 세계의 '대왕'으로 군림하게 되었다. 그는 학문적으로도 클뤼니 수도사들을 대거 초빙해, 교회와 교육문화를 발전시켰다. 그러나 산초 3세 대왕의 죽음과 유언에 따라 고대 나바라 왕국은 그의 네 아들들에 의해 분할되어 이베리아반도는 네 나라로 분국하였다. 첫째 아들인 산초 가르시아 3세는 나바라 왕국을, 둘째 아들인 페르난도 1세는 카스티야 왕국을, 그리고 서자인 라미로 1세는 아라곤 왕국으로 나뉘어져 새로운 역사를 만들어 나간다.

이베리아반도의 종가격인 나바라 왕국을 물려받은 산초 가르시아 3세와 산초 4세는 국력을 키우지 못했다. 이들은 과거 산초 3세 대왕의 화려했던 국력을 지키지 못하고, 왕국을 피레네 산맥의 소국으로 전락시키고 말았다. 산초 3세 대왕(1000~1035, 재위) 때는 카스티야·레온·소브라르베·바르셀로나 등을 지배하여 이베리아반도 최강의 왕국이 되었다. 산초 대왕은 후계방식에서 오류를 범했다. 즉, 나바라제국을 개인 재산으로 여겨 제국을 아들 4명에게 분할해 넘겨준 셈이었다. 그 중 주목할 만한 상속자는 카스티야의 둘째 아들 페르난도, 아라곤의 넷째 아들 라미로 1세(1035~1063, 재위)였다. 라미로 1세는 소브라르베와 리바르고르사를 아라곤 왕국에 병합했고, 이때부터 강성해진 아라곤왕국은 독립국으로 스페인 역사 속에 중심적인 역할을 한다.

나바라 산초 대왕의 둘째 아들인 카스티야의 페르난도 1세(1035~1065, 재위)는 레온을 정식으로 합병하는 등 국경을 더욱 확대했다. 페르난도의 사후 영토에 대한 분쟁이 있었으나, 결국 그의 둘째 아들 알폰소 6세(1065~1109, 재위)가 전 영토를 통일했다. 알폰소는 톨레도의 이슬람 왕국을 1085년에 정복한다. 이슬람 정권을 붕괴시켰지만, 알폰소는 문화적으로 앞선 모사라베[10]나, 유대인, 고도의 기술을 가진 수많은 이슬람 수공업자, 농민 등을 적극 흡수해 등용했다. 그는 현명한 실용주의로 카스티야 왕국의 인종적·문화적 구성을 크게 변화시켰다. 그리스도교도의 통치하에서 이와 같은 조화적 실용주의는 독특한 '스페인 판 이슬람 문명'을 낳게 했다.

그러나 알폰소의 왕비는 기독교 유일정책으로 이슬람을 압박했다. 막강한 알폰소의 비(妃)인 '브루고뉴의 콘스탄사'의 영향으로, 프랑스의 클뤼니의 수도사가 스페인 교회권력을 완전히 장악했다. 그들 기독교인들은 이슬람교도에 대한 관용정책을 포기하도록 알폰소에게 압력을 넣어 스페인의 교회를 유일신으로 무장된 로마교회처럼 만들고자 했다. 두 종교의 갈등은 기독교의 승리이었으나, 나바라의 카스티야는 국정전반에 난국을 맞는다. 그러나 레온 왕 알폰소 9세의

10) 이슬람의 스페인 정복 후 그들에게 복종할 것을 조건으로 신앙이 허용된 그리스도교도, 또는 '중세 이슬람 문화의 결정체', '이슬람 건축의 최고 걸작' 등으로 사용된다. 우상숭배를 금지한 이슬람 교리에 따라 내부 장식을 식물과 기하학적인 디자인으로만 구성하였다. 소박하지만 환상적인 모습인, '아벤세라헤스의 방', '왕의 방', '두 자매의 방'에서 볼 수 있는 모사라베라고 부르는 종유석 장식을 지칭하기도 한다.

아들이자 카스티야 왕 알폰소 8세의 외손자인 페르난도 3세가 1217년에 카스티야의 왕으로 즉위한 이후, 국내의 세력대결은 안정되기 시작하여 1230년에 카스티야와 레온은 영구 통합되었다. 어느 면에서 스페인 중세에 나타난 통합역사의 반복현상, 즉 또 다른 나바라 같은 통합왕국의 모습이라고 볼 수 있다.

이런 기독교세력의 단결 속에 통합군주 카스티야 레온의 알폰소 7세(1126~57, 재위)는 세력을 크게 떨쳐, 1135년에는 또 다른 '스페인 황제'의 칭호를 획득했다. 알폰소 7세는 국토를 분할하여 카스티야를 큰아들 산초 3세에게, 레온을 페르난도 2세에게 상속했다. 이 때문에 카스티야와 레온은 73년 동안 분리된 채, 혈족들 간에 소모적이고 무정부적인 당파 싸움이 계속되었다. 결국 중세의 스페인은 다시 혼란에 빠졌다.

카스티야 레온 왕국의 스페인

이 시기는 스페인 반도의 열국들이 충돌하고 있었다. 카스티야의 알폰소 10세(1252~1284, 재위) 때는 정치적으로 불운한 상황 속에서 포르투갈·아라곤·나바라와의 전쟁에 말려들었다. 1275년에 맏아들 페르난도가 죽자, 정치암투가 시작되어 고위 성직자와 귀족은 연합해 알폰소 10세의 퇴위를 요구했다. 이로써 2세기 동안 계속되어온 귀족, 성직자, 국왕의 충돌이 본격화되었다.

한때 산초 4세(1284~1295, 재위)의 손자 알폰소 11세(1312~1350, 재위)는 귀족들을 탄압함으로써 왕정 절대주의를 어느 정도 확립할 수 있었다. 그러나 그의 사후 적자(嫡子)와 서자(庶子) 사이의 왕권 다툼으로 카스티야는 일대 혼란에 빠져들었다. 서자 가운데 장자 트라스타마라의 엔리케는 적자인 폭군 형 페드로(1350~1369, 재위)와 19년간의 왕위투쟁 끝에 그를 물리치고 1371년 왕권을 완전히 장악했다.

이와 같이 왕위를 둘러싼 장기간의 싸움에서 카스티야는 동맹을 해외로 넓혀 프랑스와 긴밀한 정치적·군사적 동맹을 맺었으며, 연합해군을 동원해 잉글랜드의 남해안을 위협했다. 이렇게 끊임없이 전쟁을 치르는 동안 엔리케와 그의 아들 후안 1세(1379~1390, 재위)는 여러 번 코르테스(신분제의회)의 도시대표에게 재정적 원조를 받았다. 이것 때문에 도시대표 귀족들은 정부에 대해 큰 영향력을 가지게 되었다. 후안 1세때 왕국은 재정적·군사적으로 상당한 어려움에 빠졌지만, 프랑스의 군사원조로 위기에서 벗어날 수 있었다. 엔리케 4세

(1454~1474, 재위) 때 궁정은 더욱 피폐해졌으며, 왕이 죽은 뒤에 왕녀 후아나와 엔리케의 이복 여동생 이사벨 사이에 왕위계승권을 둘러싼 내란이 일어났다. 이러한 내홍으로 카스티야는 경제적, 도덕적으로 쇠퇴했다.

마침내 궁정 권력투쟁에서 승리한 이사벨은 이사벨 1세(1474~1504, 재위)로 왕위를 계승했다. 한편 이사벨은 왕위에 오르기 직전 1469년에 이미 아라곤의 왕위계승자인 페르난도와 왕국통일을 전제한 정략결혼을 성사시켰다. 즉, 전대미문의 왕족결혼이 연합국으로 발전하여 두 왕국의 통합을 추진됐다. 이는 유럽 역사에 스페인 탄생이란 큰 이정표를 세운다. 이사벨이 결혼 대상으로 포르투갈 왕자를 거부하고 아라곤 왕자를 택한 것은 이베리아반도를 기독교적으로 통일하겠다는 야심이 있었기 때문이었다. 이사벨은 힘으로 반대세력을 제압하고, 1474년에 카스티야의 왕위를 차지했다. 그녀에게 우호적인 1479년엔 페르난도 왕자도 아라곤 왕국의 왕이 되었다.

이사벨은 두 왕국을 공동 통치하면서 강력한 스페인을 꿈꾸기 시작했다. 이를 위해 1480년부터 그라나다 왕국을 공격하기 시작했다. 13년 동안 지속된 공격 끝에 1492년 1월 2일에 이슬람교도들의 마지막 보루였던 그라나다를 함락시켰다. 분열됐던 스페인이 781년 만에 정치적·종교적으로 통일되었다. 결국 정치적·군사적인 면에서 카스티야-아라곤연합 세력을 그라나다는 당해 낼 수가 없었다. 카스티야의 이사벨여왕에게 그라나다는 무너지고, 이베리아반도의 이슬람세력은 몰락한다. 이사벨의 그라나다 함락과 스페인 통일은 세계대국으로 스페인이 성장하는 시발점이 됐다. 이후 16세기 스페인은 아메리카 대륙에 식민지들을 거느린 강대국으로 부상했다.

사실상 스페인을 통일한 이사벨 여왕은 같은 해 콜럼버스의 대항해라는 세계사적 후원을 성사시킨다.[11] 그녀는 역사적 위업을 달성해 선견지명의 군주로 평가받는다. 스페인으로 건너와 도움을 청한 콜럼버스에게 대항해를 흔쾌히 지원함으로써 신대륙 발견을 가능하게 해주었다. 이사벨 여왕은 아직도 스페인 사람들에게 최고의 여왕으로 추앙받고 있다.

---

11) 이사벨 여왕은 콜럼버스를 등용했다. 계약내용은 '콜럼버스는 발견한 토지의 부왕(副王)으로 임명될 것이며, 이 직책과 특권(산물의 1/10)은 자손에게 전승한다'는 것이었다. 이 계약을 산타페 협약이라고 부른다. 이사벨은 자금을 제공한 외에도 선박 2척(핀타호와 니냐호)를 주고, 과거의 죄를 면죄하여 준다는 조건으로 승무원 모집에도 협력하여 주었다.

아라곤 왕국의 스페인

스페인 북동부에 15세기경 융성한 기독교 왕국인 아라곤이 존재했었다. 우에스카, 사라고사, 테루엘 주 등이 여기에 속한다. 아라곤 지방은 12세기말 경 이슬람교도들을 스페인 내에서 밀어내는 국토회복운동의 주역이었다. 오늘날 카탈루냐 지역은 역사상 아라곤 왕국의 영토와 상당부분 일치한다. 아라곤 왕국은 카탈루냐, 발렌시아 및 프랑스 남부 일부를 포함하고 있다. 그 이외에도 멀리 이태리반도 일부를 포함해 지중해의 여러 지역을 세력권에 넣었다. 한때는 이탈리아의 나폴리지역도 아라곤 왕조의 지배를 받았다.

아라곤의 기원은 1035년에 나바라의 대제 산초 3세가 셋째 아들인 라미로 1세에게 피레네 산맥 이남의 작은 지역을 남겨주면서 시작된다. 산초대왕은 아라곤을 독립왕국으로 선포하도록 했다. 라미로는 이 산악지대 동쪽으로 세력을 확장했다. 당시 요충지인 소브라르베 및 리바고르사 지역을 복속시켜 나갔다.

1140년에 아라곤과 카탈루냐의 통합이 이루어졌다. 이것은 주로 카탈루냐인들이 희망했기 때문이다. 이러한 전략적 통합은 아라곤과 카탈루냐, 양쪽에게 서로 이익이 되었다. 이는 카탈루냐인들이 카스티야로부터 보호받는데 따른 재정적·군사적 부담이 컸기 때문이다. 카탈루냐는 아라곤으로부터 군사적 보호를 기대하고 카스티야와 대항했다. 카탈루냐를 포함한 아라곤은 자신들의 상업 및 해상활동에 유리한 기독교적인 문화를 이용해 지중해 동쪽의 선진세력들과 무역을 활성화했다. 아라곤은 지중해를 이용해 멀리 이태리 나폴리 등과도 밀접한 교류를 행하면서 국력을 키웠다.[12] 원래 아라곤 왕국은 육지 왕국인데, 카탈루냐라는 지역을 흡수하면서 점차 지중해 해양국으로 발전해 나갔다.

아라곤 지역은 마드리드에서 자동차로 약 4시간 정도 떨어지고, 바르셀로나 서쪽 약 250km 지점에 있다. 이곳에는 스페인 5대 도시 중 하나인 사라고사가 있다. 이 도시는 스페인 북동부 아라곤 자치지방의 주도로 인구는 약 70만명 정도라고 한다. 사라고사는 역사 깊은 고도로, 스페인을 찾는 관광객들이 많은 관심을 갖고 있는 지역이다. 이 지역에는 수천만 명의 외국인 관광객들이 찾는 스페인 대표 관광도시들로, 바르셀로나(barcelona), 빌바오(bilbao), 발렌시아

---

12) 고대에는 로마인의 지배를 받았으나, 5세기의 민족대이동에 의해서 서(西)고트족의 지배를 받았고, 다시 8세기에는 무어인의 지배를 받았다. 당시 얼마 안 되는 그리스도교도는 북부의 견고한 거점으로 피하여 독립을 유지하였다. 1035년에 이르러 라미로 1세에 의해서 완전한 독립을 이루었고, 그 후 450년 동안 아라곤왕국으로서 존속했다

(valencia) 등이 버티고 있다.

아라곤 지역의 핵심도시인 사라고사는 이들을 연결하는 교통의 중심지이며, 스페인 북부와 중부를 연결하는 거점도시이다. 로마시대에도 사라고사는 프랑스로 들어가기 위해서는 꼭 거쳐 가야 했던 거점도시로 물자와 인력의 주요 통로였다. 이런 지리적 이점 때문에, 후일 아라곤은 카스티야와 연합국을 만들어 스페인 통일의 주역을 담당할 수 있었다.

또한 나폴레옹 침략에 저항한 사라고사의 끈질긴 항전은 역사적으로 유명하다. 볼만한 관광 명소로 고딕 및 로마네스크 양식의 성당, 1474년에 설립된 사라고사대학, 그리고 피사의 사탑과 같이 기울어진 종루 등 역사적 유적이 많은 곳이다. 이러한 사라고사에서 2008년 6월 14일에 화려한 축제가 열렸다. 103개 국가에서 온 세계 유명 건축가들의 작품들, 약 3400여개의 작품 그리고 화려한 국제쇼와 문화행사가 펼쳐지는 국제 엑스포가 93일간 개최되었다. 2008년에 개최된 엑스포는 1908년에 열렸던 '스페인-프랑스 엑스포' 100주년을 기념해 열렸다. 축제의 하이라이트는 도시를 관통하는 에브로강(Ebro)을 모티브로 한 '물과 지속적인 발전(Aguay Desarrollo Sostenible)'을 테마였다. 이 지역은 현대의 스페인 내에서도 주민들의 삶이 가장 윤택한 지역으로 평가받고 있다. 스페인의 최고도시인 바르셀로나도 이 지역의 핵심도시이자, 항구였다.

사실 아라곤은 그 당시 발렌시아 정복으로 국토회복운동을 끝냈으나, 이제 동맹국이자 너무 강성해진 카스티야의 종속국이 되지 않기 위해 이베리아반도 밖으로 확장할 필요가 있었다. 아라곤의 페드로 3세(1276~1285, 재위) 때는 왕실 혈연이 있는 이탈리아에 정치적, 군사적으로 개입하기 시작했다. 페드로가 시칠리아의 왕녀와 결혼해 시칠리아 왕까지 겸했다. 이로써 14세기에 들어와 아라곤가의 시칠리아 왕위 지배는 안정을 이루었다.

아라곤의 알폰소 5세(1416~1458, 재위) 때 이탈리아에서 아라곤의 세력이 커졌다. 1443년 알폰소는 나폴리 왕국의 지배자로서 수도를 나폴리로 옮겼다. 이런 아라곤의 행동을 기독교 동맹국 카스티야 왕국은 불안하게 보았다. 즉, 카스티야 측으로서는 이러한 아라곤의 수도이전은 아라곤-카탈루냐 연합왕국(1276~1479)의 통합이란 정치적 목적에 역행하는 것이었다. 통일을 향한 동력을 얻은 카스티야 왕국은 우월한 국력으로 아라곤과의 합병을 급속히 강행한다.

페드로 4세(1336~1387, 재위)는 1348년에 귀족동맹군을 격파하고, 반 왕권

세력을 진압했다. 나아가 아라곤의 페드로는 마요르카 왕국을 합병하고, 이베리아반도의 강자 카스티야로부터 정당한 예우를 받으려 노력했다. 아라곤은 호시탐탐 아라곤 침공을 노리는 이웃 제국 프랑스의 야욕을 막기 위해서는, 같은 혈통이 지배하는 카스티야 왕국과 통합하는 길밖에는 없었다.

1412년에 아라곤은 카스티야 혈통인 페르난드 1세를 국왕으로 맞아들였다. 페르난도 왕은 카스티야의 여군주 이사벨라와 정략 결혼함으로써 나폴리 문제로 스페인 지역에 무력침탈을 노리는 프랑스의 군사적 위협으로부터 벗어난다. 카스티야의 이사벨 여왕은 강한 군사력을 바탕으로 이베리아반도를 사실상 통일한 스페인 역사 최고의 군주였다. 그녀의 딸[13]도 영국의 절대 권력을 휘두른 왕 헨리 8세의 부인으로 많은 이야기를 남긴다.

아라곤과 카스티야의 정략결혼

아라곤과 카스티야의 정략결혼은 역사상 재미있는 혼사이다. 당시 카스티야는 영국과 연합한 포르투갈의 위협을 받고 있었고, 아라곤은 신흥 강국인 프랑스, 이태리 등의 위협 속에 있었다. 양국이 외세로부터 침략의 위험 속에 전전긍긍하고 있었다. 더구나 아라곤은 국내 반란으로 고통을 받고 있었다. 포르투갈의 위협을 받고 있던 카스티야와 프랑스의 위협을 받고 있던 아라곤, 두 나라는 안보적 이유로 가까워질 수밖에 없었다. 아라곤의 페르난도 2세가 1479년에 아라곤 왕위에 올라 때마침 카스티야에서 힘들게 왕위에 오른 이사벨 여왕으로부터 청혼을 받는다. 앞서 이사벨은 포르투갈 왕자의 청혼을 거절했다. 그것은 한이 되어 포르투갈이 카스티야 내정문제에 개입하고, 이것이 후일 카스티야로 하여금 군사적으로 포르투갈을 정복하는 원인이 되었다.

결국 카스티야-아라곤, 두 군주의 결혼으로 두 나라는 사실상 통일을 하게 된다. 역사에서는 페르난도와 이사벨 부처를 '가톨릭 부부 왕'으로 불렀고, 기독교 정신으로 그들은 양국을 잘 함께 다스렸다. 아라곤의 페르난도 왕이 어느 면에서는 멋있는 이사벨의 부군이었다고 평가된다.

그러나 두 나라는 규모나 제도, 전통, 언어 면에서 크게 달랐기 때문에 통일

---

13) 1501년 캐서린은 헨리 7세의 장남 웨일즈 공 아서와 정략결혼을 하였다. 그러나 얼마 지나지 않아 둘은 혼례도 제대로 치르지 못한 채 심한 병에 걸렸다. 캐서린은 가까스로 회복했으나 아서는 살아남지 못했다. 교황 율리오 2세는 캐서린이 아직 처녀임을 인정해 이전의 혼인을 무효화시켰고, 캐서린은 헨리 7세의 둘째 아들인 헨리 8세와 다시 결혼했다.

이후에도 전반적인 어려움이 발생했다. 이것은 두 왕위가 합쳐진 것일 뿐이지, 두 왕국의 물리적 통합은 아니었다. 각각 왕국은 자체의 관세기구, 화폐, 법령, 의회를 가지고 독자적으로 운영하고, 종교재판위원회만 공동으로 설치했다. 이들 부부 왕은 단계적으로 일련의 통합조치를 취해 나갔다. 강한 국력을 바탕으로 이 연합국은 중앙집권화에 성공하고, 후일 통일 스페인을 위해 왕권을 강화해 나갔다. 이들이 직면한 문제는 종교적 갈등에서 파생하는 국내의 소요였는데, 이들은 가톨릭을 앞세워 단호하게 이교도들을 응징해 나갔다.

스페인은 많은 이슬람인과 유대인이 사는 나라로 서유럽에서 유일한 다민족·다종교국이다. 따라서 스페인의 종교재판은 복잡하며 갈등이 만연한다. 스페인은 1478년에 교황 식스투스 4세로부터 종교재판 개설 허가를 받아 재판소를 설립했다. 모든 재판관 임명은 국왕권한으로 행해지며, 재판진행은 비공개이다.

과감한 가톨릭 부부 왕은 두 왕국의 통합 후에 무력에 의한 국토회복을 강력히 표명했다. 이사벨 여왕은 정복전쟁에 앞서 카스티야 내부사회의 정신적 결속을 기독교 정신으로 강화했다. 이어 이베리아반도의 가톨릭 왕국들은 국내 통합을 위하여 그라나다를 정복했으며, 로세온 백작령과 세르데냐 백작령을 합병했다. 그러나 역사적 자존심이 강한 나바라 왕국과의 합병은 실패했지만, 정략결혼함으로써 사실상 스페인이란 통합국가를 만든 셈이다.

스페인 통일과정에서 보인 편파적인 종교재판은 스페인 국내의 세력싸움으로 비화되고, 국내 정쟁으로 이어진 경우가 빈번했다. 현대까지도 스페인 내부에서 이슬람세력은 이 역사적 종교차별을 심각한 현안문제로 삼고 있다. 예를 들면 1492년에 초대 종교재판장 토마스 데 토르케마다는 반(反)유대인 비난운동을 크게 탄압했다. 그는 세례받기를 거부한 유대인들을 추방토록 국왕에게 요청했으며, 그 결과 17만 명의 유대인이 추방되었다. 아직도 이슬람측은 이사벨 여왕의 국토회복운동을 종교탄압이라고 해석하고 비난한다.

이런 과정에서 España(에스파냐)라는 단어가 출현하게 된다. 에스파냐라는 단어는 고대에 스페인을 지칭하던 히스파니아(라틴어: Hispania)에서 유래했으며, 아라곤 왕국과 카스티야 왕국 모두를 통칭하기 위해 쓰기 시작한 것이다. 스페인 전체에 평화적 안정기가 찾아오면서, 종교, 정치, 군사 등 전반에 발전을 거두게 된다. 통일을 완수한 스페인은 새로운 강대국으로 떠올라 훗날 수많은 식민지를 가진 열강 스페인의 위용이 이때 만들어진 것으로 본다.

이 새로운 제국은 16세기와 17세기 대부분에 걸쳐 세계 최강대국의 지위를 누렸으며, 식민지 무역으로 쌓은 부를 누렸다. 막대한 부를 바탕으로 스페인은 남아메리카와 중앙아메리카, 멕시코, 오늘날 미국의 남서부 지방에서부터 필리핀, 그리고 마리아나제도까지 차지하게 된다. 1580년부터는 지금의 포르투갈 영토 일부, 이탈리아 남부 시칠리아, 독일, 벨기에, 네덜란드, 그리고 룩셈부르크의 전체 혹은 일부 영토를 정복하기에 이르며, 스페인의 영향력이 북부 아프리카까지 미치게 된다. 스페인 제국은 이때부터 "해가 지지 않는 제국"이라는 별칭을 얻었다. "스페인이 움직이면 전 세계가 두려워 한다"라는 말이 있을 정도였다. 스페인은 금, 은, 향신료, 그리고 진귀한 농산물을 식민지에서 약탈하면서, 스페인 항해자들은 유럽인에게 신세계 산물을 소개하는 역할을 수행하였다.

그러나 스페인은 황금기에도 수많은 전쟁에 시달렸다. 오스만 제국의 급성장과 더불어 인근 연안에 해적이 만연했으며, 지중해 연안 지방에는 노예 매매와 침략 행위가 끊이지 않았다. 이슬람 세력의 약탈도 빈번하게 일어났으며, 또한 밀라노 지역을 놓고 프랑스와 이탈리아 간 전쟁도 빈번했다. 후에는 로마 가톨릭 내 교회개혁 문제로 스페인 전체가 분열에 휩싸인다. 결국 스페인은 오랫동안 종교 문제에 많은 군사적 지출을 하게 된다. 수십 년간의 전쟁과 기근이 연속되어, 17세기에 접어들면서 여러 위기를 만난다. 설상가상으로 스페인의 왕가는 유럽 전역에 퍼져 있던 왕실문제에 개입하게 되어 사태를 악화시켜 국력 약화를 자초했다. 스페인은 가톨릭 국가로서 위엄이 땅에 떨어진 합스부르크가의 위신을 세우려 노력했다. 끝내 스페인은 네델란드 독립전쟁에서 패하고, 개신교 국가인 네덜란드는 반란을 일으켜 스페인으로부터 독립을 하기에 이르렀다.

유연성을 잃은 스페인 제국은 식민지 사람들에게 로마 가톨릭을 지나치게 강요하였다. 식민지에서 스페인에 대항하려는 독립운동이 거세어졌다. 그리고 스페인 무적함대가 1580년대 말 영국에 패배하였다. 이어 당시 스페인 국왕인 펠리페 2세는 영국 여왕인 엘리자베스 1세에게 청혼하였으나 거절당했다.

4. 근대 스페인의 역사

17세기에 들어 스페인은 종교적 반란이 지속되었다. 신성 로마제국의 군대와 연합한 개신교 세력이 일으킨 반란을 진압하는데 많은 국력을 소모했다. 그 와

중에 포르투갈은 스페인으로부터 독립하고, 네덜란드는 1648년에 독립하였다.

결국 유럽 전역에 30년 전쟁이 일어나자, 구교의 스페인은 신교를 비밀리에 지원하던 프랑스에 패하였다.[14] 당시 스페인의 영향력은 유럽 전역에 미치고 있었으므로, 이 패배는 유럽에서 스페인의 몰락을 의미하는 것이었다. 1648년 웨스트팔리아 조약으로 유럽은 새로운 국경을 만들어 나가야 했다.

스페인의 또 다른 쇠락은 왕위계승전쟁 때 일어났다. 18세기 초부터 일어난 왕위계승전쟁은 스페인 내부에서 귀족 세력뿐만 아니라 시민전쟁으로 번졌다. 이로써 스페인은 유럽에서 뿐만 아니라 강대국으로서의 지위도 잃게 되었다.

스페인과 프랑스의 전쟁

최고의 화가인 고야가 그린「1808년 5월 3일의 총살(The Second of May 1808: The Charge of the Mamelukes)」[15]에 나타난 상징처럼, 1793년에 스페인은 프랑스에게 비참하게 패했다. 프랑스의 공격으로 스페인은 지식인 사이에 분열이 생겼고, 1795년에 프랑스의 종속국이 되나 스페인 왕실 자체가 멸족하지는 않아 국가는 존재했다. 또다시 이듬해 프랑스의 사주로 스페인은 영국과 포르투갈 문제로 전쟁을 하였다. 영국과의 전쟁에서도 스페인은 패전했다. 계속된 패전으로 스페인의 경제상황은 악화되었고, 국민들의 사기는 저하되었다.

패전한 스페인 국왕은 권력을 나폴레옹의 형인 조제프 보나파르트에게 이양하였다. 그러나 조세프 왕은 스페인 군중에게 경멸의 대상이었다. 1808년 5월 2일에 스페인 군중은 프랑스 군대를 상대로 저항운동을 하게 된다. 나폴레옹은 훈련도 제대로 받지 못한 스페인 군대를 격파하는 한편, 저항하는 스페인을 도우려 참전한 영국군조차 몰아낸다. 그러나 나폴레옹 군에 대한 스페인 시민들의 저항전쟁은 지속되어 1814년에 나폴레옹의 퇴각과 함께 이베리아반도는 해방되었다. 이에 나폴리의 왕으로 지내던 스페인 출신 찰스 3세(나폴리의 페르디난드 7세)가 복권하였으나 국내의 혼란으로 위기를 맞았다.

프랑스의 스페인 침공으로, 1세기가 넘도록 스페인 국내 정치는 불안했다. 이로 말미암아 스페인은 쿠바와 푸에르토리코를 제외한 모든 라틴 아메리카 식민지를 잃었다. 즉, 베네수엘라를 포함하여 중남미 식민지 국가들이 차례로 독립

14) 1618~1648년 독일을 무대로 신교(프로테스탄트)와 구교(가톨릭) 간에 벌어진 최대의 종교전쟁으로 4기로 구분되는데 전반 2기는 종교적 색채가 짙고, 후반 2기는 정치적 색채가 짙다.

15) 고야의 나폴레옹군대에 대한 저항의식을 고취한 그림이다.

하면서 스페인은 세계 식민제국으로서의 면모를 상실했다. 또한 프랑스 점령하의 마드리드에서 시민반란이 일어나고, 시가전이 시작되었다. 부르봉왕가는 나폴레옹에 의해서 실각되었으나, 시민과 농민은 게릴라전으로 나폴레옹에게 저항하였다. 스페인 말에 '게릴라'라는 말은 여기에서 유래한다.

스페인과 미국의 전쟁

1898년에 에스파냐의 지배 아래 있던 쿠바에서 독립전쟁이 일어났고, 스페인은 이를 돕기 위해 미국과 전쟁을 벌였다. 필리핀에서도 스페인의 통치에 반대하여 독립운동이 전개되었고, 미국은 또 필리핀 독립운동을 도왔다. 스페인해군이 패배하여 쿠바와 필리핀은 미국으로 넘어갔고, 식민지의 독립운동은 미국에 의해서 탄압되었다. 스페인은 쿠바와 필리핀을 잃고, 이제 식민지로는 모로코의 해안지대와 아프리카 서쪽의 몇몇 섬들만이 남았다. 이에 절망한 스페인 시민들이 정부를 비난하며 사회개혁을 강하게 요구하였다. 당대의 양심 세대들이었던 98세대(1898년 세대)[16]는 스페인이 겪고 있는 일련의 전쟁들을 "슬픈 재난(El Desastre)"이라 외쳤다.[17] 결과적으로 미국과 스페인의 전쟁에서 스페인의 패배는 스페인의 몰락으로 스페인은 자생적인 정치발전의 기회를 잃고 있었다.

스페인의 정치불안

프랑스의 내정간섭과 영국 해군의 군사적 압력이 노골화되는 시기에, 1700년 카를로스 2세 스페인 국왕은 후사 없이 죽었다. 프랑스 왕 루이 14세의 손자 필리프를 스페인 왕위계승자로 지명했으며, 이 유언에 따라 필리프는 펠리페 5세(1700~1746, 재위)로 왕위를 계승했다. 그러나 오스트리아는 황제 레오폴트의 아들, 카를로스의 스페인 왕위계승권을 주장했다. 이에 영국과 네덜란드가 오스트리아를 적극 지지함으로써 전 유럽 열강 사이에 스페인 왕위계승전쟁이 일어났다. 1713년에 위트레흐트조약으로 펠리페 5세의 왕위가 인정되었으나, 대신 스페인은 이탈리아 영토에 대한 종주권을 상실했고, 스페인은 영국에 지브롤터를 양도했다.

한편, 스페인 정복을 노리던 프랑스의 나폴레옹 1세는 가톨릭교도 보호와 군

16) 유럽의 발전에서 처진 스페인 사회에 계몽을 촉구하며, 알폰소 체제의 부패를 비판하였다.
17) 98세대는 미국과 스페인 전쟁에서 패배한 것에 대해 자성하는 스페인적인 표현주의라고 할 수 있는 예술인 동맹이다.

주제 보호라는 명목으로 스페인에 출병했다. 이어 프랑스군의 주도로 1796년 8월에 산 일데폰소 조약으로 동맹을 체결하고, 해외에서 일일이 간섭하는 영국 해군에 대항해 스페인과 프랑스는 해전을 감행했으나 두 나라의 연합함대는 트라팔가르 해전(1805)에서 참패했다. 다시 1807년 프랑스군은 포르투갈 점령 후의 영토를 분배해주겠다는 약속을 하고, 스페인의 주요지역에 진지를 구축했다. 이에 애국심에 불타는 스페인 주민들은 개혁주의자들을 중심으로 프랑스에 대항해 아랑후에스 등지에서 반란을 일으킨다.

자유 시민들로 구성된 스페인 시민군은 1808년 3월 18일에 카를로스 4세를 퇴위시킨 뒤 그의 아들 페르난도 7세를 옹립했다. 그러나 군사력이 강력했던 나폴레옹 1세는 속임수를 써서 페르난도 7세를 발렌사이 성에 유폐시키고, 자신의 형 조제프 보나파르트(호세)를 스페인 군주로 옹립했다. 나폴레옹은 무능한 스페인 부르봉 왕실을 영원히 실각시키려는 것 같았다. 어느 면에서 오래전에 프랑스가 스페인에 이식했었던 부르봉왕조를 프랑스 나폴레옹이 폐위시키는 모순이었다.

이에 분노한 전 스페인 시민들은 각 지역에서 평의회를 결성하여 강력히 게릴라전을 전개했고, 마침내 스페인과 영국의 연합군은 프랑스군을 격퇴했다. 1814년 전쟁이 끝나자 페르난도 7세(1814~1833, 재위)가 귀국하여 통치했다. 오히려 프랑스의 야욕이 스페인 시민들의 저항으로 붕괴된 것이었다.

페르난도 7세가 죽은 뒤, 온건 자유파는 그의 딸 이사벨의 계승을, 보수파는 그의 동생 카를로스의 계승을 주장했다. 또 다시 스페인 왕위계승 갈등이 재연된 것이다. 결국 자유주의 진영의 주장대로 이사벨 2세(1833~1868, 재위)가 집권했다.

그러나 이사벨 2세에게 왕권싸움에서 패한 카를로스파는 1833~1840년과 1872~1876년, 두 번에 걸쳐 내란을 일으켰으나 실패했다. 이렇듯 이사벨 2세는 35년간의 집권기간 동안 6개의 헌법을 공포하고, 41번이나 내각을 개편했으며, 15번의 군사반란을 겪었다. 1868년에 프림 장군이 주도한 혁명으로 이사벨 2세는 축출되고, 1870년 11월에 이탈리아 왕의 차남 아마데오 1세가 입헌군주로 영입되어 2년간 통치했다. 1873년 2월에는 아마데오가 퇴위하고, 제1공화국이 선포되었으며, 각 지방의 극단적 분리주의자들이 반란을 일으켜, 스페인 국정은 더 혼미해졌다.

그 후 11개월 동안 지속된 스페인 공화국체제는 4명의 대통령을 맞이하는 등 혼란은 지속되었다. 1874년 1월에 세라노 장군이 통치권을 장악하여 북부의 무정부주의적인 분리주의 세력을 진압하려고 시도했으나 실패했다. 스페인의 부르봉왕조 통치는 그야말로 혼란과 내란의 연속이었다. 스페인은 필요에 따라 영국과도 연합하고, 프랑스와도 연합하는 등 기회주의적인 불안한 국가로 전전했다. 동시에 스페인의 국제관계도 사다리를 타듯 국가이익에 따른 '세력균형정책(balance of power)'으로 연명하고 있었다.

또한 전략적 요충지인 사군툼에서 군사반란을 일으킨 마르티네스 캄포스 장군은 1874년 12월 29일에 이사벨 2세의 아들 알폰소 12세(1874~1885, 재위)를 국왕으로 추대해 부르봉 왕조를 부활시켰다. 알폰소 12세는 집권 후 1876년에 헌법을 제정하여 세습입헌군주제에 양원제를 채택했다. 그는 가톨릭을 국교로 정했으나 다른 종교도 인정했다. 1885년 11월에 알폰소 12세가 죽은 후, 5개월 뒤에 태어난 알폰소 13세(1886~1931, 재위)는 모후 마리아 크리스티나 2세의 섭정을 받았다. 모후의 섭정은 귀족들과 불화 속에 많은 정치위기를 만들어낸다. 어렵게 그녀는 아들에게 권력을 이양했지만, 어린 국왕 알폰소 13세의 체제도 불안하기는 마찬가지였다. 당시 국내조정을 하겠다는 선언을 한 사가스타 내각도 1901년에 노동자 문제로 위기를 맞았다.

스페인의 노동자 문제는 좌파적 사상으로 채색되기 시작해서 군부와의 충돌이 예견되고 있었다. 수도와 지방에서 동시에 사회주의의 선동으로 노동자들의 여러 조직이 봉기하기 시작했다. 1902년에는 사라고사·바르셀로나에서 노동자들이 궐기했다. 특히, 카탈루스 지방의 공화파들은 이때부터 노동자들을 앞장세워 반정부 활동을 선동했다. 이때 스페인 시민들과 귀족들이 국가 존립의 위기를 느끼고, 스페인 내에서 애국 단체들이 저항활동을 시작하였다.

스페인 최초의 공화제 제1공화국

이사벨 2세를 추방한 배후는 정치세력으로서 결집되기 시작한 노동자 계급이었다. 당시 노동자 계급들은 사회주의 사상과 공화주의 사상으로 철저히 무장되어 있었다. 특히, 19세기 중엽부터 프랑스 사회주의자들에게 영향을 많이 받아 카탈루냐에, M. 바쿠닌의 아나키즘이 물결쳤다. 이것은 카탈루냐 공화파들의 마드리드 중앙정권에 대한 노골적인 도전이었다.

아나키즘은 스페인 노동운동의 한 주축으로 스페인 왕실의 존재를 위협했다. 이 노동운동은 각 나라의 사정에 맞게 민족주의와 결합했다. 유럽의 민족주의가 물결치던 1870년, 공산주의 제1인터내셔널의 스페인 지부가 창립된다. 예상대로 스페인 노동운동의 주류파는 마르크스파였다. 이들은 곧 바쿠닌파를 제명하여 아나키스트와 대립하고, 1882년에 사회노동당을 결성하였다. 그 산하에 1888년 노동총동맹이 성립되었고, 그들은 아나키스트와 대립하여 노동자계급을 양분하였다. 스페인의 노동운동은 이렇게 사상적으로 분열되기는 하였지만, 이미 독자적인 세력으로서 스페인 정치무대에 영향을 주기 시작하였다.

스페인 자유주의자들이 만들어 낸 '스페인의 희망'이라는 「1869년 스페인 헌법」은 주목할 만한 정치적 진전이었다. 이 헌법은 입헌군주제, 보통선거, 국가와 교회의 분리 등을 규정하는 등 선진적인 헌법 내용을 담고 있었다. 그러나 이 헌법은 이상적인 헌법임에도 불구하고 스페인 왕실은 군주의 선출문제로 혼미를 거듭하였다. 스페인 왕실은 1870년에 이탈리아로부터 아마데오를 군주로 맞이하게 된다. 그 역시 1873년 2월에 퇴위함으로써 단명으로 끝났다. 왕실의 불안을 끝이 안보였다.

여기서 스페인 공화파가 의회의 다수를 차지하여 '준비가 덜 된 공화국'을 선포하였다. 결국 스페인은 허약한 대통령제의 연방공화국이 되었다. 무력한 공화정부에 대항하여 카를리스타 지지세력과 아나키스트의 반란 등이 일어났고, 동시에 스페인 군부도 공화국정부에 반대하였다. 그리하여 군부의 쿠데타로 이상적 공화국은 무너졌고, 1874년 12월 알폰소 12세가 즉위하여 군부가 보호하는 군주제가 부활하였다. 이때의 공화국을 제1공화국이라고 한다.

부르봉 왕조의 부활인 제1공화국은 노동자, 농민, 도시빈민, 그리고 사회주의자들과 부르주아·지주·가톨릭교회의 대타협을 시도했다. 어느 면에서 스페인형 화합정치를 기대케 했었다. 그러나 이 체제는 왕정복고를 꿈꾸는 스페인 군부의 지지를 바탕으로 한 것이기 때문에 개혁의 기초가 허술했다. 노련한 타협가인 카노바스 델 카스티요가 1868년 9월혁명[18]의 지도자 P. M. 사가스타와 협력하면서 정치체제를 안정시키려고 하였다. 그러나 이 체제 속에서 카시키스모적 혼란[19]이 나타나 스페인 민주화를 어렵게 하고 만다. 이런 유약한 합의정치에 많은 것을 기대하면서 스페인정부와 시민들은 계속 혼미에 빠져 있었다.

통치권력이 미약한 1886년에 즉위한 알폰소 13세는 자주적인 통치의 정당성

18) Luis González Bravo는 1868년 나르바에스 사망 후에는 자신이 직접 내각을 조직하였다. 그는 1868년 9월 혁명으로 이사벨 2세가 퇴위하자 사직하였다.

19) 카시키스모는 지방귀족인 카시케가 민중에 대하여 공갈이나 매수로 선거를 좌우하는 움직임으로, 의회정치를 민중으로부터 유리시키려는 것이었다.

이 약해 처음부터 군부의 눈치를 보면서 과감한 정치를 못하고 있었다. 이렇게 나약함을 노리고 있었던 스페인 군부는 드디어 1909년 무모한 모로코전쟁을 일으켰다. 이에 반대하는 저항운동이 노동자들 사이에서 일어나, 그해 7월「비극의 1주간」이라 말할 수 있는 바르셀로나 소요가 발생한다. 이 기간에 반전운동은 반교회운동으로 바뀌었고, 유감스럽게도 교회를 불태우는 일이 빈발하였고, 많은 사상자가 발생하여 스페인 군부가 긴장하기 시작했다.

1914년 제1차 세계대전에 대한 스페인의 여론은 양분되었다. 군인·성직자·관료·지주 등 보수당 우익세력은 독일을 지지하고, 노동자·상공업자·지식인 및 카탈루냐와 바스크 지방 등 공화파와 좌익세력은 연합군을 지지했다. 이들의 지방의 자치정부 수립운동은 1917년부터 러시아 혁명의 영향으로 크게 고조되었고, 좌경화된 스페인의 진보세력들은 결국 스페인 군부에 굴복하게 된다.

5. 프랑코장군과 제2공화국

프랑코의 등장 배경

20세기에 이르러 스페인 정치권은 안정을 바탕으로 희망적 시도를 하면서 심기일전하는 듯했다. 스페인 군부는 서사하라와 모로코, 적도 기니를 식민지로 차지했고, 동시에 독일의 아프리카 대륙의 침탈에도 동참한다. 그러나 스페인의 주둔군이 모로코의 리프족과 전쟁(1920년)을 겪으면서 심각한 타격을 입는다. 소모적인 식민전쟁에 스페인 시민들은 국수주의적 군부와 우유부단한 왕권제도에 대한 크게 실망하게 된다. 19세기 말 사회주의와 무정부주의 사상이 유입되면서 스페인의 정치적 혼란은 더욱 가중되었다. 귀족과 가톨릭교회에 의한 부의 독점은 스페인 내부의 잠재적 혁명세력들이 규합될 수 있는 좋은 토양을 제공하였다. 이에 대항하려는 우익적 군부 장교들의 탄압도 거세지고 있었다.

이제 스페인 군부는 위험한 정치개입이란 탈선을 시작한 셈이다. 군인들의 성격은 앞으로만 전진하려는 습성으로 인해 정치적 타협이 어렵다. 어느 나라, 어느 시대이건 군부의 성격상, 민주적 정치군인이란 불가능하다. 그들은 일단 정권을 잡으면 독재화될 수밖에 없다. 어느 군부이건 일단 정치에 개입하면 타협과 후퇴란 생소한 일이다. 그들은 과욕과 영웅심으로 개발독재를 강행한다.

마찬가지로 스페인에도 1920년대에 이르러 민주적 정향을 가진 미겔 프리모

데 리베라에 의한 군부정권이 등장한다. 즉, 미겔 프리모 데 리베라 장군은 모로코 반란을 진압하면서 쿠데타를 일으킨다. 이로써 스페인은 군부정치로 회귀하여 잠시 동안 개혁적인 정책으로 안정을 되찾았으나, 결국 1929년에 세계대공황과 함께 퇴진했다. 결국 1931년에 스페인에 제2공화국이 들어선다.

1931년에 들어선 공화국 정부는 전면적인 사회개혁을 추진했으나, 역시 좌우양편 모두 만족시키지 못했다. 1933년에는 지배지주와 가톨릭 세력을 배경으로 하는 우익 세력이 정권을 잡아 보수적인 정책을 폈으나, 그 역시 실패한다. 점점 스페인 내부의 좌우 사상적 갈등은 사회혼란을 더욱 가중시키고 있었다. 무엇이 스페인의 사상인지를 알 수 없으리만큼 혼미를 거듭했다.

이 시기에 출범한 다토 총리가 절대중립을 선언하면서 스페인의 국내안정을 도모한다. 경제는 번영하는 하였으나 자치를 요구하는 지방의 저항, 카탈루냐와 바스크의 분리주의 반정부운동은 극에 달했다. 카탈루냐 자치운동이나 사회주의자의 반정부 활동은 1917년부터 러시아혁명의 성공으로 크게 고조되었다. 결국 좌파나 지방반란은 군대의 무력탄압을 받아야 했다. 이는 스페인 군부가 민주시민들을 제압해도 좋다는 선례를 남기고 만다.

결국 스페인은 유럽의 후진국으로 복잡한 사회문제에서 헤어나지 못하고 있었다. 심각한 것은 대토지소유제에 의한 농업문제였다. 당시 가톨릭 교회는 최대의 지주이자 금융·공업에 투자하여 국부의 1/3을 장악하였다. 교육도 교회의 손에 있었고, 국민의 반은 문맹이었으며, 선거는 선거 브로커집단, 즉 카시케가 좌지우지하고 있었다. 선거꾼들의 횡포로 스페인 민주주의는 타락하고 있었다.

스페인 군부는 국가주의로 흘러 국가위기라는 의식 속에 노동운동에 적의를 가졌다. 군부는 스페인의 민주화 노력을 말소하려 했다. 즉, 국가가 위기라 민주주의가 불가하다는 명분으로 군부의 정치개입이 시작된 것이다. 이에 공화파들의 봉기로 스페인은 내란의 징조를 보이기 시작하였다. 이어 성립된 제2공화국은 바스크를 비롯한 카탈루냐, 갈리시아에 폭넓은 자치권을 부여하며, 여성의 투표권까지 허용한다. 스페인에 민주주의의 희망이 보이는 듯 했다. 그러나 수구세력들은 제2공화정부에 체계적인 저항을 시작했다.

스페인 군부의 등장

유럽에서 시민들의 반왕정 분위기에 대응하여 유럽제국들의 군주들이 주도한 왕권수호조약이 있었는데, 이는 유럽내에서 군주의 복구를 약속한 반동체제가 된 빈조약이었다. 이러한 빈체제의 일환으로서 스페인에 1814년 페르난도 7세가 즉위한다. 그는 국제적인 반동협약의 지원으로 즉시 가톨릭세력을 강화했다. 이어 흩어진 왕당파의 부활을 기도하며 전제정치를 시작하였고, 이에 새로운 저항의 깃발이 일어났다. 반동왕정에 대항하여 1820년에 젊은 군인 리에고 이 누네스 대위가 카디스 부근에서 전제정치에 반대하는 시국선언을 내놓았다. 리에고의 선언은 카디스헌법의 부활을 요구하는 군대·농민의 지지를 얻어 코르도바에서 마드리드로 혁명운동이 번져갔다. 스페인에서 젊은 대위들의 현실참여가 시작된 것이다.

이와 더불어 국회에서도 급진파의 주장으로 봉건적인 여러 특권을 폐지하는 법안이 채택되었으나 실현되지는 못하였다. 이로써 스페인이 빈체제의 합의를 위반했다는 명목으로 국제 베로나회의가 열렸고, 그 회의는 스페인을 징벌하기로 결정한다. 빈 조약의 약속대로 즉시 프랑스군의 파견을 결정하고, 1823년 프랑스군이 마드리드를 입성한다.

리에고 대위의 민주혁명은 프랑스군의 간섭으로 실패하고, 자유주의자들은 탄압을 받았다. 리에고의 혁명적 선언은 중·남아메리카의 스페인 식민지들에 큰 여진을 남겼고, 많은 중남미 식민지들이 잇따라 독립하였다. 그러나 스페인은 리에고의 정신을 버리지 않고, 투쟁을 준비하고 있었다.

이런 와중에 스페인에서는 또 다시 고질적인 왕위계승 갈등이 일어났다. 1833년 페르난도 7세가 죽고, 왕의 동생 돈 카를로스는 정부가 인정한 이사벨라 2세의 즉위에 반대한다. 이어 카를로스는 자신의 왕위계승을 요구함으로써, 카를리스타 전쟁이 일어났다. 카를로스를 지지하는 카를리스타는 보수적인 귀족·성직자·농민이었고, 이사벨라 2세와 그 모후(母后) 마리아 크리스티나를 지지하는 세력은 도시 부르주아지와 자유주의적인 지주였다. 다른 시각에서 이 싸움은 지방 대 도시, 보수적 교권주의 대 자유주의, 바스크·나바라의 지방분리주의 대 중앙집권주의의 갈등으로 비화되면서 스페인에서 국론분열은 복잡한 양상으로 전개되었다.

개혁성향의 군인인 에스파르테로 장군이 도시의 민중과 진보파 인텔리겐치아 등의 지지를 받으면서 1840년에 쿠데타를 일으켰다. 에스파르테로는 모후 마리아 크리스티나를 섭정의 지위에서 추방하고, 독재권력을 휘둘렀다. 그는 얼마 뒤 민중의 봉기로 실각하고, 1843년에 영국으로 망명하였다. 이어 에스파르테로의 뒤를 이어 R. M. 나르바에스가 쿠데타를 일으켜 정권을 장악하나 부정부패로 얼룩진 보수적 스페인 정치는 혼미를 거듭한다.

이제 탐욕스런 정치장군들이 스페인 거리로 노골적으로 나오기 시작했다. 에스파르테로의 휘하인 L. 오도넬이 1854년 쿠데타를 일으켰고, 에스파르테로를 총리로 추대하지만, 얼마 지나지 않아 오도넬은 그도 밀어내고 그 자신이 정권을 장악했다. 스페인 민중들의 기대를 받았던 에스파르테로정권[20]은 한때 영국과 프랑스의 자본을 도입하여 철도를 부설하고, 카탈루냐에 면공업, 바스크에 철공업을 발달시켜 스페인의 산업발전에 기초를 마련했다.

그 후 등장한 정치군인들, 오도넬과 나르바에스 등은 정권쟁탈을 벌여 나라를 어지럽게 한다. 동시에 여왕 이사벨라 2세와 나르바에스정권은 자유주의자를 탄압하는 등 반동적인 정책을 펴다가 1868년 9월 혁명으로 여왕은 왕위를 빼앗기고 망명하였다. 그리고 혁명의 주도권을 장악한 자유주의자들은 스페인의 희망이라는「1869년 헌법」을 제정하였다.

한편 모로코에서 현지 독립군들에게 스페인군은 패한다. 이 충격적인 패전은 본국에 큰 타격을 주었고, 모로코 패전의 책임문제를 둘러싸고 의회와 군부 사이에 분쟁을 야기했다. 그러다가 1923년 9월에 프리모 데 리베라가 쿠데타로 권력을 장악한 뒤 결국 군부의 정치개입이 시작되어 주목할 만한 프랑코 이전의 군사독재내각이 수립됐다. 즉, 알폰소 13세는 1923년 M. P. 데 리베라 오르보네자 장군을 총리에 임명하고, 이탈리아의 파시즘을 모방한 독재정권을 수립하였다.

모로코의 패전을 만회하려는 스페인군은 1925년 9월 모로코에 상륙했고 1927년에는 모로코의 전 지역을 장악했다. 그러나 이것은 군부의 무리수였다. 리베라 군부정권은 '최고국민회의'를 소집해 입헌적인 외관을 갖추고, 공공사업·재정·치안유지 등에서 성공을 거두었다. 그는 초기에 수출과 경제팽창으로 지지를 받았으나, 1929년 공황 이후에는 왕실과 불화했다. 그러자 점증하는 학생시위와 지방의 소요사태로 1930년 1월에 리베라는 사임했다. 리베라는 너무나 과도한 국위선양이란 구호에 몰입해서 국내의 정치불안을 가중시키는 오류를 범했다. 그의 뒤를 이어 베렝게르 장군이 등장하지만 그 역시 경제침체에서 오는 정치적 불안을 해소하지 못하고 오류를 거듭하다가 실각한다.

---

20) 에스파냐의 군인·정치가이다. 에스파냐 군인정치가의 전형적인 인물로 그 이후로 에스파냐의 대중은 군사 지도자에 경계심을 가지고 대립했다. 그는 집권초기는 민주적인 장군 같았는데, 결국 군부 독재를 했다.

이 시기에 스페인의 진보적인 민중들이 군주제를 반대하는 혁명위원회를 산세바스티안에 결성하고 노골적으로 선거에 개입했다. 1931년 4월의 지방선거에서 승리한 공화파는 국왕의 퇴위를 요구하고 공화국 수립을 선언했다. 결국 그 혁명위원회는 제2공화국의 임시정부가 되었다. 이 정권도 세계경제공황에 타격으로 1930년에 붕괴되었다.

1931년의 총선과 지방선거 결과로 스페인에 공화국이 선포되면서, 알폰소 13세는 국외로 망명하였다. 그러나 준비가 덜된 초기 공화체제는 결국 스페인의 정국을 군부독재로 유인하였다.

제2공화국의 실정과 내전

스페인의 마지막 공화정치는 비극적인 내란이 시작되는 시기다. 좌익계 공화파는 1931년 6월에 제헌의회 선거에서 압도적 승리로 다수를 차지하고, 스페인을 “모든 노동자의 민주공화국”으로 규정한 공화헌법을 제정했다. 선거에서 승리한 좌파들은 제대로 준비도 못한 채 국수주의적 군부와 충돌하기 시작하였다.

좌익이 득세한 제2공화국의 인민전선정부에 대항해서 스페인 군부를 주축으로 한 국가주의자들이 군사반란(1936~1939)을 일으켰다. 군부는 처음에 전국을 장악하는 데 실패하자, 반란은 유혈내란으로 확산되었다. 반란군은 보수주의자, 파시스트 이탈리아, 나치 독일의 지원을 받았고, 공화파는 유럽 각국과 미국에서 온 대규모 자원병으로 구성된 국제여단의 지원을 받았다.

스페인 내란의 배경은 1931년에 성립된 제2공화국의 실패를 들 수 있다. 공화국 정부는 노동운동의 고양, 농민의 토지개혁 요구, 카탈루냐와 바스크의 독립문제, 군대의 개혁, 교육의 교회로부터 분리 등 산적한 개혁문제에 직면하였다. 토지개혁의 미비 등으로 스페인 국민들은 제2공화국에 환멸을 느꼈고, 스페인의 국내정치는 혼란에 빠졌다. 1933년 왕당파와 교회세력 등 공화정부에 반대하는 보수 우익진영이 노동자세력을 소외시켜, 총선거로 정권을 장악하였다.

결국 1934년 10월에 교회세력을 기반으로 반공화주의 내각에 항거하는 노동자 총파업이 일어났다. 아스투리아스의 광산지대에서는 군부와 노동자간에 발생된 광산폭동은 스페인 군부를 불러들이고, 노동자들의 ‘10월투쟁’은 군부에 의하여 진압되었다. 이에 반발하여 좌파와 노동자진영의 통합이 추진되어 다시 1936년 2월 총선거에서 인민전선이 승리했다. 이에 군부는 1936년 7월 17일에 군사봉기를 시작했다. 7월 21일까지 반란군은 스페인령 모로코, 카나리아

제도, 발레아레스 제도(메노르카 제외), 과다르라마 산맥, 에브로 강 북쪽의 스페인 지역을 장악했으나 반 마드리드 정서가 강한 아스투리아스, 산탄데르, 북쪽 해안의 바스크 지방, 북동쪽의 카탈루냐 지방은 점령하지 못했다.

어느 면에서 스페인 내전은 내란이 아니라 국제적인 전쟁이었다. 스페인 인민전선은 국제적인 여론을 등에 업고 노동자·농민·중산층의 제휴를 기초로 만들어진 정치조직이었다. 반면, 이에 대항한 우익세력은 자신들의 이해관계를 지키려는 기득권자들이었다. 1936년 7월에 시작된「스페인내전」은 장기화되었고, 3년간의 내전 끝에 1939년 3월에 마드리드가 함락됨으로써 마무리되었다. 스페인 내전에서 승리한 군부 반란군은 프랑코 장군 주도 아래 파시즘 형태의 일당독재국가를 만들었다. 그는 집권 후 좌파 학살, 비밀경찰을 통한 감시 등 독재정치로 국민들의 자유와 인권을 억압했다. 프랑코 군부 독재정권 아래 합법적으로 인정받은 당은 팔랑헤당(Falange española tradicionalistay de las JONS)뿐이며, 1937년에 창립한 후 스페인 내의 반공산주의를 강하게 추진하고, 스페인 가톨릭 민족주의 구축에 큰 영향을 미친다. 프랑코는 반공정책과 전통적 가톨릭주의를 양대 축으로 스페인을 보수적으로 통치했다.

그러나 프랑코 군부가 스페인 민주주의를 탄압하자, 프랑코가 만든 팔랑헤당도 1949년에는 민족해방당(Movimiento Nacional)으로 개칭하고, 반프랑코적 정치노선으로 선회한다. 어느 면에서 프랑코 통치는 엄청난 군부독재를 자행했지만, 스페인의 민주세력을 키워내는 역할을 했다.

국제전 성격의 스페인 내전

스페인 내전은 1936년 7월에 시작하여 1939년 3월까지 약 3년 동안 계속되었다. 유럽의 파시스트 히틀러, 무솔리니, 그리고 가톨릭의 지원을 받은 프랑코 군부는 1936년 스페인 좌파 공화정부에 대항하여 군사반란(쿠데타)을 일으켰다. 이것이 스페인 내전의 시작이다. 스페인 내전이 일어나자 파시스트였던 히틀러는 약 1만 7천명 군병력을 스페인에 파견한다. 그 중에는 조종사, 군사기술자, 비행기 600대, 탱크, 대포, 그리고 자금까지 프랑코 반란군에게 보냈다. 이태리의 무솔리니도 자원자 약 7만5천명, 비행기 660대, 탱크, 대포를 보냈다. 모로코도 군인 7만5천명을 보내 스페인의 공화인민파를 제압했다.

군사력 부족으로 패색이 짙은 스페인 공화정부는 전 세계에 도움을 요청했다. 이에 따라 50여개 민주주의 국가들에서 전투 요원 4만명, 비전투 요원 1만명 등 모두 5만명의 자원자들이 스페인전선으로 들어왔다. 다국적 청년들이 스페인의 공화정부를 지키기 위하여 자원하는 참전하는 사태가 벌어졌다. 주목할 점은 스페인 내전 때 여러 나라의 양심적인 지식인, 작가들이 공화정부를 위하여 자발적으로 참전했다는 것이다. 예컨대, 행동주의 문학을 내세운 헤밍웨이의 「누구를 위하여 종은 울리나」라는 소설도 스페인 내전을 배경으로 한 것이다. 앙드레 말로, 헤밍웨이, 조지 오웰, 생떽쥐베리 등도 참전했다.

전투요원 가운데 35000명은 개인 차원에서 지원하여 참전한 국제여단의 군사조직에서 활동했으며, 거기에 비행기 320대가 있었다.[21] 특이한 것은 스페인 공화정부가 프랑스와 영국에 도움을 요청했지만 오히려 이들 나라는 스페인 항구를 봉쇄했다. 이에 스페인 공화정부는 소련에 도움을 요청했고, 이에 소련은 군인 3000명, 비행기 650대, 탱크, 대포를 보내어 스페인 내전에서 소련의 입김을 강화하였다.

소련의 참전으로 히틀러는 공화파들을 응징하기 위해 무자비한 독일 콘도르 공군기들이 보내 공격한다. 즉, 1937년에 프랑코를 돕기 위해 스페인 바스크 지방의 작은 마을 게르니카에 5만 발의 폭탄으로 폭격하여 집의 80%가 부서지고, 민간인 1500명이 죽었다. 게르니카는 군사시설도 없는 조그만 시골 마을인데, 폭격의 목적이 군사시설 파괴보다는 새로 개발한 비행기와 폭탄의 성능시험이었다는 가설도 있다. 그 유명한 '게르니카(Guernica)'라는 그림은 스페인 공화정부가 1937년에 파리에서 열린 국제박람회에서 그 참상을 그림으로 전시하고자 바르셀로나 출신 인민파 화가 피카소에게 의뢰하여 만든 것이다.[22]

유럽사회는 세계대전의 위기의식으로 서방국가들은 1937년에 조인된 국제연맹의 불간섭조약(non-intervention agreement)을 만들었다. 이 규정에 따라 유럽 여러 나라들은 자기 나라 사람들이 스페인 내전에 참전하는 것을 막으려고 했다. 그러나 많은 양심적 민주인사들이 개인적으로 참전하게 된다. 스페인 내전에 히틀러와 무솔리니는 프랑코 반란군을 적극적으로 도왔고, 국제여단과 소련도 스페인 공화정부를 도왔다.

---

21) 국제여단 병력 수: 프랑스(1만), 도이칠란트(5000), 폴란드(4000), 이탈리아(3500), 미국(2500), 영국(2500), 벨기에(1700), 체코슬로바키아(1500), 캐나다(1200), 유고슬라비아(1200), 남아메리카(1000), 헝가리(1000), 스칸디나비아(1000), 네덜란드(600), 스위스 (400)

22) 스페인 내전 당시 나치군이 스페인 게르니카 지역 일대를 1937년 4월 26일 24대의 독일군비행기로 폭격하는 참상을 보고 파블로 피카소가 그린 그림의 이름이다. 수많은 사람들이 희생되었으며 250~1600명 그 이상의 사람들이 사망하였다.

그러나 스페인 내전에 참전했던 국제여단은 전쟁이 끝나기 한 해 전인 1938년에 패색이 짙어가는 공화정부의 요청으로 해산했고, 1939년에 공화정부도 프랑코 반란군에게 항복했다. 정확한 통계는 없지만 스페인 내전에 자원한 외국 전투 요원 가운데 40%가 죽었다. 그 중 전투요원 4만명 가운데 1만 6천명쯤이 전사했다. 스페인 내전으로 30~60만명이 죽고, 25~50만명이 망명했다고 한다. 일개 국가의 내전치고는 비교적 인명 희생이 큰 편이다. 그 이유로 스페인 내란이 유럽의 많은 나라들이 참여한 국제전의 성격을 띠고 있었기 때문이다.

제2차 세계대전이 종결되자 히틀러에 협력한 프랑코의 스페인은 국제연합에 추방되어 가입하지 못하는 등 정치·경제적으로 고립상태를 겪기도 했다. 1955년에야 유럽에서 공산주의 세력의 남하를 우려해 미국은 이베리아반도와 지중해에 군사를 주둔시키고, 스페인을 국제연합에 가입하도록 허용한다.

위에서 본 바와 같이 스페인 내전은 스페인이라는 한 나라의 내전이 아니라, 유럽을 비롯한 세계열강들이 스페인 영토에서 벌인 국제전쟁, 즉 국제대리전이었다. 이로 말미암아 스페인 내전은 제2차 세계대전의 단초를 제공했다. 스페인 내전이 끝날 즈음에 독일이 친영국적인 폴란드를 침공하였다. 독일은 소련의 공산주의를 잠재적인 적으로 보았고, 영국과 프랑스의 반독일적 정서도 증오했다.

비록 가정이지만, 스페인 내전에서 독일이 좌절했다면 제2차 세계대전은 일어나지 않았을 지도 모른다. 히틀러는 스페인 내전에서 유럽침공을 준비하면서 전격전(Blitzkrieg: 블리츠 크리크)을 시험해 보았다고 한다. 즉, 독일의 히틀러는 3년에 걸친 스페인 내전을 통해서 유럽 점령 작전을 연습한 셈이다. 어느 면에서 독일의 히틀러는 스페인 내전을 승리로 끝내면서, 영국과 프랑스를 겁쟁이로 파악하고 바로 2차 세계대전을 준비했다.

6. 현대 스페인의 민주화

자신의 후계자 문제로 고심하던 프랑코는 1931년에 추방되어 망명한 스페인 합스부르크 왕가의 후손 후안 카를로스 왕자를 후계자로 지명했다. 이것은 민주적 스페인으로 복귀하려는 국민들의 여망을 인식한 듯 스페인이 입헌군주제로 가기 위한 국내적 제도를 인정했다. 그리고 그는 입헌군주제로 스페인을 복원하기 위한 안정장치를 해놓았다. 어떤 역사가는 “프랑코는 지구상에서 가장 행복했던 독재자"라고 했는데, 적절한 지적이다.

프랑코는 1975년 11월 20일에 83세를 일기로 사망했다. 그의 유해가 묻힌 「죽은 자의 계곡」[23]은 1940년 착공하여 20년 만에 완공된 현대판 피라미드이다. 거대한 암반에 길이 255m, 높이 150m의 대형터널을 뚫어서 만든 「죽은 자의 계곡」에는 스페인 내전에서 숨진 5만여 명의 무명용사들이 잠들어 있다. 그리고 스페인 인민들의 자유를 열망하며 프랑코 군부에 대항한 자유 투사들이 프랑코군의 포로로 잡혀와 피맺힌 노동을 한 눈물의 흔적들이 널려 있었다.

스페인의 왕정복귀

스페인은 프랑코의 「국가원수계승법」에 의해서 왕국이면서 왕은 없고, 프랑코 자신이 종신원수로서 후계자도 지명할 수 있었다. 1968년에 후안 카를로스가 후계자로 지명되었고, 1975년 11월에 프랑코가 죽자 알폰소 13세의 손자 후안 카를로스가 입헌군주로 즉위하였다. 즉위 후 소장파 군인들에 의한 쿠데타가 일어났다. 젊은 국왕은 정치군인들을 질책했다. 카를로스 국왕은 정치군인들에게 "쿠데타를 하려면, 내 시체를 밟고 가라"고 훈계했다.

후안 카를로스 1세와 소피아 왕비는 1975년에 프랑코가 사망한 뒤에 스페인 왕정을 복고를 선언했다. 후안 카를로스 1세의 결단으로 스페인에서는 보통선거가 실시되어 국민들이 자신들의 손으로 지도자를 선출하는 민주화가 진행되었다. 또한 언론·결사·정치의 자유가 허용되는 등 군부 독재자 프랑코 사후 스페인에서는 민주주의가 뿌리내리기 시작했다. 1978년에 스페인 신헌법이 선포되면서 각 지방에서 지방자치가 출범한다. 그러나 일부 지방에서는 지방자치보다는 독립을 바라는 목소리로 바뀌면서 스페인은 정치적으로 불안정했다.

신헌법에 따라 새로운 법률도 만들어 졌다. 그에 따라 실시된 선거로 1982년에 스페인 사회노동당은 내전 이후 43년 만에 다시 집권한다. 1996년에는 14년 동안 스페인 국민들의 기대를 받았던 사회당도 무능하다는 비판을 받으며, 보수 우파에 정권을 내주었다. 그러나 카탈루냐 지방에는 지금도 강력한 사회주의 정파들이 세력을 유지하고 있다. 스페인 내부는 아직도 뿌리 깊은 자유주의자들과 인민공화파들의 개혁적인 정신이 존재하고 있다. 이것은 39년간 지속된

---

23) 필자가 2005년 방문한 스페인 사자의 계곡은 거대한 통바위를 파고 들어가 만든 자연 성당이었다. 인간의 힘으로 건축하기에는 너무나 방대하다. 정치범들의 처절한 피맺힌 함성이 들리는 듯한 계곡이었다.

프랑코 군부통치에 대한 저항정신의 여파로 보인다.

스페인의 정치제도

스페인은 1978년에 제정된 헌법에 민주주의, 법치주의, 중상주의 경제에 기반을 둔 입헌군주국이라고 규정하고 있다. 신헌법은 오랜 갈등의 원천인 중앙-지방관계를 새롭게 정립하여 국가의 통일성을 유지하면서 지역자치권을 인정했다. 즉, 지역자치가 가능하나 스페인 전체의 국가이익을 손상시킬 수 없다. 이 원칙에 따라 중앙정부가 자치권을 통제한다. 국왕은 국가원수로서 모든 외교관계에 있어서 스페인을 대표한다. 또한 국왕은 국내적으로는 새로운 법을 승인하거나 거부할 권리를 가지며, 의회를 소집하거나 해산시킬 수도 있다. 그 밖에 국민투표요구권, 총리를 비롯한 각료들의 임명권·해임권, 총리직 후보자를 추천할 수 있는 권리 등을 가진다. 또한 군통수권자로서 전쟁을 선포하고 평화조약을 조인할 수 있다. 이렇듯 스페인 국왕의 권한이 막강하지만 후안 카를로스 국왕은 거의 모든 권한을 내각에 위임하고 있다.

스페인의 의회(코루테스헤네랄레스)는 상원(카마라알타)과 하원(카마라바하)으로 이루어진 양원제이다. 의회는 스페인 국민을 대표하며, 그들의 주권을 수호한다. 상원과 하원 의원은 각 주에서 보통선거에 의해 4년마다 선출되며, 하원이 상원보다 강력한 입법권을 갖고 있다. 행정조직은 총리, 부총리, 각 부처 각료로 구성된다. 총리는 국제·국가 정책, 민간·군사행정, 국가방위를 담당한다. 총리는 대개 다수당의 제의에 따라 국왕이 추천하는 후보를 의회표결을 거쳐 국왕이 임명하는 형식으로 선출된다. 이 부문이 다른 입헌군주제 국가들과 차이가 있다. 형식적이라고 스페인은 국왕이 행정수반인 총리를 추천한다는 제도이다. 총리 이하 각료들은 의회에 책임을 진다. 행정부는 의회의 신임투표를 요구할 수 있으며, 총리는 의회를 해산하고 총선을 요구할 수 있다.

카탈루냐주 정부의 저항노력으로 스페인의 지방자치는 지속적으로 발전되었다. 마드리드 중앙정부는 지방자치 권한을 가능한 한 제한하려 하고, 카탈루냐와 같은 유력 지방은 중앙정부로부터 독립하고자 하는데서 스페인 자치제도가 갈등을 겪고 있다. 1984년에 이르러 스페인 내의 자치법령에 의해 승인된 지방은 17개에 이르렀다. 1883년에 처음 도입된 행정단위인 주(州)는 1978년의 헌법에서 중앙정부의 정책수행을 위해 시와 자치체들을 묶은 것이다. 지방정부의 단위로 시의회에 권능을 많이 부여해서 시의회가 지자제 운영을 담당한다. 시의회가 시장을 선출하기 때문에 시의회의 권한은 대단하다.

물론 마드리드와 바르셀로나와 같은 대도시들은 지방자치법상 특별시의 지위를 갖는다. 특히 징세부문은 이 두 도시가 차지하는 비율이 엄청나기 때문에 특별한 법률로 관리한다. 그러나 국가안보에 해당하는 군관리는 중앙집권적인 통제를 받는다. 국방부에 육·해·공군이 있으며, 국왕이 총사령관을 맡는다. 모든 성인 남성이 병역의무를 갖는 징집제를 실시하고 있으며, 입대에서 제외되는 경우는 법으로 규정하고 있다. 복무기간은 15～18개월이다. 최근에는 징집제에서 지원제로 바뀌고 있는 실정이다. 스페인의 중앙경찰은 군사조직에 속하지 않고, 내무부가 관할한다. 한편 스페인에서 가장 오래된 경찰조직인 민간경비대는 내무부의 관할이지만, 지방자치정부에 따라 군대의 한 단위를 이루기도 한다. 한국의 다양한 경찰제도와 많이 흡사하다.

현대에 와서 스페인의 지방차지제도가 지방분권의 수준으로 강화되고 있는 분위기이다. 1970년대 말부터 1980년대 초까지 스페인은 지방정부의 새로운 위상을 모색했다. 1978년의 헌법 제8조에 따라 역사·경제·문화를 공유하는 주들로 자치지방을 설립하는 것이 보장되었다. 이렇게 설립된 지방정부들은 자치권을 갖게 되었지만, 스페인 전체의 이익을 해칠 수는 없다는 취지로 아직도 강력한 중앙집권적인 요소들이 국가 헌법에 있다. 즉, 스페인 신헌법은 지방자치권한에 많은 유보조항을 달아놓아 자치정부들의 불만은 아직도 높다.

스페인의 교육 및 사회보장제도

스페인의 교육은 전통적으로 스페인 교회당국이 과도하게 간섭하는 교육체제였다. 그러나 1970년에 제정된 교육기본법에 근거하여 서유럽의 제도를 모방하여 현대화되었다. 프랑코의 후기정권은 먼저 스페인의 공립학교에서 가톨릭 과목을 의무적으로 교육하는 것을 금하여 스페인 교육을 탈종교화했다. 교육단위는 취학 전 교육, 초등교육, 중등교육(바치예라토), 고등교육, 평생교육 등으로 나누어져 있다. 초등교육은 6～13세, 중등교육은 14～16세의 교육을 담당한다. 중등교육을 마치면, 예비대학과정과 2차 전문학교를 이수할 자격을 얻으며, 그 후 고등교육기관에 해당하는 대학과 전문기술교육기관에 입학할 수 있다. 그러나 아직도 고급형 사립학교와 서민형 공립학교들이 양분되어 스페인 사회의 빈부차이만큼 국민들의 불만이 크다. 스페인의 공립학교는 수업료가 없지만, 사립학교는 1년 수업료가 600유로 이상으로 국민들 간에 위화감을 주고 있다.

스페인은 사회보장제가 발달되었다. 상공업 노동자를 포괄하는 계층은 노동조합에서, 기타 농어업·철도·광산업 등과 같은 특수 부문 노동자들을 국가에서 관리업무를 맡는다. 그러나 자영전문직은 사회보장제에서 제외되어 이들이 정하는 서비스요금은 그 비용을 계상하고 있어 비싸다. 그것이 스페인 사회의 또 다른 물가상승의 원인이 되기도 한다. 특히, 최근 스페인의 실업수당제도는 유럽의 어느 나라보다 잘 만들어져 있어서 많은 서민들이 혜택을 보고 있다.

스페인 산업의 현대화

역사적인 관광자원의 보존정책과 스페인식 전통주의가 스페인의 공업발전을 저해했다. 그러나 프랑코정부는 국민동원을 통해 1950년대 중반 이후에는 빠르게 간접자본을 건설해 전반적인 산업을 공업화로 유도했다. 새로운 산업이 발전하고 있는 과정에도 스페인 특유의 전통적인 경공업지역들이 여전히 그 맥을 이어 스페인 특산물[24]을 제조해오고 있다.

20세기 말에 들어 독일자본이 들어오면서 첨단산업이 집중적으로 육성되고 있다. 중공업은 주로 북부지역에 집중되어 있다. 빌바오는 중세부터 철강업의 중심지였고, 마드리드는 경공업과 더불어 기계공업과 금속업이 발달했다. 특히, 1960년대부터 1970년대 초까지 스페인에서 가장 성공적이면서 경쟁력을 지녔던 조선업은 1970년대 중반의 경기침체 이후 철강업 및 직물업과 더불어 산업재구조화의 과정을 거쳐야만 했다.

한편 국내의 직접투자가 적은 스페인에 많은 민간투자자금이 해외로부터 유입되었다. 스페인 국민들은 주식 투자보다 저축을 선호하여 주식시장은 비교적 발달하지 못했다. 해외 주요 투자국은 미국, 독일, 영국 등이다. 스페인은 원유수입 때문에 만성적인 무역적자를 겪고 있다. 주요 무역상대국은 EEC의 회원국들과 미국·일본 등이며, 멕시코 등 중남미 국가들과도 거래가 활발하다. 1996년까지 운송장비 수출이 총 수출량의 1/5를 차지하며, 농산물·기계 등도 주요 수출품목에 든다. 한편 수입부문에서는 기계·에너지 제품이 총 수입량의 1/5이상을 차지하며, 운송장비·농산물 등의 수입도 활발하다. 급격한 경제성장 과정에서 유발된 무역적자는 관광수입과 노동력 수출에 따른 이민 송금으로 메워지고 있다.

---

24) 마니세스의 요업, 하티바의 제지, 바르셀로나의 가죽제품 그리고 세고비아·소리아·베하르·부르고스 등지의 모직산업, 바르셀로나 주변의 면직업 등이 그 예이다

현대 스페인의 경제정책은 중앙정부의 영향력이 매우 크다. 철도·전화·방송국

등을 관장하는 회사를 포함하여 다수의 기업이 국가 소유이며, 산업공사를 통해 경제가 통제된다. 조세를 통한 재정수입은 1960년대만 하더라도 스페인 경제에서 가장 열악한 분야였다. 이 시기에 국민의 수입은 급등했으나 정부의 조세수입은 그에 비례하여 늘지 않았다. 이에 조세의 기반을 늘리고 효과적으로 징수하기 위한 조세법이 만들어졌다.

1970년대 후반까지 시행착오를 반복하면서 점진적으로 정부의 개입을 줄여나가는 방향으로 경제정책을 세우는 데 성공한다. 과거 군부시절의 과도한 정부통제의 관습이 스페인 도처에 잔존한다. 그래서 스페인 정부는 서둘러 공업계획 통제완화, 가격통제완화, 금융체계 자율화, 1978년 외국은행의 영업허가에 대한 입법, 그리고 1981년 이자율 자율화 등의 정책을 실시하고 있다. 사파테로 정부는 다른 유럽 국가들과 마찬가지로 스페인은 불경기·인플레이션·실업을 이겨내기 위한 다양한 정책을 실시하고 있으며 상당한 성과를 이룩했다.

스페인의 노동운동과 민주화

스페인은 역사적으로 좌우 사상대결이 유럽의 어느 나라들보다 심각했다. 어느 나라인건 노동운동에는 사상적 갈등이 내재되어 있기는 하지만 스페인 노동운동은 정치적 좌익으로 시작되었다. 좌우 갈등에 군부의 정치개입까지 겹쳤다. 노동자들은 프랑코 군부에 맞서 힘든 투쟁을 했지만 수없이 좌절했다. 현대에도 스페인 노동운동은 사상적인 통제가 강하나 대부분 스페인 국민들의 무관심으로 어려움을 겪는다. 원래 스페인 노동조합은 1930~40년대 파시스트 정권하에 조직된 신디케이트 시스템[25]이었다.

1970년대 들어 빈곤한 노동자계층에서는 사회계급적 갈등을 표출하기 시작했다. 그러나 스페인의 민주노조는 정부가 종합적으로 통제하는 제도를 거부한다. 1971년대 초에 의회는 정부가 제안한 노동조합활동에 관련된 기본법을 통

25) 고용자·노동자·국가의 이해관계를 종합적으로 고려하는 체계. 참가기업은 생산면에서는 독립성을 유지하나 판매는 공동판매회사를 통해서 이루어진다. 독점적 판매조직의 독점적 시장지배력을 향유할 수 있어, 카르텔과 트러스트의 중간형태라고 할 수 있다.

과시켜 경영자·기술자·노동자들이 독립적인 조직을 가질 수 있도록 보장했다. 항상 정부 감독하의 수직적이고 포괄적인 노동체계는 여전히 스페인 노조운동을 방해하고 있다. 1977년에 독립된 노동조합이 법으로 인정되었으며, 1980년에는 다양한 노동문제를 다룬 노동법이 제정되었다. 현 스페인 정부는 노조관련 법규를 좀 더 근대화할 것으로 보인다. 그러나 점점 강해지는 스페인의 민주노조가 스페인의 열악한 생산성 저조를 탈피시킬 것인가가 앞으로 관건이다.

한편 1960년대 후반부터 스페인의 민주화 개혁 바람이 거세졌다. 스페인교회 내에서도 젊은 사제들을 중심으로 보수적 주교단의 어용행위에 저항하며, 프랑코 정부의 반민주주의적 통치에 개혁을 요구하기 시작했다. 스페인 언론과 정당들도 개혁을 기치를 내걸고 프랑코이후를 준비했다. 지방자치 단체들도 새로운 자치 독립을 요구하였다.

스페인 최후의 독재자 프랑코 장군이 죽고, 후안 카를로스가 왕위에 오르면서 입헌군주제가 부활되었다. 카를로스왕은 스스로 군주의 권한을 포기하면서까지 스페인의 민주화에 크게 힘썼다. 1977년에 실시된 선거로 구성된 의회는 정치·경제의 민주화에 착수하여, 로마 가톨릭교의 공식적인 정치개입을 금지했다. 무한한 교회의 권력지위를 박탈했으며, 자유기업제도와 인권을 보장했다. 또한 여러 지방에 제한적이지만 자치권을 부여했다.

스페인은 1986년에 유럽경제공동체(EEC)의 일원이 되었다. 이어 민주화를 갈망하는 혁신적 정당인 사회노동당이 1989년 10월에 재집권에 성공했다. 보수 개혁의 갈등은 1990년대 들어서도 계속되었다. 마드리드 중앙정부와 에우스카르디·카탈루냐 등 독립 성향이 강한 자치정부들 사이에 물리적 긴장관계가 계속되었다. 바스크 독립운동기구인 에타(ETA)가 과도한 테러활동으로 국제적 지원세력을 상실하고 있다. 그러나 소련붕괴 이후 각 지역에서 급속도로 성장한 유럽내 민족주의의 영향은 바스크 해방 기구를 자극하며 커다란 파고를 몰고 왔다. 이 파고는 스페인 내부로 연동되어 스페인 국내의 분리주의 움직임을 자극했다. 에타(ETA)의 독립전쟁이 촉발되었다. 더 많은 독립을 갈망하는 카탈루냐, 아스투리아, 갈리시아 주의 자치적 통치요구는 주목할 만하다.

이러한 정치적 어려움 속에서도 민주적이고 개혁적인 스페인 정부는, 주요 무역 파트너인 미국과 유럽 국가들과 긴밀한 정치적 연대를 맺고, 대외적인 국가 신인도의 제고를 위해 힘을 쏟았다.

지금 스페인을 통치하고 있는 대표적 주요 정당들은 크게 두 개로 분류할 수 있다. 첫째는 사회노동당(PSOE)으로 1879년에 창설되었으나, 1975년 프랑코 총통이 사망할 때까지는 해외에서 저항적으로 활동하면서 국내정치에 은밀한 접촉만을 유지해왔다. 프랑코 사망 이후, 1980년대에는 지도자 곤잘레스와 게라가 사회주의 이념에서 마르크스 사상을 포기하고, 민생위주의 정책정당으로 발전시켜 스페인 내에서 가장 강력한 민의정당으로 성장시켰다. 둘째는 국민당(PP:Partido Popular)으로 스페인의 보수당이다. 1979년에 제1야당 자리를 차지했으며, 다음 총선에서 PP당이 승리하여 호세 마리아 아스나르(José María Aznar)가 총리로 선출되었다. 그는 친미정책으로 스페인의 경제성장을 이끌었다. 1986년 1월 1일자로 유럽연합에 가입한 이후 국민당은 유럽연합에서 중요한 지위를 확보하는 정강정책으로 보수계층의 지지가 높다. PSOE당과 PP당, 이들 두 정당은 성공적으로 정권을 이양받아 스페인의 민주화를 진척시켰다.

오늘날 스페인의 내홍은 마드리드세력과 바르셀로나세력 간의 갈등이다. 스페인은 1986년 1월 1일자로 유럽연합에 가입한 이후, 중앙정부와 지방정부 간에 마찰이 자주 일어난다. 최근 마드리드와 바르셀로나 간에 지역감정문제가 가중되고 있다. 이 와중에 바스코 독립주의자(ETA)의 테러활동이 발생하여 스페인의 앞날을 어둡게 한다. 이들은 스페인 중앙 경찰 요원들을 공격해 상당수의 사상자를 발생시키고 있다. 최근 심화되는 국제경제로 말미암아 스페인의 실업률이 23%를 기록하였다. 이어 총파업이 발생하는 스페인 정세는 경제침체가 심해지고, 노조파업이 극에 달하는 어려운 국면을 맞고 있다.

사파테로의 사회당 정부는 모든 정책을 실용주의를 기본으로 서민생활 개선정책을 강력히 펴고 있으나 효과는 미미하다. 더구나 국제적으로 기회주의 노선을 추구하는 사파테로 정부는 미국과의 잦은 마찰 속에 외교적으로 어려움을 겪고 있다. 스페인의 국제수지가 신속히 개선되지 않는 것도 미국과의 통상마찰이 원인일 수도 있다. 사파테로정부에 대한 미국의 압박은 점점 거세지고 있다.

스페인과 한국과의 관계

1950년 3월에 한국과 국교를 수립한 이래, 스페인은 여러 국제기구와 회의에서 한국 측의 입장을 지지해왔다. 그러나 한국과 스페인의 교류는 다른 나라에 비하면 매우 저조하다. 한국전쟁 이후 한국 정부는 능동적으로 스페인과 국제관계를 개선하려고 많은 노력을 해왔다. 그 결과 1970년 4월에 스페인에 한국대사관이 개설되고, 1973년 10월에 한국에 스페인대사관이 개설되었다. 한국과 스페인 간에는 1972년 4월에 사증면제협정, 1976년 3월에 과학시술협력협정, 1977년 6월에 문화협정, 1988년 11월에 체육교류협정, 1989년 6월에 항공협정, 그리고 1994년 1월에 투자보장협정·이중과세방지협정·문화협력협정·범죄인인도협정·경제협력협정 등이 체결되었다.

스페인에 한국인은 마드리드 지역에 약 4000여명 정도, 바르셀로나 지역에 약 500여명, 그리고 다른 지역에 1500여명 정도 살고 있어 한국 교포는 모두 약 6000여명으로 집계된다. 한국 교포들은 대부분 자영업을 하고 있으며, 그 중에 성공적인 사람들은 호텔 등 숙박업을 하고 있는 사람들이다.

한국인들은 스페인에 진출에 있어 언어 장애로 힘든데, 특히 바르셀로나 지역은 스페인어와 다른 카탈루냐어를 사용하기 때문에 더욱 어렵다. 최근 한국인 사업가들이 요식업계, 숙박업계, 그리고 여행사에 진출하고 있어 그 성공여부가 주목된다. 마드리드에서 성공한 변호사로는 이 서후 변호사(스페인 명: Alex Lee)가 있다. 그는 한국의 주재 스페인 대사관의 고문 변호사이다.

또한 한국의 건강·의료제조회사인 세라젬이 투자하여 한때 성공했는데, 2004년의 스페인 불경기로 어려움에 직면했다. 바르셀로나에 진출했던 삼성전자 스페인 법인은 2000년에 노사갈등으로 철수하고 독일로 그 주소지를 옮기고 말았다. 지금은 독일지역 법인들이 한국과 스페인간 교역의 중개를 맡고 있어 교역의 수수료가 많이 든다.

한국의 공산품인 자동차, 핸드폰, 액정 텔레비전 등이 스페인 시장에서 많이 팔린다. 최근 10년 동안 한국의 라면 제품이 현지생산으로 큰 호황을 누리고 있다. 그런데 한국의 투자가들이 스페인 지역에 투자할 희망적인 아이템이 없는 것이 현실이다.

한때 한국의 민족혼을 선양했던, 한국태권도 도장들도 요즈음은 문을 닫고 있어 안타깝다. 최근 한국인들이 스페인 여행을 많이 하는데, 이에 따른 수요를 맞출 수 있는 대형 여행사의 설립이 필요하다. 지금은 소규모 아르바이트 수준의 여행업이 스페인 여행시장에서 명맥을 유지하고 있다.

더구나 2002년 1월 1일에 스페인 페세타가 유로화로 대체되면서 15개국과 함께 유로존으로 편입되었다. 유로존으로의 편입은 스페인에 새로운 경제성장을 가능케 했지만, 물가상승으로 스페인 서민들은 생활고에 시달린다. 유로화 강제 도입 후 스페인의 경제 성장률은 유럽연합 평균을 웃돌았지만, 지나치게 늘어난 경상수지 적자가 국부 팽창에 악영향을 미치고 있다. 최근 대외적자가 늘고 있어 우려의 목소리가 높아지고 있다. 한국의 공산품 수출도 높은 유로화현상으로 새로운 위기를 맞고 있다. 한국 기업들은 유럽연합의 새로운 법률을 연구하여 유럽연합에 맞는 법인설립 방식을 채택하는 것이 좋겠다.

제2장
스페인의 도시와 포도주

1. 스페인의 자연환경

이베리아반도는 유럽인들에게 마지막 휴양지와 같은 '태양의 고향'으로 그곳은 회색 소나무가 그윽한 아름다운 사막 구릉지이다. 세계에서 가장 큰 이베리아반도에 위치한 스페인은 특이한 지형이다. 스페인은 이베리아반도의 정중앙에 위치하나 대부분 사막으로 되어 있으며, 면적은 50만 4,782㎢이다.

이베리아반도는 지정학적으로 아프리카와 유럽의 교차점이다. 지중해와 대서양을 잇는 관문으로서 유럽, 아프리카, 지중해, 대서양의 문화유산을 폭넓게 간직하고 있다. 그 때문인지 스페인의 문화는 서유럽의 여타 국가들과는 다른 독특한 색채를 티면서 융합문명의 교량역할을 한다. 아아도 스페인 문화가 조화적 다양성을 보여주는 것도 지리환경적인 영향 때문인 것 같다.

스페인은 국토의 1/3 정도가 산지이며, 평균 해발 고도가 500미터로 유럽에서 스위스 다음 가는 고산국가이다. 북부에는 피레네 산맥, 대서양 연안 지방에는 칸타브리아 산맥, 남부에는 시에라네바다 산맥, 중앙부에는 메세타 고원(이베리아 고원)[1]이 있다. 고원지대는 북부가 남부보다 약간 높은 가운데 칸타브리카 산맥, 이베리코 산맥, 모레나 산맥, 포르투갈 접경의 낮은 산지로 둘러싸여 있다. 스페인은 지형적으로 중앙고원을 중심으로 5개 지역으로 나누어져 있다. 즉, 스페인 북동부의 에브로 강 유역, 남부의 과달키비르 강 유역, 동부의 발렌시아 해안지역, 북동부의 바르셀로나 산악지역, 그리고 피레네 산맥에서 서

1) 내륙고원에 위치하여 장엄한 자연경관을 자랑하며, 중세 스페인에서 중심지 역할을 했던 곳으로 역사 유적과 문화재가 풍부하다. 특히 보존 상태가 좋은 중세의 성, 수도원, 성당, 요새도시 등이 관광객들의 관심을 끌고 있다. 지난날 카스티야 레온의 땅이었다.

부 산지에 이르는 북부 지역 등 5개 지역으로 크게 구분된다.

이베리아반도의 대부분을 차지하는 스페인은 서쪽으로 길고 긴 구릉지를 배경으로 포르투갈과 접하고, 남쪽으로는 지브롤터 해협을 사이에 두고, 북아프리카와 마주보고 있다. 한편 피레네 산맥 기슭에는 흥미진진한 작은 안도라공국이 있다. 스페인은 피레네 산맥을 따라 프랑스와 국경을 이룬다. 국가영토는 본토와 지중해의 발레아레스 제도 및 대서양의 카나리아 제도로 구성되며, 스페인이 수세기 동안 주권을 행사해온 모로코 북부의 세우타 시와 멜리야 시가 있다. 이 도시들은 역시 모로코의 종주권 주장에도 불구하고 스페인령으로 살아간다.

스페인 본토의 동쪽을 보면 큰 섬이 몇 개 있다. 마요르카 섬을 비롯한 발레아레스 제도라 불리는 이곳은 지중해에서 유명한 휴양지 중 하나이며, 1950년대 스페인 정부의 관광개발정책에 힘입어 관광업이 계속적으로 발전하였다. 세우타와 멜리야는 아프리카 대륙에 있는 스페인령으로 모로코와 인접하는 한편 지브롤터 해협의 중요 항구인 지브롤터는 영국령이다. 비다소아 강의 작은 섬인 피셴 섬은 프랑스와 공동 관리한다. 대서양방면으로 서쪽으로는 포르투갈과 접하고 있으며, 프랑스 쪽은 코로냐지방의 해양성기후가 일품이다. 북동쪽으로는 피레네 산맥을 경계로 프랑스 및 안도라 공국과 접하고 있다. 또한 피레네 근처에 있는 인구 약 1200명 규모의 이비아(Llívia)라는 마을은 프랑스 영토에 둘러싸여 있기도 하다. 충적평야는 대부분 해안가에 분포하며, 과달키비르 강의 남부 안달루시아 지방이 가장 넓고 비옥하다.[2)]

이베리아반도의 지형구조상 비교적 강이 희귀하나 스페인에는 과달키비르 강, 과디아나 강을 비롯해 에브로 강, 두에로 강 등이 있다. 물론 포르투갈 쪽은 수량이 풍부한 3개의 강이 대서양 방면으로 넘실거리며 흐른다. 스페인은 국토의 크기에 비해 큰 강이 3개 밖에 없다. 고원을 흐르다가 대서양으로 유입되는 두에루·타호·과디아나 강이 흐르고 있다. 이 중에 두에로 강은 고원 북부를, 나머지 2개 강은 고원 남부를 흐른다. 피레네 산맥과 이베리코 산맥의 물이 유입되는 이베리아반도 최대의 유량을 보유하는 에브로 강은 거의 직선으로 흐르다가 지중해로 들어간다. 모레나 산맥과 시에라네바다 산맥의 물이 모이는 과달키비

---

2) 과달키비르 강(Guadalquivir)은 스페인에서 네 번째로 긴 강이다. 안달루시아에서는 가장 긴 강으로서 원래의 이름은 아랍어에서 유래했다고 전한다. 원래의 아랍 이름은 al-wādi al-kabīr로서 대협곡이라는 뜻이 있다. 전체 길이는 657 km 이며 전체 유역 면적은 58,000 평방 킬로미터이다.

르 강은 동쪽에서 남쪽으로 흐른다. 그 외에 주요 강으로 남동부에서 흐르는 후카르 강과 세구라 강을 더 꼽을 수 있지만 강수량의 규모가 매우 적다.

스페인의 주요 광물은 결정질 암석과 석회암이며, 북서부에 습윤한 산성 토양, 동부와 남부에 석회질 토양, 칸타브리카, 북부 이베리코, 카르베토베토니카, 모레나 산맥, 두에로 하곡 및 사라고사와 살라망카에 규산질 토양이 나타난다. 고원의 고지대 및 동부와 남부 지역에서는 침식작용에 의한 토양의 황폐화 현상이 심하다. 자연 침식 외에 벌목을 통한 침식을 방지하기 위해 1920년대 이래 스페인은 식목정책은 매년 확대하고 있다.

스페인은 위도상 지구 북위 27°(카나리아 제도)와 44°사이에 걸쳐 있어 북반구 온대지역으로 서부 지중해성 기후권에 속한다. 북대서양풍이 연중 계속 불어오며, 사하라로부터 불어오는 덥고 건조한 기류의 영향도 받는다. 피레네 산맥과 칸타브리카 산맥은 여름 동안 아열대기류의 북부 한계를 이룬다. 이 산맥들이 스페인 구릉지에 건조한 기후를 유지하게 하는 등 스페인 기후에 중대한 영향을 끼친다.

스페인은 이베리아반도의 사막국가로 기후 또한 다양하다. 지중해성 기후는 안달루시아 평원 해안가에서 시작해서 바르셀로나와 피레네 산맥 인근까지 해양성 기후의 특성을 보인다. 그러나 바르셀로나 기후는 지중해성 기후로 온화한 바람을 형성해 스페인 중심부지역으로 흐른다. 이 바람이 통과하는 계절은 온화하고, 대서양이나 피레네 쪽에서 불어오는 바람은 강해서 스페인을 처음 여행하는 사람은 놀라기도 한다. 특히, 이 바람은 마드리드를 비롯한 내륙지역에까지 영향을 준다.

스페인의 기후는 크게 3지역으로 구분된다. 해양성기후인 대서양과 지중해 연안지역의 평균기온은 겨울에 9℃, 여름에 18℃이며, 연평균 강우량은 965㎜이다. 중앙 고원지역은 대륙성기후로 평균기온은 겨울에 4℃, 여름에 24℃이고, 연평균강우량은 380㎜ 이하이다. 끝으로 2,750m 이상의 산악지대는 겨울에 0℃ 이하, 여름에 11℃ 이하의 평균기온과 1,150㎜ 이상의 연평균 강우량을 보인다. 매우 서늘하고 온화한 기후라 부호들의 별장이 즐비하다. 이베리아반도의 천연 병풍인 칸타브리아 산맥(Cordillera Cantábrica)은 스페인 북부 지방에 위치한 산맥이다. 서쪽으로는 피레네 산맥과 마주하며 300km정도 이베리아반도를 가로질러 뻗어 있다. 산맥지대에는 구릉지대가 많아 하이킹에 좋은 오솔길과 관련된 스키 리조트와 같은 위락 시설이 많다.

스페인 전체에서 가장 좋은 기후는 서평야 해양성 기후는 갈리시아를 비롯해 비스케이 만 근처의 해안가에 나타난다. 가장 큰 도시인 빌바오를 포함한 이 지역을 대개 "녹색의 스페인"(Green Spain)이라고 부른다. 사하라 사막이나 아프리카 대륙에서 뜨거운 바람이 넘어오는데, 이 때문에 남부 지방은 상당히 건조한 기후를 띠기도 한다. 빌바오 지역을 제외한 중남부 일부에서는 반사막 지대가 나타나기도 한다. 사하라 사막의 바람 영향이 받고 있으나, 인간이 살기 좋은 사막성 기후로 보인다.

스페인은 전 국토가 해발 500m정도의 고도를 유지해 육지는 기온 차이가 심한 지역도 많다. 사막형국가라 강이 흔하지 않아 샘도 부족하며, 지하수 개발도 무척 어렵다. 특히, 바르셀로나 지역의 식수는 사정이 매우 열악하다. 석회물질이 녹아있는 수돗물은 목욕에도 안 좋아 특별한 비누를 생산해서 사용한다.

2. 자연에 순응한 농축산업

스페인은 이베리아반도의 북동쪽 지중해 해안으로부터 서쪽 대서양의 비스케이 만까지 약 430㎞ 뻗어 있으며, 꼭대기가 평평한 고원 산맥과 습곡 산맥으로 이루어졌다. 피레네 산맥은 북쪽으로는 프랑스, 남쪽으로는 스페인을 가르는 높은 장벽을 형성한다. 이 산맥의 산마루가 양국의 경계가 되고 있으며, 작은 자치 공국인 안도라가 산의 정상들 사이에 있다. 피레네 산맥 중심부의 최대 너비는 160㎞이다. 만년설로 뒤덮인 중앙부의 약 2,700m 높이의 산들 가운데 최고봉인 아네토 산(3,404m)이 있다. 산맥이 동쪽과 서쪽으로 연장되면서 급경사가 동쪽 부분에서 심하다. 피레네 산맥 중앙부에는 가파른 경사면에 있는 골짜기, 권곡, 빙하호 등을 포함해 제4기의 빙하작용을 보여주는 광범위한 증거가 많다. 피레네 산맥의 북쪽과 서쪽 지방이 남쪽 및 동쪽 지방에 비해 강우량도 더 많고 규칙적이다. 서쪽의 골짜기에는 옥수수·곡물·과일 등이 재배되고, 동쪽 골짜기에서는 올리브·포도 재배가 흔하다. 피레네 산맥 중앙부는 지중해 및 대서양 기후의 영향을 덜 받기 때문에 그곳의 산간 골짜기 길고 혹독한 겨울을 맞으며, 계절별 육우 방목에 주로 종사한다.

스페인의 오지에는 다양한 동식물군이 다양하게 서식한다. 칸타브리아 산맥에는 스페인 고유종이나 특이한 동식물 여러 종이 서식한다. 대표적인 칸타브리아 갈색곰은 멸종 위기종이다. 갈색곰은 팔렌시아나 레온 지방 인근의 산악지대에 분포한다. 다른 종류의 동물로는 이베리아 늑대나 피레네사무아(염소의 일종), 레베코라 불리는 칸타브리아 고유종 사무아가 있다. 산맥 지역 내에는 유네스코가 지정한 세계 자연보호구역 네트워크의 일부인 국립공원과 유럽연합이 선정한 자연유산 2000, 조류보호구역에 포함된 계곡이 있기도 하다. 따뜻한 사막이라 중부 유럽에서는 볼 수 없는 다양한 조류가 산다.

스페인은 유럽 최대 농업국 가운데 하나이지만 국토의 대부분이 사막성 토지로 척박하여 농·축산업에 어려움을 겪었지만 관개시설로 극복하고 있다. 제조업의 급격한 발전으로 스페인에서 농업이 국민소득에서 차지하는 비중은 점차 감소하고 있다. 농민들에게 있어서 직면한 주요 문제들은 주로 남부지역에 잔존하고 있는 영세 대리 소작농이다. 그 이유는 대도시에 살고 있는 부농들의 부재지주 소유의 대토지 라티푼디아 제도의 비효율성이다. 규모영농이 불가능해 스페인식 소작농들의 농업이 전근대식 농업에 머물렀지만 최근 기업영농이 정부차원에서 추진되고 있다.

스페인은 대서양, 지중해의 해양성 기후와 대륙성 기후로 해안 쪽은 일 년내내 온화한 기후를 갖는다. 투우와 플라멩코, 집시로 유명한 스페인의 기후는 무덥고 건조하며, 세계적으로 포도 재배 면적이 넓다. 스페인 와인은 사실 우리나라에서는 그다지 유명하지 않은데, 그 이유는 프랑스 보르도 와인의 명성에 비해 스페인 포도주 역사가 짧기 때문이다. 그러나 스페인 또한 세계 애호가들에게 사랑받는 와인을 생산하고 있다. 강화 와인(Fortified wine)으로 알려진 쉐리(Sherry)를 스페인 남부 안달루시아(Andalucia)에서 생산하고, 바르셀로나 근처의 페네데스(Penedes)에서 스파클링 와인을 의미하는 카바(Cava) 등을 생산한다.

산지가 잘 발달된 북부지역은 습윤한 기후로 낙엽수림과 초원으로 덮여 있고, 북부 고원과 에브로 강 유역은 습도가 낮고 기온차가 심해 주로 곡물이 생산된다. 에브로 강 상류지역, 남부 고원, 안달루시아, 그리고 동부지역에서는 올리브와 포도가, 발렌시아와 무르시아의 관개지역에서는 오렌지를 비롯한 감귤류와 쌀이 재배된다. 남동부에서는 관개를 통한 화초, 철 이른 과일, 채소 등의 재배가 이루어진다.

스페인은 사막성 기후로 기후적으로 불규칙한 강우, 토양침식, 냉해 등 천연재해로 스페인 농업은 큰 어려움을 겪고 있다. 그래서 스페인은 농업 생산성면에서 보리와 밀 등이 중요하다. 보리는 주로 남동부에서 재배되고, 밀은 카스티야 라누에바, 카스티야 라비에하, 아라곤, 에스트레마두라에서 경작된다. 지중해성 기후에 잘 적응하는 감귤류는 주로 카스테욘에서 생산된다. 라티푼디아의 주요 작물인 올리브는 대부분 기름으로 가공되어 수출된다. 특히, 스페인산 씨드오일이 좋은 제품으로 평가받기도 한다. 스페인은 햇볕이 좋은 라만차, 라리오하 및 카탈루냐, 그리고 말라가 지방은 구릉지대 등지에서 경작되는 포도를 기반으로 스페인을 유럽의 3대 포도주 생산국으로 발돋움했지만 한때 품질이 낮은 포도주의 과잉생산으로 어려움을 겪었다. 그러나 최근에는 좋은 품종을 들여와 포르투갈산 포도수준을 따라가고 있다.

스페인의 목축업도 크게 발전하고 있다. 북부와 중남부의 산악지역에서는 소가 사육된다. 스페인 소고기는 연하고 맛이 좋아 그냥 소금구이로 즐길 정도이다. 고원지대에는 양과 염소가 가장 흔한 가축이다. 특히 스페인 돼지고기는 유럽에서 최상품인데 서부와 북서부를 비롯한 스페인 전역에서 사육된다. 스페인들은 돼지다리로 만드는 하몽 때문에 돼지 사육을 정성껏 한다.

자연이 잘 보존된 피레네 산맥과 북동부 산악지대에서 여전히 곰과 늑대가 발견되지만, 대부분의 야생동물류는 거의 멸종되었다. 피레네를 넘는 산악도로에는 심심치 않게 자연 산양과 늑대를 볼 수 있다. 그러나 요즈음은 심한 자연훼손으로 야생염소, 사슴, 멧돼지 등도 이제는 보호구역에서나 볼 수 있다. 필자가 피레네 산맥 1700고지 도로에서 소만한 산양이 만년설 위에서 우리를 내려다보는 것을 본 적이 있다.

3. 스페인의 주요도시

스페인의 50개 주 중에는 17개 자치정부(Comunidad autónomas)이다. 17개 자치주에 각 주마다 50여 작은 주로 형성되어 비교적 풍요로운 자치권을 행사하고 있다.

스페인의 수도 마드리드

마드리드지역은 역사적으로 1083년 카스티야왕 알폰소 6세가 이슬람세력을 밀어내고 처음 탈환하였다. 그때 마드리드지역은 황량한 벌판에 지나지 않아 국왕의 전투용 임시숙소에 지나지 않았다.

마드리드는 이베리아반도의 중앙부, 해발고도 635m의 메세타 고원에 위치하며, 만사나레스 강(江)을 곁에 둔다. 마드리드는 유럽의 수도 중 가장 높은 곳에 있으며, 연강수량 419mm로 건조하다. 기온의 일교차가 크며 겨울 평균 기온은 −1℃∼7℃, 여름은 15℃∼30℃이다. 이곳은 정치·문화의 중심지일 뿐만 아니라 산업도시로서 도로·철도 및 항공의 요충지이기도 하다.

마드리드는 인구 500백만 규모로 유럽 제4의 도시이다. 마드리드는 10세기경 톨레도를 방어하기 위해 무어인이 세운 성으로 그 당시 마헤리트라 불렀다. 이 성은 마드리드가 수도로 된 후에는 왕궁이 되었다.

신생 스페인을 국가적 모습을 갖춘 큰 나라로 만들려는 펠리프 2세는 1561년에 스페인 왕국을 다스릴 수도를 물색하기 시작했다. 그는 수도란 국토의 중앙에 위치해야 한다는 생각으로 톨레도에서 마드리드로 수도를 옮겼다. 기존의 왕실 궁전도 바야돌리드에서 마드리드로 옮겼다. 17세기 초에 외세의 침략으로 일시 궁전이 바야돌리드로 옮겨졌던 때를 제외하면 마드리드는 스페인 수도였다. 구(舊)시가지는 17∼18세기에 건설되었고, 신시가지는 프랑코 정권때 건설되기 시작했다.

마드리드는 1808년에 프랑스군에 점령되어 파괴되고, 시민들은 고난을 당했다. 고야의 작품《1808년 5월 3일》에 나타난 것처럼, 같은 해 5월 2일의 시민저항이 있었고, 다음날 프랑스군에 의한 보복이 있었다. 고야의 그림에 나타난 당시 총살현장의 거리는 스페인 시민군의 저항을 상징하는 거리로 유명했다.

스페인 내전 이후 마드리드의 발전 속도는 대단히 빠르게 진행되었다. 마드리드의 인구증가 과정을 살펴보면, 1875년 35만, 1910년 60만, 1930년 95만, 1950년 163만으로 크게 증가했다. 처음으로 1981년에는 319만 명으로 바르셀로나를 능가하였다. 오늘의 마드리드는 인구 500만을 넘어서, 유럽의 슈퍼 대도시로 발전하고 있다. 동쪽의 유명한 레티로 공원과 북서쪽의 대학은 마드리드 광역시로 포함되었고, 서쪽 교외에 있던 카사데감포 대공원도 마드리드 신시가지로 포함되었다. 신시가지는 신식 지하철 역사중심으로 발달하면서 긴 타원을 그린다. 반면에 구시가의 중심은 건물 사이의 좁은 도로를 따라 라푸에르타델솔(태양의 문)이라 부르는 타원형 광장이 중심이다. 서쪽으로는 왕궁 및 부속 왕립 무기고와 통하고, 남서쪽으로는 17세기에 야외극장이었던 마요르 광장이 있다. 그 앞쪽의 세바타 광장에서는 아침에 채소와 식료품 시장이 열린다. 마드리드는 프랑스 파리의 도시계획을 본 따서 건설한 원형의 도시이며, 둥근 방사선 도로가 잘 발달되어 있다. 만사라레스 강북 쪽으로 웅장한 과다라마산맥이 마드리드시를 병풍처럼 둘러싸고 있다. 그 가운데 푸른 지대가 두 개의 강을 끼고 흐르는 명당터 남쪽 경사면에 마드리드는 위치한다. 그래서 스페인 타 지역에서는 귀하다는 수자원이 비교적 풍부하다. 나무들이 잘 자란 산지는 마드리드 시민들이 여름철 유원지로 이용하고 있다. 이곳은 황색 토양과 재배 농토가 널리 이어져 있어, 스페인의 심장 카스티야 지방의 전형적인 목가적 풍경을 볼 수 있다. 에나레스강(江)과 하라마강(江)의 유역에서는 관개에 의한 원예농업이 성행하고, 마드리드 근교에서는 닭·돼지 등의 가축 사육이 활발하다. 마드리드 외곽은 화강암·점토 등 건축재료가 풍부하게 생산되며, 벽돌과 타일 공장도 대규모로 가동되고 있다. 비교적 마드리드의 건축물들이 좋은 벽돌과 타일로 지어지는 것도 마드리드 지역외곽에서 생산되는 건축자재가 좋기 때문이다.

스페인은 전통적으로 태양이 강렬하여 모든 기념 건축물에 태양 무늬가 강조됐다. 태양의 문 북쪽을 동서로 활처럼 휘어 뻗은 호세 안토니오가(街)와 동쪽으로 뻗은 알칼라가(街)에는 은행, 호텔, 클럽과 고급상점들이 집결하여 중심 상점가를 이룬다. 태양의 문 동쪽은 거의 남북으로 프라도가(街)가 뻗고, 그 동쪽에 프라도 미술관이 있다.

스페인이 자랑하는 세계적으로 유명한 프라도 미술관은 1819년 스페인왕실

의 수집품을 진열하는 운영으로 개관되었다. 중세에서 18세기에 이르는 스페인·프랑스·이탈리아의 그림이 많다. 특히 스페인 3대 화가인 엘그레코, 벨라스케스, 고야의 작품들이 1층, 2층에 진열되어 있어 처음 방문하는 사람들은 중세의 미술 대작을 감동받는다. 프라도는 중세 미술을 보존하는 세계 최고의 미술관이다. 애장되어 있는 대표적인 작품으로는 반데르 바이덴의 《십자가 하강》, 보시의 《일락의 낙원》, 티치아노의 《음악을 즐기는 비너스》, 엘 그레코의 《오순절(五旬節)》, 벨라스케스의 《브레다 성(城)의 항복》, 《궁녀들》, 고야의 《옷을 입은 마하》,《나체의 마하》 등 수 없이 많다. 프라도 미술관을 10번 이상을 방문해야 그곳 그림들을 제대로 볼 수 있다고 하니 그 크기나, 소장 작품의 수가 얼마나 웅장한가를 추측할 수 있겠다.

프라도가(街)는 마드리드의 관청가로 유명하다. 세계적인 미술관인 프라도는 연일 많은 관광객들을 맞이하느라고 분주하다. 구시가지가 시작되는 프라도 거리는 정말 마드리드의 정취를 느끼게 하는 거리이다. 그 거리는 다시 레코르테스, 카스티야, 헤네랄리시모 등 여러 거리로 이어져 관공서와 고급주택지를 이룬다. 구시가지를 둘러싼 신시가지는 19세기 후반의 철도 개통을 전후해서 주택지, 공장 등이 들어섰다. 교통시설로 지역 철도가 건설되기 전에는 마드리드의 신구시가지는 정치도시로서 궁전이 있었을 뿐 기간산업은 미미하였다.

그러나 1936~1939년의 스페인내란 후 파괴된 시가지를 복구하는 과정에서 주변 농촌으로부터 많은 건설노무자를 받아들였다. 이것이 마드리드의 성격을 서민적 도시로 크게 바꾸어 놓았다. 도시의 근대화 과정에서 값싸고 풍부한 노동력을 필요로 하여 많은 농촌 인구가 유입되었다. 이에 마드리드 정부는 많은 예산을 투입해서 공장들을 세웠다. 스페인 정부는 마드리드 지역에 유효수요 창출과 고용증대를 일으키는 데 성공했다. 현대에는 전기기계, 항공기, 오토바이 등의 기계공업과 식품가공, 제지, 화학 등의 현대적 첨단공업이 발달하고 있다.

더 나아가 문화산업과 정보산업이 발전하기 시작했고, 출판과 인쇄업종도 바르셀로나로부터 마드리드로 이전해오기 시작했다.

유럽의 대도시들이 모두 바다에서 가까운 지형에서 발전되었는데, 마드리드는 스페인 중앙의 산악지형에서 발달된 것이 특이하다. 이로 인해 주변 도시들도 산맥 도로를 따라 크게 발전했다. 높은 고도에 위치한 마드리드는 이베리아반도의 정치 경제 중심으로 여겨진다. 또한 스페인 기업의 절대 다수가 이곳에 본사를 두고 있으며, 한국의 지사들을 포함해, 세계 100대 기업 안에 드는 3개의 기업(Telefónica, Repsol-YPF, Endesa)도 이곳에 본사를 두고 있다. 그만큼 교통이 좋다는 지역이다. 더구나 스페인 왕궁이 위치하고 있을 뿐 아니라, 스페인 정계, 문화, 관광의 중심이기도 하다.

물론 마드리드는 현대적 인프라를 갖춘 현대적 도시이면서, 스페인 최고의 관광도시로서, 연간 수 천만 명의 관광객들을 끌어들인다. 마드리드 구도시 뒷골목에는 스페인의 고유한 춤인 플라멩코의 공연장이 즐비하다. 미리 예약을 해야 플라멩코 관람이 가능할 정도로 많은 인파들이 붐빈다. 보통 수백 년이 넘은 건물들이 마드리드 구시가지에는 많다. 마드리드의 여러 곳에 문화적 역사적인 명소를 간직하고 있어, 1년에 3000만 명 이상의 관광객들이 몰린다. 바르셀로나가 연간 6000만 명의 관광객들이 몰리는데, 그에 비하면 마드리드 관광객들은 좀 적은 편이다.

마드리드에서 가장 화려하다는 그란비아 거리는 마드리드 중앙을 관통하고 있으며, 고색창연한 고딕 건물들이 즐비하다. 이 거리에 저녁 황혼이 물들어오면, 프랑스 파리의 샹제리제 거리 못지않은 아름다운 시가모습이 드러난다. 마드리드에는 유럽 전체에서 최고의 고전미를 자랑하는 건물들이 많다. 카를로스 현 국왕이 기거하고 있는 마드리드의 거대한 왕궁도 그 중의 하나다. 스페인 국립극장이 세기적 공연을 초대하고, 수많은 예술인들을 초대한다. 세계에서 가장 많은 명작을 보유하고 있다는 평을 받는 프라도 박물관도 마드리드의 명물이다. 스페인의 왕비인 소피아(Reina Sofía)의 이름을 따서 지은 소피아 박물관도 세계적 명소로서 손색이 없다.

관광메카 바르셀로나 [Barcelona]

바르셀로나는 스페인의 최고 미항으로 스페인 안에 '또 다른 나라'같은 카탈

루냐 자치지방(autonomous community)의 바르셀로나 주(州)의 주도이다. 스페

인 북동부 카탈루냐 자치지방의 수도로서 바르셀로나는 길고 긴 반도같은 해안에 만들어진 도시이다. 바르셀로나의 인구밀도는 15,888명/㎢(2007)으로 스페인 전역에서 꽤 높은 편이다. 스페인 전 지역에서 소득 수준이 제일 높고, 가장 많은 관광수입과 공산품 제조능력을 갖고 있으면서도 세계적인 건축가와 미술가를 배출한 예술의 항구도시이기도 하다.

바르셀로나는 아름다운 지중해 연안의 항구도시이며, 초호화 요트들이 항구에 그득하다. 모든 산업적인 기준으로 보아도 항만규모와 상공업 활동에 있어서는 에스파냐 제1의 도시이다. 바닷가로 길게 펼쳐진 바르셀로나 시를 따라서 그 외곽 교외지역에 유럽 부호들의 별장이 즐비하다. 또한 바르셀로나 북서 지방에는 비옥한 해안평야를 갖고 있어 많은 올리브와 밀을 재배하고 있다. 바르셀로나는 천혜의 풍광을 갖고 있어 세계인들은 그곳에 가서 살고 싶은 마음으로 설렌다.

바르셀로나는 예로부터 천연의 양항(良港)이었다. 페니키아의 도시를 기원으로 하며, 지중해의 실력자들이 일찍이 이곳을 점령하여 개척했다. 기원전 3세기에 이곳을 지배한 카르타고인들이 바르시노(Barcino), 즉 바르카가(家)의 도시라 명명하였다. 바르셀로나는 기원전 201년에 로마의 지배하에 들어가 로마의 법전을 받아들였으며, 로마의 건축을 배웠다. 아직도 구(舊)시가지의 중심부에 있는 고딕건축물 거리(Gothic街:바리오·고티코스)에는 그 당시 로마 성벽의 일부가 남아 있다.

바르셀로나는 8세기에 이슬람의 무어인에 의해 점령하였고, 9세기 초에는 샤를마뉴(카를大帝)의 지배하에 들어갔으며, 12세기에는 카탈루냐 백작과 아라곤 여왕의 결혼으로 아라곤 왕국이 들어섰다. 바르셀로나는 아라곤의 수도로서 해운, 수공업, 금융의 중심으로서 번영하였으며, 14세기에는 아라곤의 부국강병이 절정에 달하였다. 이 무렵에 지어진 고딕식 대성당(13세기 말)을 비롯하여 역사적 건조물들이 바르셀로나 구시가지 중앙에 아직도 많이 남아 있다. 또한 바르셀로나는 1469년에 아라곤과 카스티야의 통일로 유력한 지방도시가 되었다. 이

곳은 고유의 카탈루냐어를 가지고 있다. 이미 1550년에 창립된 대학을 중심으로 한 스페인의 교육선진지역으로서 바르셀로나 시민들은 카탈루냐 문화에 대한 긍지가 대단하다. 스페인 내란 때는 진보적 시민자치를 위해 투쟁한 인민공화파의 요람이기도 했다. 부지런한 카탈루냐 사람들의 생활양식을 바탕으로 강력한 상공업이 발달했으며, 그것을 기반으로 마드리드 정권에 번번이 독립을 요구하고 반란을 일으켰다. 그러다가 17~19세기에는 프랑스군의 침공을 여러 차례 받았으며, 북부 카탈루냐 지방을 프랑스에 빼앗기기도 했다.

이곳은 친 프랑스적인 분위기가 물씬 풍긴다. 카탈루냐어조차 프랑스 언어와 많이 비슷하다. 이곳은 19세기 말부터는 스페인의 사회주의 및 무정부주의 운동의 중심이 되었고, 1936~1939년의 스페인내전 당시에는 공화정부(인민전선정부)의 마지막 거점이 되었다. 이 아름다운 도시가 스페인 내전에서 최후 저항이 실패하고, 1939년 1월에 프랑코 군에 의해 비극적으로 함락되었다.

2007년에 이어 2008년도 세계에서 가장 살고 싶은 도시 1위로 선정된 도시가 아름다운 바르셀로나 시이다. 이 도시가의 중심에 람블라스 거리가 있어 그 밤거리는 황홀하기까지 하다. 이 거리에는 은행, 상사(商社), 고급상품점이 줄지어 서 있고, 이 거리의 남단인 항구 부근의 푸에르타데라파스에는 콜럼버스의 기념상이 있다. 이 거리의 서쪽은 19세기까지 건물이 들어찼다. 도시 동쪽에는 중세적 도시지역이 있다. 이를 포함하여 구시가라 부르는데 그 주위를 론다스라고 하는 성벽대로가 반원형으로 둘러싸고 있다. 그리고 그 바깥쪽의 직선형 시가는 1860년의 도시계획으로 건설된 신시가이다. 많은 고대 아파트들이 옛날의 모습을 간직하고 있으며, 잘 보존되어 있다. 도시 순환 관광버스를 타고 즐기는 밤거리 관광은, 그 조명만큼이나 아름다운 고대 도시를 연상케 한다.

바르셀로나는 관광이 최고의 산업이지만 섬유공업(방적업)이 발달되어 있다. 섬유공업은 19세기 후반부터 발전하기 시작하여 1845년에 14~15만명에 지나지 않던 인구가 1931년에는 100만 명을 돌파하였다. 화학·금속공업도 가세하여 이베리아반도 제1의 공업도시가 되었다. 특히, 가죽제품은 바르셀로나의 명품으로 자리잡고 있다.

바르셀로나는 스페인 내란 후 중앙집권화에 따라 최고의 번영도시라는 명예를 한때 마드리드에게 빼앗겼다. 그 후 관개시설이 갖추어진 에브로강(江) 서부의 풍부한 농산물과 피레네의 수력(水力)으로 자동차·항공기 공업, 식품가공업 등이 활발해지면서 번영을 되찾고 있다. 카탈루냐 문화의 중심지답게 인쇄업도 활발하며, 지금도 문화·경제의 모든 면에서 카스티야의 중심인 마드리드에 대한 대항의식이 강하다. 이곳의 수자원은 식수로 적합지 않다. 강은 흐르고 있으나 염분과 석회수가 섞여 생활용수로 적절치 않다. 바르셀로나 시가는 료브레가트강(江)과 베소스강(江)의 방향으로 발전하고 있으며, 서부의 티비다보, 남부의 몬트후익 등의 구릉지는 시민들의 휴식지로 발달되어 있다.

바르셀로나에는 카탈루냐 지방에 산재하는 로마네스크 교회들로부터 수집한 로마네스크 벽화와 조각품이 여러 곳에 전시되어 있다. 특히, 타울의 성 클레멘테 교회의 벽화(12세기)가 유명하다. 이 밖에도 바르셀로나에는 역사적 미술을 모두 관람할 수 있는 거대한 종합적인 근대미술관(Museo de Arte Moderno)과 고대문화를 관람할 수 있는 고고미술관(Museo arqueólogico) 등이 있다. 전자는 바르셀로나의 19~20세기 회화들을 주로 소장하고 있으며, 후자는 그레코로만미술의 고고미술품과 초기 그리스도교시대의 모자이크 등을 소장하고 있다. 로마의 영향을 받아서 이 지방에서 크게 발달했던 건축물들이 있다. 그 속에 남겨진 로마네스크(Romanesque art) 미술양식은 세계적 문화유산으로 평가받고 있다. 이 미술양식은 대체로 950~1200년경에 이탈리아의 롬바르디아 지방에서 시작되어, 유럽 여러 곳으로 퍼져나가 다양하게 발전하였다. 로마네스크라는 명칭은 로마네스크 건축이 로마 건축에서 파생한 것이라는 뜻에서 프랑스어로 '로망'이라는 어휘와도 일맥상통한다.

그러나 오늘날 로마네스크 미술에 대한 연구가 진척되어 하나의 독자적이고 뛰어난 원리를 지닌 미술양식으로서 인정받게 되었다. 이 로마네스크 미술이 탄생하기까지는 적어도 7~8세기의 준비기간이 소요되었는데, 이 시기를 프레 로마네스크 시대라고 한다. 이 시대는 서유럽이 옛날 켈트 문명의 발상지로서 기원전 1세기에 로마 문명을 받아들였을 때부터 시작된 것이다. 얼마 후에는 그리스도교의 전파가 시작되었다. 이어서 게르만족 등이 동방에서 침입해왔는데, 이들도 기독교로 동화되었다. 기독교를 기반으로 5세기 말부터 프랑크족의 메로빙거왕조를 중심으로 서유럽의 기초를 만들어 나갔다. 이 시기를 프레 로마네스크 시대라고 말한다.

미술 면에서는 바르셀로나 지역은 켈트·게르만계의 추상적 미술이 그리스도교 성화에 수용되어 발전하였다. 한편 이 카탈란 지역에 고대 로마의 전통 속에서 비잔틴 미술도 발달했다. 이어 구상주의 미술과 인간주의적 미술도 차차 등장했다. 이들 다양한 장르의 미술이 카롤링거왕조 때에는 절정에 이르렀다. 로마네스크 미술은 위와 같은 여러 유산(遺産)을 종합한 방식이다. 매우 대담한 창작에 의한 종교적 감정의 표현한 것이다. 바르셀로나 시는 도시 자체가 어느 면에서 로마네스크 미술의 보고라고 말할 수 있다.

바르셀로나의 명소는 람블라 거리, 바르셀로나올림픽 개막식 공연, 바르셀로나항 유람선, 카탈루냐미술관, 포트벨, 콘술라도, 국립카탈루냐미술관, 몬주이크서킷, 페드랄베스서킷, 아라갈, 카바예, 구엘공원, 루냐서킷, 벨 항구, 카사바트요 에스파냐 마을, 매직 분수, 바르셀로나의 카탈라냐 음악당과 산트 파우 병원, 바르셀로나 대성당, 에스파냐의 교통관광, 성가족교회, 베예스가드저택, 바르셀로나공항, 에사데대학, 이에세 경영대학원, 바르셀로나현대미술관, 카사밀라, 마타로, 피카소미술관, 마투린 기념관 등이 있다.

역사의 땅 아라곤 지방(Aragón)

스페인의 동북부에 옛날 강국 아라곤이 있었다. 그 수도는 사라고사이고, 공용어로는 아라곤어, 카탈루냐어, 스페인어 등을 쓴다. 아라곤 왕국(Reino de Aragón)은 중세 후기 이베리아반도 북동부에 있었던 왕국으로 카스티야와 함께 2대 강국이다. 이 두 왕국은 오랫동안 이베리아반도 동북부를 지배한 에스파냐의 종가같은 나라들이다. 이 지방은 원래 로마령의 일부였으나, 한때 오래 이슬람교도의 지배를 당했다. 기독교적인 레콩키스타 운동을 통해서 카스티야와 함께 기독교국가로 복귀했다. 아라곤은 9세기 반 프랑크 왕국에서 독립했으나 나바라의 지배 아래 들어가는 등 혼란 상태에 있었는데, 다시 1035년 라미로 1세에 의해 완전 독립을 이룩하였다.

아라곤은 12세기 초에 최대 세력 판도를 형성한다. 힘을 겨루던 당시의 카탈로니아(바르셀로나)를 1137년에 제압하고 병합해서 영토는 피레네 남반부로부터 지중해 연안에 이르렀다. 북쪽으로는 서남 프랑스의 일각까지 미쳤으나 1213년에 신흥 프랑스에 패하여 피레네 이북으로 진출을 저지당하였다. 아라곤은 바르셀로나를 기지로 지중해에도 진출하고, 발레아레스 제도를 점령하여 이탈리아 지방까지 진출했다. 당시 아라곤은 스페인 내에 매우 발전된 문물들을 발전시키며, 이태리 반도와 교류하고 있었다.

중세 아라곤 왕국의 전설적인 왕이 있었다. 그는 아라곤의 가장 유명한 왕(1213~76, 재위)인 하이메(Jaime el Conquistador)이다. 그는 국세를 크게 넓힌다. 그의 군대는 발레아레스 제도와 발렌시아를 점령해 아라곤 영토에 포함시키고, 지중해 지방으로 카탈루냐를 위협하다가, 끝내 병합하여 카탈루냐-아라곤의 통합을 이루었다. 그의 정복활동은 14세기 후반의 수십 년 동안 가장 활발하게 이루어졌다.

그는 스페인 몇 안되는 아라곤 왕가의 핏줄을 물려받은 왕자였다. 아라곤의 왕 페드로 2세와 몽펠리에의 마리아의 아들이다. 이단인 알비파와 힘을 합해 십자군과 싸우던 아버지가 뮈레 전투에서 죽었을 때, 하이메는 5세의 나이로 프랑스 십자군의 지도자 시몽 드 몽포르에게 붙잡혀서 프랑스 카르카손에 있었다. 그러나 1214년 4월 풀려나 아라곤과 카탈루냐의 군주로 인정받았으며, 몬손에서 성전기사단의 보호와 교육을 받았다. 그가 어렸을 때, 그의 종조부인 루시용(아라곤에 있었으나 지금은 프랑스 영토)의 백작 산초가 섭정을 했지만, 증조부는 1218년 아라곤과 카탈루냐 귀족들의 반대에 부딪치자 사임했다. 뒤이어 일어난 수차례의 반란으로 하이메는 큰 위기에 처하게 되었고, 이 시련은 이후 그의 성격 형성에 지대한 영향을 끼쳤다.

하이메는 소년시절도 두려움 없이 아라곤 반대 귀족들과 전투를 벌여 승리한다. 1222년 카스테혼 전쟁 때 크게 활약해서 이름을 날렸다. 용맹한 소년 제왕이라는 이름을 얻은 그는 3년 뒤에는 또 다른 몇 개의 항구까지 점령하는 등 국세를 넓혔다. 스페인 중세의 몇 명 안되는 '용기의 제왕'이라고 후세는 평한다. 이어 그는 1227년 왕국을 실질적으로 장악한 뒤, 곧 재정복(레콩키스타) 대전쟁 개시해 발레아레스 제도를 획득한다. 1229년 12월 마요르카를 점령했고, 이비사를 정복했다. 이어 1235년 발레아레스 제도를 정복하였다. 1233년 하이메는 재정복 사업의 2번째 전쟁을 벌여, 발렌시아 왕국의 사라센족(族) 통치자들을 물리쳤다. 이 전쟁은 3년 동안 계속되었고, 하이메는 1238년 발렌시아 왕국의 수도를 함락했다. 1244년에 아라곤과 카스티야 협정으로 두 나라가 새로이 획득한 영토들에 관한 경계선 문제가 해결되었다. 하이메는 카스티야와는 치명적인 전쟁을 피하면서 국력을 키워가는 영리한 외교를 구사했다.

안타까운 일로 하이메[3]는 1248년과 1262년 자기 아들들에게 왕국을 나누어

3) 하이메 1세는 정복왕 또는 여자들의 남성(1214~1276)으로 별명이 있으며, 2차례 결혼을 했

주었으나, 결국은 치명적인 내분에 휩싸인다. 두 번째 분할에서는 맏아들 페드로에게 아라곤·발렌시아·카탈루냐를, 둘째 아들 하이메에게는 발레아레스 제도, 루시용, 그리고 피레네 지방의 여러 백작령들을 주었다. 후일 이러한 영토 분할은 하이메는 커다란 정치적 실수로 나타난다. 이로 인해 카탈루냐 왕조가 전통적으로 추진했던 피레네 산맥 너머 영토를 포기한다. 어느 면에서 스페인이 일찍 통일될 수 있었던 '민족통일의 기회'를 분할 상속으로 상실한 셈이다.

한편 아라곤이 카스티야와는 잘 지낸 이유는 아라곤-카스티야의 혈연관계 때문이다. 하이메는 용맹한 군주이자 자신의 처남인 카스티야의 왕 알폰소 10세를 도와 무르시아 왕국에서 무어족이 일으킨 반란을 진압했다. 용맹스런 하이메는 1269년에는 십자군의 일원이 되어 원정을 갔지만 이는 실패로 끝났다.

그는 남다른 용기를 가진 전사였다. 지휘력이 뛰어났던 하이메 1세는 늠름하고 강하며 준수한 외모를 지녔다고 한다. 그는 덕망 높은 정치를 했다. 해상법의 주요법전들을 편찬하도록 했다. 하이메는 문인들을 보호했으며, 연대기를 자신의 이름으로 편찬했다. 하이메는 아라곤의 정치적, 문화적 수준을 성숙시켜 큰 존경을 받았고, 많은 지적인 성향을 갖고 있었던 전사였다.

아라곤 지역은 이태리가 낳은 불세출 오페라 작곡가인 베르디(Giuseppe Verdi, 1813~1901)의 유명한 작품 "Il trovatore (Act 4) 'D'amor sull'ali roses'"[4] '사랑은 장미빛 날개를 타고'라는 오페라의 배경으로 이라곤지역을 배경으로 한 역사적 이야기는 유명하다.

아스투리아스 지방(Principado de Asturias)

아스투리아스 지방은 중세시대에 이슬람의 침략으로부터 스페인의 영혼을 사수한 성지로 스페인 사람들에게 사랑받고 있다. 그곳에 세워졌던 아스투리아스 왕국은 스페인의 사상적 종가노릇을 하는 역사적 왕국이었다. 서고트의 귀족 펠라요(Pelayo, ?~737)가 8세기 초에 기독교를 복원하고자 이슬람세력을 격퇴하고 세운 기독교 국가이다. 794년에 알폰소 2세(Alfonso II, 791~842)가 오비

다. 첫 결혼은 카스티야 왕 알폰소 8세의 딸 레오노르와 했으나 이혼했고, 그 뒤 1235년에 헝가리 왕 엔드레 2세의 딸 욜란데와 결혼해 많은 자식을 두었다.

4) 주세페 베르디의 대본으로 S. Cammarano가 이탈리아어로 썼다. 그 내용은 감옥 밖에서 만리코는 백작과 싸움을 하다가 패배하여 다시 아주체나와 함께 투옥된다. 루이츠의 보호를 받고 있던 레오노라는 애인인 만리코의 기구한 운명을 곰곰히 생각하면서 슬픈 아리아 '사랑은 장미빛 날개를 타고 D'amor sull'ali roses' 를 부른다.

에도로 수도를 옮겼으며, 914년 오르도뇨 2세가 수도를 평야인 레온으로 옮겨 레온왕국을 창건하였다. 이 왕국은 이베리아 이슬람 왕조에 굴복하지 않고 200년간 존속하다가 레온왕국으로 계승되었다. 15세기 말까지 그리스도교를 보호하는 성채 역할을 하였다. 초기 이 왕국은 정치적으로는 세력이 미약하였으나 기독교 왕들이 종교적 기치를 세우고 체계적인 교회를 조성하여 왕국의 면모를 갖추었다.

또한 이 왕국은 기독교를 발전시키며, 성당 건축 분야에도 큰 발전을 이루었다. 아스투리아스의 건축양식은 프레 로마네스크 양식으로 불리는데, 후세의 스페인 성당 건축에 깊은 영향을 주었다. 프레 로마네스크는 고대 로마, 서고트족, 카롤링거왕조, 비잔틴, 그리고 롬바르디아의 문화적 요소가 혼합된 독창적인 성당양식이었다. 이 양식은 스페인 전체의 모든 성당의 건축에 큰 영향을 주었다. 대표적인 성당으로는 산타마리아 델 나랑코성당, 산미겔데리요성당, 산타크리스티나 데레나성당 등이 있다. 이들 성당들은 문화재로 1985년에 유네스코(UNESCO:국제연합교육과학문화기구)에서 세계문화유산으로 지정하였다. 이 밖에도 전 국토에 산재되어있는 다양한 성당들이 스페인 국가 문화재로 관리되고 있다. 특히, 알폰소 3세 치세(866~910)에 세워진 라폰칼라다(La Foncalada), 역시 뛰어난 수공학 구조물로서 세계유산으로 등록되어 있다. 이 성당은 매우 우아하고 튼튼한 건축물로 오랫동안 보존되어 문화재적 가치가 매우 높다.

스페인 왕실이나 스페인 사회에서 아스투리아스 공(Príncipe de Asturias)이라는 명칭은 스페인의 왕위계승자를 지칭하며, 차기 스페인 왕을 미리 유력 지역의 귀족으로 봉하여 그 위치를 강화한 것이다. 역사적으로 1388년 바요나 조약을 통해 왕위계승자에게 아스투리아스 지방을 직속 영지로 주는 것이 결정되었다. 그 이유는 아스투리아스는 스페인 북서부의 지방으로 스페인 국토 회복운동인 레콩키스타의 출발지이기 때문이다. 처음으로 아스투리아스 공이라 불린 사람은 카스티야의 엔리케 3세였다. 현재 이 직함을 갖고 있는 사람은 펠리페데 부르봉으로 현재 스페인 왕세자로서 차기 스페인 국왕이 된다.

현 스페인 왕세자는 1977년 1월 21일에 아버지인 스페인의 후안 카를로스 1세의 왕위상속 왕령에 의해 봉해졌다. 그러나 프랑코 장군이 왕정복고를 전제로 후안 카를로스를 후계자로 정했을 때에는 아스투리아스 공이 아니라 후안 카를로스를 스페인 공(Príncipe de España)이라는 칭호를 사용했었다. 이제는 다시 복원되어 아스투리아스 공이 스페인 왕세자이다.

스페인 정부는 인문사회 부문의 활성화를 위해 1981년에 아스트리아 공은 친히 자신의 귀족 칭호를 따서 '프린시페 데 아스투리아스 재단(Fundación Príncipe de Asturias)'을 설립했다. 스페인 왕세자이기도 한 그는 이 재단의 책임자로서 직접 프린시페 데 아스투리아스 상(Premios Príncipe de Asturias)을 수여한다. 이 상은 인문, 사회, 예술, 문학, 기술과학, 국제협력, 평화운동, 사회모범 9개 부문에 걸쳐 국제적인 공헌을 한 개인이나 단체에게 주어지며, 매년 아스투리아스의 수도 오비에도에서 수상식을 갖는다. 스페인 사회에서는 이 상을 큰 영예로 간주하며, 점점 국제적 위상을 높여가고 있다.

아스투리아스 지방은 마드리드 북쪽 약 210km에 위치한다. 아를란손 강 유역의 해발고도 800m 고원에 위치하여 천연의 요새처럼 웅장한 자연환경을 이룬다. 이 지역은 884년에 아스투리아스 왕국의 북쪽 전초기지로서 건설되었고, 기후가 좋아 1035년에 카스티야 왕국의 수도가 되었다. 그 후 상업 중심지로서 번영하였으나 1560년에 마드리드로 수도를 옮기자 정치적으로는 쇠퇴하기 시작하여 고도로서 품위만 유지했었다. 그러다가 18세기가 되어 다시 부흥기를 맞이하여 발전하였다. 또한 1936년 스페인내란에서는 프랑코 장군의 본거지가 되었다. 이 지역은 농업 외에 모직물, 가죽제품, 화학비료 등의 공업이 번창하다. 부르고스대성당 등 문화재 사적도 풍부하다.[5)]

최근에는 새로운 역사적 관광지로서 가치가 높아 정부가 직간접 투자를 많이 하고 있다. 이 지역의 해안은 비스케이만(灣)에 면한 단조로운 형태를 보여준다. 아스투리아스 자치지방(autonomous community)은 대부분이 오비에도주(州)에 포함되어 있다. 해안선은 완만하고 평야는 좁으며, 남쪽은 메세타(에스파냐 중앙고원)의 북쪽 한계인 칸타브리아산맥을 등지고 있다. 서쪽은 산악지대를 사이에 두고 이베리아반도의 북서쪽을 차지하는 가르시아 지방과 접해 있다. 동쪽만이 좁은 해안지대를 통하여 칸타브리아지방의 산탄데르와 연결된다. 바다 쪽으로 비스케이만에 면해 있기 때문에 기후는 편서풍의 영향을 받아, 온난 다습한

5) 회당(會堂) 부분은 1221~60년에, 서쪽 정면의 쌍탑은 15세기경에 완성되었다. 교차부의 4구석에는 거대한 원주가 서 있어 팔각형의 대탑(大塔:16세기)을 지탱하고 있다. 최성기(最盛期) 고딕 이후의 에스파냐 건축에 두드러진 특색으로서, 상승적(上昇的) ·역학적인 구조의 강조보다 표면의 장식에 치중하여, 내외의 벽면이나 기둥 ·부벽(扶壁), 작은 첨탑(尖塔)은 무수한 장식조각으로 되어 있다. 세계유산목록에 등록되어 있다.

해양성 기후를 나타낸다. 연강수량도 1,000mm 이상이다. 칸타브리아산맥에서 흘러내리는 하천들은 모두 짧고 깊고 빠르게 흐른다. 대체로 깊은 협곡천을 형성하고, 하류에 작은 마을을 발달시킨 곳도 있다. 아스투리아스의 풍광은 단조로우나 품위가 깃든 산천으로 보인다.

이곳의 해안 방향으로 목초지가 발달하여 소·말의 목축이 활발하다. 농작물은 옥수수 외에는 미약하다. 이곳의 지하자원으로 석탄이 풍부한데, 매장량도 스페인 전체에서 가장 많다. 또한 철광, 동광, 아연광도 풍부하여 오비에도와 히혼 부근에 제철공장을 비롯한 중공업이 발달하였다. 이곳은 산악이 험해 지형 상 교통이 불편하고, 수송비가 많이 든다. 그래서 개발 원가가 높아 경제성 평가가 낮다. 최근에는 산업적 교통망을 확충해서 개발 원가를 낮추는데 성공했다. 앞으로 많은 천연자원 개발이 진행되어 이 지역 경제에 큰 도움이 될 것 같다.

다음과 같은 아스투리아스 지역의 주목할 만한 여러 관광요소들이 있다.

레알 오비에도(Real Oviedo): 스페인리그 1부인 프리메라 디비전(Primera Division)에 소속된 프로축구클럽으로 1903년 창단됨. 유럽 최고의 프로 축구구단으로 아스투리아스의 후원을 받고 관리됨. 이 레알 팀은 바르셀로나 팀과 숙명적 대결을 벌여 유럽 최고의 프로 축구 진수를 보여줌.

오비에도 및 아스투리아스왕국기념물군(Monuments of Oviedo and the Kingdom of the Asturias) : 스페인 아스투리아스(Asturias)주 오비에도 주변에 있는 역사유적지. 중세의 독창적인 프레 로마네스크(pre-Romanesque) 양식의 종교 건축물들이 보존되어 있어 1985년과 1998년 유네스코(UNESCO:국제연합교육과학문화기구)에서 세계문화유산으로 지정.

카브랄레즈(Cabrales) : 스페인 아스투리아스지방의 천연 까브에서 숙성시킨 푸른 곰팡이치즈. 아스투리아스주의 카브랄레즈에서 우유, 염소젖, 양젖을 섞어(겨울에는 우유만으로) 가열과 저온 숙성으로 세계적 브렌드 치즈임.

카소나(Alejandro Casona) : 이 지역 출신 스페인의 극작가. 《뭍에 올라온 인어》, 《우리들의 나타차》로 제2공화제 체제하의 대표적인 극작가. 에스파냐 내란 때 남아프리카로 망명하여《새벽의 부인》, 《나무는 선 채로 마른다》등 꿈과 현실이 교차하는 작품으로 호평.

팔라시오 발데스 : 이 지역 출신 스페인의 작가로 《유럽 평론》의 주필로서

많은 현대작가론을 발표했으며, 소설가로 전향하여 신앙과 사랑을 최고의 가치로 여기고 인생을 선의(善意)를 가지고 낙천적으로 그렸음. 대표작은 《마르타와 마리아》 등임.

페레스데아얄라 : 에스파냐의 소설가이자 시인이며 비평가. 《라 프렌사》지(紙) 특파원과 아카데미 회원을 지냈으며, 주영대사(駐英大使)를 역임하였다. 시인으로 출발하여 수필로 문명비평가의 재능을 보였으며, 《울바노와 시모나의 고생》, 《호랑이 후안》 등의 심리소설로 독창적 작품을 남겼음.

발레아레스 제도

발레아레스는 '스페인에 어울리는 지중해에 떠있는 진주같다'라는 말이 있다. 유럽의 대부호들이 겨울에는 이곳에 와서 휴가를 보내는 스페인의 최대 관광휴양지이자 인류 고고학의 보고 지역이다. 발레아레스의 중심지인 마요르카에는 선사시대 이래로 사람이 살았던 것으로 보인다. 구석기 시대의 주거 유적지에서 관이 발견되기도 하였다.

이 지역은 지역적으로 해양의 전략 가치가 높아 이미 기원전 123년에 메텔루스 로마인들이 정복하였다. 그 후 장기간 로마제국의 통치를 받게 되어 로마의 문물을 전수받는다. 따라서 팔마를 비롯한 마요르카 섬의 중심지에 로마인 주거지가 생겨났다. 당시 농업생활은 로마로부터 이식받은 올리브 제배, 포도제배, 그리고 소금 생산을 중심으로 이루어졌다.

그러나 426년부터 대륙에서 남하한 반달족이 이 섬에 침입하고, 결국 마요르카 섬은 465년 반달족의 지배에 놓이게 된다. 이후 534년 다시 이슬람 비잔틴제국에 의해 정복당하였으며. 사르디나 공국에 의해 통치 받았다. 사르디나의 영향으로 비잔틴제국의 지배 하에서도 기독교 문화가 번성하였다.

이 아름다운 섬에 기독교적인 평화도 잠시였고, 다시 이민족의 침탈은 계속된다. 707년부터 줄곧 북아프리카의 이슬람계 침략자들에게 이슬람의 지배를 오래 받는다. 그래서 이슬람과 기독교의 종교 유적지가 많이 공존하고 있는 섬이다. 서로 다른 종교의 교회들이 나란히 서있는 모습은 지나는 이들에게 감동을 준다. 현대에도 많은 성지순례자들이 종교적 이유로 이 섬을 다녀가기도 한다. 최근에는 비행장이 있고, 교통이 좋아 독일인 부동산 업자들이 많은 별장을 사들이고 있다고 한다.

이어 902년경 이미 선진문물을 지닌 세력인 코르도바 칼리파테가 다시 섬 일대를 장악하면서 다시 산업적 번영의 기회를 얻게 되었다. 이 지역은 선진기술을 갖춘 무어인의 이주해 오면서 관개를 비롯한 농업기술이 발달하게 된다. 이교도 세력인 칼리파테가 1015년 분열하면서 마요르카는 일대의 변혁기를 맞이하게 된다. 그 후 1114년에 카탈루니아 인들이 8개월 동안 이 섬을 공격한다. 카탈루냐세력에게 이 섬들은 점령통치를 잠시 받는다. 그러나 다시 북아프리카의 알모르다비 왕조가 재정복에 성공해 통치권을 뺏는다. 이 섬의 전략적 가치가 높아 많은 정복자들이 이곳을 정복했었다. 이 섬의 통치권이 기독교세력과 이슬람 세력사이에 왔다갔다하는 사이에 스페인은 통일되고 있었다.

마요르카를 정복했던 제임스 1세가 1276년 죽자, 왕국이 아들들의 싸움으로 분열된다. 결국 1479년이래로 아라곤 왕국과 카스티야 왕국은 두 군주들의 혼인으로 통일하고, 이 스페인 통일국이 이 섬을 소유한다. 18세기 초에 스페인 왕위계승전쟁 이후 스페인에는 단독 왕위계승이 이루어지게 되면서 마요르카는 스페인 단일국에 편성되어 점령싸움이 끝난다. 1716년 통합 스페인의 왕국령으로 마요르카 섬과 발레아레스 제도가 동시에 편입되었다.

어려운 여정 끝에 통일된 스페인 본토 세력들은 이 섬에 욕심을 버리지 않고 지속적인 간섭과 침략을 한다. 여러 번의 전쟁이 지나가고, 섬의 주인이 바뀌고, 사회 불안으로 마요르카 전체가 동요하는 속에 스페인 주축 세력에게 정복당한다. 바로 이 세력이 아라곤 왕국이었다. 아라곤 왕국의 제임스 1세가 대규모 정복단을 보내 통치를 시작하였으며, 이후 아라곤 왕국으로 편입되었다. 마요르카는 이제 스페인 땅이 되었다.

이 섬의 관광가치가 알려져 팔마 시와 섬 전체에 외국 관광객이 늘어났다. 스페인 본토에서 다수의 노동자들이 이주하게 된다. 또한 원양어선의 선원들이 이 섬에 장기 체류 허가를 얻어 많이 거주하게 되었다. 이는 마요르카 섬의 전통적 사회구조와 생활양식에 큰 변화를 야기하였다. 팔마 시에는 1960년에 500,000명의 방문객이 방문하였고, 2001년에는 거의 2천만 명에 달하는 관광객이 섬을 방문하였다. 최근에는 남아메리카에서 많은 이주 노동자들이 오고 있다.

이곳은 스페인의 유명 인물들을 많이 배출했다. 마요르카가 낳은 유명인사들 중에는 작가이자 철학자인 라몬 이유이(Ramon Llull), 19세기에는 육군 수뇌부에까지 올랐던 호아킨 호베야르 이 솔레르(Joaquin Jovellar y Soler), 그리고 두 번의 스페인 총리직을 이행한 안토니오 마우라 몬타네르(Antonio Maura Montaner) 등이 있다.

가장 최근으로는 세계테니스 1위를 넘나드는 최고의 테니스 선수인 라파엘 나달(Rafael Nadal), 카를로스 모야(Carlos Moyà) 등을 배출했다. 또한 나달의 삼촌인 스페인 국제 축구선수였던 미구엘 앙헬 나달도 이 섬 출신이다. 2006년 마요르카 출신인 조르헤 로렌소(Jorge Lorenzo)가 세계 250cc 사이클 대회 타이틀을 수상하기도 하였다. 많은 체육선수들을 배출한 것은 이곳이 체유선수들이 연습하기에 좋은 기후 조건을 가졌기 때문이다. 마요르카는 사계절 운동 연습하기에는 정말 좋은 환경이라고 한다.

유럽의 수많은 유명 인사들이나 연예인들도 이 섬에 살았다. 멀리는 쇼팽(Frédéric Chopin)과 프랑스 여류작가였던 상드(George Sand)가 사랑에 빠져 잠시 동안 수도원에 머물기도 하였다. 스페인의 위대한 화가였던 호안 미로 또한 여생을 이곳에서 살다가, 1983년 12월 25일 숨을 거두었다. 이곳은 천혜의 휴양 기후조건을 갖추었다. 최근의 유명인들 중에는 캐서린 제타 존스와 마이클 더글라스가 1990년대 이후 섬의 북쪽 해안에 머물고 있다. 그들은 거의 일년의 반을 아름다운 이섬에서 보내는 것으로 알려졌다. 또한 미하엘 슈마허(Michael Schumacher), 클라우디아 쉬퍼(Claudia Schiffer), 영국의 유명한 가수인 애니 레녹스(Annie Lennox), 존 레논의 아들인 줄리안 레논, 전 테니스 선수인 보리스 베커(Boris Becker), 전 스페인 수상 펠리페 곤잘레스(Felipe González), 그리고 영국의 축구선수인 스티브 맥마나만(Steve McManaman) 또한 이곳에 좋은 별장을 갖고 있다.

한편 스페인 왕족들은 전통적으로 마요르카에서 여름 휴가를 마요르카 왕실 별장에서 보낸다. 비행기 교통편은 매우 편리한 체계로 잘 운영되고 있다.

바스크 지방

바스크는 전통적으로 7개 지방[6]으로 구성된다. 피레네 산맥을 기준으로 남부(Hegoalde) 4개 지방과 북부(Iparralde) 3개 지방으로 나누어, 잘 발전된 문화를 일구고 있다. 오늘날 남부 바스크는 스페인 소속의 바스크 지방과 나바라 지

6) 남부 바스크에는 Guipúzcoa, Navarra, Vizcaya, Álava이 있고, 북부 바스크에는 Behe Nafarroa, Lapurdi, Zuberoa이 있다.

방의 두 자치 지방으로 편성되었고, 북부 바스크는 프랑스의 피레네 자틀랑티크 주의 일부를 이루고 있다. 이들은 독특한 언어와 문화를 갖고 있어 스페인 인종이나 프랑스 인종과도 많은 차이를 보여준다. 이들이 즐기는 음악이나 소설을 보면 스페인 문화와 많은 차이를 느끼게 한다. 어느 면에서는 독립을 허용하자는 주장이 설득력 있게 들린다.

바스크는 스페인의 고민거리로 소수 민족 독립운동이 격심한 지방이다. 바스크는 피레네 산맥 서부에 있는 지방으로 스페인과 프랑스에 국경지역에 걸쳐 있다. 그 곳에 바스크어를 쓰는 바스크인이 산다. 인구는 2006년 기준으로 약 300만 명이고, 중심 도시는 빌바오(Bilbao)다. 바스크인은 이베리아반도에서 가장 오랜 역사를 가진 민족이지만 오랜 시간 동안 외세의 지배를 받았다. 바스크는 역사적으로 824년 세워진 나바라 왕국만이 피레네 북부의 양쪽을 다스리는 나라였다. 바스크를 지배했던 나바라 왕국의 산초 3세는 바스크를 존중했으며, 당시 바스크의 영토가 가장 컸다. 그 후 바스크 종가는 1234년 이후 왕위를 잇지 못하여 외국의 가문들에 의해 다스려진다.

바스크 민족은 원래 18세기부터 주민 일부가 바스크어를 사용하고, 독자적 문화를 고수하는 등 민족주의 성향을 띄기 시작했다. 1933년에 바스크 자치주가 탄생하지만, 1960년대 프랑코 독재 정권이 이를 탄압하여 바스크 망명정부가 만들어진다. 그리고 강경세력이 바스크 조국과 자유(ETA: Euskadi Ta Askatasuna)를 조직해 분리 독립을 위한 무장투쟁을 시작한다. 1979년에 자치권을 인정받았으나 완전한 독립을 요구하며 투쟁을 계속하고 있다. 2006년 스페인 정부와 영구휴전을 선언했으나 ETA는 다시 2007년 이를 파기했다. 최근에는 유럽연합의 커다란 골칫거리로 등장하면서 ETA의 투쟁이 유혈테러로 얼룩지고 있다.

카나리아 제도

카나리아 제도는 스페인 연안에서 멀리 떨어진 대서양 방향으로 있다. 이 섬들로 스페인의 원양어업 기지는 물론 세계적 어업 기지로 가치가 크다. 총면적은 7,447㎢이다. 인구는 1998년에 약 163만 명이다. 유비에서 100㎞ 북서쪽에 위치하며, 푸에르테벤투라 섬이 대륙에 가장 가깝고, 서경 18°12'~13°20', 북위 27°40'~29°27'에 걸쳐 산재한다. 이 섬들은 라스팔마스주(그란카나리아, 푸에르테벤투라, 란사로테 외에 3개의 섬과 약간의 무인 암초), 산타크루스데테네리페주(테네리페, 라팔마, 고메라, 페로 등의 제도)로 나뉜다. 제도 중에는 테이데산(3718m, 테네리페산이라고도 한다)을 비롯하여 주변에 많은 화산이 있다. 아열대에 속하며 연평균 기온은 20℃로 유럽 거부들의 피한지이다.

행정 편제는 스페인 본토의 주제도와 같고, 주 아래 7개의 주요 섬에 도민회(Cabildo insular)가 있다. 이 섬들은 독자적인 문화를 보유하고 있으나 스페인 문화를 그대로 수용하는 분위기이다. 비교적 주민 자치제도가 잘 발달된 카나리아 제도이다.

종교는 로마 가톨릭이고, 언어나 생활양식은 에스파냐 본토와 별로 다른 점이 없다. 카나리아인은 원주민과 스페인의 혼혈로 피부색이 약간 검다. 이 제도는 기원전 40년경부터 로마인들에게 알려져 있었으며, 13~14세기부터 유럽 항해자의 쟁탈 표적이 되었다. 이 섬들은 해양세력들에게 많은 침탈을 받아오다가 15세기부터 스페인들이 지배하였다.

이탈리아의 탐험가 C. 콜럼버스도 이곳을 기지로 하여 대서양을 횡단하였다. 또한 1833~1834년에 유럽~미국간 해저전선 중계지가 되었다. 1936년에 에스파냐의 F. 프랑코가 이곳에서 처음으로 반혁명의 기치를 들었다. 1900년에 섬 주민의 약 80%가 문맹자였으나 중앙정부의 노력으로 지금은 교육이 보급되어 테네리페 섬에 1710년에 라라그나 종합대학이 설립되었다.

주민들의 생활경제는 농수산업이 중심이며, 한때 특산물인 코치닐 염료수출은 번성했으나 지금은 쇠퇴했다. 배수효과가 뛰어난 화산질의 기름진 땅에서 포도, 사탕수수, 바나나, 토마토, 감귤류를 재배한다. 그 밖에 수산업도 활발하다. 대서양의 공해 정기항로의 요지이며, 최근에는 새로운 관광지로서도 그 가치가 알려져 있다. 이 섬은 대서양의 하늘 길과 바닷길의 항로 안내에 매우 중요한 역할을 하고 있다.

몇 년전 바로 이 지역 카나리아 제도에서 발생한 산불이 강풍을 타고 섬 전체로 번진 적이 있었다. 4천명에 이르는 주민들이 긴급 대피했고, 2천만㎡에 달하는 소나무 숲이 불에 탔다. 원래 이베리아반도 전체가 건조한 사막성 기후라 강풍이 불어오면 산불 재해는 천재지변 수준이다. 스페인 북동부 아라곤 칼라타유드 시 근처에서도 산불이 나 7백만㎡의 삼림이 불에 탔다. 최근 들어 스페인에서 발생한 산불로 7억 5천만㎡가 탔고, 소방관 6명을 포함해 8명이 숨졌다.

또 그리스 남부 펠로폰네소스 반도에 있는 마이날로 산에서도 산불이 크게 번지고 최근 유럽 지역의 이상 고온과 가뭄, 그리고 강풍이 겹치면서 산불이 자주 일어나는 아라곤 지역이었다. 최근 이곳은 기후환경의 변화로 가뭄이 계속되고 있어, 그에 따른 화재주의보가 잘 내린다. 특히, 스페인 남부 안달루시아 지역에 폭설과 강풍으로 인한 피해가 자주 발생하고 있다.

칸타브리아 지방

스페인의 북서쪽 프랑스 방향에 산간지대에 칸타브리아(Cantabria) 지방이 있다. 이곳은 스페인의 자치주로서 산탄데르가 주도이다. 동쪽으로는 바스크 지방과 접하고, 남쪽으로는 카스티야 레온, 북쪽으로는 칸타브리아 해를 접한다. 다습한 기후와 대서양 기후의 영향으로 풍부한 강우량이 나타나 수풀이 무성하게 자라기 때문에, 이 지역을 초록빛의 스페인(Green Spain)땅으로 부르기도 한다.

역사적으로도 인류학적 유적지가 단위 면적당 가장 많이 분포하는 곳이기도 하며, 알타미라 벽화가 있는 곳으로 유명하다. 유네스코의 세계문화유산으로 지정되어 있는 곳이기도 하다. 많은 학술탐험이 국제적인 지원으로 시행되고 있다. 지금의 칸타브리아 지방은 1778년 7월 28일 헌법에 의해 획정된 행정구역 편제에 따른 것이다.

이 지역은 산악 지대이며 해안을 끼고 있어 천연자원이 풍부한 곳이다. 해안구릉과 산악지대로 구분할 수 있다. 해안은 낮고 평평한 계곡 및 산지가 분포하며, 전체적으로 고도는 500m를 넘지 않는다. 강 하구가 있는 곳에는 절벽이 분포하며, 해변과 산발적으로 리아스식 해안이 나타나기도 한다. 남쪽으로 가면 해안과 산악 지대가 만난다. 유명한 칸타브리아 산맥은 해안과 평행선을 이루며 나란히 솟아 있다. 대개 석회암으로 이루어 풍부한 카르트르 지형이 나타나며 전체적으로도 석회암질이다. 북남으로 깊은 계곡지대도 있으며 600~1,000m의 고도를 보인다. 서쪽 지역으로 산맥이 해안과 평행으로 마주보며 15~20km정도로 뻗는다. 남쪽으로 가면 더 높은 지대가 나타나며 에브로 강 분지가 나타나기도 한다. 이 지역은 평균 고도가 1,500m 이상이다. 스페인 지역에서 대단히 고도가 높아 기후가 일정하다. 그러나 이 산악 지역은 좋은 기후에 아름다운 경치로 일 년 내내 인간이 쉬기 좋은 휴양지로 평가되고 있다. 최근에는 이곳으로 가는 고속도로를 건설되어 접근이 용이하고, 여행이 편리해졌다. 많은 테마 형

여행객들이 이곳을 여행하며 예술적 작품을 남기고 있다.

이 지역의 기후는 비교적 따뜻한 해류의 영향을 받기 때문에 다른 지역과 고도를 비교해보면 비교적 온화한 편이다. 습한 해양성 기후가 나타나며, 겨울과 여름 모두 온난하다. 평균 강수량은 1,200㎜에 이르며, 산보다 해안가가 더 많이 내린다. 보통 기온은 섭씨 14℃에 머물며 눈이 고산지대에서는 흔한 편이다. 가장 건조한 달은 7, 8월로서 건조하다고 해도 가뭄이 든 적은 거의 없다. 산악지대의 영향으로 역풍 현상이 나타나며, 특별한 기후 형태가 나타난다. 남풍이 불면 건조해지며 해안가로 갈수록 습기가 많아진다. 남쪽 지역의 경우, 산악 지대가 많아서 각기 차이가 난다. 부는 바람 자체가 습기가 많기 때문에 비구름이 지나가면 비를 많이 뿌린다. 가을과 겨울에 이런 현상이 더 흔하며, 기온은 거의 20도를 넘나든다. 바람의 영향으로 화재가 자주 발생해서 1941년 산타데르에서 발생한 산불로 대부분의 산이 유실되는 사고가 있었다.

이곳도 스페인 전통의 목축업이 자루 잘 발달되어 있다. 대부분 이 지역 농민들도 목축업과 낙농업에 종사한다. 옥수수와 감자, 야채 등을 많이 재배하며 수산업도 성하다. 하지만 최근 들어 경제 활동이 침체기에 머물고 있다. 아연을 캐는 탄광도 있다. 전체 인구 중 서비스 분야의 종사자가 63.8%에 이르며, 지금은 줄어들고 있다. 최근에는 관광업이 발전하면서 도시 인근으로 관련 업계 종사자가 늘고 있기도 하다.

이 곳에는 두 개의 주요 지역 언론사가 있으며, 전역에서 발행하는 신문사 한 곳이 있다. 엘 디아리오 몬타녜스(El Diario Montañés)와 알레르타 칸타브리아(Alerta Cantabria)가 그것이며, 둘 다 주간, 월간이 발행된다. 또한 최근 다국적 문화적 아이템의 기업들이 좋은 기후 때문에, 이곳으로 이전하는 경향이 있다. 스페인 전역으로 방송되는 라디어 방송국이 산타데르에 있다. 공영 방송국도 마찬가지이며 일부 지역에서만 방송되는 채널도 있다. 최근에는 인터넷이 널리 퍼져서 블로그와 디지털 등이 인기를 끌고 있다. 사람들의 관심에 힘입어 인터넷 매체도 등장하고 있다.

이 지방에는 카탈루냐-스페인어가 공식 언어이다. 칸타브리아어가 있기는 하지만, 서부 지역의 경우 거의 사용되지 않는다. 고유 언어에 대한 공식적인 인식조차 없기 때문에 사장되었다고 봐도 무리가 아니다. 동부 지역의 경우에는 명백하게 카탈루냐-스페인어를 사용하는 편이다. 이 지역에는 프랑스 관광객들이 많이 찾아오며, 프랑스의 문화적 영향을 많이 받는다. 최근 스페인 정부가 도로망 확충에 많은 투자를 하고 있어 유럽연합과 스페인을 잇는 중요한 교통 요충지가 될 전망이다.

카스티야 라만차 지방

카스티야 라만차 지방[7]은 5개 주로 나뉜다. 그것들은 알베세테 주(Albacete), 시우다드 레알 주(Ciudad Real), 쿠엔카 주(Cuenca), 과달라하라 주(Guadalajara), 역사적 고도 톨레도 주(Toledo) 그리고 카스티야 라만차 (Castilla-La Mancha)들이다. 이들 중에 역사적으로 카스티야 라만차 지방(Castilla-La Mancha)은 스페인의 국가형성의 핵심지방이다. 카스티야 레온 지방, 마드리드, 아라곤, 발렌시아, 안달루시아, 무르시아 지방들이 카스티야 라만차 지방과 연결되어 있다.

이곳은 스페인의 자치지방 중 가장 인구 밀도가 낮은 곳에 속한다. 중심도시는 톨레도이다. 카스티야 라만차는 원래 마드리드 지방에 합쳐져 카스티야 라누에바 지방(Castilla la Nueva)으로 분류되곤 했다. 하지만 근대 스페인의 자치 지방을 획정하는 과정에서 경제적 편이에 따라 수도인 마드리드와 그 외곽의 카스티야 지방으로 나뉘면서 행정구역이 분리되었다.

세르반테스가 소설 돈키호테를 쓰면서 구성상 창안한 장소도 이 곳이다. 라만차는 바람이 많이 부는 지역이며, 끝없는 평원이기도 하다. 실제로 그곳에 가보면 사시사철 바람이 거세게 분다. 만차(mancha)라는 스페인어 단어는 아랍어로 평평한 언덕을 뜻하는 만사(manxa)에서 유래된 것으로 추측된다.

현재 라만차 지방은 스페인에서 해바라기 농사, 태양전기 집전판 들, 풍차, 그리고 돈키호테의 고장으로 여겨진다. 세계적 문학도들이 많이 탐방하는 곳이다. 아직은 숙박시설 같은 관광 인프라가 충분히 구축되어 있지 않다. 카스티야 라누에바는 과디아나강과 타호 강의 유역에 속하며, 수도 마드리드와 톨레도 등

7) 스페인 중앙부에 있는 자치지방(autonomous community)으로 월트 디즈니 백설공주의 무대로 유명하다.

의 도시가 있다. 이곳은 정확히 이베리아반도의 중앙부에 위치한다.

이곳은 스페인 고원지대인 메세타고지의 대부분에 해당하는 지역으로 해발고도 500~700m에 위치한다. 북쪽에 칸타브리아산맥, 남쪽에 시에라모레나 산맥이 있으며, 동부는 약간 높아져 보통 이베리아고원이라고 한다. 중앙은 과다라마산맥이 동서로 뻗어 카스티야를 남북으로 이분한다. 즉, 카스티야 라누에바와 카스티야 라비에하로 나뉜다. 남북의 대부분이 500mm 이하의 강수량으로 건조하고, 식생이 빈약하여 스텝이나 사막에 가까운 곳도 많다. 그러나 가까운 곳에 몇 개의 하천들이 잘 발발돼있어 농목축에 편리했다.

종교적으로 라만차의 역사는 상당히 혼란스러웠다. 무슬림 지배 시대로 거슬러 올라가면, 라만차 지방은 전체 이베리아반도에서 이슬람과 기독교가 대립했던 혈전의 전투의 장소였다. 게다가 14세기와 15세기를 거치면서 카스티야 왕국과 아라곤 왕국의 전투도 빈번하게 일어났던 싸움터이기도 하다.

카스티야 라만차 지방에는 수목 남벌과 토지의 황폐가 심하여 면적에 비해서 인구의 집중도가 낮고 도시도 많지 않다. 그러나 옛날 카스티야 왕국의 중심지였으며, 스페인 민족의 발상지로 자부심이 크다. 이 지역 사람들은 용감했고, 진취적이었다. 이들이 사용하던 고대 카스티야어는 현재 에스파냐의 표준어가 되었다. 카스티야 라비에하는 북부 두에로강 유역에 해당하며, 그 인근에 바야돌리드, 세고비아, 살라망가, 소리아, 부르고스 등 멋진 도시들이 발달했다.

산악 내륙지방이라 기온의 연교차가 크고 건조하기 때문에 삼림이나 목초지가 생기지 못하고, 올리브 등 과수재배에도 적합하지 않다. 그러나 중세의 황금인 밀 농사가 성행했고, 전통농업이 잘 발달했다. 카스티야 왕국이 스페인을 통일을 주도할 수 있었던 것도 바로 이 지역의 밀농사 성공 때문이었다. 좋은 밀을 생산해야 좋은 군대를 가질 수 있다는 중세의 관습대로 이곳 카스티야 라만차는 강한 군대를 배출한 지방이기도 하다.

카스티야 레온 지방

스페인의 카스티야 레온 지방(Castilla y León)은 전통적으로 스페인 유력 자치 지방의 하나이다. 옛 카스티야 레온 왕국의 영역에 따라 1983년에 정해진 구역을 따른다. 카스티야 레온 지방은 스페인에서 가장 크며, 유럽연합을 통틀어서도 가장 큰 지방자치 정부에 속한다. 전체 면적은 94,223km²이며, 2005년 기준 인구는 250만 명에 이른다. 카스티야 레온 지방은 칸타브리아, 바스크 지방, 아라곤 지방과 접한다. 남동으로는 마드리드와 카스티야 라만차와 접하며, 서쪽으로는 갈리시아 지방과 포르투갈과 접한다. 이곳에서 포르투갈 쪽으로 뻗은 거대한 평원은 경치가 장관이다.

전통적으로 카스티야 레온 지방은 북부 스페인으로 가는 교통의 요지이다. 또한 국제 도로망인 E-road E80을 통해 중부 유럽으로 육상 연결된다. 포르투갈의 교통도 이곳을 통하여 스페인 전체와 함께 다른 유럽 지역으로 통하게 된다. 역사적으로 이곳을 관통하는 두 개의 주요한 국제 도로망이 있다. 지금은 아스팔트 도로로 발전되었다. 이 도로망을 포함하고 있는 이 지역은 고대 시대부터 로마와 이베리아반도를 연결하던 역사적 교통 요충지였다. 또한 수많은 중세 전쟁들을 치루면서 이곳의 전략적 중요성이 크게 인지되었다. 지금은 고속도로가 그 옛날 구도로 옆에 잘 건설되어 여행자들은 속도 제한 시속 140㎞까지 주행할 수 있다.

카스티야 레온 지방은 도루 강 분지를 차지하며, 이베리아반도 한 가운데의

광활한 평원을 끼고 있다. 인근 강의 계곡과도 접하여 산악지대와 함께 계곡이 분포한다. 라시나(레온 지방), 바에 데 마나(부르고스 지역), 바에 델 티에타르(아빌라) 등이 있다. 오래된 도로인 세인트 제임스 도로는 산책로로 출발했지만 현대에 와서는 동서로 뻗어 자동차 도로로 쓰인다. 로마 비아 데 라 플라타(스페인어: The Roman Vía de la Plata)도로는 서부 유럽과 기타 스페인 지역으로 통하는 주요 도로이다. 이곳의 행정구역은 9개의 소자치주[8]로 나뉜다. 9개의 소자치주는 각각의 주도를 따서 이름 지어졌다. 자치 지방 위원회에 따르면 카스티야 레온 지방의 전체를 대표하는 수도가 확실하지는 않지만, 바야도리드 시가 전체적인 행정권을 지고 있다.

이곳에는 전통적인 스페인 왕궁들이 존재해왔기에 왕궁 도시라는 애칭도 있다. 스페인 국가의 중요한 행정부와 법원을 비롯해 국회와 주요 부처도 바야도

8) 9개의 소자치주는 아빌라 주(Avila), 부르고스 주(Burgos), 레온 주(Leon), 팔렌시아 주(Palencia), 살라망카 주(Salamanca), 세고비아 주(Segovia), 소리아 주(Soria), 바야돌리드 주(Valladolid), 자모라 주(Zamora)이다.

리도에 위치한다. 지난날 이곳은 국왕이 거주하는 특별 자치도시라는 이미지가 있다. 이곳은 옛날부터 스페인 왕실의 궁들이 많아 현대에도 좋은 관광 명소가 된다.

재미있는 점으로 카스티야 레온은 자치제도가 특이하다. 이 지방의 법원이 입법 권고에 따라 집행부가 선발한다. 전통적으로 1188년부터 이 관례가 이어져 왔다. 왕의 명령에 따라 당시 이러한 관행이 시작되었다고 한다. 그 기원은 여전히 논쟁거리가 되고 있지만, 초기 정부 형태의 설립이 영국의 마그나 카르타와 상당히 흡사했던 것으로 추정되고 있다. 이는 법원의 기능이 행정부의 한 분야를 독점하는 형식이라 새로운 정치적 양식이라는 이미지를 주고 있다. 마치 옛날의 이 도시는 로마의 종교적 왕인 교황이 모든 것을 관장하는 바티칸 분위기를 연상케해준다.

카탈루냐 지방

스페인 전체에서 가장 부유한 지방이 카탈루냐이다. 이 지방은 프랑스와 가까운 이베리아반도 북동부에 위치한 지중해 지역이다. 면적은 31,950 km^2이며, 2003년에 650만 명 정도가 거주하고 있다. 프랑스 국경 내의 카탈루냐 델 노르트 역시 문화적으로는 카탈루냐의 일부이다. 이곳은 언어나 풍습이 프랑스의 영향을 많이 받았다.

카탈루냐는 탄탄한 경제적 기반으로 번번이 독립을 요구하고 반란을 일으켰다. 그러다가 17세기에는 프랑스군의 침공을 여러 차례 받았으며, 북부 카탈루냐 지방을 프랑스에 빼앗기기도 했다. 이런 것이 원인이 되어, 카탈루냐 지방은 많은 부문에서 프랑스를 모방했다. 관광객들에게 이 지역이 마드리드보다는 프랑스에 훨씬 가깝다는 인상을 준다

사회주의가 불고 있던 19세기 유럽사회에 스페인지역에서 가장 먼저 사회주의 및 무정부주의 운동을 받아드린 곳도 카탈루냐 지역이다. 스페인 내 무정부 운동의 중심이 되었고, 1936~1939년의 스페인 내란 당시에는 공화정부(인민전선정부)의 마지막 거점이 되었다. 그런 이유로 1939년 1월에 프랑코 장군에 의해 엄청난 공격을 받고 함락되었다. 많은 인민공화파 투사들과 공산주의자들이 처참히 처형당했다.

카탈루냐는 발렌시아와 아라곤 자치령, 프랑스, 안도라, 지중해에 둘러싸여

있다. 공용어는 카탈루냐어와 스페인어이다. 모든 공립학교에서 카탈루냐어를 교육하고 있으며, 사업도 카탈루냐어로 한다. 이곳에서는 카탈루냐어를 모르면 상류계급에 끼지 못할 정도로 카탈루냐어가 중요하다. 카탈루냐의 아란 계곡에서는 아직도 오크어 역시 공용어로 사용된다. 물론 관청의 공식 문서나 지명 등의 명칭들은 카탈루냐어로 쓰인다. 많은 유치원에서 아동들에게 카탈루냐어와 역사를 교육하고 있다.

이 자치주의 수도는 바르셀로나인데, 건축 양식이나 상거래법도 마드리드와 좀 다르다. 특히, 국제법의 시조인 해양법전도 크게 발달한 지역이 바르셀로나이다. 이 도시가 1970년대 후반까지도 수도 마드리드보다 경제력이 앞섰다. 이 지방은 바르셀로나 주와 지로나 주로 크게 양분된다. 그 외에 타라고나 주를 비롯해 2개의 큰 주가 더 있다. 4개의 주들, 다시 41개의 세부 단위인 코마르카로 나뉜다.

이곳의 자치제도 매우 활성화되어 지방 분권형 자치제도가 잘 발달되어 있다. 어느 면에서 스페인에서 중앙정권에 대항하여 지방자치를 구현하는데 바르셀로나가 앞장섰다 해도 과언이 아니다. 바르셀로나는 지중해 연안의 핵심 항구도시이며, 항만규모와 상공업 활동에 있어서도 스페인 제1의 도시이다. 교외지역에는 비옥한 해안평야에 펼쳐져 있으며, 천연의 양항(良港)과 더불어 스페인 최대의 산업도시를 이룬다. 바르셀로나는 많은 산업을 발전시켜 '스페인의 뉴욕'이라고도 불린다.

바르셀로나는 프랑스 마르세유와 마찬가지로 페니키아의 도시를 기원으로 한다. 이 도시를 기원전 3세기에 이곳을 지배한 카르타고 인들이 바르시노(Barcino), 즉 바르카가(家)의 도시라고 명명하였다. 기원전 201년에 로마의 지배하에 들어갔으며, 아직도 구(舊)시가지의 중심부에 있는 로마의 영향을 받은 고딕건축문화가 그 당시의 성벽이 일부 남아 있다.

8세기에 바르셀로나 지역이 무어인에 점령당하였으나, 801년에 샤를마뉴(카를大帝)가 이를 해방하고 지배하였다. 12세기에는 카탈루냐 백작과 아라곤 여왕의 결혼으로 아라곤 왕국이 이루어졌다. 이 왕실이 후에 카스티야 이사벨 여왕과 혼인 통합을 하여 스페인 통일을 완성한다.

바르셀로나는 카탈루냐의 수도로서 해운, 수공업, 금융의 중심으로서 번영하였다. 이 무렵에 지어진 고딕식 대성당(13세기 말)을 비롯하여 역사적 건조물들이 구시가 중앙에 많이 남아 있으며, 당시의 바르셀로나의 해양법인 콘술라도는 마르는 오랫동안 그 권위를 유지하였다.

1469년에 아라곤과 카스티야의 통일로 바르셀로나는 지방도시로 밀려나는 듯했다. 그러나 고유의 카탈루냐어를 가지고 있고, 1550년에 창립된 바르셀로나 국립대학을 중심으로 스페인의 선진지역으로 발돋움했다. 이들은 선진문화에 대한 긍지와 자부심이 대단했다. 진보적 시민자치를 일찍이 주장했고, 시민들의 부지런한 근면성을 바탕으로의 앞서가는 상공업을 발달시켰다.

스페인 내란 후 중앙집권화 정책에 따라 한때, 행정도시 마드리드에 바르셀로나의 위용을 빼앗겼다. 그러나 그 후 관개시설이 갖추어진 에브로강 서부의 풍부한 농산물과 피레네의 수력으로 자동차·항공기 공업, 식품가공업 등이 활발해지면서 중세의 번영을 되찾고 있다. 카탈루냐 문화의 중심지답게 인쇄업도 활발하며, 지금도 문화·경제의 모든 면에서 카스티야의 중심인 마드리드에 대한 대항의식이 매우 강하다.

바르셀로나 시가는 료브레가트 강과 베소스강의 방향으로 발전하고 있으며, 서부의 티비다보, 남부의 몬트후익 등의 구릉지는 시민들의 행락지이다. 1992년 제25회 하계올림픽대회가 개최되었으며, 한국은 이 대회에서 금메달 12개를 획득, 종합순위 제7위에 올랐다. 특히 한국의 황영조 선수의 마라톤 우승은 놀라운 쾌거였다.

바르셀로나 시가의 해안방향 중심인 람블라로에는 은행, 상사, 고급상품쇼핑몰이 줄지어 서있다. 거리를 걷는 사람들이 90%이상이 관광객이라고 보면 된다. 한쪽에는 모로코인들의 거리가 중동의 문화를 그대로 재현하고 있어 다채롭다. 이 거리의 남단인 항구 부근의 푸에르타데라파스에는 콜럼버스의 기념상이 있다. 이 거리의 서쪽은 19세기까지 건물이 들어찼으며, 동쪽에 있는 중세까지의 도시지역을 포함하여 구시가라 부르는데, 그 주위를 론다스라고 하는 성벽터전의 대로가 반원형으로 둘러싸고 있다. 그리고 바르셀로나 시가는 1860년의 도시계획으로 건설된 직각으로 도로를 만든 신시가이다. 마드리드의 방사선 도로에 비하면, 바르셀로나는 직각의 바둑판같은 도로가 잘 건설되어 있다.

아직도 바르셀로나 거리는 관광객들을 위해 근세의 전차들이 다니고, 일방통로의 교통노선이 대부분이다. 전차의 도시라고 볼 수도 있다. 세계적인 건축가 가우디조차 바르셀로나 시내 전차에 치여 사망했다고 하니 얼마나 많은 전차가 바르셀로나의 거리를 누볐는가를 상상할 수 있겠다.

역사적으로 이 도시는 19세기 후반부터 발전하기 시작하여, 1845년에 14~15만 명에 지나지 않던 인구가 1931년에는 100만 명을 돌파하였으며, 화학·금속공업도 가세하여 이베리아반도 제1의 도시가 되었다. 바르셀로나는 마드리드보다 물가수준이나 삶의 수준이 높다고 보아야 옳다. 그리고 바르셀로나의 일반 시민들의 생활수준이 유럽 도시들 전체에서도 상위 수준이라고 평가된다.

에스트레 마두라 지방

에스트레 마두라 지방은 스페인의 서쪽에 고원지대에 위치하고 있는 자치지방으로 서쪽으로는 포르투갈에 접하고 있다. 야생 생태계가 그대로 보존되고 있는 지역이기도 하며, 특별히 모프라구에 지방에는 주요 보호구역이 있어 타구스강 국립공원이 있기도 하다. 북쪽으로는 카스티야 레온 지방과 접하며 북쪽으로는 안달루시아 지방과도 접한다. 본래 이름 외에 카스티야의 형용사형인 카스테야나를 붙여 표시하기도 한다. 지리 전체 면적은 41,633 km^2로서, 스페인 자치지방 중에서 5번째로 큰 규모이다.[9)]

이 지역 명칭의 기원에는 수많은 역사적 학설이 존재한다. 한 학설에 따르면, 에스트레 마두라의 이름은 도루 강의 끝이라는 의미를 갖고 있다. 라틴어에서 유래된 이름인데, 지방의 위치가 도루 강의 남쪽 끝이라는 위치를 가리키고 있다. 그러나 일부에서는 에스트레 마두라라는 단어의 뜻이 대개 기독교 지역과 이슬람 지역의 경계를 지칭하는 것으로 사용되어 왔다고도 한다. 산악지대 북쪽 지방에는 광활한 평원지대가 펼쳐지는데, 사실상 고원으로서 스페인 내에서도 가장 높은 고도인 2401m에 이르는 지역도 있다. 이 지역을 경계로 포르투갈 쪽으로 낮게 경사되어있다. 톨레도 서쪽으로 산악지대가 있으며, 이는 전체 지방의 중앙에 해당한다. 남쪽으로는 안달루시아와 에스트레 마두라를 구분하는 시에라 모레나(Sierra Morena) 지대가 있다. 남서쪽으로 경사를 이룬 평원은 풍광이 꽤나 아름답다.

기후는 북쪽 지방을 빼면 지중해성 기후가 나타나며, 서쪽의 경우 대서양의

---

9) 지금의 과디아나강 중류의 카세레스주·바다호스의 두 주(州)와 포르투갈의 일부 알렌테주·에스트레마두라에 걸치는 지역과 남쪽은 시에라모레나산맥에 이르는 지방으로 카스틸랴 라 누에바의 서쪽에 해당한다. '땅끝'이란 뜻에 걸맞게 이베리아반도 중에서 가장 개발이 뒤진 지역으로, 농업, 목축업 이외에는 보잘 것이 없다.

기후 영향을 받아 더 따뜻하다. 대체적으로 여름에는 매우 더워서 가뭄이 잦다. 겨울은 온난하면서도 길다. 대서양의 연안을 끼고 있기 때문으로, 포르투갈의 기후와 상당히 흡사하다. 대개 연간 연도는 16~17도에 머문다. 북부 지방의 경우만 좀 더 떨어진다. 여름의 경우, 온도가 26도까지 올라가며 가끔 40도까지 치솟기도 한다. 겨울의 경우, 가장 낮은 기온이 나타나며 산악 지대의 경우 7.5도 정도이다. 이베리아반도의 따뜻한 기온을 감안할 때, 이 지역의 겨울 기온은 거센 대서양 바람 때문에 매우 춥다.

이곳은 기독교의 박해를 피해 도망 온 이슬람교도의 유적들이 잘 보존되어 있다. 간혹 문화적 가치가 높은 고성들이 산꼭대기에 방치되어 있어 옛날의 고난 역사를 말해주는 것 같다. 언어는 유일한 공용어로 스페인어를 쓰지만, 다른 언어도 사용된다. 포르투갈어의 변형체로서 스페인 사투리처럼 쓰이는 경우도 다반사이다. 에스트레 마두라지방의 사투리도 사용되지만, 국가의 통일언어 교육정책으로 카스티야언어를 교육했기 때문에 지방언어는 거의 사멸되었다고 여겨진다. 간간이 갈리시아-포르투갈 어의 혼합 방언이 일부 지역에서 주체적 역사를 강조하기위해 장려되기도 했었다. 그러나 마드리드정부의 강한 언어교육정책으로 스페인 지방언어들이 사라지고 있으며, 그 대표적인 지역이 바로 이 바다호스지방이다.

이 지역의 인구는 2006년 기준으로 1,086,373명으로서 전체 스페인의 인구 중 2,74%로, 미미하지만 땅의 면적은 엄청나게 크다. 즉, 인구밀도가 매우 낮아서 1km²당 25.81명이다. 그래도 인구가 많이 분포하는 지방은 바다호즈 지방으로 673,474명이 거주하고 있으며, 면적당 30.94명이 분포한다. 바다호즈 지방은 농사짓기에는 척박하지만, 포르투갈을 향해있는 산간 구릉지대는 현대에 와서 아름다운 자연보존지역으로 가치가 매우 높다. 오히려 천연적 관광자원을 많이 갖고 있어 최근 스페인에 오는 외국인들이 이곳을 많이 찾는다.

이곳에는 다양한 이민족들이 어우러져 잘 살고 있다. 에스트레 마두라지역에는 비교적 많은 29,000명 정도의 외국인이 살고 있다. 가장 많은 민족으로는 모로코인이 있으며, 루마니아인과 포르투갈인이 그 다음이다. 브라질인도 1676명 정도가 살고 있으며, 그 뒤로 콜롬비아인들 순이다. 북아프리카 사하라 사막지대에서 이민 온 사람도 많으며, 이 중에서는 세네갈 사람(88명)이 가장 많다. 아시아 출신으로는 중국인이 631명으로 가장 많은 인구를 차지한다.

갈리시아 지방

갈리시아 주에 있는 고색창연한 산티아고 데 콤포스텔라 대성당은 10세기에 사도 야곱(산티아고)의 유해가 발견된 후 세계 3대 성지의 하나가 되었다. 당시만 해도 스페인 지역은 유럽의 변방이었다. 스페인 지역이 유럽에서 기독교도인들에게 관광명소로 유명해진 원인은 이곳에서 바로 야곱의 유해가 발견됐다는 주장 때문이었다. 그래서 이곳은 유럽을 포함한 전 세계로부터 신심이 깊은 교도들로 구성된 기독교 성지 순례 관광객들이 많이 찾아오는 지역 중에 하나이다.

이 지역은 칸타브리아산맥의 서쪽 끝에 해당하며, 중앙부를 미뇨강이 서쪽으로 흘러, 대서양으로 들어간다. 산맥의 서쪽 가장자리가 함몰되어, 많은 리아(ria:길고 좁은 쐐기형 후미)를 형성한다. 리아스식 해안의 이름은 여기에서 유래한 것이다. 연강수량 1,500㎜이상으로 낙엽수림도 잘 자라지만, 전반적으로 산이 많고 경작지가 적어서 농업은 부진하다. 따라서 신대륙으로 나가는 사람들이 많으며, 아스투리아스·레온과 함께 이민이 많은 지방으로 알려져 있다.

대서양 연안에서는 정어리 수산어업이 이루어진다. 도시로는 리아에 면한 어업기지인 라코루냐, 비고, 폰테베드라와 내륙의 중심인 루고, 오렌세 등이 있다. 켈트인의 혈통으로 알려진 갈리시아인은 신장이 비교적 작고, 금발과 녹색 눈이 특징이다. 그들이 사용하는 갈리시아어는 원래 라틴어에서 파생한 것으로 스페인보다는 포르투갈어에 가깝다.

라리오하 지방

스페인 동북부에 위치한 자치 주로 세계적으로 유명한 리오하 포도주 생산지이다. 스페인에서 두 번째로 면적이 작고, 인구는 가장 적은 자치 주이며, 인구의 절반이 주도(州都)인 로그로뇨에 살고 있다. 라리오하 지방은 스페인의 전통적인 목가적 도시들을 형성하고 있다. 또한 많은 분권적 권리를 허용받은 자치지방 중 하나이다. 로그카라오라, 아르네도, 알파로, 아로, 산토도밍고 등 여러 도시가 있다. 바스크 지방과 아라곤 지방, 사라고사, 카스티야 레온 지방 등과 경계를 이룬다. 에브로 강이 라리오하 지방을 관통하며, 오하 강도 이곳을 지난다. 양과 염소 방목이 주산업이기도 하며 밀과 포도, 보리를 많이 경작한다. 특별히 이곳은 지중해성 기후의 고온다습한 영향 속에 양질의 포도가 재배된다.

무르시아 지방

무르시아 지방은 이슬람 왕국의 본거지로 스페인 중세 역사의 지방이다. 이 왕국은 이베리아반도 남동 해안지방의 무르시아시를 중심으로 한 이슬람왕국이었다. 11세기 서칼리프제국의 해체로 스페인의 이슬람 사회가 많은 소왕국으로 갈라지자, 무르시아는 1063년에 독립하였다. 그 뒤 1079년 세비야 왕국에 의해 병합되었고, 그 뒤 독립하여 알모라비데 왕조와 카스티야와의 완충적 역할을 하였다. 다시 1092년 알모라비드가 무르시아를 점령하였으나, 1144년에 아부자파르 이븐 후드의 주도로 반란을 일으켜 독립을 회복하고 그 뒤 발렌시아와 합병하였다. 그 후 북아프리카에서 침입한 무와히드왕조에 복속하였으나 자치적 행정체제는 유지되었다. 1243년에 평화적으로 카스티야와 합쳤을 때도 무르시아의 자치체제는 계속되었다. 지역적으로 이곳은 이슬람 세력에 가까운 관계로 이베리아반도로 건너온 이들 이슬람 세력이 쉽게 이 지역을 장악할 수 있었다.

이곳의 가장 높은 곳은 2,027m인데 사실 전체 영역의 27%가 산악지대로 여겨진다. 35%는 평지에 해당한다. 전체 면적은 11,313㎢이며, 지중해성 기후가 짙게 나타나며 반 건조 기후가 나타나기도 한다. 온난한 겨울이며 평균 기온 11도에 머문다. 여름의 경우 최고 온도가 40도까지 치솟으며 연중 온도는 평균적으로 18도에 머문다. 300~350㎜정도 밖에 비가 내리지 않는다.

이 지역에서는 밀을 비롯한 곡물과 채소, 포도, 오렌지, 레몬, 무화과 등 많은 과일이 생산된다. 그 밖에 임업과 면양을 비롯한 목축업도 성하다. 공업으로는 농산물가공업, 부근의 철광자원을 이용한 야금공업과 펄프, 화학공업이 이루어진다. 1467년 건설된 90m 높이의 탑이 있는 대성당을 비롯하여 많은 옛 건물과 기념비가 있고, 그라나다의 대주교구에 속하는 주교관구이다.

정치·군사의 관청과 지방법원, 문과대학 등이 있고, 공원이 많은 것으로도 유명하다. 시의 중심부인 구시가지에는 좁고 불규칙한 골목이 많아, 교외 쪽의 근대적 시가지와 좋은 대조를 이룬다. 시내의 이러한 작은 골목들은 침략해온 군대들과 시가전을 감행할 때, 무라시아인들이 유리한 지형지물을 만들기 위해 짜낸 묘략 때문이기도 한다. 이 도시는 스페인내의 이국적인 문화도시인 셈이다. 현대에는 오히려 이슬람 문화를 잘 보존하고 있는 지역이라, 관광자원이 많아 관광수입이 좋다.

나바라 지방

스페인 인들의 국민적 제왕이었던 산초대왕이 전설적으로 세웠던 나라가 바로 나바라 왕국이었다. 그의 용맹성으로 유명했던 나바라 왕국은 지금도 스페인 인들의 자존심이 살아 움직이는 자치지방이다. 공식적으로는 코무니다드 포랄데 나바라(Comunidad Foral de Navarra)라고 불린다. 로마제국의 지배 기간에도 이 지역의 자존심은 용맹한 바스크 인의 정신속에 살아 있었다. 전통적인 바스크 어와 로마 언어는 문화가 다른 것만큼이나 전혀 다르다. 바스크족은 고유한 자신들의 문화를 지키려는 노력속에서도 아랍계 민족과 서고트족의 문화에 오랜 동안의 영향을 받았다.

프랑스 세력인 프랑크 왕국의 군대가 778년 바스크 군에 패배하면서 바스크의 민족적 자존심은 다시 살아났다. 824년에 '이니고 아리스타'가 팜플로나 왕으로 추대되면서, 나바라 왕국이 생겨났다. 전성기를 만든 산초 3세까지 나바라 왕국은 번성하였다. 역시 나바라의 옛 중심지는 단시의 외세가 감이 범접하지 못할 정도로 그 산세가 험난하고 넓다.

현재 나바라 지방은 중심지일 뿐만 아니라 바스크, 라리오하, 칸타브리아 지방, 카스티야 레온 지방, 아라곤 지방의 일부까지 그 영역이 방대하였다. 그러나 산초대왕 후대에 와서 지도층 분열에 이르게 되고, 다시는 그 위세를 회복하지 못하게 된다. 이 왕국이 전설적으로 유명한 것은 나바라 군대가 앞장서서 1212년 기독연합군과 함께 이슬람 대항 전쟁을 성공적으로 벌였기 때문이었다.

그 후 이슬람의 세력은 줄어들었으나 나바라의 경우에도 괄목할만한 국세발전에 진전이 없었다. 옛날의 권위를 상실한 나바라는 1513년에 스페인 카스티야 통합 왕국에, 일부 지역은 프랑스에 복속되었다. 이베리아반도의 북동쪽에 위치하는 나바라는 북쪽으로 프랑스, 동쪽으로 아라곤, 남쪽으로는 라리오하, 서쪽으로는 바스크 지방과 접한다. 이곳도 당시 스페인 전 지역에서 역사적으로 중요한 전략적 요충지 중에 하나였다.

오늘날 자치정부로서 나바라는 자치 국회와 각 부처가 존재한다. 사회, 보건, 교육, 환경, 도시개발 등 모든 분야의 분과가 각기 자치성을 확보한 채 존재하고 있다. 다른 일부 지방에서는 세금을 직접 걷지 않는 것이 추세이지만, 나바라 지방에서는 세금을 직접 걷으며, 독자적인 세원을 확보한다. 이는 스페인 중앙정부가 상당한 이유로 직접세를 양해해 준 것이었다. 나바라지역은 272개의 소단위로 나뉘며 601,874명(2006)의 인구가 살고 있다. 전체의 3분의 1에 해당되는 인구가 팜플로나에서 살며, 절반이 팜플로나 인근의 도시 지역에 살고 있다. 뒤를 이어 투델라, 바라냐인, 버르라다, 에스타야 리사라 등의 소도시가 있다.

이곳은 피레네 산맥과 에브로 강이 어우러져 특징적 기후가 분포한다. 북쪽은 상당히 습하고 강수가 잦지만, 남쪽은 지중해성 기후가 나타나 온도가 높고 강수가 덜한 편이다. 칸타브리아 계곡 지대가 북쪽에 나타나며 반 건조 지대로서 중간적 변칙기후가 나타난다. 전형적인 이베리아반도 속에 나타나는 알 수 없는 '변칙성 사막성 기후'를 보여준다.

중세에 나폴리 등지와 교류가 빈번했던 나바라는 전통 지중해 문화권의 영향을 고이 간직하고 있다. 이 지역에는 에브로 계곡을 거쳐 밀과 와인, 채소, 올리브 나무가 들어온 물물교환 지역의 중심이기도 했다. 로마 제국의 일부로서 로마의 문물을 전수받으며, 중세시대에는 투델라 왕국의 중심지가 되었다. 그 유적이 나바라 구릉에 산재하고 있다. 팜플로나에는 피레네 산맥의 환경 영향을 받은 특이한 산악 문명도 나타난다.

전통적 자부심이 매우 강한 나바라 지방은 현대에 들어와서도 유럽을 통틀어 에너지 기술을 선도하는 지역으로 유명하다. 최근 이 지역은 100% 환경 에너지 기술사용을 목표로 하고 있다. 태양 에너지 개발에 많은 노력을 하여 스페인 전 지역에서 나바라 지역이 모범이 되고 있다. 2004년까지 61%의 에너지 사용이 대체 에너지로 이루어졌으며, 소규모의 물 터빈 100여 개를 통하여 발전을 하고 바이오매스 발전소와 바이오가스 처리시설도 갖추고 있다.

스페인에서 가장 큰 바이오매스 발전소가 있으며, 드넓은 사막에 어마어마하게 펼쳐져 있는 태양광 집전판은 장관을 이룬다. 최근 스페인은 광 발전소로 인해 생산된 전기를 수출하여 많은 수입을 올리고 있다.

발렌시아 지방

발렌시아는 역사적으로 그리스, 카르타고, 로마, 고트, 아랍 등의 지배를 받아왔으며, 1094년에 국민적 영웅 엘시드가 정복하였다. 그가 죽자 다시 엘 아랍의 발렌시아 왕국의 수도가 되었으나, 1238년에야 아라곤왕(王)이 탈환하였다. 19세기에는 프랑스의 지배와 이에 대한 저항운동, 시민전쟁으로 유명하다. 내전

때는 공화파의 철저한 저항으로 파괴가 심했으나, 성당을 비롯하여 역사적 건조물이 아직도 남아 있다. 현재는 정치・군사・종교・교육・문화의 중심지이며, 후스티시아궁전・예술 및 도자기박물관・식물원・고생물박물관 등이 있다.

이 지방은 지중해 연안으로 과일재배에 알맞도록 기후조건이 잘 갖추어진 땅이다. 고대 발렌시아 왕국에 속해 있던 3개주 가운데, 오늘의 발렌시아 주는 가장 북쪽 해안을 끼고 발달한 해안지방이다. 북서부 산악지대의 황량한 마에스트라스고 지역, 에스파단 산맥을 사이에 둔 미하레스 강 유역, 팔란시아 강 유역으로 이루어진 지역, 그리고 지중해 연안평야 지역 등 3개 지역으로 뚜렷이 구분된다. 적당히 습하고 소금기 있는 바람 때문에, 이곳에서 산출되는 포도와 발레시아 네이블 오렌지[10]는 그 당도가 높다.

또한 이곳은 전통적으로 제재업을 비롯해, 소・양 등의 가축사육, 곡물경작, 과수농업(계곡지역의 올리브·귤·포도와 해안지방의 아몬드·무화과·석류)등이 발달해있다. 이 지방의 항만시설은 스페인의 주요 경제활동은 산업의 동맥같은 역할을 하며 매우 활발하다. 경공업(직물, 샌들, 도기 타일)은 주도인 카스테욘 데 라플라나를 비롯해 온다・알코라・비야레알・발데욱소 등의 소도시를 중심으로 이루어진다.

발렌시아의 수산업은 부리아나, 비나로스, 베니카를로 항에 기반을 두고 행해지며, 또한 발렌시아 항은 스페인 원양어업의 중요 기지이다. 마드리드와는 고속육로로 잘 연결되어 있어, 자동차로 2~3시간 거리에 있다. 아름다운 지중해의 아사아르 해변을 중심으로 관광업이 번성하고 있다. 오늘에 이르러 많은 국제적인 어업기지로도 활성화되어있다. 발렌시아의 농수산업 규모가 감히 스페인 제일이라고 해도 무난하다.

4. 스페인의 포도주

스페인의 포도주는 비교적 저가의 제품으로 유럽사회에서 개성 있는 특산품이

---

10) 네이블은 '배꼽'이라는 뜻으로, 꼭지 아래쪽이 배꼽 모양을 하고 있다고 하여 붙여진 이름이다. 오렌지는 원산지인 인도에서 포르투갈로 전파된 것이 발렌시아 오렌지가 되었고, 브라질로 전파된 것은 다시 미국으로 퍼져 네이블 오렌지가 되었다. 19세기 초에 브라질의 오렌지 나무에서 돌연변이체가 나타나 씨 없는 오렌지가 열렸는데, 오늘날의 네이블 오렌지는 모두 이 돌연변이체에서 유래된 것이라고 한다.

다. 인터넷 사전에 검색하면 스페인 포도주에 관한 많은 자료들이 풍부하게 나온다. 대부분의 자료가 말하듯이, 전통적으로 스페인은 날씨가 건조하고 관계시설이 빈약하여 품질평가가 낮았었다. 아직도 전근대적인 방법으로 와인을 만들고 있었다. 그래서 다른 나라에 비해 스페인 포도주를 국제수준으로 규격화하는 작업이 늦었다. 그러나 생산량이 세계 3위에 달하고 있으며, 대부분 수출되고 있어 명품으로서 명성을 쌓고 있다.

현대에 들어와 스페인 농업 당국이 스페인 와인에 프랑스 A.O.C제도를 모방한, 원산지 증명인 D.O.(Denominateón de Origen)제도를 도입하였다. 그리하여 스페인의 와인제품이 국제적으로 규격을 갖춘 우수한 와인으로 인정받기 시작했다. 스페인 와인의 가격도 제품의 우수성에 따라 다양하게 인상하였다. 스페인 포도주라면 남부 헤레즈(Jeres) 지역에서 생산되는 식전주인 쉐리가 가장 유명하다. 그러나 쉐리는 생산량이 양적으로는 많지 않다. 쉐리는 스페인 포도주 생산량의 2%, 수출량은 5%에 불과하다. 쉐리는 스페인 특유의 브렌드로 유럽사회가 식탁용으로 애용한다.

쉐리 와인은 주석산이 풍부하여 독특한 향이 있고, 약용으로도 사용된다. 쉐리 와인의 포도종자는 파호민종에 브랜디를 1～5% 첨가하여 나무통에서 완전히 숙성시킨다. 쉐리 와인은 다른 와인들과 달리 완전히 오크통을 채우지 않고 오히려 숙성과 산화를 촉진시킨다. 쉐리 와인 중에서 만자냐(Manzanilla)와 비노 데 빠스또(Vino de pasto)는 대단히 드라이한 것이고, 올로로소(Oloroso)는 짙고 달콤하다. 브라운 쉐리(brown sherry)는 가장 맛이 짙고 단 것이다. 더욱이 크림 쉐리(cream sherry)는 마지막 주정 과정에서 당분(糖粉)을 더 가미한 것으로 색이 더욱 짙다. 달콤하면서 신 향기가 강렬하다. 와인 전문분석가들은 스페인 쉐리를 스페인의 개성적 상품으로 인정한다.11)

역시 쉐리는 백포도주로서 스페인의 헤레즈(Jerez) 지방의 것이 대표적인 것이다. 이는 스프 요리에 적합한 포도주이기도 하고, 식욕촉진의 술(aperitif)로 제공되기도 한다. 이 포도주는 포도가 익어 수확할 때 포도 잎을 으깨서, 일광

---

11) 스페인의 유명 와인인 쉐리 와인(Sherry Wine)은 스페인의 남부지역인 헤레스 데 라 프론테라(Jerez de la Frontera) 지역의 유명와인이다. 헤레스 지역은 백악질 토양과 훌륭한 기후조건으로 와인이 발달하였고 이웃에 카디스항이 있어 수출이 유리하였다. 긴 시간 항해에 와인이 변질되지 않도록 브랜디를 첨가한 데서 스페인의 주정강화 와인이 유래하였다. 대부분의 셰리 와인은 청포도 품종인 팔로미노(Palomino)로 제조되는 화이트 와인으로 은은한 황금빛이며 헤레스 지역의 건조한 기후로 인하여 솔레라(Solera)라는 독특한 시스템으로 숙성된다.

에 오랫동안 건조시켰다가 통속에 같이 담아 발효시킨 포도주이다. 포도 잎은 맛 자체가 매우 신맛이기 때문에, 쉐리는 포도잎에서 나온 신맛과 향을 갖게 되는 것이다. 일찍이 영국의 엘리자베스(Elizabeth) 여왕 시대(1533~1603)에 스페인에서 수입한 독한 쉐리를 즐겨 마셨다고 한다. 오늘에 이르러 스페인 명품으로 인정받고, 스페인 수출산업에 효자노릇을 하고 있다. 다음에 스페인 각 지방의 포도 특산품을 지역별로 간단히 소개하려 한다.

스페인 북부 지방의 포도주

스페인은 동서로 길게 뻗은 피레네 산맥을 가운데 두고 프랑스와 국경을 같이한다. 서쪽으로는 나바라와 리오하 지방을 뻗고, 동쪽으로는 지중해로 향한 카타로니아와 발렌시아 지방과 경계를 같이하고 있다. 매년 9월이 되면 각 마을마다 거리에서 황소가 사람을 쫓아 질주하는 공격적인 축제모습을 흔히 볼 수 있다. 그래서 보통 스페인에서 아라곤지방이라면, 투우를 연상하지만 이 지방에서 명품 포도주들이 생산된다는 사을 아는 사람은 드물다.

아라곤지방에는 3개의 행정단위 도(Province)가 있는데, 북쪽에 Huesc, 중앙에 Zaragoza, 그리고 남쪽에는 Teruel이 있다. 특히, 서북쪽에서 흐르는 Ebro 강은 이들 지역의 중앙 자라고자 지역을 관통하고 있어 비교적 농경이 고대부터 잘 발달되어 있다. 좋은 산과 좋은 강을 기반으로 이 지방은 전통적으로 좋은 제품의 포도와 사과를 생산할 수 있었다. 아라곤의 과일 재배의 역사도 매우 오래 되었다. 이에 이곳 와인의 역사도 기원전 3세기에 로마시대로 올라간다. 이 지역의 원주민인 Carae(Carinena)들은 포도즙과 꿀과 혼합해서 발효시켜 마셨다는 기록이 있다. 그 이후 수세기 지나면서 포도즙을 보관하는 기술 부족으로 알콜로 변해버린 포도즙을 마시면서, 그것이 맛이 좋은 적당한 건강 술, 즉 포도주라는 사실을 깨닫는다.

그 후 이 지역 사람들은 더 많은 양의 포도를 생산하려 노력했다. 이 북부 지역 주민들이 토종 포도 품종에서 신품종으로 서서히 교체하면서 양질의 포도를 재배하기 시작했다. 엄청난 규모의 포도밭을 개간하고 다양한 포도제품들을 상품화했다. 그러나 포도나무의 에이즈라는 19세기 필록세라[12]병이 전 유럽을 강

---

12) 포도나무 뿌리 진디. 토양 속에 사는 작은 기생충이 포도나무뿌리를 공격, 결국엔 포도나무를 죽게 만든다. 1860년 미국에서 건너와 프랑스 포도원의 3/4을 파괴시켰으며, 그 이후 전 세계로 퍼져나갔다. 현재까지도 이 균을 박멸시킬 치료법은 없다. 다만 이 균에 저항력이 있는

타했다. 이곳의 농민들은 혼심을 기울려 방제했고, 일일이 수작업으로 나무를 지켰다. 그 덕택에 이곳은 필록세라의 피해를 면하게 되었다. 이 지역에서 필록세라의 피해를 줄인 소문을 듣고, 당시 많은 프랑스의 포도재배 농가들이 이곳으로 이주했다. 이런 대량 이주 사태는 이 지방으로서는 행운이었다. 이런 연유로 이라곤 지방은 프랑스의 선진화된 포도 재배와 양조기술을 전수받게 되었다.

1909년 알폰소 13세 왕(Alfonso)은 이 지역을 포도재배 특별지역으로 선포하였다. 즉, 국가가 이 지역의 특산화된 포도나무를 관리하고 지켜주겠다는 것이었다. 아라곤 지방에는 4개의 D.O.생산조합이 있는데, 이들은 북쪽에서부터 D.O. Somontano, D.O. Carinena, D.O. Campo de Borjo, D.O. Calatayud들이다. 이 제품들을 분류해서 설명하면 다음과 같다.

D.O. Somontano 지역 특산 와인으로 1984년에 DO등급으로 승인되었다. 토착주민들로 구성된 생산농가들이 피레네 산기슭 해발 350~650m에 4,000여 헥타르의 포도원들을 재배한다. 질 좋은 와인 제품이 생산되려면, 기온의 특성이 낮과 밤의 일교차가 심하며, 년중 강우량은 약 500mm 정도 이상이어야 한다고 한다. 아라곤의 기온이 좋은 포도를 생산할 수 있는 여건을 갖추었다. 토양이 석회석 토양이면 와인의 특성은 강건하고, 장기숙성이 가능해 고급화된다고 한다. 재배품종으로 백포도나무 종자는 Macabeo, Garnacha Blanca, Alcanon, Chardonnay, Gewurztraminer 등이며, 적포도 나무 종자는 Moristel, Tempranillo, Garnacha Tint, Parraleta, Cabernet Sauvignon, Merlot, Pinot Noir, Syrah. 등이다. 이렇듯 프랑스 상급 포도주에 버금가는 스페인 포도주를 아라곤 지방이 생산해내고 있는 것이다.

D.O. Calatayud 이 Calatayud 지방은 반도의 중서부 고원지대에 위치하고 있으며, 약 5,400헥타르의 포도재배농지가 있다. 해발 550~880m의 높은 지대에 포도원이 자리잡고 있으며, 1990년에 DO승인[13]을 받았다. 기후는 여름은 혹서로 또 겨울은 영하 8도까지 내려가는 지역이며, 연중 평균 강우량은 350mm 정도가 된다. 주 품종으로 적포도나무 종자는 Garnacha tinta, Mazuela, Tempranillo, Merlot, Cabernet Sauvignon, Syrah 등이며, 백포도는 Macabeo, Malvasia, Chardonnay 등으로 두 가지 포도주를 다 생산한다. Calatayud 지방의 포도주는 양적으로는 많

미국산 포도나무에 접목하여 이 균의 활동을 정지시키는 것이다. 1990년대 중반 캘리포니아에서 이 균의 변종이 잠깐 나타나기도 했었다.

13) D.O. 규정은 지역에 따라 약간씩 다르게 적용되어 Crianza같은 경우 9개월 오크 숙성에 6개월간 병에 넣어 숙성을 요구 한다.

지 않으나, 질적으로 특이하고 멋진 향을 갖고 있다고 평가된다.

D.O. Campo de Borja 이 Campo de Borja 와인은 1980년에 승인되었으며, 리오하 동남부의 Cordillera Iberica 산 기슭에 해발 400~800m에 위치하고 있다. 지중해성 기후에 영향을 받으며 여름의 낮에는 섭씨 40~45도, 저녁에는 섭씨 20도까지 내려가는 기온의 차이를 보이는 곳이다. 연간 강우량은 약 350~450mm로 일부 지역에는 수로 관개로 영농을 한다. 총 재배지는 약 8,000 헥타르이며, 와인의 특성은 적포도주인 경우 전통적인 맛을 간직한다. 포도주의 분위기는 중후하며, 짙은 색에 좋은 아로마[14]를 가지고 있다. 이곳의 포도주는 색깔 또한 일품이다. 주 품종으로 백포도 나무종자들은 Chardonnay, Moscatel, Macabeo 등이고, 적포도 나무 종자로는 Granacha, Tempranillo, mazuela, Cabernet Sauvignon, Merlot, Syrah 등이다. 밤낮의 기온 차가 커서 이 지역은 당도가 높은 포도를 재배하여, 과일로서도 이 지역 포도는 좋은 상품이라고 알려져 있다.

D.O. Carinena Carinena 지역은 배수가 잘되는 양질의 고원으로, 재배면적은 14개 마을에서 총 15,700 헥타르이며, 4,000여 재배자와 56개의 양조장이 있다. D. O. Carinena는 2007년이 D.O. 지정 75주년을 맞는 해로, 스페인에서 가장 오래된 포도주 승인명칭 중 하나로 그 의미가 크다. 토양은 굵은 자갈, 점토질, 황토(Ochre), 탄산칼슘이 함유된 토양Calcium carbonate)으로 DO Carinena는 에브로강(Ebro) 중앙에 위치하고 있으며, 포도원이 자리잡은 지역은 해발 400~800미터에 있다. 포도 품종들로 적포도는 Grenache, Tempranillo, Carinena, Juan Ibanez, Monastrell, Merlot, Syrah, Cabernet Sauvignon 등이며, 백포도는 Macabeo, white Grenache, Parellada, Chardonnay, Roman Muscat 등이다. Carinena 지역에서 생산된 포도주는 맛이 진하다는 느낌을 준다. 포루투갈식 강화포도주를 만들어 보면, 그 맛이나 보관 능력이 좋다고 알려져 있다.

동북부 카탈루냐 (Catalonia)지방의 포도주

카탈루냐(Catalonia)지방은 이베리아반도의 동북부이며, 동서로 길게 뻗은 북쪽 피레네 산맥을 가운데 두고 프랑스의 최서남단과 경계를 이루고 있으며, 피레네 산맥과 지중해가 만나는 비옥한 땅이다. 약간의 소금끼가 감도는 카탈루냐 땅은 1990년 초부터 조용한 농업혁명이 시작된 곳이다. 이곳 카탈루냐 생산량이 전체 스페인 생산량 중 2위를 차지한다. 강우량이 부족한 전체 스페인에 비

14) '향기' 또는 '방향(芳香)'을 뜻한다. 약용이나 향료로 사용하는 허브(herb)가 가공되지 않은 상태의 식물을 가리킨다면, 아로마는 허브를 채취하여 인간에게 유익하도록 가공한 상태이다.

해 이곳은 비가 자주 온다. 카탈루냐에는 11개의 산업지방으로 구성되어 있으며 일찍이 지중해를 통해 무역으로 이 지역 최고의 부를 축척한 고장이다.

그리고 카탈루냐는 오래 전부터 까바주와 백포도주로 그 이름이 널리 알려진 지방이다. 이 지방 자체가 가히 와인의 역사라고 할만하다. 18세기 후반부터 프랑스 와인 제조 기술을 가장 먼저 전수 받기도 했지만, 이미 로마에 앞서 희랍 문화가 유입될 때 포도재배가 시작되었다. 로마인들이 와서 포도를 재배하기 시작 했을 때는, 주로 이베리아반도 해안 지역이었으나 11세기부터는 추운 반도 내륙으로까지 확대되었다. 유럽의 제국주의가 국경을 넘어 스페인 지역으로 밀려들 때인, 1865년부터 이 카탈루냐 지역와인이 타 지역으로 수출이 되었는데, 저가의 적포도주가 대부분이었다. 그러나 이 고장의 까바(Cava)가 활성화 되면서, 고가의 백포도 재배가 활성화 되었다.

현대와 와서 자신감이 생긴 스페인 젊은 농민들이 와인특화 사업에 뛰어들어 현대적 감각을 지닌 제품들을 생산했다. 특히 1990년 초 “Gratallops”라는 브렌드로 포도재배와 와인 양조를 하는 젊은 세대가 나타나, 와인 제품을 현대화 한다. 그들이 중심이 되어 와인산업에 일대 혁명을 일으킨 지역이 바로 카탈루냐 지역이다. 이들은 이곳의 전통적인 포도품종인 Garnacha를 뽑아내고, 신품종인 Cabernet Sauvignon, Merlot, Syrah 등을 이 지역의 Priorato주 산악지역에 새로 심었다. 이로 인하여 당시에는 기존의 여러 와인생산자들로부터 비난을 받았으나, 현재는 경쟁력있는 포도주를 생산함으로써 이들의 노력이 가장 존경을 받는 와인개발의 성공사례로 남게 되었다.

이곳 카탈루냐 포도주는 이미 유럽의 명품으로 인정받은 D.O. 페네데스(Pebedes), 타라고냐(Tarragona), 프리오라토(Priorato)가 포함되며, 세계적 브렌드 상품인 미구엘 또레스(Miguel Torres)가 타라고냐에 자리잡고 있다.

지난 20년 동안 이 지역은 스페인의 와인산업 중 가장 많은 진보를 겪었다. 새로운 기술과 시설을 갖춘 포도원들이 계속 확장되어, 지금은 제 2의 ‘리오하’라 부르고 있다. 그리고 이곳은 스페인의 명품인 카탈루냐 까바(Cava)의 산지로도 유명한 곳이다. 동북부 지역의 명품 와인 D.O. 생산지역으로 11개 곳이 있는데, 그곳은 다음과 같다. Alella, Catalunya, Emporda-Costa Brava, Conca de Barbera, Costers del Segre, Penedes, Pla de Bages, Priorato, Tarragona, Terra Alta, Cava 등이 있다. 이곳에는 해마다 많은 관광객들이 포도주 테마관광을 위해 찾는다. 포도주 상품 판매보다는 포도주 상품을 매개로 얻을 수 있는 관광수입이 더 매력적이라고 주민들은 환영한다.

D.O. Cataluña 이 지역은 스페인에서는 포도주 선진 지역이었으나, 유럽 전체로 볼 때는, 좀 늦게 1999년 처음으로 광역 DO제도가 승인되었다. 카탈루냐의 대부분 지방은 이미 자체 방식으로 많은 포도주 수출을 하고 있었기 때문에, 기존 양조회사들이 타 지방에 비해 하여금 엄격한 품질관리를 받고 있었다. 이것은 카탈루냐 대부분 포도원들이 이미 DO 관리지역 안에서 관리되고 있었다는 의미이다. 지속적으로 카탈루냐 당국이 DO 등급에 들어가지 못하고 흩어져 있었던, 재래 포도원들을 규격화하는 작업을 계속하고 있었다. 그동안 좋은 포도주를 생산하면서도 DO를 받지 못해, 경영수지가 열악한 약 4,000헥타르의 포도주 생산 농가들을 한곳에 묶는 것이다. 성분 혼합비율도 DO규준에 맞도록 관리하는 것이다. 이 지방의 백포도주 중에 Parellada(50%)와 Chardonnay(50%)의 배율을 지키는 특산제품과 적포도주 중에 Tempranillo(60%), Garnacha(30%), 그리고 Monastrell(10%) 배율을 지키는 특산 제품들이 제품이 인기 있다. 그전에는 카탈루냐 당국이 이들 재래 포도주들을 기존의 DO와인의 이름으로 판매하지 못하게 하고 했었다. 이곳 포도주 생산 농가들은 제각각 제조 방식에 차이가 있어 상품화하려면 포도주 내용에 따라 제품을 규격화할 필요가 있었다.

페네데스(D.O. Penedes) 페네데스는 카탈루냐에서 가장 중요한 지역으로 바르셀로나에서 남서쪽으로 약 50km 떨어진 지역에 위치하고 있다. 스페인에서는 제일 먼저 유럽의 신품종을 도입한 곳이다. 토양은 주로 석회암과 사토가 점토와 혼합으로 형성되어 있다. 기후는 지역에 따라 3가지 다른 기후대를 모두 가지고 있다. 연안지역은 여름은 덥고 건조하여 적포도를 위주로 재배하고 있다. 그 내륙지역은 온화해서 주로 다양한 신품종 및 백포도를 재배하고 있으며, 그 유명한 까바 포도주의 고장이다. 여름의 최고 기온은 섭씨 33℃ 정도이며, 겨울의 최저는 -3.5℃ 정도이다. 또 연중 강우량은 525mm이며, 연중 총 일조량은 약 2,350시간 정도가 된다. 알토 뻬네데스(Alto Penedes)는 해발 800m 고지대로 일기가 서늘해서 삐노 누아르, 리슬링 등이 재배되고 있다. 이 지역 와인의 특성은 리오하와 달리 가볍고 상큼한 맛을 준다. 이 지역은 1960년 6월 28일 DO Penedes 승인을 득하였다. 1970년부터 품질개선을 위해 양조기기를 강철로 된 것을 사용하며 저온 발효법을 시도하여 성공하였다. 비교적 넓은 구릉지로 되어있는 페네데스 지역은 크게 낮은, 중간, 높은 세 가지 높이 지역으로 이루어진다. 낮은 고도에 위치한 포도원은 해발 약 250m 높이이고, 중간 정도의 고도에 위치한 포도원은 해발 약 300m에서 700m, 높은 지역의 포도원은 해발 700m~1300m 고도이다. 토양은 전반적으로 백악층(석회암)이며, 낮은 곳에 위치한 포도원의 토양은 주로 모래이고, 높은 곳에 위치한 포도원의 토양은 주로 진흙이다. 고지대에 있는 포도원은 서늘한 편이고 저지대에 위치한 포도원은 온화하다. 중간 고도에 위치한 포도원의 경우는 더운 여름과 온화한 겨울을 자랑하는 정통적인 지중해성 기후이다. 포도 맛도 고도에 따라 다른데 저장기간, 숙성기간도 고도에 따라 다르다. **화이트 와인**은 드라이하고 과실 향이 나며, 주로 파렐야다(arellada), 하레로(Xare-lo), 마카베오(Macabeo) 품종으로 만들어지며, 깊은 향과 은은한 맛을 위해 소량의 샤도네이(Chardonnay)와 쇼비뇽(Sauvignon)을 혼합하기도 한다. 보통 숙성시키는 제품보다, 생산 후 생와인을 즉시 마셔도 좋다. **레드 와인**은 음료수처럼 즐길 수 있는 달콤한 것부터 떫은 것까지 다양하다. 주요 품종은 Tempranillo(템프라닐요)와 Garnacha(가르나차)이며, 까베르네 쇼비뇽(Cabernet Sauvignon), 멜로(Merlot), 심지어는 피노 누와(Pinot Noir)가 같이 쓰이기도 한다. 이 지방 포도 재배품종들로 백포도는 Macabeo, Xarel lo, Parellada, Subirat-Parent,Chardonnay 등이고, 적포도 품종들로는 Tempranillo, Cabernet-Sauvignon, Garnacha Tinta, Cariñena, Monastrell, Samsó, Merlot 등을 들 수 있다.

프리오라토(D.O.C. Priorato) 바르셀로나에서 지중해 해안을 타고 남진하면, 타라고나에 속한 검은 토양의 포도밭이 나온다. 해발 100~700m나 되는 언덕에 포도원이 위치하고 있으며, 이 지역에서 생산되는 와인은 활력이 넘치고 짙은 색에 깊은 맛을 내고 있다. 좀 진한 와인 맛을 준다. 기후는 지중해성 기후로 년 평균 15℃로 온화한 기후대에 속하며, 년 중 일조량은 2,600시간이 된다. 토양은 점판암 토양과 점토질이 혼합되어 있다. 이곳 와인의 역사는 12세기 때 카르투산(Carthusian) 수도사들이 이곳에서 포도를 재배하기 시작하여 1835년 수도원이 정부에 귀속될 때까지 계속되었다. 19세기말 포도나무 병 휘록세라로 포도원이 황폐화 되자 용감한 농민들은 좌절하지 않고 아몬드, 헤이즐넛, 올리브 나무를 심었다. 그 후로도 기후이변로 주민들이 이곳을 떠나 타 지역으로 이민을 떠나자 한때 황폐화 되었다. 그러나 젊은 농민들의 신품종 개량 노력은 계속되었고, 주 정부는 과감한 지원 투자를 행했다. 이 지역 젊은 농민들은 과학적인 육종재배를 위해 1950년부터 최고품질의 와인 생산을 목표로, 재래종을 베어내고 신품종 포도나무를 다시 심었다. 1985~1995년 10년간 원액 나무통째로 수출을 통제하고, 대신 병에 넣은 고품질의 완제품만 수출하도록 유도했다. 그것은 와인의 부가가치를 높이려는 당국의 정책이었고, 성공적이었다. 이곳의 와인은 전국적으로 소비자들에게 이목을 끌게 되었다.[15] 포도 재배품종으로는 적포도는 Garnacha Tinta, Tempranillo, Carinena, Cabernet

Sauvignon, Merlot, Syrah 품종이고, 백포도 품종은 Macabeo, Garnacha Blanca, Pedro Jimenez, Chenin, Viognier. Big meaty red with bags of body and lush fruit 등으로 개량되었다.

타라고냐(D.O. Tarragona) 스페인 지역에서는 원산지 증명인 DO를 비교적 일찍이 획득한 타라고냐는 그 포도밭의 넓이가 7,280ha에 달한다. 이 반도의 동남부 해안지역에 위치하고 있으며, 해안에서부터 완만한 경사를 이루며, 해발 200m까지 뻗어있다. 남쪽과 서쪽으로 에브로 강의 둑이 있는데, 이 둑을 따라 포도원은 해발 100~400m에 위치하고 있다. 토양은 검은색을 띤 석회토로 침척토와 혼합되어 있다. 기후는 대부분 지역이 지중해성 기후에 영향을 받으나, 일부 고지대인 에브로 강변은 대륙성 기후에 영향을 받는다. 년중 강우량은 475~650mm에, 일조량은 2,600시간으로, 년중 평균 기온은 섭씨 16도가 된다. 이곳은 겨울에도 자주 비가 내린다. 이곳 와인의 역사는 로마 이전부터 포도를 재배해 왔으며, 로마시대에는 이태리까지 포도주를 공급하였다. 12세기까지 꾸준히 와인산업이 성장세를 유지하다가, 1900년도에는 이 지역 전체면적의 약 54%까지 포도원이 조성되었다. 그러나 병충재해로 큰 피해를 입은 후, “Tarragona Clasico”라 불리는 알콜 도수가 좀 높은 강화주를 생산했다. 이 제품은 보존관리에 장점이 있고, 1947년에 D.O.로 승인을 받았다. 또 1959년에는 그 동안 등급이하로 평가받아오던 이 지역 일반 와인도 D.O.로 승인되었다. 이 지역에서 재배되는 포도 품종들로 백 포도는 Macabeo, Parellada, Xarel-lo, Chardonnay, Moscatel등이고, 적 포도는 Ull de Llebre, Carinena, Garnacha Negra, Cabernet Sauvignon, Merlot 등이다. 이 지역은 마드리드, 바르셀로나 등 대도시로 송출이 쉬워 많은 제품들이 내수용으로 팔려나가고 있다.

D.O. Costers del Segre 이 지역은 20년에 걸친 기나긴 DO등록의 여정으로, 1983년에 D.O.신청, 1988년에 Noguera, Urgell, Garrigues, Raimat등 4개 지역이 D.O.등록하는데 성공했다.[16] 2005년 최종 6개의 포도재배 지역[17]까지 확대해서 Artesa de Segre, Urgell, Garrigues, Pallars Jussa, Raimat, Segrai and Valis del Riu Corb지역을 추가했다. 이곳도 명성을 가진 포도주 생산지역으로, 국제적인 D.O.의

---

15) 이곳은 1997년에 DO지역으로 인정받은 후 발전을 거듭해 오다가 2000년 12월 18일 Decominacioni De Origen Calificada(D.O.C.) Priorat승인을 받았다. 카탈루냐 지역의 새 와인법에 의거 재차 D.O.C.승인을 받아 2006년 4월 21일 카탈루냐 주정부 관보에 공고되었다.

16) D.O.당국의 조건: 최대 생산량 120hl/ha.(red/white), 최대 재식수 4,500 주/ha. 최소 재식수 1,500 주/ha. 최대 포도즙 압착 량은 75litres/100kg

17) 총 재배면적: 4,719ha. 650 재배자, 22 양조회사로 구성되었는데, 해발 250~ 650m에 위치하며, 검은색의 점토질이 석회토와 혼합되어 재배에 좋다. 일기는 년 평균 기온/14~15'C(여름 최고 기온 35'C), 년 평균 강우량/400~500mm.이다.

최종 승인을 받는다. 이곳의 재배품종들은 백포도로 Macabeo, Xarello, Parellada, Chardonnay, Garnacha Blanca, Riesling, Sauvignon Blanc, Gewurztraminer 등인데, 그 중 권장 품종은 Albarino와 Moscatel등이다. 또 전통적인 적포도로 Garnacha Tinta, Tempranillo, Cabernet Sauvignon, Merlot, Monastrell, Trepat, Samso, Pinot noir, Syrah 등을 들 수 있는 데, 이들은 스페인 전역에서 인정받는 좋은 제품들로 평가되고 있다.

Spain 와인의 등급

전통적으로 유럽 여러 나라와 마찬가지로 스페인도 와인 산지를 등급별로 분류를 엄격히 하고 있다. 와인을 음식향료로 많이 쓰는 스페인의 요리에 있어서 산지 등급과 품질 및 용도의 분류는 매우 엄격하다.

Pago급 대표적인 선전품인 Mas La Plana[18] 는 1997년, 1995년, 1991년, 1989년으로의 수직등급 최고 포도주였다. 100% 까베르네 소비뇽을 사용한 이 레드와인은 스페인 와인의 최고등급의 와인이라 할 수 있다.

Reserva급 대표적 상품은 Gran Coronas, Gran Vina Sol, Gran Sangre De Toro, Atrium인데, 그중에 Gran Vina Sol 2001[19]제품이 유명하다. Chardonnay 85% 와 Parellada 15% 의 포도품종을 섞어 발효시킨, 블랜딩 와인인데, 초록빛이 감도는 맑은 색을 띠고 있다. 향과 누룩 냄새가 같이 어우러진 맛이 나는데, 복숭아 향도 느껴진다. 취한 이후에도 뒤끝이 개운하다는 평을 듣는다.

이제 스페인의 포도주 농업은 서구유럽으로부터 현대화된 기술과 자본을 이전받아, 세계적인 규모의 농업수준으로 발전하고 있다. 그 중 가장 성공적인 부문이 바로 D.O. 포도주 생산이다. 스페인 내 모든 국제 공항면세점에서 스페인 산 질 좋은 포도주를 적당한 가격에 팔고 있어 많은 국제 여행객들이 부담없이 쇼핑하고 있다. 스페인 산 포도주는 포르투갈에 비해 연하고 떫은 맛을 주나 다양한 향기를 갖고 있어 애호가들이 많이 찾는다. 또한 다른 나라들의 제품에 비해 스페인 제품 가격이 합리적이라, 해외에서의 수요가 크게 늘고 있다.

---

18)호두와 황토색이 감도는 어두운 체리빛의 와인이다. 부드러운 타닌과 우아한 질감은 와인의 풍부한 향이 있으며, 부드럽다.

19) 실크 감촉의 우아한 질감 과 바닐라향의 이 화이트 와인은 신선한 생선, 가재, 게요리와 먹으면 좋다.

딸을 시집보낸 바르셀로나*

여름이 끝나가는 그 어느 계절인가
스페인의 남동 바닷가 바르셀로나 공항 한 모퉁이에서
우리는 눈물 바람 속에 딸과 이별을 했다.

사위라는 아직 낯선 청년에게 "부탁한다고" 한마디 남기고
우리는 용감하게 돌아섰지만, 끝내 눈물을 쏟았다.

하늘을 보아도, 웃어 보아도,
왜 눈물이 흐르는지.
신이여!, 딸이 좋다고 간다는데, 왜 이리 눈물이 납니까?
신이여!, 사방은 온통 화사한 공항인데, 왜 이리 눈물이 흐릅니까?
신이여!, 며칠 다짐했는데, 왜 이리 눈물이 길을 막습니까?
아! 이것이 바로 이별연습의 시작이었나?

현란한 가우디 건축이 보석처럼 박힌 바르셀로나에서
우리는 소리없이 울었다.

아! 아! 음속에 가까운 대궐같은 비행기로,
17시간 걸리는 이 낯선 이 거리에
저 어린 것을 남겨두고 가란 말인가?
이 보고 싶은 정은, 그리움은 어쩌란 말이냐

지도를 펴들고, 지구를 반 바퀴 돌아,
딸이 있는 곳을 보란 말이냐

떠나는 날,
새끼 놓친 어미 새처럼
홀로 낯설고 구석진 모퉁이를 맴돌았다

---

* 필자는 딸을 스페인 바르셀로나로 시집을 보냈다. 그래서 스페인을 자주 가게 되었는데, 첫해 시집가던 때, 그 곳에서 결혼식을 올려주고 돌아오는 길에 쓴 슬픈 시가 있어 소개한다.

언젠가 "엄마 ! 이별연습을 해야 돼요,
내 눈을 봐요. 엄마, 난 괜찮아요..."
딸의 젖은 눈은 말하고 있었다.
이제 이별의 시간이 온 것이라고

한용운 민족 시인은
"이별이 싫거든, 처음부터 만나지를 말아요"라고 했다는데,
왜, 우리는 예정된 이별 앞에 그리 슬플까
피카소의 숨소리 강렬한 바르셀로나는 회색으로 젖어버렸고,

우리를 실은 여객기는,
그날만은 .성난 사자처럼, 사납게 솟아오르고,,
딸은 꿈속의 딸이 되어버렸다.
나에게는 바바리 품에 넣고 다니던 딸이었는데

이제는 지구 저편에서 행복하렴..

2000년 8월

필자의 아내와 딸 가족

제3장
스페인의 문화

전형적인 스페인 여성들

스페인의 역사는 매우 격동적이고, 다양한 문화가 수용될 수밖에 없었다. 스페인에서 카스티야 왕국과 아라곤 왕국은 스페인 통일의 주역이었지만, 이슬람 왕국들도 스페인 역사에서 중요한 부분을 차지하고 있었다. 그런 결과 기독교 스페인은 아랍세력과 투쟁하고, 수용과 타협을 반복하면서 독창적인 스페인 문화를 창출해왔다. 이에 스페인은 유럽이면서 비유럽적인 색채를 지닌 채 이베리아반도의 개성적 문화를 만들었다.

또한 이베리아반도에 위치한 스페인은 인류학적으로 다양한 세계유산의 보고로 봐도 손색이 없을 정도로 다양한 문화적 유산을 가지고 있다. 이러한 귀중한 문화자원을 보호하기 위해 1972년의 세계조약에 의거하여 유네스코가 이베리아반도의 여러 곳을 인류 문화유산으로 지정했다. 오늘날 스페인에는 40여개의 문화유산 및 자연유산이 있다. 이는 한 국가의 등록 수로서는 세계에서 가장 많은 것이다. 특히, 사적 가치가 있는 고대 문화재가 온전한 형태로 스페인 곳곳에서 발견되어 고고 인류학자들을 놀라게 한다.

현대에도 스페인은 세계화를 추진하면서도, 자신들의 고유한 문화를 지킨다. 스페인 역사의 시대적 부침은 유럽전체를 연구하는 데, 중요한 자료를 제공한다. 그뿐 만 아니라, 현대에서 종교적 이유로 발생하고 있는 문명충돌현상을 연구하는 데도 주요한 자료를 제공하고 있다.

1. 문화의 다원성

(1) 이질적 종교의 조화

스페인은 언어도 통일되지도 못한 채 오랜 동안 갈등 속에 살아왔다. 현대 스페인 표준어는 로망스어 계통인 카스티야어로 스페인 전역에서 사용된다. 그 중 카스티야어를 가장 정확하게 구사한다고 정평이 난 지역은 바야돌리드 주와 부르고스 주를 비롯한 카스티야 라비에하 지방이다.

남프랑스의 프로방스어와 관련이 있는 카탈루냐어는 남부 불어에 가까운 언어로 표현력이 발달된 언어다. 특히, 형용사 표현력이 좋은 언어로서 시·소설·희곡 등 문학 분야에서 전통이 깊다. 카탈루냐어는 음악의 가사로서도 매우 편리하다는 평을 받고 있으며, 교육언어로서 많은 유치원에서 노래로 만들어져 불린다. 발음이 부드러우며, 연음이 뛰어나 음율에 좋다고 한다. 이외에 갈리시아 어는 13세기 카스티야의 알폰소 10세에 의해 왕실문학어로 채택되기도 했으나, 지금은 쇠퇴하여 시골언어로 갈리시아의 어민들 사이에서만 쓰인다. 지금도 갈리시아 지방은 마드리드에서 너무 멀다. 마드리드에서 라 콜료나 지방으로 가는 고속도로는 멀고도 긴데, 그 북북서 방향의 끝에 갈리시아 지방이 있다.

한편 바스크어는 카스티야어와 가장 뚜렷하게 구분되는 언어로 기원은 분명하지 않다. 하지만 바스크어는 로마시대 이전부터 사용되었고, 지금은 바스크 지방과 나바라 지방의 시골·어촌·소도시에서만 쓰인다. 이렇듯 스페인의 다양한 지방언어는 그 나름대로 가치있는 역사적 언어로서 연구되고 있다.

전통적으로 스페인 국민들은 대부분 로마 가톨릭교이다. 대다수의 스페인인들은 성당에서 세례를 받고 결혼하며, 성당 묘지에 묻힌다. 그러나 산업화 이후 도시의 대다수 교회가 일상생활에서 소원해지고 있다. 스페인 사람들의 삶 전체에 미쳤던 가톨릭이 현대에 들어와서는 막대했던 영향력을 상실하고 있다. 종교의 정치개입이 줄어드는 등, 스페인인들의 종교생활이 순수한 종교 분야로 회귀하고 있다. 또한 가톨릭이 비정치적인 봉사분야로 다양하게 넓어지고 있다.

가톨릭 이외에 소수 종교 가운데는 개신교가 스페인 내에 가장 많은 신자를 확보하고 있다. 스페인 개신교 교파 중 전통적으로 우세했던 형제단교회와 복음주의침례교회는 수많은 신자를 확보하고 있으며, 그밖에 여호와의 증인, 제칠일

안식일 예수재림교회, 모르몬교 등이 20세기 중반에 급격히 교세를 확장했다. 오래전부터 다양한 기독교의 종파를 발전시킨 나라가 스페인이기도하다.

스페인 문화는 한마디로 중세의 기독교 색채로 다져진 종교문화였다. 이는 이민족인 로마세력의 출현 시기에 만들어진 고전문화로, 현대까지 스페인 문화 형성에 중요한 영향을 미쳐왔다. 이슬람 지배기와 레콩키스타 시기(재정복기)에 융합된 이슬람교-오리엔트 문화와 유대교 문화는 로마 기독교문화에 접목되면서 스페인 다중문화를 만들어 나갔다. 스페인은 이슬람교-오리엔트 문화와 서유럽 문화의 접목 교차점으로서 많은 퓨전 문화를 만들어 냈다. 즉, 스페인은 다양한 문화의 융합국가로서 이민족들의 교량 역할을 하였다.

18세기 이후 유럽문화가 종교 중심의 문화에서 인간 중심의 휴머니즘으로 세속화될 때도 스페인 문화는 종교문화를 고수하는 양상을 보였다. 가톨릭 교육이 생활 속에 파고들면서 스페인 전통문화는 점점 유럽의 여타 문화로부터 보수성을 띈 종교문화로 회귀했다. 스페인 문화의 특성은 그리스도교의 영감이었고, 그 위에 자유주의적 개별성을 존중하는 인문주의 경향이었다. 이질적인 문화의 충돌 후 얻어지는 적당한 절충적 조화, 그리고 세계의 보편성에 안주하려는 여유 등이 스페인 문화의 맛이라 할 수 있다.

현대의 스페인은 유럽의 사상적 흐름에 개방되어 있으면서도, 자신들의 독특한 사유 및 행동양식의 특성을 지키려 했다. 많은 스페인 문학작품이 보여주는 독특한 구성은 이런 다양성과 조화의 논리를 보여준다.

(2) 건축과 조각 문화

스페인 현대 건축의 중심지는 마드리드와 바르셀로나이다. 마드리드의 주요 공공건물들은 프란시스코 하비에르 사에스 데 오이사, 알레한드로 데 라 소타, 호세 안토니오 코랄레스, 로만 바케스 몰레순, 그리고 호세 라파엘 모네오 등이 설계한 것이다. 또한 스페인 건축을 한 눈에 볼 수 있는 곳이 바르셀로나인데, 여기에는 19세기말부터 20세기 초까지 카탈루냐인 안토니오 가우디가 건축한 호텔, 아파트, 교회 등이 있다. 가우디의 건축은 둥근 유선의 아름다움을 살린 건축물로서 친환경적인 작품으로 현대 건축업계에서도 높게 평가받는다. 가우디의 작품으로 인해 매년 바르셀로나가 벌어들이는 관광수입은 꽤 크다.

유명한 3명의 뛰어난 조각가, 파블로 가르가요, 훌리오 곤살레스, 그리고 알베르토 산체스가 20세기 전반기의 스페인 조각계를 이끌었다. 이들은 전통적인 기법을 거부하고, 창의성을 마음껏 발휘한 공통점이 있었으나, 스타일은 각각 매우 다르다. 20세기 중반에는 호세 플라네스, 크리스티노 마요, 카를로스 페레이라, 그리고 호르헤 데 오테이사 등 전통적인 작가들이 많은 조각 작품을 만들어 냈다. 이 외에도 새로운 작품 구상에 실험적으로 도전했었던 앙헬 페란트 등이 스페인 조각계를 빛냈다. 현대적 재료를 많이 썼던 에두아르도 치아다는 세계적으로 가장 널리 알려진 건축가이다. 그는 금속·시멘트·목재·설화석고를 재료로 여러 유명한 작품을 창작했다. 이들의 조각품이 마드리드 거리와 박물관 도처에 전시되어 마드리드를 방문하는 사람들에게 좋은 볼거리를 제공하고 있다.

(3) 미술, 음악, 소설, 연극

20세기 전반기에 스페인 화단은 파블로 피카소, 후안 미로, 살바도르 달리 등 거장을 배출했다. 이들은 소위 마드리드파로 일컬어지는 화가들로 그 중에는 잘 알려지지 않은 다니엘 바스케스 디아스와 벤하민 팔렌시아 등도 포함되며, 이들의 창작활동은 유럽 전체에서 활발하게 나타났다. 피카소의 작품들은 이미 스페인 국가수준을 넘어서, 20세기 인상파 화단의 세계적 작품으로 발돋움했다.

스페인 현대 음악 분야에서도 마누엘 데 파야, 호아킨 투리나, 오스카르 에스플라 등 세계적인 음악가들이 배출되었다. 이들이 남긴 작품들은 20세기 한 시대를 풍미한 스페인 음악인들로서 손색이 없다. 사실 스페인 역사에서 20세기는 암울한 시기였다. 20세기 초에 태어난 일군의 스페인 작곡가들이 정치적으로 우울한 스페인 시민들을 음악으로 위로한 셈이다.

그 이외에도 스페인 음악계를 이끌어왔던 연주자로는 기타에 안드레스 세고비아, 나르시소 예페스, 레히노 사인스 데라 마사 등이 있으며, 바이올린에는 레온 아라, 빅토르 마르틴, 곤살로 코메야스 등이 있다. 그리고 피아노에는 라파엘 오로스코, 에두아르도 델 푸에요 등이 큰 명성을 얻었다. 그밖에 뛰어난 지휘자와 가수들이 많았다.

주요 관현악단으로는 스페인 국립관현악단과 스페인 방송관현악단 마드리드 카메라타 등이 있다. 지금도 마드리드 음악계는 세계음악의 큰 시장을 형성하여 이끌고 있다. 포르투갈의 대표적 파두가수들[1]과 이태리의 칸쵸네 가수인 밀바 등이 마드리드 근교에서 큰 공연들을 자주 열고 있다. 특히, 스페인 아랑후에즈 공연은 외국계 톱가수들이 즐기는 유명 콘서트로 알려져 있다.

스페인 문학의 화려한 전통은 현대작가들에게까지 이어지고 있다. 스페인의 근대소설은 세르반테스의《돈키호테, Don Quixote》부터 시작된다. 돈키호테는 현대 문학 비평가들에게 아직도 신비스런 소설 구성으로 분석되고 있다. 다양한 의미를 내포하는 돈키호테는 이 세상에서 가장 많이 언급되는 근대 소설이다. 당시의 근세 사회를 비웃는 듯한 구성으로 소설 속에서 세르반테스는 돈키호테라는 주인공을 통해 많은 진리같은 궤변들을 쏟아낸다.

스페인 내란은 정치뿐만 아니라 스페인 예술분야에 있어서도 분수령이 되었다. 가장 두드러진 변화로 대표적인 문학 장르가 스페인 내전을 통해 시에서 소설로 넘어간 점이다. 스페인 내란 이전에 시 운동을 벌였던 일련의 시 문학 유력 동인들이 있었다. 이들은 낭만주의적 분위기 속에 활발한 작품 활동을 했었다. 그들이 바로 '1927년 세대'다. 그들은 내란 이후에도 시인들에게도 큰 영향을 끼쳤는데, 바로 1977년 노벨 문학상 수상한 다마소 알론소가 그 대표적인 작가이다. 그러나 스페인 내란이 프랑코 국가주의자들의 승리로 끝나고, 시인들의 활동은 프랑코 군사정부에 의해 탄압받게 된다. 이런 이유로 내란이후 시문학에서 소설문학으로 스페인 문학의 주류가 바뀐 것이다.

20세기의 스페인 시인 가운데 국제적으로 가장 유명해진 시인은 스페인 서정시인 후안 라몬 히메네스였다. 그 이외에 소설가로는 라몬 페레. 그들아얄라, 가브리엘 미로, 라몬 호세 센데르 등이 있으며, 그 중 종전 후 작가로는 라파엘 산체스 페를로시오, 카르멘 마르틴 가이테, 헤수스 페르난데, 뻬토스 등을 꼽을 수 있다. 스페인 출신의 역대 노벨 문학상 수상작가로는 히메네스(1956), 호세 에체가라이, 베나벤테(1922), 그리고 소설가인 카밀로 호세 셀라(1989)등을 들 수 있다. 특히, 그들 작품들은 스페인이 겪고 있었던 시대적 고민들을 잘 묘사하고 있다. 그래서 그들이 쓴 소설이 현대 스페인의 시대성을 절절히 표현한 작품으로 평가받고 있다.

---

1) 파두의 가수들은 여성이 많다. 보통 '파두의 집(casa do fado)'으로 불리는 레스토랑을 무대로 노래를 부른다. 두 박자로 구성된다, 포르투갈 북부의 교육도시 코임브라에서 불리는 파두는 파두 다 코임브라라고 하며, 리스본의 파두와는 달리 세레나데와 같은 평온하고 밝은 멋을 풍긴다. 유명한 가수로는 포르투갈의 아말리아 로드리게즈, 둘체 폰테스, 퀘에리오 등이 있다.

스페인 연극계에는 제2차 세계대전 이후 좋은 작품과 공연활동이 부족하여, 관객 유치가 어려웠다. 그러나 1978년 문화부에서 스페인 국립 드라마 센터를 설립하여 우수한 국내외 작품을 스페인 국내 무대에 올림으로써 연극계의 새로운 활력을 되찾았다. 스페인에서 가장 유명한 극장은 아마추어와 전문가들이 함께 소속된 테아트로 인데펜디엔테이다. 스페인 영화부문도 주목할 만한데, 스페인 영화는 왕실문제나 시대적 혼란을 그린 작품이 많다. 또한 1960년대 이후 만들어진 영화들은 스페인의 해외 식민지 개척사를 그린 모험중심의 영화가 많다. 이들 영화들은 프랑코 국가주의 사상을 사회화하려는 정부의 의도로 많이 제작되었다. 스페인 국민들에게는 영화는 가장 대중적인 문화매체이다. 스페인 국민들은 어느 나라 국민 못지않게 사랑 영화를 즐긴다. 특히, 20세기 말에는 스페인 영화계가 이탈리아, 멕시코, 프랑스, 독일, 베네수엘라, 아르헨티나 등과 합작하여 많은 대형 작품을 만들었다.

(4) 학술, 언어, 언론

스페인에서 가장 오래된 학술기관은 1713년에 펠리페 5세가 카스티야어의 순수성과 스페인어의 품위유지를 위해 설립한 왕립언어 아카데미이다. 이 밖에 왕립 역사아카데미, 왕립 산페르난도 미술 아카데미, 왕립 의학 아카데미 등이 있으며, 1938년에는 이 왕립 아카데미들을 총관장하는 스페인 학술원이 출범하였다. 스페인 왕실은 풍부한 예산을 투입하여 스페인의 학문 창달에 기여하고 있다. 스페인 왕세자인 아스투리아스 공은 이미 스페인 학술발전을 위해 몇 개의 기관을 설립하고, 매진하고 있다.

세계적으로 유명한 마드리드의 프라도 미술관을 비롯해 마드리드, 바르셀로나, 세비야, 빌바오 등지에는 유명한 박물관과 미술관이 많이 있다. 특히, 역사적인 관점에서는 마드리드의 군사박물관과 바르셀로나의 해양박물관이 주목할 만하다. 또한 19세기까지 다른 유럽국가 도서관의 모델이 되었던 18세기에 설립된 왕립도서관이 있다. 이 도서관은 19세기에 마드리드 국립도서관으로 개칭 확대 개편되어 오늘에 이르고 있다. 지금의 스페인 왕실은 특히 대형 도서관 설립에도 큰 관심을 보여주고 있다.

스페인의 대형 오페라 극장인 바르셀로나시의 리세움 극장에서는 매년 세계적인 예술공연이 열린다. 매년 세계적인 이태리 오페라단이 초청되어 페스티벌이 개최된다. 어느 예술적 장르이건 스페인의 공연이 규모면에서 유럽 최고를 보여주고 있다. 스페인에는 정부가 주도하면서도 다양한 방법으로 문화발전에 기여하는 민간재단들이 많이 있다. 스페인 왕실은 스페인의 문화창달에 관심이 매우 높아 많은 왕실 예산을 투입하고 있다. 이런 의미에서 스페인 사람들은 스페인 왕실을 '문화창달의 왕실' 혹은 '문민의 산실'이라는 애칭으로 부른다.

1970년대 말 프랑코 체제에서 민주사회로 전환하는 데에 큰 역할을 한 것은 스페인 언론기관들이다. 1966년에 제정된 신문보도법 가운데 억압적인 독소조항을 제거되었으며, 1978년 헌법에는 언론의 자유가 보장되어 있다. 스페인의 언론분야는 운영면에서도 경제적 성공을 거두어 신문 매년 발행부수가 계속 늘고 있다. 20세기 후반부터는 신문의 지면도 수십 페이지로 증면되고 있다.

스페인 공중파 매체들은 1970년대 말 라디오와 텔레비전부분에서 현대적 감각을 갖춘 구조개편이 있었다. 1975년 제네바 협정에 따라 1978년 새로운 국제적 라디오 주파배분을 위한 정부계획안이 통과되었다. 1983년 이후 카탈루냐와 바스크의 자치정부가 텔레비전 방송사를 설립하고, 그 지역 언어로 방송을 시작했다. 그 여파로 1980년대 말경에는 지방자치정부들의 텔레비전 방송사의 수가 급격히 증가했다. 이때 등장한 사회당 정권은 민간 소유의 텔레비전 방송사 설립을 촉진하는 법령을 1989년 도입했고, 그에 힘입어 민간 방송들이 스페인 사회에 민주적인 언로를 열어갔다. 그러나 최근에 스페인 방송 매체들이 너무 시청율 증가를 의식해 복권 추첨이나 머니 게임 같은 세속프로를 너무 많이 방송해서 사회적으로 문제가 되기도 한다.

2. 문화의 시대적 특성

(1) 선사 및 고대 문화

유럽에서 가장 오래된 130여만년 전으로 추정되는 인류 화석이 그라나다의 오르세 지역에서 고증되었다. 그 속에는 고대 인류의 축제 모습들이 다양하게 그려져 있다. 스페인 지역에는 고대인들의 3만5천년전 흔적들, 즉 초기 구석기 유물들이 적지 않게 나타나 학계의 주목을 받고 있다. 이베리아반도의 남방 이베리아인과 북부의 켈트족이 켈트-이베리아문화 창조했고, 이들 이베로족은 피레네 이남에 거주해온 오늘날의 바스크족으로 추정된다. 기원전 1500~1000년경 페니키아로부터 그리스인들이 도래해온 지역은 현재의 까디스이다. 말라가 지역도 페니키아인이 세운 도시로 외지 이주민들의 중심이 되었다. 이곳에 그리스인이 이주해오면서 포도와 올리브를 전했다. 이 시대의 축제문화는 원시수렵에 관련된 것들이 많은데, 만은 수렵축제의 징표들이 암벽화 등에 나타나 있다.

또한 페니키아인들의 도래 이후 가장 체계적인 형태로 로마가 이베리아반도를 지배하게 되는데, 그 기간이 기원전 219년에서 411년으로 6백년간이다. 그 당시 페니키아인들과 그리스인들이 이베리아반도를 이미 선점하고 있었다. 그런데 로마가 침략하자 반로마적인 페니키아령 카르타고는 크게 저항한다. 카르타고를 물리치고 무력정복에 성공한 로마인은 이베리아를 이스빠니아(아주 먼 곳이란 뜻)라 불렀다. 오늘의 에스빠니아 명칭도 여기서 유래한 것이다.

1세기경에 이베로인과 로마인은 완전히 융합했고, 스페인 수호성자라는 사도 산띠아고가 나타나 이베리아반도의 기독교화가 진행되었다. 이어 테시오도시우스황제 때(380년) 기독교가 국교화 되었다. 성 이시도르 수사가 라틴어에서 스페인어로 기독교문화 구축하는 데 업적을 남긴다. 이들은 매우 일찍이 기독교를 받아들였고, 이 시기에 남겨진 문화적 유적으로는 다음과 같은 것들이 있다.

- ► **메리다 원형극장(기원전 18년)** 수용인원 5500명
- ► **세고비아 수도교(1세기경)** 높이 28.9M, 길이 728M
- ► **까세레스의 알깐따라 다리(지상 50M)와 까빠라 아치문**
- ► **따라고나의 로마 석상과 스시피온 탑, 루고의 로마 축성**

(2) 서고트 지배의 문화

귀족중심의 정치체제를 운영하고 있던 서고트 세력은 원시적이기는 하나 이미 귀족 중심의 민주적인 정치제도를 운영하고 있었다. 귀족들로 구성된 민회에서 왕을 선출하는 고트족은 스칸디나비아반도에서 2세기 경부터 남하했는데 동고트는 흑해 북부로, 서고트는 남서쪽 이베리아반도에 침입하여 스페인 지역을 지배하면서 똘레도를 수도로 정하고, 똘레도 종교회의에서 라틴어를 수용하고,

기독교를 국교로 삼았다. 이들은 구약의 성서적인 기념물을 비롯해 예술적으로 가치 있는 많은 문화재를 남겼는데, 남긴 유적들은 다음과 같다.

► **칼리프 양식** 말발굽 아치형 무늬로 나중에 스페인의 무어인 건축에 계승하는데, 후세에 이슬람 군주의 이름을 따서 칼리프 양식이라고도 함. 화려한 금·은 세공술 등과 몇몇 성당 건물을 남김. 이슬람의 용맹한 왕을 상징해했던 칼리프에서 따온 개념으로 유선미를 갖고 있음.

► **기타 라 에스빠뇰라** 중세시대부터 '4코스 비우엘라'(기타)에 대한 기록이 있기도 함. 르네상스 때 1코스를 추가 발전시켜, 17~18세기에 이르러 '기타 라 에스빠뇰라'로 불림. 오늘날 스페인 기타의 전신으로 스페인을 대표하는 악기문화가 되었음. 다시 18세기 말에 1현이 추가되어 현재의 6현으로 정착되어 스페니쉬 키타의 원형임.[2)]

(3) 아랍 지배의 문화

기독교 세력인 서고트족의 로드리고왕은 반란자들의 공격을 받고 어려움에 처하자 서고트족이 아랍에 구원을 요청하였고, 그것이 발단되어 이베리아반도가 무어인들에게 오히려 침략당해 주객이 전도되어 28년만에 무어인들에게 정복당한다. 그 후 이베리아반도는 800년간 이슬람에게 지배당한다. 무어인들은 서고트 존속 지역(북부 아스뚜리아스) 일부 제외한 모든 지역을 지배하고 이슬람의 종가 그라나다국을 이룩한다. 그 핵심 도시인 꼬르도바는 당시 인구 10만의 유럽 최고도시 중 하나로 신앙의 자유도시처럼 발전했다. 특히, 유태인들은 자신들의 종교를 허용해주는 아랍의 종교적 관용정책으로 많은 이교도들과 함께 남부 꼬르도바로 모여들었다. 이런 종교적 관용이 다양한 민족들의 모임을 활성화했다. 그 화합적 분위기는 오히려 그라나다 왕국의 국력 증진에 보탬이 되었다.

결국 이슬람 최후의 왕국 수도 그라나다(1238~1492)도 북쪽에서 시작된 국토회복 운동으로 기독교도에게 멸망당하고, 알 안달루시아의 영광도 끝났다. 그러나 이들이 남긴 아랍 문명은 오늘도 그라나다에서 이국적 풍습을 즐기려 멀

---

2) 기타 음악에서는 세비야 출신의 후안 베르무도, 엔리케 데 바르델라바노, 루이스 밀란, 미겔 데 펜랴나, L. 나르바에스와 당시 획기적인 일인 코드부 기타 교본을 발표한 후안 카를로스 아마토 등의 비우엘라 연주자 겸 작곡가들이 활약하였다.

리서 찾아오는 이방인들을 반기고 있다. 이들 이슬람 족이 남긴 아랍식 흰벽, 천장의 창문, 돌출창문에 철책, 좁은 골목, 가죽문화 등이 스페인 남부 그라나다 지방에 강렬하게 남아있다. 이 시기에 남겨진 스페인 문화들을 소개한다.

- ► **스페인 최고문학《엘 시드의 노래》** 회교도 점령지역 탈환 시기 카스티야의 영웅 로드리고 디아스 데 비바르의 충성심을 그린 서사시임. 기독교왕국들은 실지회복을 위하여 세례요한의 형제 산띠아고(야곱, 44년 순교)와 엘 시드 두 가지 이념적 지표를 잘 활용했음. 특히 '엘 시드'가 바로 이들 기독교전사들의 숭고한 기독교 회복운동을 찬양한 민족적 무훈시임.
- ► **사라고사의 알하페리아 궁전** 11세기 베니우드가 세운 궁전으로 중세의 대표적 왕국 건물임.
- ► **꼬르도바의 메스끼따** 이슬람 사원을 성당으로 개조한 것으로 786년 시작하여 11세기 완성됨.
- ► **메스끼따의 종루** 100미터 정상에 성 라파엘 상. 16세기 말부터 50년에 걸친 작품, 이슬람사원 등대를 무너뜨리고 세움.3)
- ► **세비야의 히랄다탑과 황금의 탑** 마젤란이 세계일주 후 닻을 내린 곳으로 탑 오른쪽이 히랄다 탑이고, 그 아래 대성당에 콜럼버스 묘지가 있음.
- ► **그라나다의 알함브라궁전** 붉은 성이란 아랍어. 이 궁전은 스페인 남부의 최고의 관광가치를 지니고 있는 문화재임. 지금은 알함브라궁전의 일부분을 호텔로 리모델링을 해서 수려한 관광 자원화 하는데 성공했음.
- ► **플라멩꼬** 아랍어의 '도망 다니는 농부'란 뜻에서 유래함. 한때 남부 안달루시아를 점령했던 무어인이 쫓겨 나면서 남긴 한스러운 삶을 절규한 음악임.
- ► **로마네스코 양식** 1075~1125년에 절정에 달함. 정치적인 안정 기반에서 수도원이 급증하면서 로마식에다 비잔틴적인 것과 게르만적인 미를 합친 것으로 반원형 아치가 특징임.
- ► **조각품** 하까 성당의 기둥 머리, 레온성의 이시도로 성당 정면 조각, 실로스의 산또 도밍고 수도원 부조 등. 건축 양식으로는 카탈루냐 지역에 특히 많음.

---

3) 후기 우마이야 왕조를 세운 아브드 알라흐만 1세가 바그다드의 이슬람 사원에 뒤지지 않는 규모의 사원을 건설할 목적으로 785년 건설하기 시작했다. 그 뒤 코르도바의 발전과 함께 848년, 961년, 987년에 확장하여 2만 5000여 명의 신자를 한꺼번에 수용할 수 있는 규모로 완성하였다. 그리스도교와 이슬람교도가 한 곳에 동거하는 사원이 되었다.

대표적인 것은 산띠아고 데 꼼뽀스뗄라 대성당임.

- ► **고딕 양식** 12세기 중반부터 16세기 말까지 발전된 양식. 똘레도, 부르고스, 살라망카, 세고비아 등의 성당이나 수도원에서 많이 발견되는 양식임.
- ► **집시들의 춤과 노래** 이들이 유럽에 등장한 것은 14세기임. 스페인 기독교 세력들이 무어인들을 추방하려는 국토회복 전쟁에 집시들을 이용하고, 그 댓가로 1492년 승리 후 이사벨 여왕은 그라나다의 사끄라몬떼를 이교도들의 거주지로 인정했음. 이들 집시 음악이 플라멩꼬와 함께 발전하여 스페인 예술의 한 축이 되었음.
- ► **모사라베 성가** 무어인 지배시기에 불렀던 성가였으나 로마교회의 이단처분으로 소멸됨. 매우 구성진 가락으로 고음을 사용하는 성가로 지금도 많이 불리고 있음. 지르얍이란 페르샤인 음악가가 바그다드에서 그라나다, 꼬르도바로 건너가 큰 영향 남김. 이들이 남긴 종교적 음악을 모사라베 음악이라고 함.
- ► **14세기 이후 혼합문학인 트루베다[4], 무데하르[5]** 혼합문화로서 스페인 남부의 개성적인 작품들을 많이 남김. 유럽에서 이질적인 종교가 공존하면서 남긴 비유럽적인 문화로 매우 재미있고, 융합문학으로 주목할 만함. 기독교와 이슬람교가 만나서 조화를 이룬 문학형식임.

(4) 절대왕정의 문화

아랍 점령세력들로부터 국토를 회복한 기독교 왕국들은 카스띠야와 아라곤이었다. 카스띠야는 엔리케 왕의 사후, 여동생 이사벨여왕이 아라곤의 페르난도 왕자와 1469년에 결혼하여 양국이 정치적인 통합을 이룩한다. 이들이 역사 속에 유명한 '가톨릭 부부왕'인데, 이들은 국토 수복 과정이 과정에서 이교도를 심하게 탄압했다. 더욱이 많은 유태인들도 추방되었다. 얼마나 많은 사람들이 추방당했는지, 세비야의 집세가 절반으로 떨어질 지경이었다. 이 시기에 이사벨 여왕은 끄리스또발 꼴론(콜럼버스)의 미 대륙 항해 계획을 추진하여 개가를 올

4) 1330년경에 후안 루이스의《좋은 사랑의 서》는 수석 사제가 여러 여인 유혹하는 이야기로 쾌락의 정당성을 성서에서 찾는다.

5) 13~16세기에 걸쳐 발달하였다. 로마네스크 건축과 고딕 건축이 이슬람풍과 섞여 다른 유럽 국가에서는 볼 수 없는 에스파냐 고유의 기독교 건축 양식이 만들어졌다.

린다. 탐험 성공(1492) 이후, 스페인은 일약 강대국으로 발돋움하게 되고 스페인의 전성시대가 열린다. 이 시기에 남겨진 문화는 다음과 같다.

- **쁠라떼레스끄** 스페인 식민지 중남미에서 수입해 온 은을 세공하여 건축의 세부 양식으로 이용한 것으로 16세기 초에 유행했음. 마드리드서 48㎞ 떨어진 엘 에스꼬리알 수도원 건물에 많이 장식되어 있음. 화려한 스페인 로마네스크 양식을 더욱 빛나게 한 작품들이 많음.
- **종교음악 및 세속적 집시음악** 스페인 특유의 플라멩고 춤과 기타 음악이 대중화되었음. 이 음악과 춤은 기독교세력에 의해 쫓겨가는 이슬람 남자들이 가족들과 이별을 슬퍼하는 춤과 음악이라고 전해옴. 이 음악은 들어보면, 인간이 우는 소리가 많이 가미되어 있어, 처절한 느낌까지 있음. 이 음악은 스페인은 물론 스페인어권 남미사회에서도 크게 발전하고 있음. 현대 사회에서 스페인정부는 플라멩고를 국가적 문화장르로 크게 발전시키고 있음.

또한 까를로스 1세(1479~1517)는 스페인에서 대단히 존경받는 근대의 군주이다. 그는 40년 통치 중 스페인에는 16년만 머물렀던 이국적인 왕이며, 스페인어도 모르면서 스페인 민족의 혼을 강조했던 왕이었다. 까를로스 1세로 명칭된 그는 오스트리아, 신성로마제국의 계승권까지 갖게 되는 등 찬란한 왕이었다. 그는 스페인의 위용을 크게 키웠으며, 미국과 중남미에서 약탈한 귀중한 문화재를 많이 소장 관리했다. 그는 강권통치로 가톨릭 신앙을 옹호(로욜라의 예수회 후원)하고자 진보적인 학문을 탄압했고, 이어 터진 코무네로스 반란(1520)을 진압하면서 타 종교를 탄압했다. 그 아들 펠리페 2세(1556~1598)는 레판토 해전(1571), 필리핀 정복(1560년대), 너무나 작은 행정 수도 톨레도를 버리고 수도 천도를 단행하는 등, 혁신적인 정치를 했다. 이 군주들의 시대에 남긴 주목할 만한 문화적 줄거리들은 다음과 같다. 이 시기의 두 왕들은 스페인 역사에 괄목할만한 문화적 업적을 남겼다.

- **세고비야의 후안 브라보의 상** 코무네로 반란 기념으로 19세기 건립.
- **포르투갈의 브라질발견(1521~1557년)** 카스티야 왕실이 직간접적으로 포르투갈의 신대륙 탐험에 관련되어 경쟁하고 있었음.

► **피카레스크(악한 소설)이 유행** 사회적으로 악인들의 활동을 상정한 이야기로 종교적으로 심판받는다는 예시를 보여주는 소설.

► **미겔 세르반테스 데 사아베드라(1547~1616)** 《돈키호테》의 원제는 재치있는 시골 귀족 '돈키호테 데 라만차'임. 그는 라만차 지방을 실제로 돌아다니면서 경험한 인간들의 모순을 그리려했음.

► **엘 에스꼬리알 수도원 겸 왕궁(1563~1584)건립** 마드리드 서방 48㎞에 위치함. 품위있는 건축물로 기둥하나 하나가 웅장함.

► **엘 그레꼬(본명 도미니꼬 떼오또꼬뿔리, 1541~1614)** 그레타 출생 화가로 그 당시에는 인정받지 못했던 걸작품 《예수의 탄생》, 《똘레도 전경》, 《가슴에 손을 댄 사나이》, 《오르가스백작의 매장》 등 신비주의적 작품을 남김.

► **안또니오 데 까베손(1510~1566)** 장님의 음악가. 스페인의 '바흐'로 오르간 작곡과 연주자였으며, 독창적인 연주기법을 창출함. 지금도 많은 스페인 오르간 연주자들이 강약이 심한 기법을 안또니오 연주 기법이라고 소개함.

(5) 스페인 쇠락기의 문화

스페인은 이슬람같은 이교도를 밀어내는 과정에서 너무나 기독교 중심의 이교도 탄압정책을 사용했다. 국제적으로도 힘에 의한 강권정치를 강행하고, 무모한 전쟁을 일으켜 국내·외로 어려움에 봉착한다. 펠리페 3세(1598~1621), 4세(1621~1665)가 카탈루냐 지방에 과중한 세금을 부과하자, 배후에서 프랑스가 변방지역을 선동하여 카탈루냐의 자치화투쟁을 야기한다. 이런 이유로 마드리드 왕정은 재정적으로 어려워지고, 위기에 몰린다. 결국 어린 펠리페 4세의 모후인 왕비가 섭정하게 된다. 이 섭정체제는 많은 적들을 만들어내고, 국난에 직면한다. 펠리페 3세가 15세가 되자, 즉위하여 까를로스 2세(1665~1700)로 집권했다. 이때 이미 스페인은 국내의 갈등으로 스페인의 중앙정권이 흔들리기 시작한다. 그 시절에 남겨진 주목할 만한 문화적 요소들은 다음과 같다.

► **바로크 건축** 17세기 전반에 시작하여 크게 유행했음. 안달루시아의 화가 겸 조각가 알론소 까노가 바로크 건축 속에 남긴 조각이 유명함. 특징은 화려함이 돋보이는 조각 장식의 건축물임. 살라망까의 산 에스떼반 성당의 제

단, 세고비아대성당의 예배당, 그라나다의 까르뚜하 대성당과 성기실 등이 있음. 마드리드 왕궁도 베르사이유 모방의 프랑스 바로크양식임.

► **디에고 벨라스께스**(1599~1660) 세비야 출신 궁정화가. 충실한 자연묘사로 인간적인 모습 그림. 《달걀을 부치는 노파》, 《세비야의 물장수》, 《박쿠스의 승리》, 《실짜는 여인들》, 《시녀들》 등이 있음.

► **사르수엘라** 스페인 전통적인 오페레타[6]로 노래와 춤이 목가적임. 중세 스페인의 노래와 춤이 엮어진 민요 같은 스페인식 오페라의 원형임.

(6) 부르봉 왕가의 문화

스페인 내부의 혼돈이 계속되는 가운데, 후계자 없이 까를로스 2세가 죽는다. 그의 유언[7]대로 루이 14세의 손자 필립 드 앙주(펠리페 5세, 1700)에게 왕위를 물려받게 된다. 이에 왕위계승권에 기득권을 주장했던 오스트리아는 왕위 탈환을 위해 부르봉 측을 상대로 전쟁을 유발했다. 이에 영국이 스페인의 부르봉 왕실을 도와줘, 왕위 계승전쟁이 일어난다. 영국은 승리한 대가로 전략항구인 지브롤터를 얻고, 이에 반대했던 바르셀로나는 초토화 된다.

왕위계승 전쟁이후 페르난도 6세가 즉위하고(1746), 계몽군주 카를로스 3세(1759~1788)로 이어진다. 카를로스 3세는 나폴리 왕 25년을 지내다가 형의 뒤를, 이어 43세에 스페인을 맡는다. 영국의 간섭에 반발한 스페인은 미국 독립전쟁 때 프랑스와 함께 반 영국 노선 지지한다. 재정적인 어려움에 직면한 부르봉 왕실은 개혁을 시도하나, 국내·외의 강력한 반대에 부딪쳐 실패한다. 이 모든 것들이 스페인의 성장에 악재로 작용한다.

유약한 까를로스 4세(1788~1808)는 겁쟁이로 프랑스 혁명 이후 보수주의 회귀한다. 유럽에서 보수와 진보가 갈등하고 있을 때, 그는 보수주의를 선택하여, 스페인 개혁의 기회를 놓친다. 까를로스 4세는 우유부단한 국정운영으로 실정을 거듭한다. 그는 왕비가 총애하던 마누엘 고도이를 수상으로 앉히고, 프랑

---

6) 17세기에는 펠리프 4세의 사르수엘라 궁에 모인 희극배우와 음악가에 의해서 사르수엘라라는 스페인식 오페레타가 만들어졌다. 스페인 기타 음악의 기초는 아라곤 출신의 가스팔 산스에 의해 에스파냐 무곡이 기타 음악에 도입되었고 《기타 음악교정》을 저술하였다. 기타는 5코스 복현(複絃)에서 6코스 단현(單絃)으로 변하였고, 사르수엘라는 쇠퇴해갔다. 카탈루냐의 도밍고 테라델랴스, 발렌시아의 V. 마르틴 이 소레르 등이 훌륭한 작품을 남겼다.

7) "좋은 스페인 왕이 되라, 그러나 프랑스인임을 기억하고, 모든 일을 프랑스와 상의하라"

스 나폴레옹에게 스페인 주권을 넘기고 만다. 1808년에 나폴레옹은 전통적으로 친영 정책을 추구하는 포르투갈을 응징하려는 구실로 스페인에 출병한다. 나폴레옹은 자신의 형인 조제프 보나파르트를 스페인 왕으로 앉힌다. 즉, 프랑스 혈통의 스페인 부르봉왕가는 아이러니하게도 프랑스 출신 나폴레옹 가문에 의해 몰락하는 비운을 맞는다. 나폴레옹 가문은 스페인 시민들의 심한 저항을 받고, 스페인은 다시 내란에 직면한다. 결국 부르봉 스페인 왕실도 나폴레옹의 점령군에 의해 왕실 명예에 큰 상처를 입는다. 시기에 스페인 대중문화 줄거리들은 다음과 같은 것들이 있다.

- ▸ **《국내의 이야기들》**[8] 2대 비극을 작가 '갈도스' 증언식 형태로 다룸. 이 소설들은 스페인 시민들에게 대중적인 독서 붐을 일으키는 계기를 제공함.
- ▸ **신고전주의** 바로크의 지나친 미적 장식을 배제한 양식. 마드리드의 알깔라문, 프라도 박물관, 비야극장 등을 건축한 후안 데 비야누에바가 대표적인 작가임. 이 건축물들은 단순하면서도 강한 모습의 건축양식이라는 평을 받음. 또한 멀리서도 건축물이 잘 보이게 높고 큰 것이 특징임.
- ▸ **프란시스꼬 데 고야 이 루시엔떼스(1746~1828)**[9] 궁중화가로서 서민들에게 인기있는 작품을 많이 남겼음. 고야는 스페인 시민들이 프랑스 나폴레옹 점령군에 저항하는 그림을 남기는 등 애국적이고 사회 비판적인 그림들을 남겼음. 후세에 고야는 벨라스케즈, 엘 그레코와 함께 스페인 3대 중세 화가로 평가됨.

(7) 페르난도 7세에서 스페인 재건까지 문화

프랑스와 영국 등 신흥 열강의 침탈에 스페인 전국은 불안한 정쟁 속에서 혼란했다. 외세에 맞서 스페인 시민들은 나폴레옹의 점령(1808)에 대항한 처절한

8) 포르투갈은 영국편에서 나온 프랑스 나폴레옹과의 전쟁이야기, 포르투갈과 영국 연합군이 프랑스군 대파. 영국의 윌리엄 가트 브레스포드 지휘관이 포르투갈 지배권을 장악하자, 1817~1820년간 포르투갈의 자유주의 운동과 영국에 반란이야기들이 줄거리이다.

9) 프란시스코 호세 데 고야 (1746년 3월 30일~1828년 4월 16일)는 스페인의 대표적인 낭만주의 화가이다. 종교적인 그림과 초상화를 전문적으로 그렸다. 1799년 스페인의 왕궁화가로 발탁되었다. 파괴적이고 지극히 주관적인 느낌과 대담한 붓터치 등은 후세의 화가들에게 많은 영향을 끼쳤는데, 특히 에두아르 마네와 파블로 피카소를 들을 수 있다.

국민적 저항을 일으킨다. 처음으로 스페인 시민들은 종교적인 이유가 아닌 애국심으로 국가를 수호하려했다. 까디스[10)]에서 의회를 소집, 스페인 시민대표들은 입헌군주헌법을 통과시켰다(1812). 그러나 페르난도 7세(1814~1833)가 민주헌법을 무시하고 폭정과 종교재판을 부활하는 등 보수화되자 격분한 시민들은 민중적 저항을 일으키고, 개혁세력과 보수세력은 내란수준의 갈등을 일으킨다.

이 와중에 전왕의 딸 이사벨 2세가 후계자로 지명되자, 이사벨 지지[11)]대 카를로스 지지로 나뉘어 까를리스타 전쟁[12)]이 일어났고, 내란에서 승리한 이사벨 2세(1843~1868)가 왕위에 오른다. 그러나 스페인 내부는 민중들의 봉기로 이어지는 진보적인 사회운동과 노동운동이 이어졌으며, 왕실의 분열에 많은 스페인 시민들은 분노했다.

시민들의 지지를 얻은 개혁적 공화파들이 1868년에 반왕정혁명을 일으켜 성공하자 이사벨 2세는 실각한다. 그러나 혁명으로 세운 제1공화국(1873~1874)도 1년 만에 군부 쿠데타로 무너지고 권력은 다시 부르봉 왕조인 알폰소 12세(1876~1885)에게 넘겨졌다. 그러나 그는 곧 죽고, 왕실은 그의 둘째 부인 마리아 크리스티나(합스부르크가 출신, 1885~1902)왕비의 섭정체제로 넘어가지만 혼미를 거듭한다. 그의 아들이 16세 성년을 맞자 아들 알폰소 13세(1902~1917, 완전 퇴위는 1931년)에게로 권력은 넘겨지나 스페인 왕실은 실정을 거듭하고 있었다.

이때 제1차 세계대전이 발발하자 스페인은 중립을 견지했으나, 해외의 독립운동으로 혼란의 시대(1917~1923)를 맞았다. 그 당시 스페인의 쇠락을 슬퍼하는 스페인의 양심 지식인들이 있었는데, 바로 '98세대' 지식인 예술인[13)]이다. 이들은 스페인 정부의 무능함을 비판하는 계기를 만든다. 스페인 지식인들의 안타까운 호소는 후일 반왕정파 운동의 씨앗을 뿌려 스페인 정정을 흔들어 놓는다. 이들이 스페인 정부를 비판하는 좌파적 운동을 부추기는 역할도 했다.

스페인 정국의 혼란으로 군부가 정치개입의 기회를 엿보고 있었다. 1923년 9월 13일 카탈루냐 지구사령관 프리모 데 리베라가 쿠데타를 일으켜 집권(1923

---

10) 스페인 시민들의 강한 저항으로 프랑스군이 점령 못한 도시이다.

11) 이사벨 2세 측은 보수부터 진보까지 망라한 데다 영국과 프랑스, 그리고 포르투갈 등과 동맹이고, 카를로스측은 왕의 남동생, 왕당파와 보수적인 농민층이다

12) 1833년부터 1839년 까지 3차에 거쳐 전쟁이 진행되었다.

13)'98세대' 지식인이란 당시 스페인 정부의 무능과 반동을 비판하는 예술 지식인들 지칭한다.

~1930)하여 1931년에 제2공화국을 맞는다. 결국 민주화를 반대하는 프랑코 장군의 반란 쿠데타로 스페인은 엄청난 군부 독재를 겪는다. 스페인은 프랑코의 지배로 유럽에서 민주화의 후진국으로 남게 되었다. 이 시기의 주목할 만한 인물과 문화적 줄거리로 다음과 같은 것들이 있다.

- ► **신 건축물 건립** 신고전주의 양식의 국회의사당(1843~50), 바르셀로나 왕실광장(1848), 마드리드의 마요르광장(1853), 마드리드의 국립도서관(1892) 등이 있음.
- ► **모더니즘 건축** 바르셀로나 안또니오 가우디의 업적으로 구엘공원, 성가족 건물, 까사 밀라, 엘 까쁘리초 등이 있음. 나무가 나의 가장 좋은 건축의 표본이며, 둥근 유선적 건축물의 효시. 가우디의 건축물은 모두 수작업으로 이루어진 둥근 유선체임.
- ► **이삭 알베니스(1860~1909)** 카탈루냐 출신 음악가. 관현악《카탈루냐》을 발전시킴. 그는 민족주의적 입장 보인《스페인 모음곡》(그라나다, 세비야, 까디스 등),《스페인의 노래》(전주곡, 꼬르도바 등),《이베리아》등 애국적인 줄거리로 많은 작곡을 했음.
- ► **앤리께 그라나도스(1867~1916)** 카탈루냐 출신 음악가.《12개의 스페인 무곡집》,《고예스까스》(고야 그림풍의 정경집)등 독특한 소재로 춤곡을 많이 남겼음.
- ► **마누엘 데 파야(1876~?)**[14] 남단 항구 까디스 출신 음악가. 가곡집《7개의 스페인 민요》,《사랑의 마술사》,《하프시코드 협주곡》등을 남김. 스페인 가곡을 많이 작곡해서 스페인의 '슈베르트'라는 평을 들음.
- ► **빠블로 데 사라사떼(1844~1908)** 동북 바스크 지방 빰쁘로나 출신 명 바이올린 연주자로서, 전설적인 작곡과 연주를 남기고, 유언으로 모든 재산을 사회에 환원했음. 스페인이 낳은 20세기 불세출의 바이올린스트로 평가받음. 특히, 그는 슬픈 애가를 잘 연주하는 최고의 음악가로 현세에도 알려짐. 그의 대표적인 작곡 작품인《지고이네르 바이젠》,《까르멘 환상곡》,《안달루시아의 로망스》,《하바네라》 등은 세기를 넘나드는 작품으로 매

---

14) 로르까와 친구로 그라나다에서 활동 중 로르까와가 죽자 실의에 빠져 지내다 1939년 아르헨티나로 가서 그곳에서 죽다. 스페인의 슬픈 음악을 절절히 표현했다.

우 유명함. 그의 많은 작품들은 짚시 음악의 슬프고 우울한 음율을 갖고 있으며, 소수 민족인 바스크 애환의 색채가 강함.

(8) 20세기 이후 스페인의 자랑거리

프랑코 군부독재는 1975년에 막을 내린다. 프랑코의 유언에 따라 후안 까를로스 1세가 왕위를 승계하여 입헌군주제에 의한 스페인 민주화가 시작되었다. 젊은 국왕 카를로스에 따라 스페인의 민주화가 시작되었으나 1981년 2월 23일에 일부 소장파 군인들이 쿠데타 일으킨다. 이에 카르로스 1세는 총을 들고 난입한 정치군인들에게 "나의 시체를 밟고 가라"라는 유명한 질책을 내린다. 국왕의 노한 한마디에 쿠데타를 일으킨 정치군인들이 전부 체포되는 놀라운 상황이 벌어진다. 이를 계기로 스페인은 민주화가 이루어져 오늘에 이르고 있다.

이러한 정치적 질곡 속에서도 문화적으로는 변방 자치지역들이 독특하고 뛰어난 기념물을 많이 남겼다. 스페인을 대표하는 문화작품들을 남긴 지역도 자치권이 전통적으로 강한 변방지방들이었다. 이들은 바스크, 카탈루냐[15], 갈리시아[16], 안달루시아[17] 등이다. 이 시기에 나타난 문화적 작품은 다음과 같다.

- ▶ **프랑스식 절충주의적인 바로크양식** 마드리드 통신부 건물.
- ▶ **신고전주의풍** 마드리드 레띠로 공원내 알폰소 12세 기념비.
- ▶ **아르누보 장식의 르네상스양식** 스페인 은행건물.
- ▶ **스페인식 전통건물** 마드리드 공군본부.
- ▶ **나치모방** 팔랑히스트의 마드리드 개선문.
- ▶ **파블로 루이스 피카소(1881~1973)** 스페인 태생이며, 프랑스에서 활동한 입체파 화가. 프랑스 르누아르, 툴루즈, 뭉크, 고갱, 고흐 등 거장들의 영향을 받음. 초기 청색시대를 거쳐 입체주의 미술양식을 창조하였고 20세기 최고의 거장이 됨. 《게르니카》, 《아비뇽의 처녀들》 등의 작품이 유명함.
- ▶ **후안 미로(1893~1983)**[18] 바르셀로나 생, 프랑스 인상주의와 포비즘 영향으

15) 언어도 독자적이고, 인간성도 프랑스인보다 더 세련되고, 근면하고 구두쇠다.
16) 보수적으로 목축 성행, 기후는 포르투갈과 비슷하다.
17) 아랍 영향을 많이 받았다. 매너가 거만하지만, 유머감각이 좋다.
18) 작품으로 미국 신시나티 플라자호텔 장식의 프라스코화, 파리 유네스코 건물장식이 있다.

로 독특한 작품세계를 가진 화가. 파리 수학한 후 그의 작품이 큐비즘화됨. 그의 작품들은 은연중 민족의식이 강함. 《농장》, 《까따루냐》 등 많은 작품들을 남겼음. 바르셀로나가 낳은 또 한 명의 피카소라는 애칭을 얻음.

- ► **파블로 까잘스(1876～1973)**[19] 타라고나 출신의 첼로 명연주자.
- ► **안드레스 세고비아(1893～1987)** 안달루시아 출신의 명 기타 연주자.
- ► **페데리꼬 가르시아 로르까(1898～1936)**[20] 스페인 대학살을 당한 서정시인.
- ► **마뉴엘 마차도(1874～1947)** 세비야 출신의 모더니스트 시인. 마드리드 시의회의 도서관장을 지냈음. 전해 내려오는 민담을 소재로 한 대중시를 써서 유명해졌으며, 특히 고향 안달루시아 지방을 색채와 음악이 넘치는 관능적인 시로 노래하였음. 대표작으로《혼 Alma》(1900), 《칸테 혼도, Cante jondo》(1916), 《세비야 기타》(1921) 외에 아우 안토니오 마차도와의 합작인 운문극 몇 편이 있음.
- ► **까밀로 호세 셀라(1916～2002)** 노벨상 수상작가. 1936년에 마드리드 대학에서 법학을 전공하고 시인으로 활약함. 1936부터 발발한 스페인내란 동안 국민병을 조직해 현장에서 전쟁의 비극 체험을 하기도 한 그는 1942년 내전후 혼란시대에《파스쿠알 두아르테의 가족(La familia de Pascual Duarte)》을 발표하였음. 1946년 6월 6일에서 15일까지 알까리아로 여행을 하는데 이곳에서 그가 겪은 이야기들은 1948년 출판한 여행기《알까리아로의 여행(Viaje a la Alcarria)》가 유명함. 1951년에는 아르헨티나 후안 페론정부의 검열과 힘겨루기를 한 후에《벌집(La colmena)》이라는 작품을 부에노스아이레스에서 출간했으나 이 작품은 스페인에서는 또 다시 금서당함. 1977년 스페인 국왕 후안 까를로스 1세에 의해 상원의원으로 임명되고 1978년 프란시스코 프랑코 사후에 스페인 민주헌법 기초위원으로 활약함. 1989년 스페인에서는 다섯 번째로, 소설가로는 처음으로 노벨문학상을 수상함.
- ► **호세 오르떼가 이 가세트(1883～1955)**《무척추의 스페인》, 《대중의 반란》 등이 유명함. 뛰어난 소수가 부족하고, 태연자약한 대중의 제국, 스페인을을 풍자함.

---

19) 그는 프랑코 있는 한 스페인 연주는 않는다고 공언함으로써 프랑코독재에 항거했다

20) 안달루시아 그라나다 부근 푸엔떼 바께로스 출생. 《깐떼 혼도》(깊은 노래), 《집시가곡집》, 시적 드라마 《독신녀 도냐 로시따》 등으로 스페인 서정을 대표했다.

► **스페인의 민요**[21] 《라 빨로마》(세바스띠안》(이라디에르가 쿠바에서 작곡)가 유행했음.

► **스페인 지역을 소재로 다룬 외국 명곡들** 폴랜드의 쇼팽《볼레로》(1833), 헝거리의 리스트《스페인 노래에 의한 연주회용 대환상곡》(1845),《스페인 노래에 의한 론도》(1883), 러시아의 글린카《호따 아라고네사》(스페인 서곡 제1번, 1845),《마드리드 여름밤의 회상》(스페인 서곡 제2번, 1848), 림스키 코르사코프《스페인 까프리초》(1887), 프랑스의 비제《스페인이 세레나데》(1860),《카르멘》(1874), 랄로《스페인 교향곡》(1875), 샤브리에 랩소디《스페인》(1883), 마스네 《르 시드》(1885), 미국의 루이 모르고치초크(흔히 고트샤르크라 부름),《사라고사의 대포위전》과《세비야의 밤》등.

3. 스페인의 음식문화

(1) 올리브, 빠에야, 하몽, 치즈

올리브

사막의 진주라는 올리브는 오일이 일품이다. 올리브 오일[22]은 스페인에서는 건강과 다이어트를 책임지는 오래된 전통 음식원료이기도 하다. 올리브오일을 이용한 '지중해식 다이어트'가 바로 그것이다. 스페인 남부의 안달루시아 지방에는 아침마다 공복에 올리브오일을 두 스푼씩 먹는 전통이 있다.[23] 동물성 지방은 살이 찌는 원인이 되지만, 식물성 지방인 올리브오일은 오히려 축적된 지방을 분해하며 유해한 콜레스테롤 수치를 낮추는 효과가 있다.

지중해식 다이어트법은 와인을 음미하듯, 올리브오일을 마시는 것이다. 먼저 투명한 컵에 적당량의 올리브오일을 넣고 흔들어 퍼지는 향을 코로 맡은 다음,

---

21) 우리가 흔히 부르는《고향 생각》,《친구의 이별》, 영화 "금지된 장난"의《로망스》 등이 모두 스페인 민요로 가히 스페인은 세계적 민요음악의 시조라고 말할 수 있겠다.

22) 올리브나무(감람나무)의 열매에 함유된 30~70%의 기름으로 압착법(壓搾法)·추출법(抽出法)으로 채유한다. 구약성서에도 기록이 있을 만큼 오래 전부터 이용되었던 식용유로서 용도가 다양하다. 생산지역은 지중해 연안과 미국이며, 한국에서는 전혀 생산되지 않아 전부를 수입에 의존하고 있다. 담황색이며 냄새가 없고 담백한 맛이 난다.

23) 화학적인 정제 과정을 거치지 않은 엑스트라 버진 올리브오일이 가장 좋다.

마실 때 바로 삼키지 말고, 혀를 돌려 입 안에서 맛을 느낀다. 올리브오일이 여러 모로 건강에 좋다고 잘 알려져 있지만 의외로 올리브 향을 부담스러워 하는 사람들도 적지 않다. 여기에 곱게 다진 마늘이나, 레몬즙을 조금 섞으면 먹기 쉽다. 많은 백과사전에서 올리브유를 찾으면, 건강에 좋은 기름으로 대부분 같은 내용의 올리브 식용 방법을 설명하고 있다

지구촌 장수민족으로 회자되는 스페인 사람들은 몸이 좋지 않을 때 약 대신 올리브유가 듬뿍 들어간 요리를 먹는다. 감기나 소화불량에 걸렸을 때 올리브유를 먹으면 신진대사를 활발히 해주기 때문에 즐긴다. 올리브유에는 항산화물질과 심장을 보호하는 물질이 풍부하다. 노화방지에 좋은 장수 식품으로, 최근 미식품의약국(FDA)에서 올리브유에 '심장 건강 향상 효과'를 명시하는 것을 허용했다. 이것은 올리브유가 식품을 넘어 의약 효과까지 인정받고 있음을 보여주는 것이다. 심장마비, 뇌출혈, 유방암에 좋고 알츠하이머병과 통증 완화에 도움을 준다. 올리브유는 드레싱뿐만 아니라 채소를 찌거나 구워 먹을 때 넣고, 해산물과 함께 먹으면 좋다. 올리브유는 많이 먹어도 좋기 때문에 어떤 요리에 사용해도 무방하다. 필자가 스페인을 여행하면서, 들러보았던 모든 음식점에서 올리브 절임과 올리브유를 식탁에 올려놓고 있었다.

올리브 다량 생산국가인 국가인 스페인은 최초로 올리브 씨를 이용하여 난방시스템을 정착시켰다. 바이오매스(biomass)를 이용한 난방 시스템의 개발은 환경보호적인 측면뿐만 아니라, 에너지 절약 면에서 커다란 이점을 가져다 줄 것으로 인식된다. 올리브 재배가 대규모 이루어지는 안달루시아와 같은 지방에서는, 이 풍부한 올리브 씨를 다른 경제적인 자원으로 이용한다. 더욱이 난방에 활용할 수 있다는 것은 아주 커다란 잠재력이 될 것이다. 경제적인 이점도 상당하다. 난방시스템의 가동을 위해서 들어가는 시간당 비용은 디젤 연료의 경우 거의 30유로인 반면에 올리브 씨의 경우는 10유로를 겨우 넘을 뿐이다.

또 다른 사용 방법인 가수분해(hydrolysis)에 의한 하수 정화시스템도 매우 유용한 것으로 알려졌다. 위생 규격에 맞추기 위해서는 소량의 염소라도 사용을 피하고, 하수처리과정에서 염소와 화학물질을 사용하지 않고 올리브 씨를 이용한다는 것이다. 메마른 사막에서 죽은 나무처럼 자라는 올리브 나무에서 참으로 다재다능한 천연 작물인 올리브가 생산된다는 것이 기적 같기도 하다.

빠에야

스페인 대중 음식 가운데 우리 입맛에 가장 친숙해질 수 있는 것이 빠에야이다. 육류나 해물을 넣은 우리나라의 비빔 돌솥밥 정도에 해당하는 이 음식은 스페인 사람들뿐 아니라 스페인을 찾는 많은 관광객들에게도 사랑을 받고 있다. 파에야라는 말은 원래 밑이 넓고 높이가 낮은 뚜껑 없는 냄비를 의미한다. 옛날 스페인 사람들은 포도나무나 오렌지 나무의 가지를 잘라 불을 지피고 그 위에 철판 냄비를 건 다음, 인근에서 쉽게 구할 수 있는 먹을 것을 모두 넣고 빠에야를 만들어 여럿이 나누어 먹었다고 한다. 이 요리의 재료 대부분이 향신료 사프란을 제외하고는 평범한 것들이다. 요즘은 닭고기와 양파, 마늘을 볶다가 쌀과 생선 육수를 붓고 새우, 조개 등의 해산물을 얹어서 만들며 사프란을 넣어 고운 노란색이 난다. 쟁반처럼 넓은 팬을 불에 직접 올려놓고 밥을 만들다 보면 아랫부분은 눌어붙거나 타게 된다. 이 부분을 '소카라다'라고 하며, 우리나라 사람들이 누룽지를 좋아하듯, 스페인 사람들도 '소카라다를 즐긴다. 즉, 빠에야 팬에 올리브 기름을 두르고 양파와 마늘을 볶아 향을 낸뒤 미리 볶아 놓은 파프리카, 줄콩 등의 야채와 돼지고기, 닭고기를 넣고 함께 볶는다. 여기에 쌀을 넣고 토마토와 오징어를 납작납작 썰어 올리고 노란색의 향이 강한 사프란으로 맛을 낸 생선국물을 부어 약한 불로 밥을 짓는다. 새우, 씨갈라(작은 바닷가재의 일종), 홍합, 모시조개로 모양을 내기도 한다.

가장 잘 알려진 것은 해물을 많이 넣은 발렌시아 지방의 빠에야 발렌시아나이다. 지금도 매년 9월 두 번째 일요일에 발렌시아 지방에서는 남자들이 빠에야 요리경연을 벌인다. 소카라다를 먹으려면 천천히 늦게까지 식탁에 앉아있는 지혜가 필요하다. 그리고 음주를 절제해야 이 소카라다를 즐길 수 있다. 스페인식 해물 비빔밥 파에야에 어울리는 와인으로는 로제 와인이나 바르셀로나 근처 페네데스 지방의 특산품인 스파클링 와인 카바를 권할 만하다. 그러나 카바는 당도가 아주 높은 편이다. 이 와인을 음식에 곁들여 마시려면 드라이한 것을 택하는 것이 좋다.

하몽

스페인의 전통적인 저장식품으로 하몽은 돼지의 앞다리를 소금에 절여 공중에 매달아 약 1년 정도 바람에 건조한 자연적인 햄이다. 일반적으로 하몽 세라노(Jamon Serrano)와 하몽 이베리코(Jamon Iberico) 두 종류가 있다. 하몽 세라노는 건조하고 추운 산간지방에서 만들어진 것으로 육질이 쫄깃하면서 조금 질긴 햄이다. 또 하나는 스페인산 하몽 햄 중에 최고로 치는 하몽 이베리코는 육질을 느낄 수 없을 정도로 연하고 부드러운 햄이다. 어느 종류이건 하몽은 소화가 잘되는 건강식품으로 각광받고 있다. 그러나 하몽을 만드는 과정이 길고 쉽지 않기 때문에, 기후풍토적으로 스페인 이외의 나라에서는 하몽을 제조할 수 없다. 여타 유럽인들도 스페인에서만 이 하몽을 먹을 수 있다.

하몽은 돼지의 뒷다리를 소금에 절여서 장기간(약 1년) 동안 공기 중에 말린 것으로 훈제를 하지 않는다는 점이 일반 햄과 다르다. 하몽가게에 가면 천장에 돼지 다리들을 주렁주렁 매달아 놓은 것을 볼 수 있다. 하몽은 돼지고기 중에도 특히 뒷다리의 넓적다리 부분을 통째로 소금에 절여 건조시키거나 훈연시켜 만든다.

스페인에서 크리스마스나 신년 선물로 가장 인기 있는 것도 바로 하몽이다. 스페인에서는 명절 때가 되면 건조시킨 돼지의 뒷다리의 발목을 리본으로 예쁘게 묶어 진열해 놓은 모습을 볼 수 있다. 그 맛과 향이 아주 독특하고 감칠맛이 난다. 우리 입맛에도 잘 맞는다.

스페인 사람들은 하몽은 보통 얇게 썰어서 빵에 끼워 먹거나, 간단한 술안주로 먹는다. 스페인 전역에는 하몽만을 전문적으로 파는 식당도 많다. 이곳에서 스페인 사람들이 하몽을 먹는 모습이 특이하다. 본고장 사람들은 젓가락이나 포크 같은 식기를 사용하지 않고 손으로 하몽을 빵에 싸서 먹는다. 현지 그들 말에 의하면 하몽은 손가락으로 집어서 먹는 것이 최고로 맛있게 먹는 방법이라고 한다.

하몽은 산간지방의 건조하고 추운 기후 속에서 만들어지는데, 특히 '하부고'라는 산악지대의 것이 아주 유명하다. 이곳은 일명 '돼지의 나라'로 불릴 정도로 맛 좋은 하몽의 주재료인 질 좋은 돼지를 키워낸다. 하부고 일대는 온통 참나무 숲으로 장관을 이루는데, 바로 이 참나무의 열매가 돼지가 아주 좋아하는 도토리이다. 가을이 되면 하부고 일대 산천에 떨어져 쌓인 도토리 열매로 수북하다. 스페인에서는 우리처럼 도토리로 묵을 쒀 먹는 식문화는 없다. 도토리는 어느 경우이건 그 독성 때문에 사람이 직접 먹을 수 없다. 그러나 스페인 사람들은 이 도토리 열매를 돼지 사료로 쓴다. 이 도토리만을 먹고 자란 돼지는 나중에 기막히게 맛 좋은 하몽 햄의 재료가 된다. 도토리를 먹고 자란 돼지는 육질도 연하고 향도 좋다. 또한 돼지 특유의 비린내가 없다. 이 하몽 제조는 스페인 농가에서만 볼 수 있는 방식으로 세계적으로도 주목받는 스페인 특유의 현명한 햄 제조방식이다.

그 외에 초리소(Chorizo)와 살치차(Salchica)는 돼지고기 소시지인데, 다진 돼기 고기와 소금, 후추, 피망 등을 섞어 건조시키거나 훈연하여 저장한 열처리된 소시지이다. 특히 초리소는 소고기 닭고기, 양고기 등을 원료로 만든다. 스페인사람들의 입맛이 우리와 비슷해서 밀가루 면보다는 밥을 주로 먹는다. 스페인 사람들이 빵이나 밥을 먹는 반찬으로 초리소와 살치자를 매우 즐긴다. 맥주 안주로도 초리소를 즐기기도 한다. 놀랍게도 스페인은 유럽에서 쌀을 가장 많이 생산하고 소비하는 국가이다. 이 초리소는 마늘, 고추를 많이 쓰기 때문에 강하고 조금 매운 감이 있다. 얼큰한 맛을 좋아하는 우리나라 사람들의 입맛과 잘 맞는다.

치즈

스페인에는 매우 고가의 치즈가 생산된다. 이 치즈는 고급요리에 주로 사용된다. 고급 치즈의 대표적인 것이 까브랄레스 치즈[24]라고 한다. 스페인 자치정부가 원산지를 지키고, 전통을 지키고자 하는 노력을 꾸준히 해왔다. 이 지역 농가들의 진지한 노력의 덕으로 까브랄레스 치즈는 스페인에서 가장 유명한 블루치즈로 명성을 얻었다. 이 치즈에는 은박지(또는 커다란 단풍나무 잎) 포장에 크게 포장되어 있어 쉽게 구분된다. 열처리를 하지 않은 신선한 우유(Raw milk)를 쓰는데, 일반적으로 그 지역의 농가들이 염소와 양을 같이 키우는 전통으로, 봄과 여름으로는 양유와 염소유가 같이 쓰이기도 한다. 까브랄레스 치즈는 세계 3대 블루치즈[25]의 하나이기도 하다.

세계 3대 치즈로는 프랑스의 록커포르, 스페인의 까브랄레스 그리고 영국의 스틸턴 등을 꼽는다. 치즈에 대한 전통으로 봐도 그렇지만 스틸턴 치즈는 고르

---

24) 까브랄레스 치즈는 아스뚜리아스(Asturias)의 동쪽에 있는 뻰냐메예라 알따 (Peñamellera Alta)의 까브랄레스 마을과 인근의 작은 세 마을에서만 만들어 진다.

25) 프랑스의 블루치즈인 록커포르는 그 독특하고 복잡한 향으로 유명하고, 이탈리아의 고르곤이 부드러움으로 유명하다면, 스페인의 대표 블루치즈인 카브랄레스 치즈는 강렬한 맛으로 유명하다.

골 피칸테 치즈와 너무 닮아 있다. 그러나 까브랄레스 치즈는 누구도 흉내낼 수 없는 독특한 맛과 향을 지니고 있어, 영국과 프랑스에서도 흉내내기 어렵다고 한다. 이 치즈는 매우 딱딱해서 보통 칼로는 잘 썰어지지 않기 때문에, 백화점에서는 기계톱으로 썰어준다.

까브랄레스 치즈는 우유, 염소유, 그리고 양젖을 잘 섞어, 브렌딩 원유를 만들면서 저온에서 응고되면서 공정이 시작된다. 유청은 천천히 자연스럽게 배출되도록 한다. 손으로 외피에 소금을 직접 뿌리는 방식으로 염지된다. 그리고 나서 치즈는 3, 4주 가량 환기가 잘되는 곳에서 바람을 쐬게 된다. 까블랄레스 치즈의 특징인 더딘 숙성 과정은 낮은 온도에 산소가 풍부하면서도 습기찬 동굴에서 계속된다. 치즈를 주기적으로 돌려주며 곰팡이의 정맥[26)]이 깊게 치즈에 파고들게 함으로서 특유의 자극적은 맛을 띄게 된다. 까브랄레스 치즈는 까브랄레스 마을과 인근 세 마을에서만 생산이 되어, 이곳을 찾는 관광객들은 이 맛을 즐기러 오기도 한다. 이 치즈의 D.O. 원산지 인증과 규격은 1981년도에 만들어졌다.

까브랄레스 치즈는 계절에 따라 제품에 차이가 있다. 가장 품질이 좋은 까브랄레스 치즈가 많이 만들어지는 시즌은 가축들이 높은 고지(Picos de Europa)에서 풀을 뜯는 여름이다. 특히, 삐꼬스 데 에우로빠(Picos de Europa)는 암석으로 된 산악지대인데, 이 지대는 비로 인한 석회 침식이 많아 자연적인 저장고로 쓰일만한 동굴이 많다. 특히, 출구가 북쪽으로 난 굴들은 바람이 불어와 산소의 공급이 풍부하고, 항시 낮은 온도와 높은 습도를 유지한다. 숙성과정도 다른 일반 치즈보다 길기 때문에 가격 또한 비싼 편이다. 이런 조건들은 치즈 숙성에 매우 적합한 환경을 만든다. 숙성은 밖에서 안쪽으로 진행된다. 이 치즈 곰팡이는 페니실린 계열의 곰팡이로, 사람 몸에 유익하다고 알려져 있다.

외관상 치즈의 외피에서는 여러 지역 특유의 곰팡이와 그 지역 이스트들이 숙성과정에 작용을 하게 된다. 느린 숙성과 합성화 과정을 거쳐 여러 가지 특성들이 다양한 까블랄레스 치즈가 만든다. 고원지역의 살균하지 않는 품질좋은 원유를 썼고, 한정된 생산량을 수공으로, 수세기 동안 변하지 않는 전통 방식으로 만든 치즈이기에 가치가 더 있다. 그리고 자연동굴에서 이루어지는 자연적 미생

---

26) 이 선은 blue vein이라고 불리는데, 이는 블루치즈의 곰팡이가 뻗은 모습이 사람 피부 밑에 보이는 정맥처럼 푸른색의 형태를 띠기 때문이다.

물 작용으로 독특한 맛을 내는 치즈가 탄생한다.

까브랄레스 치즈는 스페인식 소고기 스테이크에 얹어 먹을 수 있는 유일한 치즈이기에 더 유명하다. 이런 모든 것들이 세계의 치즈들 중에서도 까브랄레스 치즈를 가장 맛있고 에너지가 넘치는 명품치즈로의 하나로 만든다. 가격도 고가이고, 도시에서는 큰 백화점에 가야만 구경할 수 있다.

또한 서민용 만체고 (manchego)치즈가 유명하다. 스페인의 라만차 지방에서 양젖을 써서 가열 압착해 숙성시킨 치즈인데, 대중용이다. 까브렐레스 치즈가 고급이며 비싼 것에 비하면, 만체고는 훨씬 농민적인 냄새가 나는 치즈이다. 모양은 원통이고, 크기는 보통 지름 25cm, 높이 10cm, 무게 3kg 정도이다. 지방함량이 고형분의 50~62%, 보통은 57%이며, 거죽 천연의 황색 껍질로, 속살은 밝은 황금색으로 촘촘한 모양이다. 숙성 기간은 보통 1~3개월이다.

까브렐레즈 치즈의 제조 공정은 다음과 같다.

√ 비 살균 원유, 소젖 (대개의 경우 염소와 양젖을 섞음), 염소 젖, 양젖을 섞는다. 푸른곰팡이 치즈를 만들기 위해, 시간적 조절을 한다.

√ 비 살균원유로 만들어진다. 작업은 그날 아침이나 바로 전날 저녁에 짠 우유를 사용한다. 원유는 일정시간 상온에 둔다. 응고는 25에서 35도 사이에 이루어진다.

√ 막 젖을 짜기 시작한 염소의 원유로부터 만들어진 자연커드를 소량 섞는다. 이는 주원료인 우유의 응고를 부드럽게 하기 위함인데, 최소 1시간 후에, 또는 2시간에서 4시간 후에 첨가한다. 이렇게 얻어진 새 커드는 부드럽게 섞어서, 적당한 크기의 덩어리로 만든다. 일정 시간 가만히 두면 커드를 안정시키면서, 건조와 산도의 증가, 수축 등의 과정이 서서히 일어나도록 한다.

√ 위에 뜬 유청은 제거하고 남은 반죽(paste/curd)을 큰 스푼으로 떠서 형틀에 넣는다. 이때도 반죽은 부드럽고 느슨해야 한다. 적당한 압력으로 공기가 다 빠지지 않은 정도로 둔다.

√ 채워진 형틀은 만 하루에서 이틀 정도 두는데, 이때 반죽의 무게에 의해 자연스럽게 유청이 빠져 나온다. 그 동안 치즈를 자주 돌려 준다. 온도는 18~25도 정도가 적당하다.

√ 유청이 빠져 나온 뒤에 염지를 시작한다. 염지는 3일간 계속된다. 우선 위에

소금을 뿌리고 소금이 흡수되도록 둔다. 24시간 뒤에 치즈의 위아래를 바꿔서 또 소금을 친다. 이틀 뒤에 형틀에서 치즈를 빼고 치즈의 옆에 소금을 친다. 환기가 잘되는 장소에서 이삼 주 둔다. 이 과정에서 치즈의 외피가 생성되며 산도가 증가하고 발효를 통해 첫번째 효모를 얻게 된다.

√ 그 후에 치즈는 자연동굴로 옮겨지게 되고, 최소 2달 이상 숙성된다.

√ 완성된 치즈는 원통형에 2~4kg. 원래는 단풍나무(maple) 잎사귀로 포장하는데 요즘은 호일도 많이 쓰인다. 포장에는 까브랄레스의 로고와 D.O.P 고유번호가 찍힌다. 외피는 노란색에 끈적이면서 강한 향을 지녔다. 텍스쳐는 단단하면서도 푸른 곰팡이의 통로(보통 Blue Vein이라 부름)가 조밀하다. 맛과 향은 강렬하고 입안을 얼얼하게 만든다. 신맛과 크림질의 맛이 특징적이다.

까브렐레즈 치즈의 사용 용도는 다음과 같다.

√ 까브랄레스는 세계 최고의 블루치즈의 하나이다. 살라미와 풀바디 와인과 어울리고, 디져트로는 단 쉐리와 함께 먹으면 완벽한 달달함과 시큼하고 쌉쌉할 맛의 조합을 만든다. 샐러드와 소스의 맛을 강하게 하는 용도로도 많이 쓰인다. 스테이크 위에 녹이는 것도 일품이다. 크림과 까브렐레스를 섞으면 빵에 발라 먹을 수 있는 멋진 스프레드가 된다. 바르셀로나 사람들은 이 치즈를 소고기 스테이크에 얹어 구워 먹는데, 소고기 노릿내를 없애주며, 특히 까브랄레스 치즈를 얹으면, 스테이크 맛이 감칠맛이 난다.

√ 까브랄레스 치즈와 함께 어울리는 와인으로는 뻬드로 히메네쓰 (Pedro Ximenez)가 좋다. 까브랄레스 치즈가 가진 쓰고 신맛이 달콤한 와인에 어울려 좋은 느낌을 준다. 와인의 달콤한 맛과 까브랄레스 치즈의 짭짭하면서도 시고 쓴맛이 조화되어, 와인을 많이 마셔도 몸에 부담이 적다.

(2) 다식문화

데사유노(desayuno)

간단한 아침식사에 해당하며 7시경 일반적으로 콘티넨탈 스타일, 즉 커피와 밀크, 빵과 잼 또는 츄로스, 또는 비스켓을 먹는 아침식사이다. 스낵바에서 가볍게 먹는다는 뜻에서 커피 데 사유노라는 단어가 나왔다고 한다. 스페인어로 종교적 금식이 끝났다는 말로 스페인 사람들의 음식에 대한 열정을 엿볼 수 있는 식사제도이다. 스페인들은 전날 빵과 우유를 준비해서 다음날 아침 데사유노를 만들어 먹는다. 스페인들이 즐기는 커피는 에스프레소라는 뜨거운 수증기로 뽑아낸 원두커피이다. 에스프레소의 향과 맛은 최고이다.

알무에르소(Almuerzo)

스페인 직장인들이 출근해서 급한 아침 업무를 끝내고, 10시~12시경에는 알무에르소라는 가벼운 식사를 즐기는데, 이는 직장인들이 한숨 돌리는 시간에 간식하는 정도의 음식이다. 스페인인들은 12시는 아직 오전이라고 생각해, 점심식사와의 사이에 가볍게 식사를 한다. 또르띠야, 쵸리소를 넣은 보까디요(bocadillo), 과자, 빵 같은 것을 먹는다. 보까디요(bocadillo)는 스페인 고유의 긴 빵으로 만든 샌드위치인데, 참 구수한 맛이 있다. 전문점에서 만들어 팔며, 비교적 비싼 샌드위치이다. 한국의 누룽지 맛이 감도는 딱딱하고 긴 빵에 다양한 소스와 고기를 섞은 비교적 큰 샌드위치인데, 맛이 좋다. 한국인들은 스페인 여행 중 이 맛을 한번 보면, 우리 입맛에 맞는다고 즐겨 찾는다.

점심

스페인 사람들이 기대하는 식사이다. 1일 식사 중 가장 중점을 두는 것은 점심식사로 오후 2~4시경에 먹는다. 전제요리(대개 스프나 샐러드), 본 요리(생선이나 양고기, 소고기), 그리고 후식(과일, 아이스크림) 순서로 3번의 접시에 나누어 천천히(2~3시간에 걸쳐) 듬뿍 먹는다. 식사와 함께 주로 와인을 마시며, 마지막으로 커피나 차를 마심으로써 식사를 마친다. 한여름에는 태양빛이 너무 강렬하기 때문에 점심을 먹은 후 일을 하거나 길을 다니기가 힘들어, 대개 낮잠(siesta)이나 휴식을 즐긴다. 집에서 점심을 먹고 일터로 돌아오는 사람들도 잠시 오후의 러시아워가 되기도 한다. 와인을 곁친 식사라, 잠이 온다. 그래서 스페인 사람들이 점심을 먹고 잠시 낮잠자는 문화가 생긴 것 같다. 그들은 점심 후에 잠을 잔 시간만큼, 저녁에 일을 더하면 된다는 신념을 갖고 있다.

메리엔다(merienda)

하루 일과 중, 에너지를 보충하는 중간 식사이다. 저녁 6시경은 오후의 간식

시간인 메리엔다로 바와 카페떼리아가 주로 활기를 띤다. 홍차나 핫 밀크와 함께 달콤한 빵과 크래커를 먹는다. 이때 스페인에서는 위장의 상태를 정돈해 준다고 하여 만사니야 차를 자주 마신다. 스페인식 국화차도 즐겨 마신다. 정말 스페인식 따끈한 국화차는 피곤한 하루 일과를 정리해 주는 피로회복의 국화향을 느끼게 해준다.

저녁(cena)

스페인은 9시~11시 사이에 저녁식사를 한다. 그러나 그들은 점심만큼 많이 먹지는 않지만, 늦은 시간까지 많은 대화를 한다. 이때 스프와 스페인식 또르띠야 등을 먹고, 생선과 알요리 등으로 비교적 가볍게 한다.

스페인 사람들이 즐겨 마시는 술로 포도주를 꼽는다. 스페인은 프랑스, 이탈리와 함께 세계에서 가장 많은 양의 포도주를 생산하는 국가로 57개가 넘는 지역에서 질 좋은 포도주들 생산하고 있다. 그 중에 리오하산 포도주, 외국에서는 Sherry주라고도 불리는 헤레스 산 포도주는 세계적으로 유명하다. 특히, 카탈루냐의 뻬네데스지역에서 생산되는 엘 까바 까딸란(El cava catalán)은 우수하다. 거품이 이는 까딸란 포도주이다. 이것은 적당한 가격의 고급 포도주로 세계시장에서 가장 수요가 많은 프랑스의 샴페인과 경쟁하고 있다.

상그리아(Sangria)

스페인들이 자주 즐기는 비교적 달콤한 칵테일 알콜 음료이다. 포도주를 설탕, 레몬, 과실 등으로 맛을 낸 술로, 우리나라 소주와 같이 어느 곳에서나 쉽게 마실 수 있는 서민들의 술이다. 색, 맛, 향이 강하고 남녀노소 누구나 마실 수 있는 향토주이다. 상그리아는 오랜 숙성을 요하지 않고 바로 빚은 칵테일로 그윽한 향을 느낄 수 있는 것이 장점이다.

엔살라다(Ensalada)

모든 스페인 식탁에서 반드시 볼 수 있는 음식으로 스페인의 샐러드에는 드레싱이 없는 게 특징이다. 올리브 오일과 식초에 곁들인 야채 샐러드로 단백한 맛이 좋다. 스페인 살라드는 올리브 오일이 듬뿍 있어 이방인들이 처음 먹는 경우에 좀 이상하다. 그러나 소화를 촉진해줘서 건강에 매우 좋다. 스페인 살라다는 올리브 유에 야채를 무친 '한국식 생야채 겉저리'로 보면 된다.

가스빠쵸(gaspacho)

야채와 과일의 비빔 샐러드라고 말할 수 있다. 차가운 토마토 스프, 토마토 퓌레와 피망, 양파, 오이 등을 갈아 넣어서 만든 스프로 안달루시아 지방에 발달해 있다. 시원하고 조리하지 않은 생야채라서 몸에 금방 흡수되어 원기를 회복시키는 점으로 인기 얻고 있다. 스페인 음식 중 외국인에게 가장 잘 알려진 음식의 하나로 1960~70년에 스페인 관광의 붐을 타고, 꼬스따 델 솔에서 외국 관광객들에게 가장 인기있는 음식으로 알려지기 시작했다. 근래에는 이 샐러드가 스페인 여름음식을 대표하는 차가운 스프로서 관광객들에게 인기가 있다. 가스빠쵸라는 단어의 어원은 뒤범벅, 혼돈, 혼합, 섞음이라는 뜻이 있다. 특히, 개인 각각 취향에 따라 다른 소스를 첨가하면 조리방법이 달라지기도 한다.

또르띠야(Tortilla española)

스페인식 피자라고 볼 수 있겠다. 남녀노소 누구나 좋아하는 음식으로 영국식 오믈렛과 비슷하다. 계란에 감자, 양파 등 야채 썬 것을 섞어 프라이팬에 올리브유를 두르고 약한 불로 익힌 것. 우리나라의 부침개를 아주 두껍게 만든 형태이다. 식당에서 한 접시 시켜서 2~3명이 맥주안주로 즐길 수 있는 음식이다.

애저요리(Cochinillo)

세고비아(Segovia)지역에서 특히 유명하며, 새끼 돼지의 배를 갈라 나무를 때는 오븐에서 천천히 구운 요리로, 나무 향이 스며들어 고기가 연하고 맛있다. 맛은 일품이나 비싸다. 동남아시아의 애저요리와 다른 점은 스페인식은 올리브유를 첨가한다는 것이다.

츄러스(churros)

스페인 간식으로 계피가루를 섞은 반죽을 짤주머니에 넣어, 별모양의 깍지로 모양을 내 짠 후 기름에 튀겨 만든다. 설탕을 묻힌 일종의 도우넛 혹은 튀김류로 스페인의 바에서는 간단한 식사로 츄러스를 쵸컬릿 무스나 코코아에 찍어먹는 모습을 쉽게 볼 수 있다. 요즘은 우리나라에서도 츄러스 판매대를 쉽게 찾아

볼 수 있다.

쵸리소(chorizo)

소금과 다진 빨간 피망을 돼지의 내장에 채워 만든 소시지로 우리나라의 소세지와 비슷한데 색깔이 붉다. 붉은 색깔을 띤, 열처리 햄인데, 그 맛이 매운 것부터 단것까지 매우 다양하다. 맛이 한국인들의 입맛에 잘 맞도록 마늘, 소금 등 자극적 양념이 많이 첨가되어 있다.

사프란(azafrán)

자연적인 꽃향에서 얻은 스페인 특유의 축제전용 향이다. 스페인요리에 많이 쓰이는 향신료로 얼얼한 향도 내지만 노란색을 얻기 위해 주로 사용한다. 붓꽃과에 속하는 식물로 꽃봉오리에서 암술만 따내어 말린 것으로, 돈키호테의 무대인 라만차 지방이 주산지이다. 꽃 한송이에서 세가닥 밖에 얻지 못하며, 1kg의 사프란을 얻기 위해서는 16만 가닥을 손으로 다듬어야 하기 때문에 세계에서 가장 비싼 향신료라고 알려져 있다. 얼얼한 강한 뒷맛이 길게 남는 향료이다.

마요네스(mayonesa)

세계인들의 소스로 이제는 스페인 특유의 음식은 아니다. 이것은 너무나 세계화되어있고 영미에서 많이 사용되어 스페인 원산지라는 것을 모르는 사람들이 많다. 마요네스는 음식위에 덮거나 섞어서 먹는 것으로 주로 계란 노란자로 만든다. 이런 계란에서 추출한 마요네즈는 스페인 마뇨르까의 마온(Mayón)에서 처음으로 만들어져 유래했기에 그 이름을 딴 명칭이다. 모든 음식에 첨가할 수 있는 소스로서 마요네즈는 서양식단의 감초 같은 존재이다. 현대인들이 즐기는 마요네스처럼, 스페인에서 전 세계로 전파한 음식들이 그 이외에도 많다.

4. 스페인의 축제문화

축제를 계절별로 설명해보면, 스페인의 봄에는 3월에 벌어지는 축제 중엔 발렌시아에서 열리는 '불 축제'가 있는데, 이는 세계적으로 유명하다. 매년 3월 12일부터 3월 19일까지 일주일간 행해지는 불 축제는 중세시대부터 전해진 오래된 전통을 가지고 있다. 봄이 되면 이 지방의 목수들은 겨울의 끝남을 기념하기 위해서 나무잔재들을 태웠다. 이 풍습이 나중에 발렌시아 사람들의 축제가 되었다. 마분지와 천조각으로 그 지방을 상징하는 인형 등을 만들어 오래된 가구들과 함께 불에 태우게 된다. 그것이 지금의 불 축제의 유래라고 한다. 축제 기간 중에는 매일 밤 불꽃놀이와 댄스 파티가 광장에서 벌어진다. 이 지방 목수들의 기념일인 산 호세날, 3월 19일 자정에 불태워 지며 축제를 마무리한다. 불 태워지는 형물 중에는 높이가 수십 미터에 이르는 것들도 있어 축제의 마지막이날은 도시전체가 커다란 불꽃에 휩싸인다.

4월에는 중세시대에 있었던 회교도 정벌 기념축제행사가 열린다. Alcoy의 거리에서 1276년 기독교 군이 회교도 군을 물리친 전투를 기념한 연극 축제이다. 이 축제는 로마의 지배와 회교도의 지배로 핍박받았던 스페인 고난의 역사를 잘 말해준다. 마을 주민들이 기독교군과 회교도 군으로 나눠져 중세의상을 입고, 줄을 지어 행진하며 7세기 전 회교도 군과 기독교 군 사이의 전투를 재현한다. 거리는 다시 중세로 돌아간 듯하다. 주민들은 이 축제에 참가하는 것을 대단한 영광으로 생각해 아들과 손자에게 자신이 입었던 전통복장을 대물림하며 축제에 참가한다. 회교도의 지배에서 벗어나 스페인의 영화의 발판이 되었던 Alcoy전투에 대한 이 지역 주민들의 자부심이 축제에 그대로 남아 있다.

사막의 나라 스페인의 7월에는 세계적으로 유명한 산 페르민 축제가 팜플로냐에서 열린다. 7월 6일 정오 정각에, Pamplona 시청사 앞 광장에 수많은 군중들이 모이고, 시청사 발코니에서 한 시청직원이 "성 페르민 만세"라고 외치며 거대한 폭죽에 불을 붙인가. 참석자들은 수백 병의 샴페인을 터뜨리며 축제의 시작을 알리고, 산 페르민 축제일정중 가장 유명한 행사는 축제 기간중 매일 아침 8시에 반복되는 소몰이 축제이다. 좀 위험하지만, 오후에 투우장에 들어설 소들을 거리에 풀어놓고 하얀색 의상에 빨간색 허리띠를 두른 수백 명의 젊은이들이 성난 소와 함께 거리를 달리며 투우장으로 소를 유인한다. 황소 앞에서 달리다 넘어져 부상을 당하거나, 소의 뿔에 받혀 죽음에 이르는 등 사상자가 속출하는 축제이기도 하다. 스페인 청년들이 자신의 용기를 시험하며, 스릴을 즐긴다. 이 축제에 참여하려는 관광객들과 젊은이들이 매년 늘어나고 있다. 스페인 사람들의 기질처럼, 좀 난폭한 경기를 즐기려는 축제로 볼 수 있겠다.

농민들의 축제로 8월에는 발렌시아 지방에서 토마토 전투가 벌어진다. 1944

년 시의회 의원들에게 토마토를 던지며 항의해, 시민들의 의사가 관철된 것을 기념하여 벌어지는 토마토 축제이다. 이는 스페인 사람들의 기질이 가장 잘 드러나는 축제이다. 수만 명의 사람들이 서로에게 잘 익은 토마토를 던지며 시민정신을 되새기는 토마토 축제는 프랑코 총통의 독재 기간 중에는 종교행사가 아니라는 이유로, 금지되기도 했다. 그러나 70년대 중반 마을 사람들에 의해 재개되었다. 토마토 축제는 매년 8월의 마지막 수요일에 열리는데 오전 11시경에 군중들이 마을 중앙에 있는 대광장에 모여들면서 시작된다. 광장 중앙에는 구리스 기름을 바른 큰 기둥 하나를 심어 기둥 꼭대기에 햄을 매달아 놓고 젊은이들이 여러 번 햄을 따내려고 시도하지만 미끄러운 그리스 기름 때문에 계속 미끄러진다. 마침내 누군가 그 햄을 땄을 때 사람들을 그를 격려하면서 '토마토'를 외치며 축제는 끝이 난다.

토마토 축제는 해를 거듭할수록 성공을 거두게 되었고 세계 각처에서 몰려드는 관광객들로 인해 브뇰 마을은 세계적인 관광지로 부상하였다. 단 2시간의 축제에 참가하기 위하여 내국, 외국 관광객들 할 것 없이 이 작은 마을로 몰려들었고, 그들은 숙소가 없는 불편도 마다하지 않고 근처 지방에서 머물며 참석하는 수고도 감수하였다. 작년 2002년만 해도 이 토마토 축제에 참여한 사람은 모두 3만 5천명이었고, 단 한 시간을 위해 사용된 토마토 물량만도 15만 개나 되었다고 한다. 토마토 축제의 본고장 브뇰 주민들은 이 날을 위해 미리 마을의 건물과 창문들을 비닐로 덮어씌우는 작업을 한다는데 이는 사방으로부터 날라오는 토마토 파편으로부터 건물을 보호하기 위해서이다. 또 참가자들은 참가자들대로 축제를 위하여 입다 버릴 헌옷과 물안경을 준비한다. 브라질의 리오 축제와 같이 화려하고 현란한 축제나 카니발만을 생각해 온 우리로서는 이런 소박한 축제의 모습에 또 한번 신선한 느낌을 받지 않을 수 없게 된다.

카탈루냐 지방에는 특이한 축제가 있는데, 8월에 열리는 바르셀로나 지방의 인간 탑쌓기 대회이다. 바르셀로나 근교의 빌라프란카 델 페네데라는 마을의 광장에서 열리는 인간 탑쌓기 대회의 기원에 대해서는 알 수 없지만, 매년 대회가 열리는 마을의 광장에는 수많은 사람들이 운집한다. 참가 그룹별로 독특한 티셔츠를 입고 등장한 출전자들은 시작 신호가 울리기 직전까지 준비운동을 하며 긴장된 모습을 보이고, 시작 신호가 떨어지면 건장한 출전자들이 스크럼을 짜고 둥그렇게 기둥을 만들고, 그들의 어깨 위로 다른 사람들이 올라가 다시 둥글게스크럼을 짠다. 아무런 도구도 사용하지 않고 인체의 힘만으로 쌓은 인간 탑의 최고 높이는 건물로 치면 5층 정도의 높이가 되는 11미터이다. 매년 아슬아슬하게 신기록 행진을 하는 대회를 보기 위해서 수많은 관중들이 모여든다.

또한 9월 중순경에는 Sitges 연안의 도시에서 포도 수확 축제가 열린다. 축제의 여왕은 부상으로 몸무게만큼의 포도주를 선물 받게 되는데 몸무게를 재는 방법도 재미있다. 커다란 양편 저울의 한쪽에 포도주 여왕이 앉고 다른 쪽에는 포도주 병을 올려놓아 수평이 되면 저울에 올려진 포도주를 여왕에게 부상으로 주는 것이다. 행사는 곧바로 포도즙을 짜는 경기로 이어지는데 커다란 통에 들어간 참가자들은 춤을 추듯이 포도를 밟는다. 포도와 땀으로 범벅이 된 참가자들은 통 아래에 받쳐 논, 다른 통에 포도 주스가 가득 찰 때까지 계속된다.

그 밖에 내륙지역인 카스티야 라만차 지방에 샤프란 향료 축제가 열린다. 10월에는 라만차 지방에선 꽃 축제로 많은 관광객들이 붐빈다. 경제적 가치가 큰 축제가 벌어진다. 금값보다 비싸다는 샤프란의 꽃 수술을 골라내는 경기가 곧 축제인데 이렇듯 종교적인 색체를 띤 행사와 지방의 전통행사, 지방 특산물을 수확하는 다채로운 행사들이 축제로 발전되어 관광자원으로 승격화 된다. 그래서 스페인의 축제는 그들의 역사, 풍습, 민족성을 그대로 표상하는 셈이다.

오늘날 스페인의 각 지방에는 제각기 독특한 민요들이 아직도 잘 보존되어 전해지고 있다. 그 예로는 다음과 같은 것들이 있다. 스페인 민요들은 간혹 고음을 자주 쓰는 민요로, 애조가 깃든 음율이 많다.

투우

마드리드의 투우는 시기적으로 5월15일 산 이시돌 축제를 기해서 6월초까지 펼쳐지는 축제가 유명하다. 개시시간은 태양이 투우장을 음과 양으로 뚜렷하게 갈라놓는 저녁 무렵으로 봄, 가을에는 17:00~18:00, 여름에는 19:00, 또는 19:30이다. 소요시간은 약 2시간으로 6마리의 소와 3명의 투우사가 출전한다. 티켓은 경기 두 시간 전부터 판매하는데 종류는 솜부라(그늘진 곳), 그리고 솔이 솜브라(처음에는 볕이 드나 나중에는 그늘이 지는 자리), 그리고 솔(계속 볕이 드는 자리) 등이 있다. 좋은 자리는 그늘진 맨 앞줄로 너무 비싸다.

이베리아반도에 정착한 이주민들이 목축과 농업의 풍요를 기원하기 위해서 황소의 죽음을 신에게 바치는 축제에서 기원했다는 것이 투우경기라고 한다. 투우사를 소개하는 장내행진은 화려하고, 그들의 중세 기사 복장이 자못 화려하다. 투우사와 싸울 소는 24시간 동안 암흑 속에 가두어 둔다. 불루라델로라는 기사가 먼저 나와, 그가 들고 있는 빨간 천, 카포테(Capote)로 소를 한껏 약 올린다. 계속 소가 뛰어오면 그 뒤로 숨는다. 소는 착시현상으로 옆의 빈 곳을 보지 못하고, 벽 너머에서 씩씩대며 바라본다. 말을 타고 창으로 소를 찌르는 피카도르(Picador)는 자신이 탄 말이 흥분한 소를 보고 무서워하지 못하도록 갑옷을 입히고 눈을 가린다. 말 위에서 창으로 소를 찌르면 소는 더욱 흥분한다. 소를 약올리는 불루라델로의 여유있는 자세로, 작살을 양손에 하나씩 들고 맨몸으로 소와 마주보고 있다. 날쌔고 우아한 반데릴레로의 몸짓으로 능란한 외과의사처럼, 등에 작살 4개를 꽂고 나면, 드디어 마지막으로 주인공 스타 투우사의 등장이다. 오늘의 주인공, 마타도르(Matador)는 빨간 천을 감은 물레타(Muleta)로 소를 약 올리는 데, 그 몸짓은 소와 함께 마치 춤을 추는 듯하다. 마지막 마무리를 위해 물레타는 자신의 등 뒤에 숨긴 칼을 정면으로 돌진해 오는 소를 향해 목에서 심장 쪽으로 칼을 찔러 넣으며 마무리하면 관중들은 환호한다.

스페인 신문들은 투우 기사를 스포츠 면에서 다루지 않고, 문화면에서 다룬다. 투우는 스페인 사람들에겐 놀이가 아닌 인생의 철학을 담은 하나의 의식이다. 투우는 목축업의 풍요를 기원하면서 신에게 숫소의 죽음을 바치는 의식에서 기원한다. 투우사가 숫소를 향하여 사력과 기술을 다하는 모습은 발레의 2인무도와 비슷하다. 그것의 최고 구경거리는 투우사와 숫소의 솜씨, 즉 파세(pase)이라 하겠다. 투우의 공식적인 행사는 3월에 발렌시아의 '불 축제'로 시작되며, 10월 사라고사의 피랄 축제로 막을 내린다.

플라멩코

율동의 나라, 스페인은 전 세계에서도 가장 풍부한 민속음악들을 갖고 있는 편이다. 마치 집시음악이 스페인 민속음악에서 많은 부분을 차지하는 듯하지만 전통적인 스페인 음악의 입장에서 볼 때, 집시음악은 하나의 감칠맛 나는 이민족의 음악일 뿐이다. 유명한 '칸테 플라멩코'는 원래 집시들이 이동하면서 즐기던 춤곡이다. 스페인 문화 자체가 앞에서 언급했듯이 오랜 역사에 걸쳐 수많은 다른 문화들이 만나서 조화를 이룬 융합문화라고 볼 수 있다. 그 대표적인 융합문화가 스페인의 다양한 형태의 춤들이다.

스페인의 플라멩코 춤은 육체로 쓰는 가장 아름다운 시이며, 아무 것도 가진 것이 없는 자들이 빈손으로 표현할 수 있는 가장 큰 몸짓이라고 한다. 이베리아 반도에 타오르는 태양같은 강렬한 춤이 있다면, 그것은 플라멩코일 것이다.

태양이 강렬한 나라의 춤인, 스페인의 춤에 대하여 일목요연하게 설명한다는 것은 어렵다. 다만 역사적으로는 이질적이었지만, 플라멩코 춤이 스페인 사람들의 문화에 잘 어울린다는 것은 반론의 여지가 없다. 원래 스페인은 '대륙의 축소판'이라고 불릴 정도로 다면적인 춤 문화가 조화되어 있는 땅이다. 이 격렬한 율동을 특징으로 하는 플라멩코는 스페인 사람들의 정열적인 성격과도 너무나 잘 어울린다.

'플라멩코'의 어원은 아라비아어인 felag(농부)나 mengu(도망자 또는 피난민)라는 단어의 잘못된 발음에서 온 것이다. 18세기에 접어들면서 '안달루시아의 집시'를 지칭하는 말로 쓰이기 시작했다.27)

15세기 전후 스페인 남부에 정착한 집시(gypsy)들은 '플라멩코'라는 그들만의 음악을 만들어 냈다. 플라멩코는 넓게는 인도의 북부지방으로부터 이주한 몇몇 부족들의 영향 속에 생겨난 음악이다. 특히, 쫓겨난 집시들의 춤으로 알려지기 시작했다. 첫 정착지는 이집트의 'Giptanos' 라는 곳이었고, 또 다시 그들은 체코슬로바키아까지 쫓겨 갔다. 소수의 힘없는 부족인 그들을 반기는 곳이 어디에서도 없었다. 이들 집시는 다시 세 부류로 나뉘어 유럽 각지로 흩어지게 된다. 이들 중 한 부류의 집시가 1447년경 스페인 남부에 정착했다. 이들이 결국 스페인 플라멩코의 기원이라 볼 수 있겠다.

플라멩코 율동은 춤과 사바티아드(발을 구르며 내는 소리), 팔마(손뼉 소리), 기타 반주, 그리고 남자들의 슬픈 노래로 이루어진다. 플라멩코에는 삶의 기쁨과 괴로움, 사랑과 미움, 그리고 애수와 정열이 담겨 있다. 어둠 속에서 불길이 갑자기 솟아오르는 것 같은 정열, 신들린 사람처럼 춤을 추는 무희의 요염한 몸놀림, 구원을 갈구하는 듯한 애절한 노랫소리는 플라멩코 춤의 진수이다. 어떤 때는 처절한 이별을 슬퍼하는 외침같기도 하고, 어떤 때는 타오르는 정열과 애절한 사랑을 느끼게 해준다. 플라멩코는 낭만적인 삶을 사는 집시들의 음악과 춤으로부터 발전했다. 이 춤은 그들이 정착생활을 거부하고, 늘 이동할 수 있는 자유로운 삶의 의지가 낳은 문화적 결과이다.

---

27) 전형적인 이주민들인 집시족은 따뜻한 안달루시아지방에 많이 정착했다.

정열적인 춤, 다양한 리듬, 그리고 느린 애조띈 멜로디를 갖춘 집시음악은 헝가리에선 바이올린, 스페인에선 기타, 그리고 러시아에선 인간의 음성에 중점을 두어 각각 발달하였다. 느리고 품위있게 시작해 차츰 격렬해지는 춤과 빠른 연주 형식으로 이행되는 과정이 모든 집시음악의 특징이다. 이 과정에서 관객들은 점점 플라멩코라는 정열의 바다에 몰입하게 된다.

어느 면에서 플라멩코는 고독한 인간의 내면을 향하는 율동이다. 정형화된 줄거리나 상황묘사가 없다. 본능적 에너지가 넘쳐나는 집시들의 즉흥적인 감정표현이다. 스페인 남부에서는 득세하는 기독교 군단에 의해 쫓겨가는 이슬람 사람들이 부른 '한의 노래'이기도 하다. 마치 이별을 앞둔 그라나다 이슬람 무어인들의 슬픔을 표현하는 듯하다.

플라멩코의 대표적 무용수는 까르멘 아마야로, 그녀는 1913년 바르셀로나의 집시촌에서 출생했다. 글조차 읽지 못했던 아마야는 플라멩코를 배운 적도 없지만 전통적으로 내려오는 조상들의 플라멩코를 전수받아 예술로 승화시켰다. 완전히 몰입하여 무아지경에 이르는 그녀의 춤은 전 세계에 널리 알려져 열성 팬 중에는 찰리 채플린과 그레타 가르보도 있었고, 루즈벨트 대통령은 그녀를 백악관에 초청하기도 했다. 1965년 세상을 떠난 지 35년이 지났지만 까르멘 아마야가 예술로 승화시킨 플라멩코는 지금 스페인 최고의 관광 상품이 되었고, 남녀노소가 배우고 즐기는 국민적인 예술이 되기에 이르렀다.

5. 스페인의 거장들

엘 그레코

그는 스페인 중세의 성서 화가이며, 크레타섬 칸디아 출생이다. 그는 예수님의 마지막 승천 모습을 그려 유명해졌다. 스페인으로 이주해서 대부분의 삶을 보내며 작품 활동을 했으나, 원래는 그리스 사람이다. 본명은 도메니코스 테오토코폴로스(Domenikos Theotokopoulos)인데, 그리스인이라는 뜻의 그레코[28]로 통칭된다. 베네치아에서 V. 티치아노의 지도를 받고, 틴토레토와 B. 미켈란

28) 대표작으로《오루가스 백작의 매장》(1586), 《성 마우리티우스의 순교》,《그리스도의 세례》를 비롯한 많은 초상화가 있으며, 마드리드의 프라도미술관, 에스코리알궁, 톨레도의 미술관과 여러 교회에 컬렉션이 있다.

젤로의 작품에서 영향을 받았다. 그는 인물의 대상체를 길게 그렸고, 너무나 정확한 자연묘사를 하려 하였다. 대부분 그의 작품들은 기독교 성화와 초상화였지만, 깊은 명암과 색채, 비정상적으로 길쭉한 인체묘사로 당시에는 인정받지 못했다. 길게 늘어진 형상의 그림들은 이상한 그림으로 회자되며, 그가 죽은 후에도 오랫동안 그 진가가 경시되었다. 그러나 현대에 와서는 그의 그림이 멋진 그림으로 크게 평가받는다. 특히, 19세기 P. 세잔을 비롯한 많은 화가들에게 영향을 주었다.

고대 수도였던 톨레도는 그 당시 예술의 고도로서 성공하지 못한 많은 화가들이 모여 화상을 개업하고 작품 활동을 하고 있었다. 사막의 고원을 가로질러 타호강이 병풍처럼 에워싸고 흐른다. 회색빛 바위산 위에 톨레도는, 중세의 모습을 그대로 간직한 듯 고요하다. 타호강 언저리에 녹지대가 조금 비칠 뿐 그 위로 솟아난 성곽, 대성당, 수도원 등의 석조건물들은 중세의 회색빛과 석양의 노란 빛을 받아 창연하기까지 하다. 외국에서 온 방문객들은 톨레도 대성당의 벽에 걸린 엘 그레코의 그림 앞에 압도 당한 채 숙연하기까지 하다.

엘 그레코의 작품은 그만큼이나 새로운 형태였으나, 당시로는 너무도 이해할 수 없을 만큼 '기존의 균형을 깨는 그림'이었다. 당시의 어떤 비판가들은 엘 그레코의 작품을 쉽게 그린 매너리즘(Mannerism)의 대표적인 작품으로 보기도 한다. 이 매너리즘이란 '일정한 기법이나 형식 따위가 습관적으로 되풀이 되어, 독창성과 신선한 맛이 결여된 경향'을 말한다.

오늘날에는 현상유지 경향이나 쉽게 하려는 자세를 가리켜 흔히 매너리즘[29]에 빠졌다고도 말한다. 이는 틀에 박힌 일정한 방식이나 반복적인 태도를 취함으로써 신선미와 독창성을 결여된 것을 말하고, 우리말로 '타성에 젖었다'고 말과도 좀 비슷하다.

만일 엘 그레코의 작품이 매너리즘에 빠졌다면, 그가 독창성이 결여된 그리기 편한 그림을 그렸다는 비판으로 그 말을 이해할 수 있겠다. 그러나 실제로 엘 그레코는 매너리즘에 빠졌다고 보기보다는 미술 구성에 신선한 새로운 균형미를 제시했다고 보아야 옳다.

29) 김광우의《프랑스 미술 500년》에 매너리즘을 특정한 양식에 대한 과도한 집착 또는 편애로 규정하고 있다.

벨라스케

스페인 중세의 최고의 궁정화가로 평가받던 그는 바로크 시대[30]를 대표하는 걸작들을 많이 남겼다. 바로크란 개념은 서양 예술사에서 시대를 구분하는 용어이자, 예술 사조의 한 유형이기도 하다. 바로크의 예술적 표현 양식은, 르네상스 이후 17세기에서 18세기에 걸쳐 서양의 미술, 음악, 건축물에서 잘 나타나고 있다. 바로크 양식의 특징은 한마디로 화려함과 역동성이다. 바로크 미술은 역동적인 형태를 순간적으로 그리는 것과 동시에 빛과 어둠의 대비를 극대화시키는 데에 중점을 둔다. 원래 바로크 미술의 시작은 로마로부터였다. 그리고 최초의 바로크 미술가는 카라바조라고 볼 수 있다. 그는 새로운 미술 형식을 창안해 낸 것이다. 벨라스케의 작품 속에는 카라바조의 색감이 엿보인다.

그가 작품 활동을 하던 시대는 콜럼버스 모험같은 대항해 시대와 신대륙 발견의 시대가 마무리되고, 서구 제국의 해외식민지 사업이 본격화되던 때였다. 식민지의 진기한 물품들이 유럽으로 몰리고, 부유해진 시민계급이 형성되면서 귀족들의 사치품이었던 미술 작품들은 평범한 시민가정의 장식품으로 팔려 나갔다. 바로크시대는 바로 절대주의 왕들이 후원한 상업예술의 시대였다.

벨라스케의 화풍이라 볼 수 있는 바로크 미술의 성격은 다음과 같이 설명될 수 있다. 첫째, 자연주의적 추세를 부활시켜 예술의 관념보다 자연의 관찰을 강조했다. 둘째, 전성기의 르네상스 고전기와 로마 고대 풍습으로의 복귀였다. 셋째, 필수적이라 볼 수 있는 요소로 베네치아, 특히 티치아노의 전통이다. 이러한 전통은 이탈리아 바로크의 색깔, 즉 빛의 풍요로움이 비롯된다. 이 세 요인으로 1620년대에 바로크 양식이 크게 발전하여 루벤스 등 로마 화가들에 의해 놀라운 작품들이 만들어진다.

1622년에 그는 수도 마드리드로 나가 이듬해 펠리페 4세의 궁정화가가 되어 평생 왕의 화가로서 예우를 받았다. 그는 나중에는 궁정의 요직까지 맡았다. 모두 주제의 제약에 속박되지 않는 독자적인 리얼리스트로서 그 시대의 스페인 화단이 배출한 출중한 화가로서 평가되었다. 초상화의 대표작으로는《왕녀 마리아 안나》,《왕녀 마르가리타》,《교황 인노켄티우스 10세》(50)가 있다.

그 후 그는 이탈리아에 체류(49～51)하는 동안 장기간 연찬을 거듭하여 자신

---

30) 바로크시대는 16세기말~17세기까지이고, 어원은 포르투갈어 barocco(찌그러진 돌맹이, 구슬)에서 유래했다. 절대왕정이 예술의 주요한 후원자로서 중앙집권국가의 권력과 장대함을 과시하기 위해 거대하고 넓은 규모로 바로크 궁전을 지었다.

만의 기법을 시도하였다. 그가 완성한 만년의 대작《궁녀들(라스 메니나스)》과 《직녀들》(57)은 자신의 실력을 유감없이 발휘한 걸작으로 평가된다. 그의 작품들은 마드리드 프라다 미술관의 보물로서 잘 보관되어 있어 그것을 보려는 후세의 방문객들을 감동하게 한다.

고야

스페인 출신 유명한 화가로서 피카소와 함께 거론되는 거장이다. 그는 프랑스를 중심으로 한 바로크, 로코코, 신고전주의, 낭만주의 등 다양한 시대적 배경 속에서 많은 작품들을 남겼다. 그는 왕실 그림들 이외에도 당시 애국적이고, 저항적인 그림들을 그려 그 시대에 무언가 정의를 호소하려했다.

고야는 스페인의 동북부 변방 아라곤 지방의 작은 도시, 사라고사 남쪽 후엔데토도스라는 작은 마을에서 태어났다. 고야는 스페인의 미술 아카데미에서 몇 번의 낙방 끝에 이탈리아로 건너가서 수학한다. 그 후 고향 친구 바예우의 여동생 호세파와 1773년 결혼했고, 이듬해에는 처남 바예우의 추천으로 궁정 전속화가가 되었다. 1789년 왕위를 계승한 카를로스 4세의 전속화가가 된 고야는 경제적으로 여유있는 생활을 했다. 같은 해 프랑스에서 혁명이 일어났다. 프랑스에서 유혈 참상이 진행되는 동안 고야는 스페인에서 귀족들의 사치스런 초상화와 활기 넘치는 시민들을 소재로 한 그림을 그리면서도 당시 사회적으로 불평등한 사회를 비판하려는 작품들을 남긴다. 그는 그림을 통해 귀족사회를 비판하려 했다.

프랑스의 스페인 침공이 노골화되는 1792년에 고야는 갑작스럽게 병이 들어서 거의 죽을 뻔했다고 한다. 건강을 다시 찾았지만 양쪽 귀는 영원히 들리지 않았다. 1796년 50세의 고야는 상중이었던 알바 공작부인[31]을 방문하여 그 별장에 머물렀다. 그녀는 스페인 최상류 집안 출신이었으나 13세에 병약한 19세의 알바 공작과 결혼했다. 그녀를 위해 고야는 1797년에《검은 옷의 알바》라는 그림을 그리는데, 오른쪽 손끝이 가리키는 모래 위에는 'solo Goya(오직 고야만)'이라고 썼다. 이것이 알바공작부인과 고야와의 관계를 말하는 것인지, 아니면 고야가 화가로서 유일하다는 것을 뜻하는 것인지에 대해서는 흥미로운 논

31) 그녀를 보통 공작부인이라고 하지만, 알바와 결혼하여 공작부인이 된 것이 아니라, 태어나면서부터 공작의 신분이었다. 스페인에서 가장 오만하고 매력적인 귀족부인으로 회자되고 있다.

쟁이 있다.[32] 이 그림의 특이한 점은 똑같은 모델이 똑같은 배경을 갖고 있는 다른 그림이 있다는 것이다. 바로《옷 입은 마하》그림이다. 현세에도 이 두 개의 그림은 시대적 걸작을 평가되고 있다.

그는 40살이 되던 1789년에 샤를르 3세의 초상을 그려 실력을 발휘한 후, 1799년에 샤를르 4세에 의해 5만 레알의 봉급과 500두 카트의 마차비용을 지급받는 최고의 궁정화가가 된다. 그는 권력의 비리를 왕 가까이서 확실히 볼 수 있었다. 당시 스페인 최고의 화가이자 궁정화가였던 그는 왕실의 가족과 귀족 그리고 종교인들의 초상화를 통해 이름을 날렸다. 세계적인 미술관인 마드리드의 프라도 미술관 중심 홀에 걸려있는 고야의《카를로스 4세와 가족》은 스페인 미술의 자랑인 것 같다. 1788년에 왕으로 취임한 카를로스 4세 왕부처와 그 가족을 그린 그림이다. 그리고 그림의 왼쪽 구석 아무 표정 없이 서 있는 사람이, 바로 이 그림을 그린 당시 54세의 고야(Goya)의 모습이다. 자신의 모습을 자신의 작품에 그려 넣는 특이한 화가이다.

당시 그는 종교라는 이름으로 재판을 열고 인간을 파괴하는 모순을 증오했다. 그가 기대했던 프랑스가 시민혁명 이후 종교를 내세워 '자유', '평등', '박애'를 내세우면서 스페인을 침략해 민중을 처참하게 학살하는 장면을 목도한다. 그는 그 모습을 보면서 신과 세속권력을 비판하기에 이른다. 권력자를 저주하는 그림《아들 먹는 귀신》을 그려 시대를 격렬히 비난하였다. 시대를 한탄하던 이즈음 그의 나이 46살이 되면서 왼쪽 귀가 들리지 않기 시작했다. 마치 세상의 비열하고 참혹한 소리를 듣지 않으려는 듯 연작판화 《카프리초스》(caprichos, 변덕)를 통해 고통받는 민초들의 삶에 눈을 돌렸다.

나폴레옹 군대의 만행을 증언하는 연작판화《전쟁의 참화》를 제작하면서 그의 삶은 그림을 통해 나폴레옹 점령군에 저항적 무언인가를 표현하려 했다. 스페인의 혼돈과 불확실성의 시대에 스페인 민족적 의식이 그의 영혼을 깨우면서 권력에 저항하려는 화풍을 보여준다. 인간을 억압하던 종교를 대신해서 지성이라는 이름으로 인간성을 회복하려했다. 인간성을 파괴하려는 프랑스 점령군을 저주하며, 스페인 민중들의 최후를 그리려했다. 스페인이 쓰러져 가는 어둠의 시대를 그린 화가가 고야였다.

---

32) 그녀의 손가락에 끼워져 있는 금반지에는 Goya라는 글자가 중지의 칠보반지에는 Alba라고 쓰여 있는 것으로 보아 보통 사이가 아닌 것만큼은 분명하다.

그는 조국 스페인이 갈수록 권위주의로 회귀하자 죽음을 앞둔 여든에 프랑스 보르도로 망명하여 쓸쓸히 죽는다. 고야는 망명 직전까지는 궁정화가로 대우 받았고, 평생 1,870점이라는 방대한 그림을 남겼다. 당대 현실을 다룬 것만도 900점에 이른다. 1797년부터 그리기 시작한 동판화집《로스 카프리초스》는 마녀와 악마에 대한 미신에 사로잡힌 스페인의 풍조나, 귀족과 성직자의 타락상을 고발한다. 그들을 당나귀와 괴물로 표현하고 그런 당나귀나 괴물을 짊어지고 비틀거리는 민중의 고통을 묘사했다. 고야가 현실에서는 매우 차갑고 냉정한 이성적인 사람이 되어 증인으로서의 예술을 행한다. 암울한 절대 왕정의 비리를 그림으로 힐난하려 한 용기있는 화가이기도 하다. 그는 만년에 제작한《C화집》에서는 부정적인 인간상과 성직자를 고발하고,《제 자식을 잡아먹는 사투르누스》에서는 먹고 먹히는 권력의 세계를 풍자했다. 누구나 그 그림은 보는 순간 섬뜩한 전율이 흐른다.

서양에서 기독교는 역사와 인류의 문화를 발전시키는 동력이지만, 때로는 인간에게 종교에 봉사하고 헌신하도록 강요하는 권력이 되기도 했다. 이런 종교적 폐해는 중세에 가장 빈번하게 나타났으나, 바로크와 로코코 그리고 신고전주의와 낭만주의가 시대를 지배했던 17세기부터 19세기 초까지도 심했다. 당대의 역사적 상황은 재능을 가진 예술가들도 감히 헤쳐 나가지 못할 정도로 어려웠다. 고야의 그림도 이런 어려움을 표현했다. 작품 전체를 검게 표현함으로써, 절제되고 깊은 느낌을 자아내지만, 그 시대의 어둠을 말하는 것으로 이해된다.

모든 중세의 작품들이 신앙적 절대자를 대상으로 했다는 점이, 바로 당시의 미술 작품의 창의성을 해치고 있었다. 지역별로 조금씩 다르게 나타났지만, 특히 종교라는 이름 아래 행해진 종교권력의 강요는 스페인 지역에서 절정을 이뤘다. 어느 면에서 미술을 통해 권력을 비판하려는 중심에는 화가 고야가 있다. 우리는 그를 18세기에 스페인 최고의 거장이라 감히 말할 수 있겠다.

피카소

파블로 피카소(Pablo Ruiz y Picasso)[33]는 스페인 바르셀로나가 낳았고, 프

33) 1881년 10월 25일 에스파냐 말라가에서 출생하였으며, 그의 아버지는 미술교사였다. 말을 배우기 시작할 무렵부터 그림을 그리기 시작했다. 초급학교시절 읽기와 쓰기를 어려워했고, 졸업이 어려울 정도로 학습능력이 저조했지만 그림을 그리는 능력은 뛰어난 재능을 지니고 있었다.

랑스가 키운 20세기 최고의 인상파 화가라고 감히 말할 수 있다. 또한 스페인에서 태어났지만, 그는 군부 프랑코에 의해 반동화 되어가는 조국 스페인에 절망했다. 망명처인 프랑스에서 입신한, 공산주의 화가이기도 하다.

파블로 피카소, 그는 현대 인상주의 화가로서, 20세기 시대를 대표한 입체적 추상화를 남긴 세기적 명장이다. 프랑코의 바르셀로나 공격을 비난하며, 프랑스로 망명을 간다. 파리로 이주하여 르누아르, 툴루즈, 뭉크, 고갱, 고흐 등 거장들의 영향을 받았다. 초기 청색시대를 거쳐 입체주의 미술양식을 창조하였고 20세기 최고의 거장이 되었다. 《게르니카》, 《아비뇽의 처녀들》 등의 작품이 유명하다. 시대를 거슬러 자신의 화풍을 바꿔가며 작품을 남겼다.

소년시절, 그는 미술적 고향인 바르셀로나로 이주하여 미술학교에 입학하여 미술공부를 시작하였다. 천성이 자유인이었던 어린 피카소는 출석을 거의 하지 않았고, 학교 규칙과 생활에 적응하지 못해 학교를 그만두었다. 다시 마드리드에 있는 왕립미술학교에 다녔지만, 결과는 좋지 않았다. 17세 때 다시 바르셀로나로 돌아왔으며 이 무렵부터 프랑스와 북유럽의 미술운동에서 많은 자극을 받고 특히 A. 르누아르, H. 툴루즈 로트레크, E. 뭉크 등의 화법에 매료되어 그들의 화법을 답습했다. 이때는 피카소의 천재적 화법이 모습을 보이지 않았다.

사실 피카소가 예사롭지 않은 화가라는 것이 그의 청색시대에서 나타나기 시작했다. 내전으로 어지러운 바르셀로나를 피해 1900년 그가 19세 때 처음으로 파리를 방문하였다. 다음 해 재차 방문하여 몽마르트르를 중심으로 자유로운 제작활동을 하고 있던 젊은 보헤미안의 무리에 합류하였다. 피카소는 한때 빵을 사기 위해 몽마르트 언덕의 거리 화가 생활을 하기도 했다. 그는 프랑스의 선배 인상파 화가들인 모네, 르누아르, 피사로 등 인상파들의 작품을 접했다. 그의 작품들은 고갱의 원시주의, 고흐의 열정적 표현주의 작품에서도 영향을 받았다.

당시 피카소는 프랑스어를 구사할 줄 몰랐고, 세계적인 자유도시, 개방도시인 파리의 모습에 큰 충격을 받았다. 그는 조국 스페인을 비관하며 혼란을 겪고 있었다. 파리의 화려함 이면에 가려진 빈곤과 비참함을 목격하였으며, 질병과 성병이 가득한 도시 파리의 가난을 두려워하였다. 파리의 참상에 좌절한 피카소는 자살을 결심하기도 하였으며, 파리의 구석진 다락방에서 추위와 가난 속에 절망하기도 했다. 한때는 몽마르트 언덕에서 거리의 화가로, 50프랑 짜리 초상화를 그려주며, 궁색한 화가로 지내기도 했다. 그는 파리 민중들의 애환을 처절히 경험한다.

피카소는 파리의 비참한 생활상에 주목하여, 거지와 가난한 가족 등을 그렸다. 이때 청색이 주조를 이루는 그림을 그렸는데, 이때를 피카소의 '청색시대(靑色時代)'라고 부른다. 이때 제작된 작품들은 하층계급에 속하는 사람들의 생활참상과 고독감이 두드러졌다. 1903년에 제작된 《인생》은 당시 피카소의 혼란스러웠던 감정을 잘 표현한 작품으로 손꼽힌다. 그는 또 결혼을 6번 이상 하는 기이한 기록도 남겼고, 그때마다 작품이 달라지는 재능을 발휘했다.

그는 매우 인도주의적인 도덕을 중시하며, 약자들의 애환을 그리려 노력한 휴머니스트 화가로서 이름을 남겼다. 그리고 그는 공산주의에 경도된 이념화가 이기도 하다. 유럽의 불행인 제2차 세계대전이 발발하던 해는 스페인에서 지냈으나, 다음 해 독일군의 파리 침입 직후 파리로 돌아와 레지스탕스 지하운동 투사들과 교류하고, 1944년 종전 후는 프랑스공산당에 입당하였다. 그러나 이 시기부터 주로 남프랑스의 바닷가에서 생활하면서, 그리스신화 등에서 영감을 얻어, 밝고 목가적 분위기마저 자아내는 독특한 작품을 제작하기 시작하였다.

한편 그는 도기 제작과 조각에도 정열을 쏟고 석판화의 제작에도 열중했었다. 그는 이 영역에서도 새로운 기법을 창조하였다. 그는 한반도와 관련있는 6·25 전쟁을 주제로 한《한국에서의 학살》(1951),《전쟁과 평화》(1952) 등의 대작을 제작했다. 이런 시대적 거작을 완성하면서 그는 현대미술의 좌장으로 자리매김하였다.

프랑코의 바르셀로나 공격이 절정에 다다른 1936년, 그는 스페인내란 때는 인민전선을 지지한다. 다음 해 프랑코장군에 대한 적의와 증오를 시와 판화로 나타낸 연작《프랑코의 꿈과 허언》을 발표했고, 히틀러의 침략전쟁의 잔학상을 그려낸《게르니카》를 완성하였다. 그리고 《통곡하는 여인》도 이 무렵의 작품이며, 이때부터 피카소 특유의 표현주의 기법이 나타난다. 그의 작품 활동은 스페인 카탈루냐 지방의 공화 인민파들의 대중적 지지를 받게 된다.[34)]

어떤 의미에서 피카소는 카탈루냐 출신 좌파적 인상주의 화가였다. 그는 과거의 스페인 화풍을 중시하면서, 카탈루냐지방의 중세조각에도 관심이 많았다. 특

34) 17~19세기에는 프랑스군의 침공을 여러 차례 받았으며, 북부 카탈루냐 지방을 프랑스에 빼앗기기도 했다. 바르셀로나는 19세기 말부터는 스페인의 사회주의 및 무정부주의 운동의 중심이 되었고, 1936~1939년의 스페인내란 당시에는 공화정부(인민전선정부)의 마지막 거점이 되었다가 1939년 1월에 프랑코군에 의해 함락되었다.

히, 엘 그레코, L. F. J. 고야 등이 지닌 독특한 사회의식성과 종교적 엄격성에 몰두하려했다. 피카소는 겉으로 잘 안보이는 인간의 내면의식을 그림으로 표현하려 했다. 사실 그의 출세는 그의 그림이 우수하기도 하지만, 피카소가 지니고 있는 나치스 히틀러와 프랑코 독재자에 대항하는 저항성 때문에 더 돋보였다.

사라사테

전 세계인들의 전설적인 사랑을 받고 있는 스페인 바이올린리스트 겸 작곡가 사라사테(1844~1908)도 스페인 집시의 영감을 표현한 곡들을 많이 작곡했다. 그는 다섯 살에 바이올린을 시작했고, 여덟 살 때부터 수도 마드리드에서 음악 공부를 했다. 열두 살이 되던 해 여왕 이사벨라 2세의 초청을 받아 연주했고, 장학금을 하사받아 프랑스 국립음악원에 입학하여 아라드(Monsieur Alard)에게 바이올린을 배우게 되었다.

그는 1870년에 다시 파리로 돌아온 후, 유럽을 중심으로 각지에서 활발한 연주활동을 계속하였다. 연주의 특색은 투명하고, 부드러우며 감미로운 음색과 화려한 기교의 구사에 있었다. 폭넓은 비브라토(떨려 울리는 음)와 개성적인 리듬의 매력을 잘 살린 연주로 한 시대를 풍미한 스페인이 낳은 세기적 바이오린 연주자이다. 그 이후 1861년 런던에서의 첫 공연을 시작으로 유럽 각지와 남북 아메리카에 걸친 대 연주여행이 큰 성공을 거두었고, 파가니니 이래 바이올린 음악의 거장으로 명성을 떨쳤다. 당대의 뛰어난 작곡가들이 사라사테를 위해 작품을 헌정했고 영향을 받았는데, 랄로의 스페인 교향곡, 생상의 바이올린 협주곡 3번과 서주와 론도 카프리치오, 그리고 부르흐의 스코틀랜드 환상곡 등이 그것이다.

그 당시 유럽의 많은 작곡가들이 유럽 집시들의 목가적 분위기에서 영감을 얻었듯이, 사라사테 역시 그의 작품 대부분을 집시의 음율에서 얻은 것 같다. 특히, 그는 조국 스페인의 색채를 풍부하게 담았다. 그 중에서도 '지고이네르바이젠'은 그가 헝가리를 여행했을 때, 그 지방 집시들의 민요 몇 개를 소재로 작곡되었다고 전해진다. 이 곡은 전통적인 집시 음악들과 같이 느린 부분에 이어 빠른 템포의 구조로 되어있고, 다시 느린 앞 부분은 둘로 나뉘어 다른 분위기를 전해주려 한다. 그 중 제1부는 울분과 정열의 화려한 도입부로서의 역할을 하며 제2부에서는 집시들의 애환과 자유로움이 더욱 고조된다. 바이올린이 구사하는 테크닉 안으로 빠져들 수밖에 없게끔 한다. 곧이어 바이올린이 훨씬 간결하지만, 이는 헝가리 민속 음악 중에 가사와 함께 불리기도 한다. 애수에 찬 멜로디는 곧 활기찬 빠른 템포의 제3부로 연결되고, 이 열광적인 춤곡은 그들의 자유분방함을 그대로 묘사하고 있다.

멜로디의 고저가 매우 큰 지고이네르바이젠은 모든 연주법상의 어려운 기교가 총망라된 곡으로 당시에는 사라사테 본인 외에 아무도 연주할 자가 없었다고 전해진다.[35] 이 곡 외에 비제의 오페라 '카르멘'의 선율을 토대로 쓴 '카르멘 환타지' 역시 그의 놀라운 기교를 자랑하기에 좋은 곡으로 알려진다.

사라사테는 진정한 스페인의 명사 음악가로 알려져 있다. 그는 독신 예술가로 여생을 보냈으며, 죽은 뒤 모든 재산을 고향인 스페인의 도시 '팜플로나'에 남겼으며, 이후 그곳에 그를 그리는 사라사테 박물관이 세워졌다.

세르반테스

스페인문학 작품들은 우리나라에 많이 알려져 있진 않지만, 세계 문학사에 남긴 발자취는 생각보다 큰 것 같다. 16세기 유럽 문학을 뒤흔들었던《돈키호테》와《피카레스크 소설》도 스페인에서 쓰여진 소설이었다. 민중시인 가르시아 로르카 등이 스페인 출신 작가라는 점을 보면 이들이 세계문학에 미친 영향을 짐작할 수 있을 것이다. 지금도 스페인 문화권 작품은 환상적이면서도 신비스러운 분위기로 세계 독자들을 유혹하고 있다. 중세의 끝자락에서 스페인 문학은 세계를 선도하는 작품들을 남긴 셈이다.

인류가 읽는 서적 중에서 성경책 다음으로 많이 읽혔다는 소설이 세르반테스의 《돈키호테》라고 한다. 그 소설이 지니고 있는 철학적 가치를 제대로 해석하지 못한 채, 흥미로운 우스개 언동으로만 회자되는 부분이 너무 많다고 한다. 《돈키호테》는 당시의 불평등한 사회에 대한 해학적 비판을 담고 있다. 어느 면에서 돈키호테는 모든 인간이 꿈꾸어 왔던 망상을 순수하게 표현한 소설이기도 하다.

그러나 인류 문학상 모든 걸작이 그러하듯이, 당시에는 흥미로운 단순 괴짜인물에 대한 이야기로만 이해되었다. 시대에 따라 소설의 초점은 늘 달랐다. 낭만

35) 레오폴드 아우어(Leopord Auer)는 사라사테를 양손 모두 완벽한 테크닉의 소유자로 평가하고, 그가 연주할 때는 전혀 어떤 노력도 없이 현을 만지며, 마치 마법의 활로 연주하는 듯했다고 회상하였다.

주의 시대에는 전체주의적 압제에 항거하는 자유로운 개인의 삶을 소설의 초점으로 정했었다. 그리고 그 후 실존주의 시대에는 '실존이 본질에 선행하려는' 존재적 인간을 중시하는 삶에 초점을 맞추었다. 마찬가지로 세르반테스의 돈키호테라는 작품은 시대적 초점이 무엇인가에 따라, 돈키호테의 언행해석도 다양한 해석이 가능하다. 그리하여 돈키호테는 시대를 넘어서 그 사상적 가치가 달라진다. 그럼에도 후세의 일반 독자들은 돈키호테는 어딘가 모자라고 비정상적인 주인공으로 폄하하는 경우가 있다. 작가 세르반테스는 아마도 돈키호테의 언행을 통해서 무언가 당시 불평등하고 불합리한 사회구조와 모순적 인간성을 비판을 하려했던 것이다.

당시 돈키호테가 살던 17세기의 스페인은 절대군주제 하에서 종교, 언론, 사상의 자유가 없었다. 한번 귀족은 영원한 귀족으로 세습됐으며, 귀족과 평민은 영원한 평행선을 그리면서 상하 계급이동이 불가했다. 사회 계급의 경계는 불평등한 난공불락의 성 같았다. 그러나 서슬이 퍼렇던 절대왕정시대에 돈키호테를 통해 인간의 평등사상을 강하게 주장한 것이다.

《돈키호테》란 소설이 현대 사회에 던지는 교훈을 음미해보면 다음과 같다. 첫째, 돈키호테란 인물은 그 어떤 선험적 가치에 의해 지배되지 않고 스스로의 의지에 의해 움직이는 영원한 자유인이다. 따라서 이 작품에서 가장 중요한 주제는 인간의 '자유 의지와 자유 행동'일 것이다. 둘째, 그렇기에 모든 인간은 자기 스스로 흘린 땀을 통해 자신의 성공을 만들어내야 한다. 돈키호테가 말했듯이 혈통조차도 땀이 만드는 것이지 대물림되는 것이 아니다. 이런 점에서 세르반테스의 사회평등 주장이 적나라하게 드러나는 것이다. 이는 궁극적으로 당시의 귀족과 왕족의 세습 제도를 질타하고, 계급적 불합리함을 비판하려했다. 셋째, 돈키호테의 소설 속에는 만인 평등사상이 지배한다. 즉, 소설 속에서 돈키호테가 혼자 중얼거리는 말도 인간 불평등 오류에 항거하는 내용들인 것이다.

세르반테스가 돈키호테를 쓴 것은 58세 때였다. 인생의 고통스런 경험을 많이 한 그는 돈키호테와 산초라는 소설속 주인공들을 통해서 시대를 뛰어넘어 생동하는 희극적이고도 비극적인 풍자를 한 것이다. 세르반테스는 1616년 4월 23일 69세로 영국의 대표작가 셰익스피어와 같은 날 죽었다. 유럽의 최고의 문학 작가가 동시에 같은 날 죽었다는 사실도 재미있다.

6. 스페인의 이주와 이민

스페인 사람들은 중남미로 이민을 많이 갔으나 스페인 내란과 제2차 세계대전 이후 중남미 이민 열풍은 없어졌다. 1950~60년대에 많은 스페인 사람들이 경제호황에 힘입어 서유럽으로 이민을 갔으나 대부분 돌아왔다.

전통적으로 농촌생활에 만족했던 스페인 시민들이 스페인 내란 이후 도시로 이주하는 분위기가 두드러졌다. 공업화의 추세로 시골에서 도시로의 이주가 활발하여 1930년대 중반 이후 도시인구가 3배 가량 증가했다. 그에 따라 중앙고원 등지의 소규모 촌락들의 인구는 현저히 감소했다. 스페인 인구의 약 2/3는 해안지역과 도회지에, 나머지 1/3은 전국토의 절반이 넘는 고원과 에브로 강 유역에 거주한다. 그중 내륙인구의 1/3은 마드리드에 집중되어 있다.

결과적으로 바스크, 갈리시아, 발렌시아, 카탈루냐의 해안지역과 카나리아 제도 및 발레아레스 제도의 인구밀도는 서유럽과 비슷한 반면, 고원의 북부와 나바라, 아라곤 등지는 매우 낮다. 1930년에는 인구의 1/4만이 도시에 거주했으나, 지난 50여 년간 이촌향도의 인구이동이 급격히 진행되어 지금은 대부분의 국민이 인구 1만 명 이상의 도시에 거주한다.

이제 스페인도 넓은 국토와 출생률 감소로 마드리드, 바르셀로나, 빌바오 등의 산업지역에서는 도시화에 따른 인구불균형과 경제적 불평등을 겪고 있으며, 그에 따른 환경오염문제도 심각하다. 여타의 나라처럼 스페인 역시 도시 농촌의 발달문제에 불균형적 괴리현상은 매우 심각하다.

스페인은 프랑코정권의 개혁으로 1950년대 중반 이후 정치적, 경제적 고립에서 벗어났다. 스페인의 경제발전이 가속화되어 1960년대~1970년대 초에는 유럽에서 가장 높은 성장률을 보이면서 개발도상국에서 선진국으로 진입하는 발판을 마련했다. 스페인은 공업국가로 농림수산업에 종사하는 경제활동인구가 20%가 채 안 된다.

현대에 스페인이 유럽 선진국 대열에 들어가는 것은 이제 이상하지 않다. 선진국 스페인이란 호칭이 자연스럽다. 그리고 21세기에는 스페인은 나갔던 이민자들이, 잘사는 조국 스페인으로 복귀하는 이민들이 많아지는 역이민의 국가로 변했다. 현재의 유럽연합국가들 중에 스페인이 이민가고 싶은 대상국 1위로 선정되는 등 이민으로서 인기있는 나라가 되고 있다.

제4장
스페인의 경제

1. 경제 개관

스페인의 경제규모는 인구 숫자에 비해 큰 편이다. 세계은행에 따르면, 스페인의 경제 규모는 2007년에 세계 8위이며, 유럽에서는 다섯 번째로 규모가 크다. 2007년 기준 국내 총생산(GDP)는 1조 438억 달러이며, 1인당 구매력 환산 지수(PPP)는 33,700달러(2007년)로 이탈리아에 앞선다. 놀랍게도 33,800달러의 수치를 보인 프랑스와 일본과도 비슷한 수준이었다. 이는 스페인의 경제 외형이 관광특화로 인해 크다는 것을 반증하는 것이다.

스페인 경제성장률은 2007년 3.8%로 모든 G8개국보다 높게 나타났으며, 3년 연속 성장률 우위를 점했다. 해외로부터 투자가 활성화됨으로서 고용창출이 증대된 것이 주요한 이유였다. 당시 중도 우파 정부를 총괄하던 호세 마리아 아스나르 전 총리는 1999년 유로화 도입을 성사시킴과 동시에 스페인에 새로운 경제 부흥기를 열었던 셈이다. 그는 적절한 친미정책을 바탕으로 스페인의 무역구조를 흑자로 변형시켰다. 경제문제에 현명했던 아스나르는 철저한 실용주의 지도자였다.

스페인의 2006년 10월 기준 실직률은 7.6%였는데, 이는 1990년대 초반 20%를 넘어섰던 것에 비해 엄청나게 양호하다. 그러나 계속된 인플레이션이 스페인 경제 앞날에 먹구름으로 남아 있다. 또한 경제협력개발기구(OECD)의 보고서에 따르면, 미국 및 영국과 더불어 가장 교육 환경이 열악하다는 평가를 받고 있어 놀라움을 주고 있다. 스페인 당국의 편중된 종교적 교육과 공교육 사교육의 차별 때문이다.

한때, 유럽의 경제적 후발국이란 비판을 듣던 스페인은 유리한 가격경쟁력으로 2001년부터 2005년까지 해외투자를 끌어들이는데 성공했다. 그로 인해 스페인은 유럽연합 국가들 중에 일자리를 가장 많이 창출했다. 외국계 자본의 적극적인 투자와 더불어 유럽 국가 중 가장 역동적인 경제 발달 양상을 나타내고 있기도 하다. 대표적으로 스페인의 관광산업은 지난 40년간 세계 2위 수준으로 발전해, 그 가치만 400억 유로에 달해 전체 GDP의 5%를 차지할 정도로 기여도가 높다. 많은 해외 자본가들이 스페인 지역에 들어와 호텔같은 관광 인프라를 구축했다.

그러나 미국발 부동산 거품 현상은 스페인에서도 예외가 아니어서 스페인 경제는 타격을 받게 된다. 한때는 건설업 호황과 함께 전체 GDP의 16%, 구직자의 12%를 창출해 스페인의 경제성장에 큰 몫을 차지했다. 이는 전임 아스나르 총리의 거시적 실용주의가 성공했기 때문이다. 아스나르 정부가 물러서고 사회당 정부가 들어서면서 스페인 내에서도 경제적 거품 현상이 빠지기 시작했다.

최근에는 스페인 경제에 불리한 전망이 나오고 있다. 한때는 독일의 소득 증가율을 제치고 핑크빛 성장을 예고했던 스페인 경제도 침체기를 맞고 있다. 독일 신문지 디웰트에 따르면, 2011년 정도면 스페인의 1인당 국민 소득은 독일을 따라잡을 것이라는 전망되기도 했었다. 그러나 미국발 부동산 위기는 스페인 내 가계 부채를 10년 만에 3배로 뛰어 오르게 했다. 이것으로 시작된 저소득층의 부채 비율이 125%에 증가하여 스페인 중산층의 붕괴를 예고하는 등 스페인 시민들의 삶이 실제로 어려워지고 있었다.

지난날 독재자 프랑코의 죽음으로 모범적인 입헌 군주제가 시작되면서, 신 민주정부는 케인즈 경제학의 고도 성장정책을 추진하였다. 동시에 국가재정의 통제방식인 국가의 민간 경제 개입이 시작되었다. 빵이나 설탕 같은 생필품 가격은 정부의 고시로 고정됐으며, 자본을 부풀린 대기업들은 석유를 포함한 모든 분야의 공산품과 생필품을 과점했다. 일반 가게들도 개점과 폐점 시간을 반드시 정해놓고, 제도적으로 경쟁했다. 이러한 관행은 이미 독일에서부터 시작된 것이었다. 시중 이자율도 고정되었는데, 이는 1973년 석유파동을 겪으면서 더욱 강력해졌다. 고정된 이자율은 스페인 사금융 시장을 얼어붙게 하였다. 자금의 유동성을 경직시키는 결과를 가져왔다.

이러한 경제적인 변혁기와 침체의 위험 요소를 겪으면서 스페인 당국은 경제적 제도의 현대화를 추진했다. 아직도 스페인의 경제는 현재 세계 8위의 규모이며 G8국가와 견주어서도 결코 열등하거나, 운용 면에서 뒤지지 않는다. 그러나 스페인 경제가 너무 무역외 수지에 편중되어 있다는 점이다. 상대적으로 스페인 산업에 제조 부문의 발전이 미약했다. 물론 관광업의 번성과 외국계 투자의 유입으로 스페인 경제는 1980년대부터 괄목할만한 성장을 거두기 시작했다. 하지만 프랑코의 군부독재 정치를 거치면서 스페인의 국민통합이 늦어져 경제성장이 불안한 상태로 진행되고 있었으며, 유럽 국가들로는 아주 늦게 경제성장을 추진한 나라였다. 즉, 비교적 늦게 유럽연합의 주체국으로 발돋움한 나라인 것이다.

어떤 이들은 지독했던 프랑코의 독재가 스페인의 경제를 50년쯤 낙후시켰다고는 하나, 오히려 그의 국가동원체제는 샤뮤엘 헌팅톤 교수가 말한 국가경제성장의 동력으로 작용했다고 보아야 옳다.[1)] 스페인 시민들의 빵문제를 해결하는 견인차가 바로 프랑코 군부독재의 개발정책이었다는 것이다. 어느 나라이건 국가 건설과정에서는 개발독재체제가 필요악처럼 유용하다는 것이다.

군부 독재가 끝나갈 무렵, 1960년대 프랑코 권위적 정부는 스페인 내부의 경제구조 개혁을 위해 규제철폐에 나서기 시작한다. 그러나 이것도 파시즘에 입각한 경제정책의 변형에 불과하다는 지적을 받기도 했었다. 그러나 그로 인해 관광분야의 인프라 구축이 점진적으로 이뤄졌다. 관광상품 개발과 규제완화에 따라 "스페인의 기적"이 시작되기 시작한다. 프랑코 군부정권은 지리멸렬했었던 스페인 국민들의 조직화된 애국심을 경제적으로 사회화하는 일익을 담당했다.

1986년에 스페인이 갈망하던 유럽연합 가입이 이루어졌다. 스페인은 경제발전을 위한 새로운 계기를 잡은 셈이다. 유럽연합에 가입을 계기로 스페인은 유럽연합의 선진국들과 교류를 추진하면서, 과감한 경제 현대화 과정을 추진한다. 특히, 경제개방과 산업시설 구축, 경제관련 입법 수정 등을 국민적 합의 속에 신속히 이루어 냈다.

사실 스페인은 유럽연합의 지역개발기금(European Regional Development Fund)을 통해 절실한 간접인프라 구축을 시도했다. 국제적인 도움으로 현대화의 기치를 내걸었던 셈이다. 그 결과로 스페인 당국은 GDP와 민간부채 감축으로 실직률을 23%에서 10% 수준으로 낮출 수 있었으며, 인플레이션 수준을 3%

1) Samuel Hungtington, *Political Order in Changing Societies*(Yale University Press, 1968), pp.85~88.

이하로 떨어뜨려 경제의 단기적 위험요소를 줄였다. 앞으로 국내수요 증가 및 유로화 강세에 힘입은 수입 증가가 지속될 것으로 예상되나, 수출의 경우는 꾸준히 증가할 것 같지는 않다. 점진적으로 스페인의 거시지표들이 좋아지고는 있으나, 제조산업이 열악한 스페인으로서는 늘 경상수지의 적자 때문에 불안한 미래를 보여주고 있었다.

어느 나라나 겪지만, 편중된 투자정책은 위기를 창출한다. 스페인의 경우도 예외는 아니었다. 관광산업 일변도로 과잉투자를 지속한 결과로 경제위기가 찾아 온 것이었다. 스페인은 1992년에 바르셀로나 올림픽을 준비하느라 모든 국력을 건설 및 스포츠관련 투자에 집중하고 있었다. 그 결과로 당시 바르셀로나 올림픽이후 스페인 경제는 매우 희망적이었으나, 단기간 불균형 과잉투자로 인해서 경제성장에 애로가 발생했다. 그 타격은 스페인 경제성장에 국한되지 않고, 무역외 수지부문에도 심각한 타격을 입혔다.

그러나 실용주의적이고 우파인 호세 마리아 아스나르 정권이 시작되면서, 경제적 상황은 조금씩 호전되었다. 스페인의 소비자 성향지수가 회복세로 돌아서는 한편, 민간소비가 증진됐다. 아스나르 정권은 아주 현명하게 친미정책을 추진하면서 부족한 투자수요를 해외에서 끌어들이는데 성공했다.[2] 그리고 다행히도 페세타화 가치가 1990년대 절하되면서, 스페인산 제품의 경쟁력이 더욱 높아져, 잠시 스페인 경제는 위기를 모면하기도 했다.

그러나 스페인은 1986년 유럽연합 가입 후 나타난 반짝 경기는 6년 만에 사라지고, 1992년부터 큰 위기를 겪는다. 지난날 스페인 경제는 2002년 2.0% 성장하는데 그치면서 1993년 이후 가장 낮은 성장률을 기록했다. 2000년 넘어서면서 스페인의 경제 침체는 4년 만에 극복했다. 다행히도 OECD는 2005년도 기준으로 스페인 경제성장률 3%로 상향 조정해 낙관적으로 보고 있었다. OECD가 평균 EU경제성장률은 1.9%에서 1.2%로 하향 조정했는데, 스페인의 2007년 경제성장률 전망치를 당초 2.7%에서 3%로 상향조정한 것은, OECD측이 스페인의 경제적 미래를 낙관적으로 본 것이다. 또 2008년에 스페인의 경제성장률도 3.0%에서 3.2%로 상향조정했다. 사실 스페인에 대한 이와 같은 낙관적 전망은 스페인의 국내 내수 증가와 공공투자 및 민간소비가 증가할 것이라

2) 2006년 10월 실직률은 7.6%선이었으며, 이는 1980년대부터 상당한 진전을 의미함과 동시에 독일과 프랑스보다도 더 낮은 수치였다.

는 데 근거를 두고 있었다. 그러나 예상과 달리 내수불황이 시작되어 스페인은 고용부문에서 어려움을 겪는다.

그래도 2008년부터 인프라 건설부문에 대한 설비투자가 지속적으로 이루어져 스페인 경제의 엔진역할을 하고 있다. 국내 경기가 안 좋은 상황에서도 수입은 2008년 8.4%, 2009년에 8.7% 증가해 가뜩이나 어려워진 무역 불균형을 가속할 것으로 전망되고 있다. 반면에 수출은 2008년, 2009년 각 5.2%, 6.9% 증가에 그쳐, 수입대비 무역적자는 더 심화될 것으로 예상되고 있다. 무역적자폭 심화는 스페인 경제의 가장 취약한 분야로 지적되고 있다. 무역적자 심화는 기업의 경제활동을 위축시키고 자국 상품의 해외시장을 잃게 한다. 한편, 이번에 발표된 OECD 보고서에서는 그간 지적돼왔던 스페인의 부동산 과열 및 주택가격 급락 가능성에 대해서는 언급되지 않았다. 이 부분이 사실 현대 스페인 경제위기의 핵심이며, 부동산 급락현상도 스페인 금융기관의 신용을 크게 추락시킬 수 있다. 금융기관의 신용위기는 스페인 경제 전반의 부실을 초래하기 때문에 스페인 정부가 나서서 금융기관의 신용을 보장해 줄 수밖에 없었다. 어느 면에서 스페인의 경제위기를 예고하고 있는 것인데, OECD 보고서에 누락되어 아쉽다.

이어 2007년부터 국내 건설산업 성장률도 4%로 성장세가 완만하다. 한편, 국내부동산 가격이 급상승과 급락을 거듭하여 과열되고, 서민들의 가계 부채가 증가했다. 이런 불규칙적인 일들이 스페인의 국내경제를 어지럽힐 것으로 작용할 가능성이 있다.[3] 일각에서는 스페인 경제가 다른 유럽 전체의 거시경제를 따라가는 형국에서, 미래의 경제성장이 예상치보다 더 둔화될 것으로 전망된다.

2. 유로존과 스페인 경제

장기적으로 불리한 화폐정책이었지만, 1999년 스페인은 과감하게 유로화를 수용하기로 결정했다. 스페인은 타 유럽국가 중 적극적으로 유로화 통용정책에 앞장선다. 2002년 1월 1일부로 스페인 로칼화인 페세타화를 유로화로 대체함으로서 스페인 경제에 하나의 이정표가 생긴다. 15개국과 함께 시작된 유로화 도입으로 유로존에 편입된 스페인의 경제는 새로운 화폐정책으로 스페인 산업

3) http://cafe.naver.com/elhokma 참조.

현대화는 가속된다. 처음에는 의외로 유로화의 통합과 더불어 수출에 더욱 호재가 발생되기도 했다. 짧은 기간이었지만, 유독 스페인 경제는 지속적인 성장으로 프랑스, 이탈리아, 독일 등의 유럽연합 국가들처럼 0% 성장세가 아닌 플러스 성장국면을 지속했다.

2006년 통계청 자료에 따르면, 스페인 경제 성장률은 3.9%로[4], 최근 5년내 가장 높은 경제성장률을 달성하기도 했다. 스페인 통상 산업 관광부는 경제 성장의 주요 요인으로, 자본재 설비투자, 수출 증가 그리고 노동 생산력 향상으로 분석했다. 이런 긍정적인 요소들이 전년 대비 상승폭이 줄었으나, 국내소비(3.9%), 투자 (6.3%) 등 내수시장의 지속적 증가세로 스페인 경제는 성장할 수 있었던 것이다.

스페인 국민당 아스나르 전 총리의 친미 외교정책과 성장우선 정책을 계기로, 스페인의 경제 수준은 타 유럽국가와 거의 동등한 수준으로 올라섰다. 물론 스페인은 인플레 위험을 무릅쓰고 강행했지만, 의외로 결과는 긍정적이었다. 스페인은 가장 역동적인 유럽내 성장국가로서 스페인에 대한 투자가 활성화되었다. 어떤 학자들은 국내외 투자 규모 증가를 통해 스페인 경제가 규모가 훨씬 큰 프랑스나 독일 경제보다 더 폭넓은 성장을 발휘할 것으로 전망하기도 했다.

스페인은 유럽연합 27개국 중 경제 발전이 돋보이고, GDP는 유럽 전체 평균을 웃도는 수준이며, 2006년부터 이탈리아를 앞지르기 시작했다. 2005년 통계 기준으로 마드리드와 바스크 지방은 EU전체 평균이 100%라 하면, 소득수준이 125%에 달하는 것으로 조사됐다. 성장률 전망치에 따르면, 이러한 수치에 따라 2008년 이후로 성장세가 더욱 가속화될 수 있을 것으로 보였으나, 스페인의 실물 경제는 불리하게 가고 있었다.

1990년대 말부터 2000년대 초반부까지 아스나르 전 총리가 산업경영에 국가의 개입을 줄이는 한편, 자유주의적 경제 구조로 전환하고 규제를 철폐하기 시작했다. 그 결과 1995년 스페인은 OECD국가로서 매년 성장률 3%를 웃돌며, 2008년까지는 경이적인 경제 발전을 이어갔다. 그러나 사실 이런 호황은 다음 사회당 정부의 분배정책으로 인해서 크게 위축된다. 스페인의 호황이 단기적인 핑크빛이었다는 것이 후일 들어난다.

---

4) 각국 GDP 성장률은 독일 2.7%, 프랑스 2.0%, 이탈리아 2.0%, 영국 2.7%, 미국 3.4%, 일본 2.2%, 유로 존 2.7%, 스페인 3.9%이었다.

2004년 총선 이후 사회당의 호세 루이스 로드리게스 사파테로가 당선되면서 사회복지부문에 집중 투자로 재정 균형이 불안해졌다. 물론 사파테로 당선 직후에는 경제 성장세가 지속된다. 그러나 그의 분배정책은 국부의 축적보다는 부의 재분배에 집중하면서 국가 재정 적자를 야기했다. 그 이후로 그의 정책은 관광수지를 악화시켜 스페인 경제의 고질적인 외화부족문제를 심화시킨다. 파이낸셜 타임스에 따르면 스페인의 단기적인 무역 수지 적자폭이 주목할 만한 수준으로 커졌다. 여러 부문에서 스페인 경제는 해외시장에서 경쟁력 상실로 경제적 침체가 거세지고 있었다. 물론 이런 배경에는 사회당 정부의 정책이외에도 대외적인 상황에서 파생하는 여러 원인들이 있을 수 있다.

스페인 국민들의 기대를 걸머진 사파테로총리는 입성 2분기가 시작된 이래, 미국의 모기지론 파동으로 유동 자산 위기를 맞는다. 미국 내 신용규제가 2007년 2분기 세계경제의 이슈로 떠오르면서, 다른 서방 국가 경제에도 적잖은 영향을 끼치기 시작했다. 더군다나 스페인 내 대도시의 부동산 거품현상이 지금까지의 스페인 경제성장을 어렵게 나들었다. 지금까지는 스페인의 부동산 경기가 스페인 경기활성화를 주도했는데, 그 거품이 빠지면서 스페인 경제는 금융 쪽에서 구멍이 생기기 시작한 것이다. 사파테로 정부는 화폐경제에서 큰 위기를 만난 것이다

2004년부터 시작된 미국 발 부동산 경제침체는 스페인에도 큰 타격을 입혔다. 현재 주거용 건축시장은 2007년에 비해 절반 수준이며, 일부 지역에서는 거의 정지 상황에 있기도 하다. 반면에 수입해 놓았던 자원 비축량이 줄어들면서 스페인의 국내시장에서 연일 기록적인 수준으로 치솟는 석유가격은 스페인 경제에 암울한 그늘을 드리우고 있다. 석유가격 급등에 따라 스페인 국내경제에 인플레이션 발생률이 더욱 가중되고 있다. 스페인에서 석유가격은 가솔린과 디젤의 경우, 2007년 1월에 비해서 현재 17%~20%까지 치솟았다. 원유가 상승은 가격 승수 효과를 만들어 국내 물가를 20%이상 상승시키고, 스페인의 국제적인 경쟁력을 약화시켰다.

2000년대 들어와 유로화의 강세로 스페인 관광산업은 최악의 침체국면을 맞는다. 이는 스페인이 내심 우려하던 화폐경제의 불안이 현실로 나타났다. 이제는 스페인 관광이 유로상승에 따른 가격인상으로 매력을 상실하고 있다는 것이다. 외국인 관광객 작년 5,700만명 수준으로 격감하면서, 스페인 관광산업이 불

경기를 체험한다. 프랑스에 이어 세계 2위 관광대국인 스페인의 관광산업 규모는 연간 매출 520억 달러 규모다. 그러나 2000년대 들어오면서 유럽관광산업이 침체하고, 스페인에는 큰 타격을 입힌다. 스페인에서조차 관광부문에서 투자대비 이득비율이 적자를 이루기까지 했다.

관광대국 스페인에 1997년 6,000만명에 달했던 외국 관광객 수가 2008년 57만명 수준으로 격감했다. 이에 관광업계에 종사하는 10만 명의 일자리가 사라질 위기에 처했다. 최근까지 스페인 관광업계에는 180만명이 고용됐었다. 이로 인해 올해 스페인 내의 실업률은 지난해의 13%에서 20% 수준으로 상승할 것으로 예상되고 있다. 또 관광산업의 국민총생산(GDP)에 대한 기여도도 11% 이상이었으나, 올해는 한자리 수로 떨어질 것으로 전망된다. 관광부문에서 예상치 않은 수입저조는 스페인의 GDP성장률을 2007년 4%에서 2008년 1.2%로 하락시켰다.

한편, 가계소비 및 건설투자의 경제성장기여도는 전년대비 줄었으나, 여전히 가계와 건설부문이 스페인 경제의 성장동력 역할을 하고 있는 것으로 나타났다. 이 기회에 스페인 경제는 55만 신규 일자리 창출, 노동생산력 증가시켰으나, 기업 및 가계부채 증가, 무역적자폭 커져 위기를 잉태한 셈이다. 낮은 노동 생산성 문제는 스페인 경제의 고질적인 문제였다. 2005년의 경우, EU 및 미국의 평균 노동생산성 증가율은 각각 1.1%와 1.8%였다. 이에 비하면 스페인의 0.4%는 미약한 생산성을 기록하고 있는 셈이다. 특히, 이 시기에 스페인의 제조산업이 노사문제 불안으로 침체되어 스페인 경제에 큰 부담으로 작용했다. 2006년 스페인 노동생산력 0.8% 증가도 만족할 만한 수치는 아니나, 전년대비 2배의 증가율을 보여 현지 스페인 당국은 안도하는 분위기이다.

사실 2000년대 초부터 과잉투자로 균형이 깨진 스페인 경제는 이 시기에 전체적 활력을 잃었다. 기업 부채가 28%나 증가한 2006년 총 9761억으로 스페인 연간 GDP을 넘어섰으며, 가계 부채 또한 지속적인 증가세를 보여주고 있어 불안요소는 커졌다. 무역적자 폭이 15.3% 상승한 총 896억 8700만 유로로 GDP의 9%를 차지함에 따라 스페인 경제에 악재로 작용할 가능성을 던져 주고 있었다. 작년도 스페인 수출은 1698억 7200만 유로로 전년대비 10.6% 증가했으나, 결국 수입 증가폭(12.2%, 2595억 5900만 유로)을 따라잡지 못했다.

그러나 장기적인 거시경제지표 순항과 함께, 스페인 기업인들의 경제 신임도도 지속 증가하는 것으로 나타났으나, 시민들의 가계 살림은 계속 어려워지고 있었다. 마드리드 상공회의소가 지난해 3분기 실시한 '기업인 경제 신임도 앙케이트'에 따르면, 전체 응답 업체 중 2006년 3분기 중 매출액증가(31.5%), 신규고용증가(12.2%), 판매가격올림(22.1%), 투자증가(20.5%), 수출증가(21.0%) 했다고 답하였다. 4분기 사업 예상에 대해 매출액 증가(29.8%), 신규고용 증가(10.1%), 판매가격올림(14.3%), 투자증가(13.1%), 수출증가(24%)할 것으로 답해, 스페인 기업인들의 경기순항에 대한 믿음을 보여 주기도 했다.

한편 이 시기에 스페인의 기업 발전 저해요인으로 총 응답기업의 시장경쟁과잉경쟁(43%), 숙달된 노동력 부족(22.8%)이라 답했다. 최근 EU가입으로 인한 제조업체의 탈 스페인화로 스페인 실업증가율이 높아지고 있다. 소비재 시장은 아시아, 특히 중국산 제품 유입으로 스페인의 기업인들에게 어려움을 주고 있다. 부동산 시장의 침체, 급등한 주택가격, EU 중앙은행 금리 인상도 서민들의 큰 부담이 되고 있다. 더구나 증가하는 주택 모기지 부담, 그리고 물가 인상으로, 스페인 서민들이 체감하는 경제 침체는 불안하다. 특히, 2009년 들어와 스페인 국민들의 가계 부채 규모가 위험수위를 넘고 있어, 스페인 경제도 버블붕괴현상으로 간다는 예고도 나오고 있다. 2005년 이후 스페인 경제관계부처가 추진한 고용창출정책과 생산성 향상 정책은 긍정적인 역할을 한 것이다. 스페인 사파테로 정부가 추진하고 있는 사회고용안정이 큰 효력을 나타낼지는 좀 두고 보아야 한다.

3. 관광산업과 관광자원

어느 시인이 세고비아 고성을 방문하고 "스페인의 겨울에는 고성에 혼자 오지 마라, 울고 온다. 그리고 웃으려거든 봄에 그곳에 가라"라는 말을 남겼다고 한다. 스페인에는 천년 고성이 많고, 천년 내지 이천년의 역사를 가진 유물이 많은데, 그 창연한 모습들이 여행자들에게 인간의 생애가 얼마나 짧은 것인가를 일깨운다.

누구든 스페인 고성에 혼자 올라 보라! 그리고 화사했던 왕비의 침실을 보면, 부귀영화도, 왕의 권력도 얼마나 가을 낙엽같이 보잘 것 없는 것인가를 나그네는 느낀다. 카스티야의 고성에 올라, 이베리아반도를 호령했던 막강 왕비, 이사벨 왕비의 침실을 보는 순간 권력의 허망함을 느낀다. 스페인의 고성을 보려면 스페인에 100번 이상을 가도 부족하다고 할 정도로 스페인의 관광자원은 풍부하다. 관광으로 벌어들이는 순수 외화가득율도 스페인이 세계 1위이다. 스페인에는 원유생산이 안 되고 있지만, 원유를 사올 수 있는 외화뭉치가 고색창연한 고성들의 문화재로부터 꾸준히 샘솟고 셈이다.

스페인의 관광자원

스페인에는 뛰어난 세계적 문화유산이 풍부하다. 황금알을 낳는 관광 명소가 널려있다. 스페인 사람들이 모로코와도 바꿀 수 없다고 자존심 높게 평가하는 화가들이 있다. 중세 스페인의 대화가로서 엘 그레코(El Greco)와 벨라스케스(Diego Vlazquez)가 있고, 18세기에는 천재화가 고야(Francisco Goya)가 있다. 세계인들을 이들의 대작들을 보려 매년 천만 명 이상이 스페인을 찾는다. 또한 20세기에는 스페인 카탈루냐가 낳은 태양의 화가인 피카소, 달리 등이 있다. 스페인 모든 지역 중에서 카탈로니아 바르셀로나가 배출한 화가들의 활동이 특히 괄목할 만하다. 그들은 민중 화가들로서 재치 있는 작품들을 많이 남겼다.

기독교 건축과 이슬람 건축의 합성 판처럼, 스페인에는 독특한 건축물들이 많고 이색적이다. 그 건축물들은 개성적인 형상으로 스페인의 관광자원이 되고 있으며, 그 자태나 모습은 몇 백 년이 지났는데도 화려하기까지 하다. 가장 초기의 조형물은 발레아릭 군도의 Menorca에 있는 선사시대 기념비이며, 로마시대 유품으로는 Merida와 Tarragona의 마을터, 세고비아의 대형수로의 흔적을 꼽을 수 있겠다. 또한 무어족 시대의 것으로는 그라나다의 알함브라와 코르도바의 메스키타(Mezquita)가 있다. 이슬람 양식과 기독교 양식이 섞인 무데자르(Mudejar) 빌딩들, 고딕양식의 성당, 고성, 궁전들이 많다. 그 밖에도 환상적인 모더니즘 기념물과 가우디의 화려한 조각물 등이 스페인 대도시들을 수놓고 있다. 특히, 바르셀로나의 밤거리는 도시 자체가 가우디 건축의 미술관처럼 아름답다.

스페인 여행에 관심을 일으키는 하나의 문화적 자원으로 초기 스페인 문학을 들 수 있겠다. 그 대표작으로 11세기 용감한 기독기사였던 엘시드(El Cid)의 생애를 그린 Cantar de Mio Cid가 있다. 이는 스페인 전사들의 영웅적 모험을 그린 서사시로서 유럽에서는 앞서 나간 문학작품이다. 세계적으로 너무나도 유명한 근대소설 세르반테스의 돈키호테(Don Quizote de la Mancha)는 17세기에 쓰인 것이다. 20세기 주요 작가로는 서·미전쟁 시대 형성된 '지식인 98세대(Generation of the 98)'의 멤버인 우나무노(Unamuno)와 가쎄(Gasset)가 있고, 연극 Blood Wedding과 Yerma로 국제적 명성을 얻은 Federico Garcia Lorca가 있다.[5] 이들 스페인의 문학 대작들은 다른 나라의 작품보다 흥미롭고 시사하는 사회적 함축미가 깊다고 한다. 이들 작가와 작품에 대해서는 스페인 문화편에서 이미 언급한바 있다. 돈키호테 소설 하나만으로도 스페인의 문화 예술품들이 얼마나 경제적 가치를 많이 지니고 있는가를 알 수 있겠다. 해외에서 많은 문학도들이 그들 대가들의 작품을 생생하게 느껴보기 위해 스페인에 관광온다. 돈키호테의 소설적 배경이 된 카스티야 라 만차 지역에는 항상 많은 테마 관광객들이 다녀간다. 그들은 황량하기까지 한 언덕들, 그리고 돈키호테가 상대했던 그 풍차들을 보기위해 대서양을 건너오기도 한다.

현대의 스페인 소설은 스페인 언어를 세계화하는데 큰 역할을 하고 있다. 소설 The Family of Pascal Duarte의 Camilo Jose Cela는 1989년 노벨 문학상을 받았으며, 자전적 작품 Forbidden Territory로 유명한 Juan Goytiso는 가장 주목받고 있는 현대작가이다. 또한 스페인에 지난 25년간 여성 작가들, 특히 페미니스트들의 저작활동이 활발했는데 그들은 모랄레스(Adelaide Morales), 마투테(Ana Maria Matute), 로이그(Montserrat Roig) 등이 대표적이다. 스페인 문학은 가족적이면서 여성적인 섬세한 묘사가 일품이다.

또 하나의 관광자원으로 박력있는 율동예술로서 전통춤 플라멩코를 들 수 있다. 이 춤은 스페인 어느 도시에서나 관람할 수 있는 문화상품이다. 스페인 여행가서 플라멩코를 못보고 오면, 무언가 허전할 정도로 인기가 있는 볼거리이다. 플라멩코가 스페인의 비중있는 관광자원이라는 것은 이제 누구나 인정한다. 남부 안달루시아, 그라나다, 꼬르도바 등이 진정한 플라멩코의 고장이다. 이곳

5) Federico Garcia Lorca, 에스파냐의 시인이자 극작가이다. 시집 《노래의 책》, 《집시 가집》(1928)으로 유명하다. 대학생 극단 '바라카'를 조직하고, 연극의 보급하며, 고전극 부활에 힘썼다. 극작으로 《피의 혼례》, 《베르나르다 알바의 집》 등이 있다. 그는 프랑코 군부에 맞서다가 사살된다.

에 가면 플라멩코 쇼를 보여주는 클럽들이 많이 있다. 그러나 대체로 관람요금이 비싸고, 사업차 온 관광객들만을 상대로 하는 경우도 있다. 남부지방에서 열리는 여름축제가 온통 플라멩코의 보고라고 말한다. 특히, 이베리아반도 남부 중심도시, 그라나다를 가면 이 춤들을 대표적 관광거리로 즐길 수 있다.

또한 열정적인 스페인 사람들의 축구 사랑은 대단하다. 세계적인 프로팀들이 마드리드와 바르셀로나에 존재하며 세계 축구계를 이끌고 있다. 여행객들이 운 좋으면, 쇼핑하러 나온 세계적인 축구선수들을 바르셀로나 백화점이나, 마드리드 꼬르테 엥그레 백화점에서 간혹 만나볼 행운을 얻기도 한다. 스페인에서 남자들의 축구 열기는 대단하다. 스페인 남편들이 축구에 몰입해서 아내들의 불만을 사고, 끝내는 부부들의 이혼사유가 되는 경우가 많다고 한다. 바르셀로나 거리는 토요일에 한산한 대신에 사람들은 축구장으로 간다. 만일 스페인의 대도시가 한산하면 그날은 분명히 프로축구 큰 경기가 있는 날이다.

오늘날 스페인 투우 경기는 스페인에서만 열린다. 투우경기는 국제동물보호협회로부터 질타를 받고, 세계인들로부터 많은 비난을 받는다. 그러나 아직도 스페인의 투우경기는 스페인의 최고 관광자원으로서 존재한다. 마드리드 투우 경기장은 스페인 관광의 절정이지만, 그것을 관람하는 일은 쉽지 않다. 투우경기 관람시 귀족들이 많이 참관하기 때문에 운이 좋으면 스페인 왕족들을 볼 수 있는 기회도 얻는다.

스페인은 로마 가톨릭이 생활 전반에 걸쳐 깊이 영향을 미치고 있음에도 불구하고, 인구의 20%정도만이 정기적으로 교회에 나가는 신자들이다. 오히려 가톨릭 교회에 대한 회의주의가 더 만연한 것 같다. 한때 스페인 국민들은 내전 중 억압과 부패, 구질서의 상징이었던 교회를 불태우고 성직자들을 죽이는 불상사도 있었다. 아마 기독교에 대한 이슬람의 비판이 역사적으로 한 몫을 한 것 같다. 이슬람과의 기독교의 대결역사도 스페인 관광 중 이야기 거리가 된다.

스페인 방방곡곡 이런 종교적 전쟁의 흔적들이 도처에 산재하며, 스페인의 모든 성당들도 모두 역사가 천년이 넘는 것들이다. 그래서 성당 자체가 미술관이요 박물관이다. 스페인의 모든 성당들은 항상 개방되어 있어 오가는 이방인들의 쉼터요, 관광명소가 되고 있다. 종교와 상관없이 스페인을 여행하면 여행자들의 옷깃을 여미게 하는 숭고한 역사를 간직한 성당들이 많다.

세계인들 입맛에게 잘 맞는 스페인 음식은 대체적으로 관광적 가치를 갖고 세계인들에 호의적인 평을 받고 있다. 주지하는 바처럼 스페인 음식은 해산물을 비롯한 천연재료를 많이 쓰며, 올리브유를 적절히 사용해 소화가 잘되는 건강식이다. 예컨대 tapas와 pinchos같은 스낵은 스페인 사람들에게 거의 생활의 일부가 되어 있고, paella, gazpacho, chorizo 등도 인기 있는 음식이다. 스튜나 수프, 해물요리, 육류요리들은 라틴아메리카 음식의 영향을 많이 받았다.

스페인은 다양한 시간대에 식사를 한다. 아침은 롤빵이나 페스트리로 간단하게 하고, 주요 식사시간은 점심으로 1시 30분에서 4시 사이이다. 저녁은 가볍게 하며 10시에서 11시 경이다. 스페인 동네에서 굽는 화덕 빵은 그 맛이 일품이다. 아침에 부지런히 빵집에 가야 맛있는 빵을 살 수 있다. 오래된 화덕에서 구워내는 손으로 만든 '동네 빵'은 정말 구수하고 맛있다. 오전 8시 이후에 가면 맛있는 '동네 빵'이 다 떨어져서 못사는 경우가 허다하다. 아침이라도 좀 늦게 사러 갈려면 전화로 예약하고 가야 한다. 필자도 마드리드와 바르셀로나에서 맛있는 '동네 빵'을 사러 1시간 이상 운전하고, 30분 이상 줄을 서서 기다린 적이 몇 번 있었다. 정말 스페인 지방도시의 먹거리 문화도 여행자들이 즐기는 훌륭한 관광자원으로 발전하고 있다.

그러나 미국의 경제위기에 비롯된 세계적인 불황 여파로 프랑스, 이탈리아, 스페인 등 유럽의 관광대국들도 타격받았다. 스페인 정부는 뒤늦게 관광산업 진작을 위해 10억 유로를 투입하는 등 대책 마련에 부심하고 있다. 이미 2000년도 들어오면서 처음으로 스페인 관광수지가 악화되기 시작했다. 스페인 정부는 다양한 부양책을 추진하기 위해 많은 돈을 투자했다. 그로 인해 2008년 처음으로 스페인의 관광수지는 투자 대비 이득 비율이 적자로 돌아섰다.

스페인 당국은 그동안 해외로 빠져 나가던 자국인 여행객들이 유로화 인상으로 국내 여행지로 발길을 돌릴 것을 기대하고 있다. 이것은 스페인을 찾는 외국인 관광객의 감소를 일부 보충하려는 궁여지책으로 선택한 것이다.

최근 세계적인 관광 불황 시점에서 다시 세계적인 관광대국으로 부흥하려는 스페인 관광업계의 노력은 주목할 만하다. 난국을 면치 못하고 있는 우리 관광업계에 스페인의 노력이 시사한 바가 매우 크다. 지난날 오랫동안 해마다 7천만명이 넘는 관광객의 유입으로 관광수익 500억 유로 수입의 시대를 연 스페인이었다. 스페인은 천혜의 자연환경과 문화유산을 바탕으로 끊임없는 관광콘텐츠 개발사업을 추진하여 세계 3대 관광대국으로 성장하였다. 가까운 미래에 스페인은 새로운 관광진흥을 달성하겠다고 혼신의 힘을 쏟고 있다. 스페인은 자국이 보유한 다양한 문화콘텐츠[6]를 재정립하고 홍보하기 시작했다. 이베리아반도 전체에 발길이 닿는 모든 곳에 스페인 관광이 살아 숨 쉬는 나라로 만들겠다는 것이 최근 스페인의 국가목표인 것 같다.

스페인의 관광산업

스페인의 관광산업은 타국의 추종을 불허한다. 지난날 몇 가지 난관이 발생해도, 스페인 관광산업은 통해 막대한 외화를 벌어들이고 있었다. 관광은 스페인 경제 부흥의 공신이다. 유럽연합 국가들 중에 관광수입의 부가가치 순수익 비율이 제일 높은 나라가 스페인이다. 대부분 사람들은 프랑스나 이탈리아가 관광수입이 더 많을 것으로 막연히 생각한다. 그러나 스페인의 순수 부가가치 비율이 '유럽 내 관광수입 1위국'이라는 사실을 아는 사람은 그리 많지 않다. 관광객 입국 수는 프랑스가 연간 약 7600만명으로 스페인의 5000만명보다 많지만, 투자 대비 관광 순수익 비율은 연도별로 차이는 있으나 스페인이 훨씬 높다.

불황이 시작된 지난 10년간 스페인 정부와 지자체들은 자국의 관광산업 진흥을 위하여 노력한 결과로 관광수입이 배 이상 늘어났다. 관광객들이 스페인에서 쓰고 가는 돈이 연간 약 360억 유로로 스페인 국민들이 해외여행 가서 쓴 약 60억 유로를 빼더라도 300억 유로가 순수 관광수지 흑자이다. 통계상에 잡히는 금액만 이 정도이고, 실제로는 이보다도 훨씬 많다고 한다. 스페인은 간접소득까지 합하면 자국의 관광수입을 약 500억 유로 수준으로 자부하고 있다.

관광산업의 경제적 가치로 더 중요한 것은 관광을 통한 고용창출과 지방경제 활성화이다. 스페인 관광산업이 국내총생산에서 차지하는 비중이 약 11%이고, 이것이 곧 지방경제의 큰 밑거름이 되고 있다. 스페인에서 관광부문에서 창출된 고용인원만도 160만명을 넘고 있다. 어느 나라이건 미래의 산업구조는 제조업 비중이 점점 줄어들면서, 서비스 산업 쪽의 비중이 점차 늘어날 수밖에 없다. 이런 의미에서도 서비스산업의 핵심 중의 하나인 관광산업이야말로 굴뚝 없는 공장, 즉 첨단 미래산업인 것이다. 특히, 관광투자 대 순 수익률이 중요한데 이 비율이 2000년대 들어서면서 적자를 보였으나, 곧 회복될 것으로 전망된다. 스

6) 스페인 작은 도시 세고비아는 중세의 매력적인 도시가 있다. 이 곳의 관광 효자상품은 새끼돼지 통구이 요리다. 3대째 새끼돼지 통구이 요리로 수많은 관광객을 유치한 한 유명식당은 그 공로를 선친의 동상을 세웠다. 그만큼 스페인은 관광산업 종사자를 적극 우대하고 있다.

페인은 이 순수익 수치가 매우 높아 역시 관광 흑자국의 대명사가 되었다. 앞으로 스페인은 관광의 투자 대 수익 비율을 계속 높이려 국가정책을 관광에 집중하고 있다. 최근 스페인을 여행해보면, 여행객들에게 편리하게 많은 시설들을 개방하고 있다. 스페인 세관도 입국하는 승객들에게 수하물 검사를 하지 않고 편하게 통과시키기도 한다. 물론 검색카메라로 철저히 보고 있음에 틀림없다. 입국하는 손님들에게는 편리한 통관을 배려하지만, 우편으로 온 수하물은 유럽연합내의 것만을 제외하고는 매우 철저히 검색하고 관세를 물린다.

스페인의 경우처럼 반드시 관광산업은 천혜의 기후나 환경, 또는 조상들이 물려준 문화유산이 있어야만 성공할 수 있는 것은 아니다. 현대적 관광지로 각광받고 있는 라스베이거스나 올랜도, 모나코 등이 인간들의 의지로 만들어낸 관광자원이다. 이를 보면, 이 도시들은 관광산업을 진흥하는데 인간의 창의력과 의지가 얼마나 중요한 역할을 하고 있는 가를 알 수 있다. 앞으로 인간들이 창출하는 관광 아이템들이 많이 개발 될 것으로 전망된다.

스페인 관광당국이 자신들이 선점했다고 자부했었던 관광테마가 있었다. 그것이 바로 이베리아반도의 '태양과 해변'이었다. 이 태양 테마는 북아프리카 지역같이 관광비용이 저렴한 국가들이 사용함으로써 이미 스페인 측으로서는 경쟁력을 상실했다. 스페인은 세계를 나누어 지역별 관광유치 전략으로 세웠다. 특히, 스페인은 중국 등 아시아 관광객을 유치하는데 주력하고 있다.

스페인의 관광산업은 스페인 건설과 더불어 국가경제를 지탱하는 양대 기둥이다. 스페인의 건설 분위기는 스페인 대도시들 속에 구도시를 그대로 보존하면서 신도시 건설정책을 통해 활성화되었다. 건설 부문의 활성화는 스페인 내수 경기를 진작시켰다. 이와 병행하여 2004년 기준으로 스페인 관광산업은 국가 GDP의 15%를 차지했으며, 167만 명이 관광 분야에 종사해 전체 고용의 12%를 차지하고 있다. 건설 산업과 더불어 스페인의 관광산업은 스페인의 경제성장에 큰 부분을 차지했다. 경기가 안 좋았던 2003년 기준으로, 스페인은 519억 유로의 무역적자를 기록한 반면에, 283억 유로의 관광흑자를 기록했다. 관광흑자가 무역적자의 55%를 보전하는 효자역할을 톡톡히 했다. 오히려 관광분야가 제조업보다 고용창출력이 높아, 실업률이 높은 스페인에서 관광투자를 전략적으로 육성하려한다. 정부가 관광산업에 투자를 강화하는 원인은 2000년 이후 관광객이 5000만명 내외로 정체현상을 보이고 있기 때문이다. 96년에는 관광객이 3500만 명에서 2000년 5천만 명으로 4년간 약 40%의 높은 증가율을 보였으나, 다시 4년 뒤인 2004년에는 불과 10% 미만의 낮은 증가율을 보이고 있다. 또 1인당 관광 소비 지출액도 2001년 730유로에서 지난해에는 695유로로 감소했다. 점점 스페인을 찾는 관광객들이 소비하는 관광비용을 아낀다는 것은 스페인으로서는 무언가 대책이 필요하다는 것이다. 또한 스페인이 겪고 있는 관광산업의 불황 기간이 길어진다는 것이다.

스페인 관광청은 유럽연합 내 영국, 프랑스, 독일에 관광 홍보를 강화하고, 관광객 유치를 위해 집중 투자할 계획이다. 또한 중국, 인도 등 신흥부상국에도 홍보를 강화한다는 전략을 세우고 있다. 스페인이 무역적자의 중요부분을 관광흑자로 보전한다는 사실은, 한국을 포함한 모든 나라에게 관광산업의 중요성을 일깨우는 지표가 되고 있다. 앞으로 모든 나라들에게 원유생산만큼이나 관광산업이 중요하다는 사실을 확신시키는 계기가 되었다.

4. 한국과 스페인의 관계

오늘의 세계는 21세기 '문화관광의 시대'를 맞아 '굴뚝 없는 산업'이라 불리는 관광산업의 중요성이 날로 높아간다. 그렇지만 한국관광의 실적은 총체적인 부진을 면치 못하고 있다. 한해 관광수지 적자만 100억 달러를 넘나들고 있으며, 국내총생산(GDP) 대비 관광수지 적자 비중이 '세계 4위, 아시아 8개국 중 관광매력도 7위로 초라하다. 굴뚝 없는 산업인 문화관광이 미래 산업의 대세인데도, 한국은 21세기에 들어와서도 총체적인 부진을 면치 못하고 있는 것이다. 관광산업으로 부국부민의 국가로 발돋움하는 스페인을 볼 때, 관광산업에 대한 한국의 새로운 인식이 필요하다. 한때 침체를 극복하고 세계적인 관광대국으로 부상하는 스페인의 교훈을, 우리 관광업계는 여러 가지 면에서 연구해야 한다. 스페인과 한국의 경제관계는 무역구조로 볼 때, 상호간에 보완적일 수 있다.

2007년에 한국-스페인 정상회담이 열렸다. 정상회담 전후 과정에서 실무자급인 제1차 한국-스페인 경제과학기술공동위원회를 개최를 준비하였고, 양국의 무역활성화를 중요한 현안으로 준비했다. 당시 양측 수석대표인 안호영 통상교섭 조정관과 알프래도 보넷 바이젯(Alfredo BONET Baiget)은 9월 26일에 스페인에서 협상하하여 양국의 통상, 투자증진, 경제협력, 과학기술 협력 등 다양한 분야에서 심도 있는 접근을 하였다.

또한 한국-스페인 양국의 경제정책에 대한 의견 교환을 통해 상호 이해를 증진시키기로 했다. 더 나아가 한국-EU FTA, WTO/DDA 등 다자분야에서의 협력방안에 대해서도 긴밀한 협의가 있었다. 한국과 스페인의 무역규모는 각각 세계13위, 세계8위(GDP규모)였다. 양국은 경제규모에 걸맞게 확대하기로 합의하였다. 이런 노력으로 양국관계는 추후 발전될 것으로 기대된다. 현재 양국관계는 상호 호혜주의 원칙에 입각해서 많은 교류를 실천하고 있다.

2000년대 들어오면서 한국의 새로운 투자가들이 스페인지역에 투자처를 찾는 사례가 늘고 있다. 최근에 와서 남미 등에 투자처를 찾던 한국의 투자가들은 다시 스페인 시장을 다시 유력한 투자대상으로 고려하는 분위기가 형성되고 있다. 또한 스페인을 통한 중남미 시장개척에도 한국 정부의 관심은 높다.

최근 마드리드 한국비즈니스센터는 어두운 전망을 내놓고 있다. 현지를 실제로 방문했던 많은 기업인들이 스페인 경제침체를 실감하며, 마드리드 한국비즈니스센터는 2008년의 SIMO전시회를 취소했다. 그 동안 마드리드 국제전시장(IFEMA)은 스페인에서 개최되는 국제전시회의 약 48%를 유치하고 있었다. 총 12개 홀 20만㎡의 전시공간에 주최 전시회만 연간 50회를 개최하고 있었다. 그러나 2008년 봄부터는 상업적 목적의 전시회 운영이 답보상태에 있었다.

이러한 불황 속에서도 한국의 소규모 해외투자 이민자들은 오히려 전 세계에 불어 닥친 경제불황 여파를 이기려는 듯, 스페인 시장을 향하여 꾸준히 투자처와 이민을 추진하였다. 2009년에 경제 불황으로 양국 통상관계가 위축되는 양상을 보여주나, 2010년경부터는 크게 향상될 것으로 본 센터는 전망하고 있다. 마찬가지로 스페인 투자가들은 한국의 지방자치단체들과 투자협의를 활성화하였다. 예컨대 바르셀로나 상공회의소가 2000년 전후 경기도 일산지역에 투자하기 위한 시장조사를 했던 경우가 있었다. 또한 로또복권의 스페인 사업자가 한국의 시장에 큰 관심을 갖고 투자처를 넓히려고 한다. 이런 모습들은 양국의 상호 투자 노력들이 머지않아 결실을 맺을 것으로 추정된다.

한편 대부분의 경제학자들은 스페인 경제가 스태그플레이션에 처할 것인지에 대해서는 아직은 유보적이다. 오랫동안 플러스 성장의 대명사였던 독일. 프랑스가 최근 마이너스성장을 기록했던 것처럼, 스페인도 주변 유럽국처럼 마이너스 성장 속에서 고전했다. 그러나 국민들을 안심시키려는 로드리게스 사파테로 총리는 2009년초 "스페인의 경제가 최악의 위기상황에서 벗어났다"고 선언하여 국민들을 위안했다. 그러나 스페인도 주택수요가 급감하고 부동산 가격이 폭락하여, 유럽에서 가장 높은 18%라는 실업률 증가로 신음하고 있다. 스페인 정부는 서둘러 GDP의 2.3%에 이르는 돈을 투입하여, 경기 부양책을 펴고 있다. 그러나 단기간에는 효력을 발휘하지 못하고, 오히려 1년 뒤 스페인의 GDP는 감소했다. 독일과 프랑스를 위시한 유럽연합의 전체 경제가 침체국면을 못 벗어나는 것처럼, 스페인 경제도 신속한 회복이 쉽지는 않을 것이다.

관광수지에서 만성적 적자국인 한국도 고유가에 시달리며, 관광산업을 개선하려 노력했지만 큰 효력을 보지 못했다. 스페인에 비해 제조업이 강한 한국도 원자재가격 폭등으로 경상수지조차도 고전을 면치 못하고 있다. 스페인의 경우보다 무역외 수지가 열악해 한국의 총 국제수지는 적자행진이다. 오히려 무역으로 벌어들인 돈을 해외관광으로 소비해 연 50억 달러의 여행수지 적자를 보이고 있어 한국에게 시사하는 바가 크다.

최근 들어 스페인 정부는 국가적 차원으로 여행자 편의시설을 개선하려고 노력한다. 스페인 전역을 유명관광지로 선전하여 다양한 컨벤션산업의 중심지로 탈바꿈시키고 있다. 한국도 제주도를 비롯한 좋은 풍광을 갖고 있는 지역이 많다. 스페인처럼 경쟁력 있는 몇 개의 관광지를 선정하여 컨벤션 센터를 만들어 국제적으로 홍보할 필요가 있다. 특히, 한국이 개발에 부족했던 스페인 형 지역별 축제를 관광산업으로 연계해야 한다.

제5장
스페인의 지도자

스페인의 왕실

1. 스페인의 왕실 군주

(1) 페르난도 왕과 이사벨 여왕

스페인은 1479년에 아라곤의 페르난도 2세와 카스티야의 여왕 이사벨이 결혼하는 대사건이 발생한다. 이 부부는 스페인 영토회복을 통해 스페인을 통일하고, 기독교 국가임을 대내외에 선언한다. 1516년 페르난도 2세와 이사벨 여왕의 외손자인 카를로스 1세(1516~1556, 재위)가 통일왕국의 최초의 왕으로 즉위하면서 부계쪽인 합스부르크 왕가의 가계를 이었다. 이후 18세기 초 펠리프 5세(1700~1746, 재위)가 조부가 루이 14세, 조모가 스페인왕 펠리프 4세라는 관계로 왕위를 계승하면서부터 프랑스계 부르봉 왕가의 가계가 이어졌다. 이로 인해 오늘의 스페인 왕실에는 프랑스 부르봉 왕실의 혈연이 흐르는 것이다.

(2) 펠리페 5세

펠리페 5세 또는 앙주의 필리프(Philippe de Anjou)는 스페인 부르봉 왕가의 초대 국왕이다. 그는 베르사유 궁전에서 태어나 앙주 공작에 책봉되고 조부와 아버지에게서 최고의 궁정교육을 받으며 자랐다.

유럽의 각국이 왕위문제로 어지러울 1700년 전후에 스페인 국왕 카를로스 2세가 죽자, 펠리페는 왕위계승 1순위로 올라 왕위에 올랐으나 프랑스 혈통으로 왕위에 오른 펠리페 5세를 프랑스를 제외한 유럽 각국은 반대하는 분위기였다. 결국 이에 반발한 영국, 오스트리아 등 유럽 각국들은 스페인 왕위계승전쟁을 일으켰고, 펠리페 5세의 왕위를 위협하였다. 이 전쟁은 1713년 위트레흐트조약[1]으로 종결되었고, 어렵사리 펠리페 5세는 스페인의 왕임을 인정받았다. 그러나 그 조약은 프랑스와 스페인을 합병할 수 없으며, 지브롤터를 영국에게 넘겨주고, 나폴리, 사르데냐, 플란데런, 밀라노 등을 포기한다는 굴욕적인 내용을 담고 있었다. 이 조약은 스페인의 해외 영토 경영에 큰 타격을 입었다. 그리고 스페인은 서서히 유럽 강대국의 위치에서 몰락하기 시작하였다. 필립의 왕위를 지키기 위해 국토 일부를 내놓은 셈이다.

펠리페 5세는 스페인 왕으로 두 번 즉위하였다. 왕위계승전쟁의 패전으로 그는 1724년 1월 15일에 왕세자 아스투리아스 공 루이스에게 왕위를 넘겨준다는 교서를 발표하고 물러났다. 그러나 루이스 1세는 7개월 만에 천연두로 사망하여, 다시 펠리페 5세가 왕으로 즉위하였다. 펠리페 5세는 폴란드 왕위계승전쟁과 오스트리아 왕위계승전쟁에서 잃어버린 해외 영토를 다시 얻기 위해 프랑스와 동맹을 맺었다. 그리고 펠리페 5세는 젠킨스의 귀 전쟁에서 영국과 싸워 승리하였다. 페리페 5세는 신대륙에서 영국의 입김이 거세지는데도 불구하고 영국군을 제압하고 스페인령의 영토들을 굳건히 지켜냈다. 이 용맹한 프랑스 혈통의 스페인 왕은 1746년 7월 9일에 62세의 나이로 서거하였다.

그 후 스페인의 왕들은 외세와 귀족들의 간섭으로 왕다운 통치를 못하고 유약한 군주로 머물렀다. 이어 붐을 타고 봉기하기 시작한 인민공화파들은 스페인 공화주의 국가건설을 집요하게 추진하였다. 공화파들은 총선을 통해 민의를 모으는 정치 혁신을 계속하여 스페인 왕실이 위협받았다. 이런 상황 속에 왕정복고를 알리는 친위 군부쿠데타가 발생했다. 유약하다고 비판받아 온 여왕 이사벨 2세가 1868년 9월에 군인의 쿠데타로 망명하였고, 이탈리아왕 비토리오 에마누엘레 2세의 아들 아메데오가 새 국왕으로서 1870년 12월에 추대되었다.

---

1) 스페인 왕위계승전쟁(1701년-1714년)에서 유럽의 주요 열강들은 힘을 합쳐 프랑스가 스페인의 왕위를 계승하려는 것을 막아 유럽의 힘의 균형을 바꾸어놓았다. 이 전쟁은 위트레흐트조약(Utrecht, 1713년)과 라슈타트조약(Rastatt, 1714년)으로 종결되었다. 이 조약들로 펠리페 5세는 스페인의 왕이 되었으나 프랑스의 왕위는 계승할 수 없게 되었다.

그러나 그는 1873년 2월에 퇴위하고, 제1공화국이 성립하였다. 공화국은 집권제와 연방제의 파쟁으로 심각하였고, 아나키스트적인 저항운동에 속수무책이었다. 나약한 스페인 왕실은 카를리스타의 봉기로 군부의 간섭을 유발했다. 무능한 제1공화국은 1874년 12월에 알폰소 12세(이사벨 2세의 아들)의 왕정복고를 주장하는 군인쿠데타로 붕괴하였다.

이후 1931년의 제2공화국까지 내란은 계속되었다. 결국 내란에서 승리한 프랑코장군은 1939년부터 강한 독재체제를 운영했다. 프랑코의 통치는 왕실 통치 이상의 독재였다. 그 연장선상에서 볼 때, 1975년 11월 프랑코의 사망으로 알폰소 13세의 손자인 후안 카를로스가 새 국왕으로 즉위하였다.

(3) 후안 카를로스

현재 스페인의 카를로스 국왕은 1931년에 왕위에서 쫓겨나 망명한 알폰소 13세의 손자였다. 그는 1931년 스페인에 공화제 정권이 들어서면서 할아버지 알폰소 13세를 비롯한 스페인 왕가 일족이 로마에 망명해 있었던 때에 바르셀로나 백작 후안과 마리아 메르세데스 백작부인의 장남으로 로마에서 태어났다. 1948년 당시 스페인 총통이었던 프란시스코 프랑코의 설득으로 아버지와 함께 고국으로 돌아와 1955년에 육군에 입대하고, 1961년에 콤플루텐세 대학교를 졸업했다. 그 후 프랑코의 배려로 장차 스페인 왕실의 지도자가 될 수 있도록 후계자 수업을 받았다. 1975년 11월 22일에 프랑코가 사망하자 그의 유언에 따라 즉위한다. 후안 카를로스 국왕은 기존 프랑크 군사정부의 기조를 계승하고 독재체제를 취할 것이라는 예상을 뒤엎고, 민주화운동을 주도하였다. 그는 육군사관학교와 해군사관학교에서 수학하였고, 올림픽에 출전한 요트경기 스포츠맨으로도 유명하다. 1969년에 총통 프랑코에 의하여 후계 국가원수로 지명되었고, 1974년 프랑코가 한때 신병으로 입원하자 임시 국가원수직을 대행하였다.

1975년 프랑코가 사망하자 이틀 뒤 11월 22일 국왕에 즉위하였다. 그는 정치·사회의 자유를 급속히 추진하여, 1977년에는 41년만에 총선거를 실시하고, 1978년 새 헌법을 공포하여 스페인을 입헌군주제로 하였으며, 프랑코 독재정권 당시 구속되었던 민주인사를 석방하였다. 물론 프랑코가 금지했던 스페인 내의 민주정당들의 활동도 허용하였다.

이러한 민주화정책들은 프랑코의 군사독재로 얼룩졌던 스페인에 민주주의를 심는 성과를 거두었다. 그에게도 정치적 위기는 있었다. 1981년에 군부의 일부 보수우파세력이 의회를 점거, 내각 각료와 의원 350여명을 인질로 하여 프랑코 시대 체제로의 복고(復古)를 요구하였으나, 카를로스 국왕은 이를 끝까지 거부했다. 민주주의를 발전시켜야 한다는 메시지를 모든 군부에 전달하고, 동시에 신속히 쿠데타 정치군인들을 회개시켜 투항시켰다. 국왕의 강력한 민주주의 의지를 국민들에게 확신시키게 하는 사건이었다.

국왕의 이러한 용기있는 행동은 "스페인에는 이제 어떤 군부의 정치개입도 불가하다"는 철칙을 선언한 셈이다. 국왕은 국민들의 절대적 신뢰를 얻게 되었다. 그는 성실하고 모범적인 공무 수행으로 국민들의 존경을 받는 20세기 군주 중 한 사람이 되었다. 국왕에 대한 전 국민들의 사랑을 증명하듯, 스페인해군은 전략투사함(Buque de Proyección Estratégica)이라는 신형 경항공모함을 건조하면서 그 군함의 이름을 후안 카를로스 1세로 명명했다. 오늘의 스페인 국민들은 현 카를로스 국왕을 존경하고 있음이 분명하다.

예술 부문 쪽에서도 카를로스 국왕의 공헌은 크다. 카를로스 국왕이 앞장서서 건립한 예술전시관이 있는데, 그것이 아르코 국제현대아트페어이다. 아르코(ARCO)는 스페인어 'Arte Contemporaneo'의 머리글자를 딴 것이다. 스페인이 미술에 관한 자존심을 회복할 목적으로 1982년부터 개최하기 시작한 미술 전시회가 있다. 해마다 2월에 개최한다. 개최 장소는 유럽에서 최대 규모를 자랑하는 마드리드의 후안 카를로스 1세 전시관이다.

이곳에서 열리는 스페인 미술 전시회는 북유럽을 대표하는 국제미술박람회로 스위스의 바젤, 독일의 쾰른, 미국의 시카고, 프랑스의 파리 아트페어와 함께 세계 5대 국제아트페어로 꼽힌다. 앞다투어 참가하는 화랑도 250개가 넘으며, 특히 전통과 현대가 짜임새 있게 어우러져 다양한 장르를 볼 수 있다. 출품작들은 사진, 설치미술, 비디오아트, 뉴미디어, 판화 등 현대미술 전 분야와 회화·조각 등 전통 장르를 통괄해서 그 규모가 웅장하다.

이 전시관은 스페인 왕실이 투자해서 만들었는데, 세계 미술계의 흐름을 한눈에 보여주는 국제 전시관으로 주목할 만 역할을 한다. 2004년의 경우 2월 12일부터 16일까지 열렸는데, 주최국인 에스파냐의 92개 화랑을 비롯해 세계 각국에서 총 275개 화랑이 참가하였다. 한국에서는 서울특별시 강남구 청담동(淸潭洞)에 있는 박영덕(朴榮德) 화랑이 유일하게 참가해 한국적 색채를 지닌 작가 7명의 작품을 전시하였다.

2. 스페인의 정치지도자

스페인 정치제도는 입헌군주제를 기본으로 지방자치가 반영된 의원내각제이다. 주요정당들로는 국민당(PP), 사회노동당(PSOE)이 정국을 주도하고 있으며, 이외에 좌익연합(IU), 카탈루냐연합당(CiU), 바스코당(PNP) 등이 진보적인 기치를 내걸고 활동하고 있다. 스페인 의회는 상원과 하원인 양원제로 구성된다.

그 동안 스페인은 20세기 유럽에 불고 있던 사상적 좌우갈등으로부터 영향을 받았다. 이로 인해 국론이 분열되고, 내란까지 겪은 바 있었다. 내란 후 스페인은 유능한 정치지도자들을 만났다. 그들은 사상을 달라도 좌우의 사상적 갈등을 극복하고, 자신들의 조국 스페인을 유럽적 민주국가로 복귀하는 데 성공했다.

이렇게 스페인 부흥을 성공시킨 지도자들은 현실주의 성향의 40代 지도자들이었다. 이들은 이념을 떠나 개혁적인 사상을 지닌 젊은 지도자들로 스페인 국민들이 선거로 통해 이들을 선택했다. 이들이 정파이념을 극복하고, 실용주의 노선으로 스페인의 정치를 민주화와 경제선진화를 동시에 이끌어 내는데 합심했다. 스페인이 어려운 상황을 극복하고 경제발전을 이루어 오늘에 이룰 수 있던 것도 이들 젊은 지도자들의 공헌가 있어 가능했다고 해도 과언이 아니다.

(1) 좌파적 실용주의자, 곤잘레스

스페인 민주화 운동 배후에는 정치적 마음을 비운 젊은 카를로스국왕이 있었다. 국왕의 혜민한 처신으로 스페인의 국정 민주화는 투명해지기 시작했다. 드디어 1976년에는 수아레스 총리의 주도 아래 양원제의 정치 개혁안[2]이 성립하였다. 1977년에는 41년 만에 총선거가 실시되어 수아레스가 이끄는 민주중도연합이 압승을 거두었고, 1977년까지 프랑코 시대에 비 합법화 되었던 정당 활

2) 의회는 양원제로 상원 256석, 하원 350석이다. 임기는 4년이며, 상원 48명은 국왕이 임명하고, 하원은 직접투표에 의해 선출된다.

동이 자유화되었다. 비로소 스페인에 정치적 민주화를 이루어 낸 셈이다.

그러나 1981년 1월 군부의 거부와 경제악화로 수아레스 총리가 물러나면서 스페인에는 군의 정치개입이 일어났고, 이로 인해 스페인의 정치 민주화가 위기를 맞았다. 그러나 이들 일부 몰지각한 정치군인들의 정치간섭에 카를로스 국왕은 진노했고, 그들은 실패하고 체포당한다. 스페인에서는 이제 군의 정치개입은 더 이상 불가능해졌다. 같은 해 수아레스의 후임으로 소텔로 내각이 발족되어 지방자치권의 점진적 확대 등 민주적 시책을 펴기 시작했다. 그러나 바스크 지역의 완전 분리 독립을 요구하는 저항으로 국난이 발생했다. 그들은 유혈 테러 활동을 계속함으로서 결국 바스크문제가 스페인 국내정치의 불안 요인으로 대두되었다. 오늘에 와서도 바스크 지방에서는 중앙정부의 규제에 저항의 소리가 드높다. 그들은 비합법조직 '바스크 조국과 자유(ETA)'를 결성해 활발히 유혈저항이 계속되었다. 통치의 유연성을 상실한 소텔로 내각이 결국 도중하차하면서, 1982년 3번째 총선에서 곤살레스가 압승한다. 곤잘레스의 사회당 정부가 출범하였으며, 1993년 6월의 총선까지 승리하여 4차례 연속 집권하였다.

프랑코 지배하에 오랫동안 자유를 갈망하던 스페인 시민들은 좌파정권을 지지하게 된 것이었다. 집권한 사회노동당은 1879년에 마르크스주의를 주장하는 프롤레타리아 당으로 출발한 스페인의 전통적인 좌파정당이다. 파시스트 프랑코 총통 사후 7년만에 좌파정당이 집권한 것이다. 사회노동당을 승리로 이끈 펠리페 곤살레스[3]는 노동변호사 출신으로 집권 당시 만 40세의 소장 정치인이었다.

그는 프랑코 정권 말기인 1974년 10월 프랑스에서 비밀리에 개최된 사회노동당 제26차 전당대회에서 32세의 나이에 사회노동당 사무총장으로 선출됐다. 스페인 국내에서 철권 통치자 프랑코장군이 죽자, 그의 독재정치 아래서 약 40년간의 탄압받던 사회노동당은 새로운 변화를 모색하기 시작했다. 당내 구세대 좌파는 정통 마르크스주의에 입각한 급진 개혁을 고집했다. 그러나 서독 사회민주당의 영향을 받은 스페인의 젊은 사회주의자들은 과거 ML공산주의의 과격로선을 포기하고, 자신들의 이념을 유로-Socialism으로 정립하였다. 그들은 스페인식 사회주의 창출을 선언한 셈이다.

---

3) 「펠리페」라는 애칭으로 널리 알려진 곤살레스는 스페인 전국노동총연합(UGT) 회원이었던 아버지의 영향으로 어릴 때부터 사회주의에 심취했다. 1966년 사회노동당 세비야 지구당 청년부에 가입한 그는 세비야 法大를 졸업한 뒤 노동변호사로 일하면서, 프랑코 정권下에서 탄압받던 노동운동가들의 변호에 힘썼다.

1979년 5월에 곤살레스는 사회노동당의 당헌에서 『마르크스주의를 표방한다』는 이념을 포기한다. 이에 당내에서 구세대와 신세대 간에 논쟁이 벌어졌다. 이에 곤살레스는 책임지고 사임했으나, 같은 해 9월 임시전당 대회에서 재신임되었으며, 이에 사회노동당은 당헌에서 마르크스주의를 삭제했다. 당시 곤잘레스가 마르크스적 노선을 거부한 것은 매우 현명하고 이례적인 선택이었다.

실용주의를 선택한 스페인의 사회주의 지도자에는 곤잘레스 이외에 사파테로 총리가 있다. 곤잘레스는 명확한 실용주의를 택해 마르크스주의 노선을 포기한 좌파 정권을 이끌었다. 또 한 명은 스페인 사회주의를 현대의 유럽연합 정세에 맞도록 새로운 좌파 노선을 적용한 총리 사파테로이다.

이로써 사회노동당은 교조주의적 마르크스주의 정당, 즉 계급정당에서 의회주의에 입각한 유럽식 중도좌파 정당으로 변화하였다. 사회노동당의 전통적인 지지기반인 스페인 전국노동총연합(UGT)은 곤잘레스의 이념변신을 사상적 오염으로 간주해 등을 돌렸지만 우파 시민들의 폭넓은 지지를 받아 펠리페 곤살레스는 1982년 총선에서 승리한 뒤 1996년에 우파정당인 국민당에게 정권을 넘겨줄 때까지 4회 연속 집권했다. 이 기간에 스페인은 유럽연합(EU)과 북대서양조약기구에 가입하고, 1992년에는 바르셀로나 올림픽을 유치했다.

이들 젊은 지도자들의 실용주의 선택으로 스페인은 유럽의 2등 국가라는 이미지에서 탈피해 프랑스, 독일, 영국 등 다른 유럽 선진국들과 어깨를 나란히 하게 됐다. 그들은 자유를 염원하는 공화주의파 인민들의 후원으로 민주화를 시작했다. 또한 그들은 좌파적 자존심을 버리고, 정치경제적으로 성공한 독일 등 자본주의 선진국들로부터 많은 직접투자를 유치했다. 그들은 현명한 정책추진으로 2000년대 전후로 스페인의 고도 성장기를 만든 셈이다.

(2) 우파의 신예, 아스나르

스페인에는 젊은 우파 실용주의 지도자들도 있었다. 우파인 국민당출신으로 외형적으로 프랑코 시대를 이어받았다는 보수주의자 프라가와 그의 문하생격인 아스나르라는 인물이다. 프라가는 자신의 정치적 욕심을 버리고 자연스럽게 원로 정치인으로 많은 원로 정치인들에게 2선 후퇴를 주도하면서, 아스나르 같은 젊은 후진을 양성했다.

그리고 그의 국민당은 좌파로부터 합법적 선거를 통해 정권을 탈환한다. 친서방적인 외교노선을 선택해 자본주의적인 시장경제 운영으로 해외자본을 유치하고, 스페인 경제를 시장경제 원리에 의해 발전시켰던 인물이었다. 그는 스페인에 드리워져있던 좌파적 어두움을 많이 씻어냈다.

와신상담하던 스페인 우파는 대국민 설득으로 1996년에 실시된 스페인 총선에 임했다. 그 결과 호세 마리아 아스나르 총리(47)가 이끄는 중도 우파 집권 국민당이 야당인 사회노동당을 압도적인 차이로 누르고 승리했다. 국민당은 총 350석 가운데 183석을 얻었다. 사회노동당은 121석을 차지했다. 이들 우파적 실용주의 지도자들을 외톨이 신세였던 스페인을 서구 자본주의 국가군에 합류시키는 성과를 이루어 냈다.

사회당 정부가 통치하는 동안, 대중적 인기가 높은 좌파적 곤살레스 때문에 그의 집권기간 좌파 사회노동당은 비교적 안정적 통치를 할 수 있었다. 그동안 좌파에게 정권을 내주었던 스페인 우파 세력도 혁신적인 자기개혁에 들어갔다. 드디어 1993년 총선에서 젊은 지도자 호세 마리아 아스나르가 이끄는 중도우파국민당은 35%의 지지를 얻었다. 물론 선거 직후에도 사회노동당의 지지율은 39%였다. 여전히 우파의 실각 위험이 도사리고 있었다. 프랑코 사후 18년, 사회노동당 집권 11년이 지나서 우파세력이 재집권할 수 있는 기회가 온 것이다.

아스나르의 인기는 마침 좌파정권의 국정이 난맥상을 이룰 때 치솟기 시작했다. 좌파 정권의 무능이 국민들을 실망시킬 때인, 1990년 4월 제10차 전당대회에서 국민당은 유능한 행정변호사 출신의 젊은 정치인 아스나르를 당대표로 선출했다. 국민당은 37세의 청년 정치인을 당의 얼굴로 내세우면서 프랑코 독재와는 완전히 단절된 새로운 우파의 세대라는 홍보를 강화했다. 세대교체의 가능성을 보여 준 것이다.

드디어 국민당은 1996년 총선에서 승리해 집권에 성공했다. 다만 과반수 확보에는 실패해 지역 정당인 카탈루냐 동맹과 연정을 구성해야했다. 아스나르는 선정을 펼친 결과, 다음 총선에서 국민당은 2000년에 투표자의 44.62% 지지를 얻어, 과반수 의석(총 350석 중 183석)을 확보했다. 이러한 국민당의 배후에는 마누엘 프라가[4]라는 원로 정치인이 있다.

4) 1922년에 출생한 그는 프랑코 총통 말기에 공보장관을 지낸 인물이다. 1970년대초 프랑코 사후에 대비하기 위해 우익 정치인들의 규합이 시작되었는데, 그 중심에는 항상 프라가가 있었다. 1975년 프랑코가 죽은 뒤 우익세력은 일곱 개의 군소정당으로 쪼개졌다. 프라가는 이들을

우파의 권력탈환으로 결론 난 1996년 총선에서 호세마리아 아스나르[5]가 수상으로 당선되었다. 카탈루냐 동맹은 3회나 국민당 정권 성립의 캐스팅보트 역할을 했다. 총선 승리의 주역 아스나르 총리는 중도 좌파정권 일색인 유럽에서 성공적인 우파정권 지도자라는 독특한 위치를 차지하고 있다.

그는 1996년 14년간 집권한 사회노동당의 펠리페 곤잘레스 총리를 밀어내고 정권을 잡았다. 그는 친미정책과 시장경제를 적극 추진했다. 국민당이 처음 집권했을 때 일부에서는 극우 프랑코 독재의 악몽을 떠올렸다. 프랑코 독재에 시달린 스페인 국민들과 폭력적인 파시스트 정권을 지켜본 국제사회는 국민당 우파정권의 등장에 긴장했다. 사실 곤잘레스 정부의 부패 스캔들이 터지지 않았다면, 아스나르는 집권하기는 힘들었을 것이다. 이런 사실을 잘 알고 있었던 아스나르는 취임 시 자신은 파시스트 프랑코와 많이 다른 보수주의 정책을 추구하겠다고 밝혔다.

그 이후 국민당 대변인들도 국민당은 절대 보수우익이 아니라 「중도 우파」, 심지어「혁신 우파」라 말해 왔다. 보수, 우파의 개념과 궤를 같이하는 개혁과 혁신을 추진했다. 아스나르는 시의적절한 선언으로 국민에게 가까이 다가간 것이다. 외교적으로도 아스나르의 친미정책은 스페인의 경제성장을 이끌었다. 조지 W 부시 미국 대통령, 토니 블레어 영국 총리, 호세 마리아 아스나르 스페인 총리는 16일 포르투갈령 아조레스 제도에서 정상회담을 가졌다. 이 정상회담에서 이라크 결의안에 대한 유엔지지 확보 방안을 논의했다. 사담 후세인 대통령 제거후 중동의 정세문제를 논의한다고 미국 관리들이 14일 밝혔다. 미국이 스페인을 반 사담 후세인 연합전선으로 끌어들인 셈이다. 중동의 과격 테러집단은 아스나르 정부의 스페인에 보복을 선언했다. 아스나르 전 총리는 낙후된 스페인 경제를 발전시키기 위해서 친미적 정책을 선택할 수밖에 없었다. 즉, 스페인의 국민당 정부는 서방제국의 좋은 투자조건을 얻으려고 친미정책을 추진했고, 그 결과로 스페인의 경제를 크게 발전시켰다.

통합해 국민동맹이라는 연합체를 만들었다. 국민동맹은 1989년 당명을「국민당」으로 개칭하고 우익 정당들의 연합체에서 완전한 단일당으로 변모했다.

5) 아스나르는 부유한 외교관 가정에서 태어났다. 법학을 전공했으며 20대 중반에 국민당의 전신인 국민연맹에 입당해 정치판에 뛰어들었다. 1982년에는 29세에 하원의원에 당선됐고, 1990년 당 총재에 올랐다.

(3) 중도의 원로, 프라가

아스나르가 당을 개혁하는 동안, 원로 마누엘 프라가는 그의 든든한 울타리가 되어 주었다. 아스나르의 스페인은 1인당 GDP 2만 달러 시대(2002)에 돌입하고, 경제성장률도 연평균 4%대를 유지하는 등 눈부신 발전을 거듭하였다. 보수주의 회귀라는 비판을 받던 1989년 당시, 국민당에 드리워져 있었던 프랑코의 검은 그림자는 사라졌다. 스페인 사람들은 이제 더 이상 마르크스주의나 프랑키즘(프랑코주의)의 역사적 사상논쟁에 시간을 허비하지 않는다. 마르크스주의나 프랑코주의 모두 이미 역사 속으로 흘러갔고, 현재의 스페인 정치와는 더 이상 연관이 없다는 것이다. 정치적으로 스페인은 운이 좋은 나라였다. 지난 27년간 네 명의 총리를 만났는데, 그들 모두 40대 젊고 사상이 실용주의적이었다.

1922년생인 프라가는 스페인 정치의 중심에서 활약할 수도 있는 나이였으나 나이든 지도자들의 2선 후퇴를 주도하고, 아스나르와 같은 후진들이 새롭게 국가개혁을 주도하도록 후원하였다. 그는 대외적으로는 마거릿 대처 전 영국 총리, 조지 부시 전 미국 대통령과 함께 세계 보수주의 정당의 결집체인「국제민주연합」을 설립하는 데 앞장서기도 했다. 그는 아직도 스페인에서 존경받는 현명한 원로지도자이다. 그는 스페인 후배 정치인들로부터 귀감이 되고 있다. 스페인 시민들은 거리에서 그를 보면 연예인이 지나가는 것처럼 손을 흔들고 환호한다. 그는 스페인 서민들의 사랑을 받고 있었다. 특히, 갈리시아 주민들로부터 깊은 지지를 받고 있다. 그는 오랫동안 갈리시아 지방정부의 수반으로 일했고, 스페인 국민당 명예총재로 활동했었다.

(4) 새로운 좌파, 사파테로

최악의 비극이었던, 2001년 미국에 9·11테러가 있었다면, 2004년 유럽에는 3·11스페인 고속열차 테러가 있었다. 나중에 알카에다의 소행으로 밝혀진 이 테러로 인해 약 200명의 무고한 스페인 사람들이 목숨을 잃었다. 총선을 불과 사흘 앞둔 시점에서 일어난 충격적인 사건이었다. 국민들의 반대여론에도 불구하고 이라크파병을 결정하였던 아스나르 총리가 3·11사건 발생 직후부터 이 테러를 바스크분리주의자(ETA)의 소행으로 몰아가자, 야당에서는 이를 정치적

날조라고 비난했다. 결국 알카에다의 소행임이 확실시되는 여러 가지 증거가 나타나기 시작하자, 스페인 여론은 급격히 집권당에 등을 돌렸다.

알카에다의 테러에 경악한 스페인 시민들은 43세의 호세 루이스 로드리게스 사파테로를 스페인 신임총리로 선택했다. 그의 할아버지는 스페인 내란 중 인민전선 측에 서서 프랑코군에 맞서다가 사망했기에 집안의 뿌리가 사회주의였다. 프랑코 장군이 사망한 1975년부터 시작된 스페인의 민주화 발전의 주역은 아돌포 수아레스, 펠리페 곤살레스, 호세 마리아 아스나르로 이어지는 젊고 유능한 정치인들이었다. 이들 세 명이 쌓은 토대를 바탕으로 새로운 좌파 지도자 사파테로 신임 총리는 스페인에 희망을 불어넣고 있다. 사파테로는 변호사 출신이며, 취임 당시 40대 초반이었다.

친미적인 아스나르가 물러나고, 등장한 좌파 사파테로 수상은 전통적 가톨릭 국가인 스페인의 사회개혁을 알리는 파격적인 3가지 발언을 했다. 첫째는 낙태를 합법화 한다. 둘째는 스페인 공립학교에서 종교교육을 폐지한다. 셋째는 동성결혼을 인정한다. 가톨릭 종교국가인 스페인 사회에서 참으로 어려운 정책적 결단이었다. 그도 역시 국민들의 생활에 무엇이 필요한가를 알고 있는 실용주의적 지도자이다. 어느 면에서 좌파 수상의 놀라운 개혁이 아닐 수 없다.

로드리게스 사파테로는 역사적인 왕국도시인 바야돌리드에서 부유한 좌파 가정에서 태어났다. 그의 아버지 후안 로드리게스 가르시아 로사노는 유명한 변호사였다. 그의 조부 후안 로드리게스 로사노는 스페인 공화국 정부의 대위였으며, 사파테로가 8살이었던 스페인 내전 때 프랑코군에의해 암살당했다. 그는 이런 가족적 배경으로 진보적 자유주의자로 분류된다.

사파테로는 스페인 레온에서 자라면서 1966년 9월에는 종교계 초등학교인 Discípulas de Jesús에 입학했고, 1970년 9월에는 당시 레온의 유한 사립학교 Colegio Leonés 에 입학했다. 그 이후, 그는 레온 대학교에서 법학을 공부했고, 1982년에 졸업했다. 학창시절에는 마오쩌둥 전집과과 소련의 토지개혁 서적에 빠졌다. 대학교 졸업 후 레온대학교에서 헌법 교수직을 맡다가 1986년에는 스페인의 하원의원으로 당선됐다. 그러나 1991년 10월에는 레온대학교의 법률 고문들이 그의 교수 겸 하원의원 이중직은 양립할 수 없다는 유권해석에 따라 로드리게스 사파테로는 교수직에서 해직된다.

그의 부인은 현 스페인 장교인 라파엘 에스피노사 아르멘다리스의 딸 손솔레스 에스피노사 디아스이다. 현재 부부 사이에 1993년에 태어난 딸 라우라와, 1995년에 태어난 딸 알바가 있다. 그의 가족은 아직 언론에 나오지 않았고, 현재 두 딸의 사진도 언론에 나오지 않았다. 로드리게스 사파테로는 스페인어만 구사하며, 영어는 잘 못하는 걸로 알려져 있다. 로드리게스 사파테로는 축구광으로 FC바르셀로나와 세사르 로드리게스 알바레스의 애호가로 보도된 바 있다.

스페인이 낳은 현대 정치엘리트들은 추구하는 정치이념과 노선이 다르지만, 모두 이념과 정파를 초월한 실용주의자이다. 또한 그들은 자치 지역 간의 문화적, 역사적, 정치적 다양성을 존중하며, 정치인으로서의 도덕적 규율을 철저히 지키려고 했다. 이들은 안으로는 서로 타협하여 민주적 합의를 도출하고, 밖으로는 유럽 속의 새로운 '서구나라 스페인'으로 거듭나고자 노력했다. 바로 이들이 오늘날 스페인을 유럽의 선진 대열에 들어설 수 있도록 만들었다.

사실 프랑코 사후 과도기를 이끌었던 아돌포 수아레스를 제외하고 모두 스페인 내란 이후 출생자들이었다. 이는 스페인 국민들이 좌파인 사회노동당이나 우파인 국민당 관계없이 경쟁력있는 민주적 참신한 정치 지도자들을 선택했다는 것이다. 즉, 젊고 용기있는 40대 지도자들을 전면에 내세움으로써, 암울했던 과거와의 단절을 선언하고, 유럽연합의 떳떳한 일원으로서 스페인을 선택한 셈이었다.

제6장
스페인의 이민과 치안

스페인은 여행자들에게는 3개월 노비자 국가이다. 유럽연합의 일원으로서 스페인은 여행자들이 입국하기 쉬운 쉥겐조약[1])을 비준했다. 많은 나라에서 다양한 계층의 사람들이 쉽게 입국할 수 있지만 그만큼 여행 중 위험한 일이 있을 수 있다. 스페인에 입국하기 쉬우나, 장기체류 때는 더 엄격한 법적 제한이 있다는 것을 주지해야 한다. 현지에서 체류 연장 같은 행정절차가 매우 까다롭다.

1. 장기체류권

각 자치정부마다 외국인에 대한 법적 대우는 차이가 있다. 다음 자료는 한국 주 스페인 대사관이 안내하고 있는 자국민 안전홍보자료이기에, 주로 수도 마드리드와 최고의 관광도시인 바르셀로나를 중심으로 만들어진 자료이다.

- ▸ 명칭: 거주증명서(Tarjeta de Residencia)
- ▸ 형태: 카드
- ▸ 유효기간: 5년(갱신 가능)
- ▸ 신청자격
  - 일반요건: 스페인내에서 6년 이상 계속하여 거주한 자
  - 특별요건: 자국정부로부터 연금을 수령하는 등 생계능력이 충분한 자, 스페인에서 출생한 자로서 계속하여 3년간 거주사실이 있는 자, 무국적자 또는 난민으로서 주재국 정부가 권고하는 자, 주재국의 경제・과학・문화 발전에 특별히 기여한 자

---

1) 쉥겐조약(Schengen agreement)은 유럽 각국이 공통의 출입국 관리정책을 사용하여 국경시스템을 최소화해 국가간의 통행에 제한이 없게 한다는 내용을 담은 조약이다. 아일랜드와 영국을 제외한 모든 EU가입국과 EU 비가입국인 아이슬란드, 노르웨이, 스위스 등 총 28개국이 조약에 서명하였고, 그 중 24개국이 조약을 시행하였다. 쉥겐조약 가맹국들은 국경 검사소 및 국경 검문소가 철거되었고, 공통의 쉥겐비자에 의해 본국에서 다른 각국에 대한 입국이 가능하게 되었다. 다만 이 조약에는 비EU국민의 거주 및 취업허가는 대상에서 제외되었다.

► 수속 절차
- 스페인 내무부 및 각 시청 관련 부서에 신청
- 필요서류: 여권 사본, 사진 3매, 거주증, 건강진단서, 경제적 능력을 인정하는 서류, 신청서, 세금납부 증명서, 무범죄 증명서

► 효력 상실 사유
- 기존 체류증을 기간 만료전 갱신하지 않을 때
- 1년에 6개월 이상을 스페인에 거주하지 않을 때
- 범죄 행위가 있을 때

► 부활 절차: 신규 신청시와 동일

► 반납 제도: 출국시 신고 및 반납 필요

2. 장기 체류권자의 법적 지위

► 국외 체재 허용기간: 연 6개월 이상을 스페인 이외의 지역에서 체재할 수 없으나, 스페인을 출국전 사유를 인정받았을 경우는 예외

► 재입국 허가 제도: 없음

► 법적 지위 및 복지 혜택
- 법적 지위: 외국인으로서의 체류자격만 인정되며 참정권 없음.
- 복지 혜택: 의료보험 혜택 및 취업의 자유 등 스페인 국민과 동등함

3. 이민자들과 여행자들의 치안문제

► "여행 유의" 국가

스페인의 치안은 안정적인 편이나 여행자들에 대한 잦은 강·절도사건 발생 및 이슬람 및 분리주의 활동에 의한 테러·협박이 지속되고 있어 여행경보 1단계 "여행 유의 단계"로 지정되어 있음.

► **여행자 대상 강절도 발생**

2000년 이후 매년 50만명씩 증가하는 외국인, 특히 경제적으로 어려움을 겪는 동구권, 아프리카인들이 많이 증가하면서 이들에 의한 여행객 상대 강·절도 범죄가 지속적으로 발생하고 있음.[2)] 이들은 한국·일본인을 상대로 범행을

많이 하고 있어 2006년에만 강·절도 피해로 여권을 분실하고 대사관에서 여행자 증명서를 발급받아간 한국인 여행자가 203명에 이르고, 2007년에도 35%가 증가하여 9월말까지 234명이 여행자 증명서를 발급받아 갔음.

► **이슬람, 분리주의자에 의한 테러 위험**

2004년 3월 아토차역 열차 폭탄테러 이후, 이슬람테러조직에 의한 테러 사례는 없음. 2007년 4월초 스페인과 인접한 북아프리카 알제리와 모로코에서 알카에다와 연계된 조직에 의하여 테러가 발생하였고, 이들이 테러대상으로 스페인 남부의 안달루시아 지역을 구체적으로 적시하는 등 이슬람테러 조직에 의한 테러위험이 지속되고 있음. 2006년 12월 30일 마드리드 바라하스 국제공항에서 차량 폭탄테러가 발생하면서 에쿠아도르인 2명이 사망하는 사건이 발생하는 등 국내 바스크 분리주의자에 의한 크고 작은 테러가 지속적으로 발생하고 있는 실정임.[3] 2006년 3월 ETA(분리주의 테러조직)의 "영구적 평화선언" 및 6월 사파테로총리의 "협상 재개 발표"에 따라, 양자간에 우호적인 분위기가 조성되었으나, 공항폭탄테러사건 이후 협상이 중단되면서 분위기가 경색되어 가면서 테러발생의 우려가 많음.

4. 주요 범죄피해 사건 및 발생빈도

► **범죄 유형 및 빈도**

2006년 전국 5대도시에서만 발생하던 범죄가 12개 도시로 확대되는 등 범죄 발생지역이 소도시까지 넓어짐. 공항·역터미널, 호텔 로비, 공원, 식당, 화장실 등지에서 휴대품을 방치하면서 범죄인들이 가져가는 방법(45%). 범죄인들이 여행자의 주변을 산만하게 하여 관심을 분산시킨 후 휴대하거나 주변에 놓아둔 물건을 가져가는 방법20%). 전철·시내버스·경기장 등 혼잡한 틈을 이용해서 소매치기하는 방법(15%). 목조르기를 하거나 오토바이를 타고 와서 강제로 빼앗아 가는 방법(10%). 가짜경찰의 검문, 렌트 차량내 물건 절도 등 기타 범죄(10%).

---

2) 2006년도 범죄혐의로 경찰에 체포된 외국인은 74,341명(전체 체포자 253,723명의 29.3%)이며, 수감자는 총 20,643명(전체수감자 63,138명의 32.6%)임.

3) EU집행위원회는 2006년도 테러발생 동향보고서에서 EU회원국내에서 총 498건의 테러사건이 발생하였으며, 이 중에서 145건이 스페인(바스크지역 136건)에서 발생하였다고 발표하였음.

► **바닥 등에 놓아둔 물건을 절취하는 경우**

비행기, 기차, 버스로 이동시 여러 개의 짐을 휴대하고, 차량 등 이동하는 교통편의 편명 및 터미널 번호 등에 신경을 쓰면서 휴대하는 물건에 대해 관심이 소홀해지거나, 호텔 체크인시 호텔 내부는 안전할 것이라는 생각으로 소지품에 대하여 관심이 미흡함.[4] 관광시 볼거리 및 먹거리에 관심을 집중하면서 주변에서 배회하는 범죄인에 소홀함. 높은 곳에 위치한 볼거리에 집중하거나 사진을 찍는다고 손에 들고 있는 물건을 무심코 바닥에 내려놓아 범인들이 들고 가게 하거나 그냥 놓아두고 떠나버림. 맥도널드, 버거킹 등 패스트푸드 식당에서 물건을 주문하면서 휴대품을 식탁위에 놓거나 식사시 바닥이나 옆 테이블에 둠.[5] 인적이 많은 공원이나 해변가에서 옆에 휴대품을 놔두고 잠시 눈을 감고 휴식을 취함. 화장실에서 탈의하는 경우에도 물건을 들고 가는 경우가 있음.

► **주위를 산만하게 한 후 물건 절취하는 경우**

모르는 사람이 나타나 길은 안내하는 등 과잉친절을 베풀거나, 주요소에서 지도를 들고 길 안내를 요청하면서 신경을 분산함. 노상이나 공원에서 신체에 물 혹은 오물을 뿌린 후 닦아준다면서 주변을 소란스럽게 함.[6] 주차장 및 노상에서 자동차에 펑크가 났다고 차에서 내리게 함. 금발의 젊은 여인과 어린이들이 길이나 시간을 묻고는 여러 사람이 달려들어 말을 걸면서 혼잡하게 이야기한 후 소매치기함. 식당내에서 바닥에 열쇠, 동전 등 물건이 떨어졌다면서 주워달라고 부탁하고 이를 줍는 사이, 물건을 들고 유유히 사라짐.

► **강도 피해 사건의 유형**

인적이 드문 지역에서 여러 명이 뒤로부터 갑자기 공격, 목을 조른 다음 의식을 잃게 한 후 소지품을 빼앗아 가는 소위 목조르기 강도.[7] 어깨에 메고 있는 가방을 억지로 빼앗아 가는 방법을 사용함.

► **지역 및 장소별로 유형**

---

4) 단체 여행객 체크인 하는 경우, 또는 버스 승차시 호텔 및 여행사 직원인양 태연하게 화물주변을 맴돌거나 차에 오르내리면서 물건을 들고 가는 범죄인도 있음.

5) 식당에 앉아 있으면 어린 소년들이 식당 내에서 범행대상자 물색을 위해 식당 내를 배회하는 모습이 자주 보임.

6) 바르셀로나에서 몸에다 초콜렛을 뿌리고 새똥이라고 닦아주면서 휴대품을 가져가는 사건이 자주 발생함.

7) 특히, 한적한 지역을 혼자 여행하는 여성들 피해가 많음. 오토바이를 타고 지나가면서 어깨에 메고 있는 가방을 강제로 탈취함.

바르셀로나에서 주로(65%) 발생하고[8], 마드리드도 왕궁 주변을 중심으로 산발적으로 발생(20%)하며, 코르도바의 로마교 및 그라나다의 알바이신 지역에서도 발생함. 장소로는 인적이 드문 도로상에서 대부분 발생하고, 공원 및 건물 현관 심지어는 바르셀로나 해변에서도(오후 3시)발생함. 시간대별로는 17:00부터 20시까지 50%정도, 22:00이후는 20%, 12:00에서 17:00사이에 기타 30% 정도 발생함.[9]

► **가짜 경찰에 의한 검문**

가짜 경찰관이 마약 단속 중에 있다면서 차량 검문 실시. 이들은 큰 도로의 주요소에서 범행대상을 물색한 후 차량을 뒤따라와 마약이나 밀수사건을 수사한다면서 차량 검문 및 물건 절취. 노상에서 경찰관을 자칭하거나 또는 유사 경찰복장의 사람이 '위조지폐 용의자를 단속하고 있다' 혹은 '마약사범을 수사하고 있다' 며 처음엔 가방을 조사한 후, 지갑 제시를 요구하여 내용물을 살펴보는 척하며 지폐를 빼내가는 방법 사용함.[10]

5. 장소별 범죄피해 유형

► **공항(터미널, 택시· 버스 승강장, 주차장)**: 한명이 뒤로부터 이야기를 거는 사이 다른 공범이 가방을 가지고 사라짐.

► **버스, 지하철(터미널, 역)**: 소매치기, 들치기.

► **호텔(로비, 레스토랑)**: 로비에서 투어 출발을 기다리거나 아침 식사시 음식을 가지러 간 사이 물건을 들고 가는 범죄 발생, 체크아웃 후 호텔 앞에서 짐을 싣는 동안이나 외출 후 호텔에 돌아왔을 때 출입구 부근에서 소매치기 발생.

► **레스토랑, 패스트 푸드점, 카페, 인터넷방**: 의자 등받이에 걸어둔 가방, 카메라 또는 식사중 바닥에 놓거나 옆테이블에 놓아둔 가방을 들고 감.

► **관광지**: 기념촬영 중 가방을 들고 가거나 소매치기(구시가지의 좁은 도로 등지), 강도. 관광지주변 저렴한 호텔 밀집지역의 한적한 곳에서는 시간대를 가

---

8) 특히, 바르셀로나 몬주익 공원 주변에서 목조르기 조심하여야 함.

9) 2007년 들어 저녁 9시부터 12시까지 발생하는 범죄가 3배 이상 늘어나 주의를 요함.

10) 주변의 공범이 조사에 응하는 척하며 지갑을 건네는 모습을 보여 피해자를 속이거나, 피해자와 환전을 하여 제3자에게 마치 마약을 거래한 것처럼 보이게 하기도 함.

리지 않고 목조르기 강도 발생.

► **도로(고속도로 및 일반도로)**: 범인들이 오토바이를 타고가면서 차량에 펑크를 내거나 주차시 미리 펑크를 낸 후, 차량이동시 펑크가 났다고 하여 차를 세우게 한 후 차안에 있는 가방 등을 훔쳐감. 차 아래에서 연기가 난다며 정차시켜 범행을 저지르는 경우도 있음. 마약사건수사 빙자 가짜 경찰관 검문. 신호대기 차량 트렁크 열고 물건 꺼내가는 수법.

6. 범죄피해 빈발 지역

► **마드리드**: 마드리드 시내에서는 구 시가중심으로 최근 많은 감소경향을 보이기는 하나 '목조르기, 마취 후 강도' 등 강력범죄 피해가 자주 발생하고 있음. 피해 발생 장소로는 아토차역 부근, 스페인광장, 콜론광장, 솔 광장 등 관광지, 번화가의 길거리와 한국인·일본인의 이용이 많은 호텔 주변 등 시내전역에서 주의가 요망됨. 오스탈(HOSTAL), 펜시온(PENSION) 등 값싼 숙박 시설의 건물 내에서도 범죄가 발생하고 있는 바, 이들 숙박시설의 경우 일반 호텔과 달리 빌딩 일부만을 이용하고 있는 경우가 많아, 숙박 손님 이외에도 불특정 다수가 출입하고 있어, 범죄가 자주 발생하며, 때에 따라서는 호텔 안에 있는 금고를 통째로 들고 가는 사건도 발생함.

► **바르셀로나**: 바르셀로나는 스페인에서 한국인 여행객 사고가 가장 많은 도시이며 주로 들치기가 성행함. 특히, 개인 여행자가 도착하고 출발시에 이용하는 바르셀로나 국제공항 및 산츠역 주변에서는 주의가 필요함.[11] 구시가지 고딕 지구(까데드랄, 피카소 박물관 등 소재)는 길이 좁아 소매치기 사건이 많이 발생하며 최근에는 여자 어린이들이 자선단체 기부금을 요구하는 척하면서 소매치기를 하는 범행이 발생함. 몬주익 언덕(올림픽 시설, 미로 미술관 등 소재)은 한국인들이 특히 많이 방문하는 지역으로 목조르기 등의 강도사건이 빈발하는 지역임. 람브라스 거리에는 여성과 어린이들로 구성된 남루한 차림의 3~4명의 동구인들이 모여 다니면서 범행대상자를 물색하고 있는 모습을 쉽게 볼 수 있음.

11) 2007년 들어 공항, 호텔내부에서의 범죄가 급증하였음.

7. 범죄피해 예방 및 대응 요령

► **일반 범죄피해 예방요령:** 장기간 (배낭)여행 중에는 범죄피해를 당할 가능성이 있다는 사실을 인정하고 항공권, 여권, 금전, 사진 자료손실 등의 피해를 최소화하는 방안을 사전에 마련함.[12] 항공권 및 여권, 개인정보 서류(여권신청서 등) 사본 준비함. 현금은 최소한만 휴대하고 휴대시에도 분산 보관함. 사진자료의 카메라와 분리 관리(웹하드, 보조기억장치 등). 여행 중 또는 사전에 만나게 되는 여행자, 여행서적, 관광 가이드 등을 통해 범죄 피해 정보의 수집 및 경각심 고취. 공항·기차역·버스 터미널, 택시 승강장에서 차량을 기다릴 때나 호텔에서 체크인을 할 경우 휴대하고 있는 짐에 대한 관심 요망. 시내 관광시 범죄인들의 대상자로 선정되지 않도록 노력함(인적이 드문 곳에는 주야를 불문하고 출입 및 통행을 삼가, 주변의 다른 관광객들과 같이 이동, 주변의 수상한 사람의 움직임에 대하여 경계하는 태도와 자세 견지, 간편한 복장과 소형 배낭 등 간결한 휴대품 준비, 현금 및 귀중품은 호텔 금고에 보관, 신분증, 크레디트 카드 등은 돈지갑과 분리휴대하며 절대 뒤주머니에 보관하지 말 것). 현장에서 범죄인을 추격하여 바로 검거하는 경우에도 이동 중 절도품을 은익하거나 같은 범죄인에게 넘겨진 상태라 피해품 회수가 어려우며 경찰에 인계되어도 처벌 법규가 미비하여 석방됨. 렌트카는 내부에서 차량을 잠그지 않는 경우 밖에서 쉽게 트렁크가 열리는 경우가 있으니 안에서 반드시 잠그며, 노상에서 자동차 타이어 교체시 주변을 배회하거나 도와주는 사람에 대하여 집중 관찰함

► **관심을 분산시키는 범죄에 대한 대응 요령:** 몸에 오물을 뿌리는 경우나 모르는 사람이 말을 거는 등 관심을 유발 하는 경우에 대응치 말고 경계하면서 신속하게 피하거나 가까운 가게 등에 들어가 도움을 요청해야 하며, 큰소리를 질러 주변 관광객의 관심을 끌면서 범인들 퇴치함.

► **흉기를 휴대한 강도범 대응 요령:** 흉기를 휴대하여 신체에 상해를 입히는 범죄는 많지 않음. 칼 등을 휴대한 경우, 범인도 긴장을 하고 있어 돌발상황이 우려되기에 차분하게 상대방을 안심시키면서 갑작스런 행동을 피할 것. 범인은 얼굴이 알려지는 것을 두려워하고 있으니, 가급적 범인의 얼굴을 보거나 대화하

12) 스페인에서는 호텔 투숙시 여권 사본을 보관하기 때문에 외출시에 여권을 휴대할 필요가 없으며, 경찰 검문시에는 호텔을 통해 신원을 확인하거나 여권사본을 제공하기 바람.

지 말 것. 돈지갑에 신분증, 카드 등 중요서류가 있는 경우에는 사후 회수가 가능하도록 현금은 건내주고 지갑은 적당한 거리에 던지는 방법 사용함.

► **가짜 경찰 검문에 대한 대응 요령**: 테러, 첩보 등 특별한 경우를 제외하고는 경찰이 단독으로 여행자의 소지품을 검사하는 경우는 거의 없으므로, 불심검문을 요구할시 확인을 위해 호텔로 안내함. 경찰을 사칭하거나 유사 경찰복장인의 불심검문 의심이 있는 경우에는 경찰 신분증을 요구하거나 필요한 신분증만 보여주며(지갑채 건네는 것은 금물), 필요시 차량번호 등을 확인해 둠.

제2부
열정의 나라, 포르투갈

리스본 벨렘탑에서

포르투갈의 사람들은 스페인 사람만큼이나, 보수적인 가톨릭 교회의 영향을 많이 받았다. 그리고 양국이 모두 해양문화에 익숙하다. 포르투갈 사람들은 가족관계에 집착이 강하며, 인간관계도 전근대적 요소가 많다. 일반적으로 사회의 관습은 스페인과 비슷한 점이 많으나, 사람들의 기질 면에서는 스페인 사람들보다는 온화하다. 큰 도시의 주민들도 다른 유럽국가에 비하면, 진취적이지 못하다. 포르투갈 사람들의 국제적 인식도 아직 후진적이다. 포르투갈인들이 비교적 임대사업 같은 편한 사업을 선호하며, 돈 장사같은 무노동 고소득 사업을 선호한다. 특히, 개인 소득원으로 금리와 임대업 수입을 선호하는 사람이 많다.

포르투갈은 1952년부터 국가에 의한 사회교육과 인성교육이 체계적으로 시작되었고, 1960년에 이르러 6년간의 무상의무교육제가 정해졌다. 국가 주도의 의무교육이 절실하다고 판단한 포르투갈 신정부는 1971년 1월부터 교육제도를 개편했다. 국가 무상의무교육 기간을 종전보다 2년 연장하여, 중학교까지인 아동14세까지 확대했다. 그리고 교회의 과도한 교육관여를 절제시켜 나갔다.

국민들의 대표적 문화적 기호로 전통 노래 양식인 '파두'노래와 스포츠 축구를 들 수 있다. 축구는 국민 스포츠로서 그 열기가 대단하다. 피구같은 세계적 대 스타를 배출하기도 했다. 포르트갈의 전래동화에서 정의의 편에 선다는 '수탉'모형이 유명하며, 시내 곳곳의 기념품 가게에서 볼 수 있다. 수탉은 불굴의 의지를 상지와는 전사로 상징된다.

자연을 사랑하는 포르투갈 인들은 천연자연을 그대로 보존하려는 의지가 강하다. 수도인 '리스본'에서조차 옛 건물을 함부로 허무는 것을 볼 수 없으며, 옛 건물은 사용하지 않더라도 그대로 보존하려는 정책을 펼친다. 리스본 시당국은 할 수 없이, 구시가는 그대로 보존하고, 해안 쪽으로 신시가지를 건설해서 초현대식으로 발전시키고 있다. 그런 연유로 리스본을 관광하려면 리스본의 구·신시가지 두 곳을 모두 보아야 한다.

포르투갈은 유럽의 다른 나라들과 다르게 강이 잘 발달해 있어 수자원이 좋다. 대체로 강물이 매우 맑으며 상수도 설비가 잘 되어 있다. 어느 곳에서든지 수돗물을 생수로 사용할 수 있는 유럽의 유일한 국가이다. 포르투갈 언어로 리스본의 원어인 '리스보아'라는 의미는 '좋은 물'이라는 뜻이다. 도시 주변에 흐르는 강도 육안으로 보아도 깨끗하다.

포르투갈 인들은 다정다감하다. 친절교육이 아동시기부터 강조된다. 필자도 리스본 음식점에서 포르투갈인에게서 친절한 안내를 받은 적이 있었다. 한 음식점에서 메뉴를 고르고 있었는데 옆에 있던 한 부인이 “이 집은 음식의 양이 많기 때문에, 2인분을 시키면 3인이 충분히 먹을 수 있다”고 친히 안내를 해주었다. 그 옆에서 지켜보던 음식점 매니저는 “그렇게 주문하는 것이 현명한 선택이라고” 맞장구를 치는 것이었다.

거리에서 만나는 포르투갈인의 예절 또한 매우 바르다. 길을 걷던 중이나 지하철 내에서 누구에게든지 옷깃조차 스치면 '꽁 리센사'(실례합니다)를 하며 남에게 피해를 주는 행동을 잘 하지 않는다. 또한 그들은 항상 고맙다는 표현인 “오브리가도”를 모든 대화의 추임새처럼 쓴다. 포르투갈 인들은 지난 날 국가적 영광을 기억하려고 노력한다. 노인들은 포르투갈의 전사들이 중남미를 개척하면서, 창조했었던 신화들을 추억처럼 노래한다. 포르투갈 인들은 아직도 포르투갈이 세계에서 강한 나라라고 자부심을 갖고 있는 것 같다.

그들의 생활은 비교적 느긋하며 낙천적이다. 신호등이 없는 경우 모든 차량은 반드시 보행자가 횡단보도에 있으면, 보행자 우선으로 차량을 정지시키는 것을 볼 수 있다. 보행자들을 먼저 건너게 하며, 운전자들은 기다린다. 횡단보도의 빨간 신호등이 켜지더라도, 어떤 차량은 사람을 건너게 하며, 차량이 없는 경우 보행자는 융통성을 발휘해 건너는 게 일반적이다. 즉, 포르투갈에서는 어떤 경우도 교통신호들보다 사람 우선의 교통문화가 존재한다.

제7장
포르투갈의 역사

리스본 해안 벨렘성루 정치범감옥

1. 역사 개관

이베리아반도에 바람이 불어오면, 유럽의 대서양 끝자락 포르투갈이 그립다. 유럽에 대한 향수이자, 유럽의 마지막 중세 분위기를 보여주고 있는 나라가 포르투갈이다. 슬픈 멜로디가 거리에 그득한 리스본이 추억 속에 넘실거린다. 이 나라는 유럽의 20세기 향수를 갖고 남아있는 유일한 국가이다. 포르투갈이 풍기는 중세적 분위기는 지나는 방랑자들에게 오래 머물게 싶게 유혹의 손짓을 하는 듯하다. 지나는 바람조차 낯서는 이방인의 마음을 어루 만져주는 것 같다. 리스본의 어느 거리에서나 이 나라가 역사적으로 낭만적이고, 문화적으로 고풍스런 국가임에 넌지시 알려준다.

지난날 국력이 약해 외세의 침탈을 많이 받아온 포르투갈이었기에, 그 역사도 복잡하다. 인접강국들인 스페인과 프랑스의 침략에 시달렸으며, 그들은 할 수 없이 바다 건너 영국과 동맹을 맺어 독립을 유지하는 어려운 처지에 있었다.

독립 국가로서 포르투갈 역사는, 중세의 나라 스페인의 카스티야 왕국에 의해 주도된 국토회복전쟁(레콩키스타) 시기부터 시작되었다. 당시 이베리아반도는 이슬람 세력이 지배하고 있었고, 그에 대항하여 카스티야왕국의 이사벨 여왕의 주도로 이베리아반도에 기독교 복원 운동이 전개되었다. 그 복원 전쟁의 한 자락 속에서 포르투갈이란 국가의 모습을 발견하게 된 것이다.

그 후 모험적 개척자를 존중하는 포르투갈 사회적 분위기에 힘입어, 포르투갈은 이미 15세기와 16세기에는 지구의 대양들을 탐험하는 대 항해를 시작했다. 대탐험을 성사시킨 포르투갈은 작은 나라로서는 대범성이 특히 돋보인다. "용기 있는 자라면, 배를 타고 대양을 향해 나가라!"라는 카몽이스의 외침이 근사하게 메아리치는 나라가 포르투갈이다. 신대륙에 대한 국민적 탐험 욕구가 분출하는 나라였다. 결연한 탐험시대를 이끌어 나갔던 포르투갈은 브라질을 얻는 등, 일찍이 세계적인 식민 지배국을 건설하였다. 포르투갈은 유럽에서는 변방 국가이나, 뛰어난 항해기술로 아메리카와 아프리카를 비롯한 세계 여러 미개척지를 선점하여 식민지를 운영해 나갔던 것이다.

그러나 포르투갈의 국운은 떠오르는 열강 스페인의 위세에 꺾인다. 워낙 국력의 바탕이 작았던 포르투갈은 1578년 모로코에서 스페인과 벌인 알사세르 퀴비르 전투에서 패하고, 나폴레옹 전쟁에 휘말리면서 약화되기 시작하였다. 더구나 1755년에는 수도 리스본에 치명적인 지진이 발생하여, 국력이 휘청거리기 시작했다. 이어 1822년 최대의 식민지인 브라질이 독립하였다. 포르투갈은 브라질이란 거대한 자산을 잃어버린 셈이다. 국내외적인 내홍이 시작되면서, 포르투갈은 국난에 빠진다.

한때 포르투갈은 세계에 많은 식민지를 거느렸지만, 1975년 마카오와 동티모르를 제외하고는 모두 독립했으며, 마카오 또한 1999년 중화인민공화국에 반환되었다. 현재 포르투갈의 식민지는 대서양의 아조레스 제도와 마데이라 제도뿐이다. 어느 면에서 포르투갈의 현대사는 이민 주도국가의 역사였다. 1950년대까지 2백만 이상의 포르투갈인이 신 개척지인 브라질과 미국으로 이민하였다.

당시 포르투갈은 시대의 변화를 잘 대응하지 못하고 시간만 낭비하고 있었다. 무리한 식민지운영으로 젊은 병사들이 희생되는 상황이 계속되었다. 국부를 식민지배에 낭비하는 국정난맥을 보다 못한 포르투갈의 군부의 좌익장교들이 1910년 최초의 쿠데타를 일으켰다. 군부는 왕정을 종식시키고, 포르투갈 제1공화국을 수립하였다. 그러나 군부 지도자들은 파벌싸움으로 해를 보내며, 국가를 파산 위기에 몰리게 했다.

다시 1926년에 군부의 역쿠데타가 발생하여 강한 독재가 시작되었다. 이때 포르투갈은 특이한 독재자를 경험하게 된다. 즉 군부 정권이 잠시 임명했던 교수출신 관료 정치가, 살라자르라는 인물이 지식을 이용해 엄청난 교조주의적 통치를 했다. 그가 사망할 때까지 어느 시대, 어느 군부 정권 못지않은 개발독재를 자행했다.

결국 그가 병사하고 몇 년 뒤, 소장파 군인들이 다시 일으킨 1974년 카네이션 혁명이 성공할 때 까지, 살라자르 독재의 그림자는 지속되었다. 대위들의 봉기라고 명명되어진 카네이션 혁명은 일거에 포르투갈에 새로운 바람을 몰고 왔다. 물론 이들도 좌파적 청년 장교들이었다.

좌익이 득세한 1975년, 포르투갈 제3공화국은 마카오를 제외한 모든 해외 식민지를 포기한다. 이 청년 군인들은 1974년 민정 이양을 약속하고, 우방들과의 외교관계를 개선하려 노력했다. 좌파의 쿠데타 이후에 이들 젊은 장교단이 서방국가들과 국교를 신속히 복원하였다. 이들의 처사는 매우 긍정적이며, 실용주의적 외교정책이었다.

처음 쿠데타 직후에는 좌파적 소장 장교들이 반미적 제3세계 외교정책을 그 기본으로 하려했으나, 그 후 정책을 수정하여 1977년에는 EC(유럽공동체)가입을 신청하였다. 유럽회의는 이를 검토, 1985년 EC 가맹협정에 조인하여 1986년 EC 회원국이 되었다. 1987년 4월 총리 실바가 중국을 방문하여 마카오를 1999년 12월 20일에 반환키로 하고 공동선언에 조인하였다. 1988년 11월 유럽연합(European Union)에 가맹하였고, 1999년 1월 출범한 유럽단일화폐인 유로체제에 창립 회원국으로 가입하였다.

포르투갈의 신정부는 포르투갈의 전근대적인 사회신분 계급을 타파하려고 했다. 이들의 함성이 성공하지는 못했으나, 그들의 혁명공약이 오늘의 포르투갈이 있기까지 많은 이정표를 제시해주었다. 그들은 포르투갈의 어두웠던 근대시대의 정치문화를 씻어버리려 노력하고 있었다. 그들의 봉기는 역사적으로 의미가 있었다. 그 이후 숱한 정치 혁명의 질곡을 거치며 포르투갈은 정치적 근대화의 길로 들어선다.

2. 고대 포르투갈의 역사

포르투갈은 스페인의 고대사처럼 이베리아반도에 이주해온 다양한 이민족들이 정착하여 만든 국가이다. 이미 언급한 것처럼, 역사가 기록되기 전부터 이베리아반도에는 멀리서 이주하여 온 여러 종족들이 살고 있었다. 추운 북부에 살던 유럽인종들이 차츰 멋진 태양이 빛나고 기후가 좋은 이베리아반도로 대서양 연안으로 자연스럽게 몰려 내려왔다. 이런 배경으로 포르투갈은 다양한 원주민들의 혼혈로 형성된 켈트계 이베리아인 원주민1)이 생겨났다. 그들은 기원전 12세기에 도래한 페니키아인, 기원전 8세기에 찾아온 고대 그리스인들로부터 선진문명을 배워갔다.

그 당시 가장 선진적 문명을 이룩했던 로마인들은 일찌기 이 지역을 점령하여, 기원전 2세기부터 로마의 속주로 만들었다. 로마인들은 포르투갈을 로마화시켜 이 지역을 루시타니아라고 불렀다. 이들 포르투갈인들은 오히려 가까운 스페인문화보다 로마문화의 영향을 더 받았다. 특히 농업, 도시의 건설방식, 언어, 생활, 종교, 그리고 통치양식 등에서 포르투갈은 로마로부터 많은 것들을 학습했다. 아직까지 포르투갈의 구 도시 속에는 로마시대의 문물이 많아 남아있다. 지나는 관광객들은 리스본 구 시가지가 로마시와 흡사함을 보고 놀란다.

이어 포르투갈 지역은 서고트족 등 게르만계 부족들의 침입을 받게 된다. 다행이 이들 남하한 서고트 세력도 로마처럼 기독교 세력이라, 비교적 사상적 갈등은 적었다. 그런데 서고트의 지배는 로마 기독교와는 좀 상이한 기독교 색채를 남기고 사라졌다. 로마의 지배 방식이 원격 조종되는 총독 체제라면, 서고트는 직접 왕실이 주도하는 제정일치의 기독교 문화였다.

한편 포르투갈도 스페인처럼 이슬람의 영향을 강하게 받는 시기를 겪는다. 기독교와는 다른 이교도들의 도래는 기존의 포르투갈 지역문화를 근본적으로 변화시켰다. 8세기에 침입한 이슬람 세력은 신속한 기동력으로 포르투갈 국토의 대부분을 장악했다. 이베리아반도 전체가 산악과 사막의 오지만 빼놓고는, 이슬람의 지배에 들어갔다. 그 기간은 800년 가까이 된다. 스페인의 레콩키스타 운동은 포르투갈의 민족혼을 일깨웠다.

그 후 포르투갈은 자력으로 이슬람 세력을 몰아낸 스페인의 영향을 많이 받게 된다. 이어 스페인 쪽에서 먼저 시작된, 그리스도교도에 의한 국토회복운동(레콩키스타)이 포르투갈 지역으로 번지고, 이 지역에서도 기독교 회복운동이 성공적으로 이루어진다. 그러나 이미 흘러버린 약 800년간의 이슬람의 세월은 포르투갈 문화에 너무나 큰 영향을 주었다. 국토 회복운동이 시작되기 전까지, 800년 가까이 이슬람의 지배는 짧은 세월이 아니었다. 그동안 그들은 이슬람의

1) 키가 작고, 머리가 검다. 흰 피부에 푸른 눈을 갖고, 매우 용맹하고 항해술이 뛰어나다.

생활양식에 깊이 빠져 들었다. 포르투갈은 스페인보다 국력이 약해, 이슬람 정권이 주었던 종교적 차별도 더 심하게 받았다. 그러나 포르투갈은 스페인에 비해 국민성이 순하다고 한다. 그래서 포르투갈은 이교도 문화를 스페인 경우보다 잘 참고 견디었다는 설도 있다.

드디어 스페인 쪽에서 먼저 시작된 레콩키스타 재정복과정에서 포르투갈 왕국이란 독립왕국이 성립되었다. 스페인의 국토회복 기독교 군단은 포르투갈을 기독교 형제국으로 보았고, 이 동지애가 포르투갈을 독립하게 만들었다. 후일 스페인은 포르투갈 지역을 점령하기 위해 여러 번 침략을 시도하였으나, 포르투갈의 애국 청년들이 용감하게 막아낸다. 포르투갈은 영국과 프랑스의 지원을 적절히 이용해, 인접 강국 스페인에 저항하며 스스로 강한 독립국가로 성장한다.

드디어 1095년 프랑스 왕족 앙리 드 부르고뉴가 포르투갈 통치백작에 봉해진다. 이어 그의 아들 아폰수 엔리케시가 테호강 북쪽에 출병하여 카스티야 세력을 밀어내고, 스스로 1143년 포르투갈왕(王)이 되었다. 카스티야가 주축이 되었던 국토회복운동은 1249년에 완료되어 오늘날의 국경이 만들어졌다. 포르투갈 종교단 세력도 레콩키스타 전투에서 큰 역할을 했다. 스페인 안달루시아처럼, 포르투갈 남부의 실지 회복운동은 종교기사단에 의해 이루어졌다. 따라서 남부에는 스페인 안달루시아처럼 좀 더 자치권이 보장된 대규모 봉건적 봉토제가 형성되고, 북부에는 일찍부터 왕실정부가 직적 관리하는 중앙 집권적인 토지제도를 운영했다. 따라서 북부 지역에는 포르투갈 자유농민에 의하여 발전된 소규모 농업경영이 이루어졌다. 오늘에 포르투갈 농업경영 방식이 북부와 남부가 규모 면에서 차이가 있다. 이 영농 규모의 차이는 중세시대부터 만들어진 토지 소유제도 때문이라 하겠다.

3. 근대 포르투갈의 역사

포르투갈의 왕권은 14세기의 주앙 1세(재위 1385~1433) 때부터 독립한 왕국으로 성립됐다. 이때부터 왕실은 리스본의 상인계급과 결탁하여 포르투갈 민족 권력을 만들어 나갔다. 그리고 주앙 1세는 왕권을 절대 왕정화 하였으며, 영국과의 전략적 동맹을 맺었다. 주앙 1세의 아들 엔리케는 매우 진취적인 개척 정책을 추진해 항해왕이라고도 불렸다. 그는 아프리카 서해안을 비롯한 세계의 신항로의 발견에 매진하였다. 포르투갈이 지원하는 항해단은 곧 인도항로와 브라질을 발견(1500)함으로써, 포르투갈은 항해왕국으로서의 지위를 확립하였다. 엔리케는 브라질 정복이후 많은 식민지 경영에 힘을 쏟았다. 당시 포르투갈의 식민지 경영은 스페인보다 앞서 나갔다. 이들은 새로운 신천지에서 돈만큼 귀한 사금과 노예를 획득하려했다. 당시 금보다도 더 값나가는 향료를 비롯한 몇 가지 농산물의 수입에 주력하였다.

수도 리스본은 각지로부터 유입된 신천지의 생산품으로 넘쳐흘렀다. 이 당시 포르투갈은 해양강국으로서 부(富)의 축적 규모가 유럽에서 네덜란드 다음이었다. 리스본 시내는 귀한 수출입 상품으로 크게 흥청거렸다. 그러나 이런 신천지에서 만들어진 부는 왕실과 귀족에게만 집중되었다. 상류계급의 낭비와 경제정책의 실패로 인하여, 귀금속을 비롯한 부가 국외로 유출되어 포르투갈은 국력상승의 기회를 잃고 있었다. 포르투갈은 국내 자본가 계급이나, 상인계급이 형성되지 못하였다. 포르투갈의 국세는 근대시대로 넘어오면서 고도성장의 문턱을 넘지 못하는 한계를 보여줬다.

종교적 영향력을 중시했었던 포르투갈은 해외 진출과 함께 기독교 포교활동에 진력하였다. 신 개척 식민지역에 강한 군사력을 배경으로 왕성한 무역과 함께 포교활동을 추진했다. 이러한 움직임 가운데, 국내에서는 반종교 개혁이 반왕정운동과 함께 싹트고 있었다. 특히, 포르투갈 사회내부에 민중이 앞장선, 민주주의 교회 개혁 운동 모습도 보였다. 동시에 기존 가톨릭 교회의 반동 정책도 강화되었다. 사상적 갈등은 포르투갈 지역에서 오히려 컸다. 좌우 사상이 연동된 포르투갈 기독교 신구갈등은 연이은 군부 쿠데타를 야기했으며, 사회적 충격도 다른 여타 나라보다 컸다.

한편 문화적 측면에는 포르투갈은 겔틱문화에 이슬람·인도·고딕풍이 뒤섞여 조화를 이룬 "마누엘 양식"이 나타났다. 이 양식은 포르투갈 독자적 르네상스 문화라고도 불리웠다. 포르투갈의 왕 마뉴엘 1세(재위 1495~1521)는 선왕의 항해 사업을 계승하여 많은 업적을 남긴다. 바스코 다 가마의 인도 도착과 카브랄의 브라질 발견에 이어, 장대한 포르투갈 해상제국 실현되었다.

그의 통치시대에 꽃피운 소위 포르투갈식 르네상스 건축장식을 '마누엘양식'이라 부른다. 또한 마뉴엘1세는 행운왕(Venturoso)이라고도 부른다. 국운이 오르는 시대인데도, 후계자가 없어 고민하던 주앙 2세는 그의 종제를 후계자로 지명하였다. 그는 즉위하자마자, 선왕의 항해사업을 계승한다. 그의 후원으로 1498년에 바스코 다 가마가 인도에 도착하고, 1500년에 카브랄의 브라질이 발견된다. 유럽 대륙의 남쪽 변방에 있는 이 작은 나라에서 세계적 탐험가들이 나왔다는 사실이 신기하다.

다양한 재능을 겸비한 군주로서 마뉴엘 1세는 예술을 이해하는 예술왕이기도 하였다. 또한 마뉴엘 1세는 외교에도 탁월한 능력을 보여, 장대한 포르투갈 해상제국(海上帝國)을 실현하였다. 그는 카스티야 여왕 이사벨 1세의 왕녀(장녀 이사벨, 그가 죽은 후 3녀 마리아)와 결혼하였기 때문에, 친(親)스페인 정책을 썼다. 그는 스페인에서 추방된 유대인과 이슬람교도에 대해 가톨릭으로 강제 개종토록 압력을 점차 강화하였다. 이 종교탄압 정책은 후일 포르투갈의 국내 갈등의 원인을 제공하기도 했다.

그가 통치하는 동안 꽃피운 르네상스 건축 장식은 '마누엘양식'이라 부르며, 이 건축의 모양에는 해산물과 항해용구까지 조각되어 있어 웅장하다. 마뉴엘 1세는 포르투갈 국민들이 늘 자랑하는 군주 중에 하나로 기억되고 있다. 그는 모든 건축에 미학적인 고려를 하도록 했다고 한다.

포르투갈이 낳은 유명한 국민시인 카몽이스가 쓴, 서사시 우스 루지아다스가 나타난 것도 이 시기였다. 포르투갈이 해외로 용기있게 진출하던 1572년에 출판된, 이 불후의 명작 서사시는 포르투갈 문학 최고의 걸작이었다. 그것은 그리스의 '호메로스'에 비견되는 웅장한 국민적 서사시이었다. 그 서사시의 주제는 바스쿠 다 가마의 항로발견 모험을 예찬한 영웅에 관한 노래였다. 이는 어느 면에서 포르투갈의 모험역사를 찬미하는 등 애국 서사시이기도 하였다.

야망이 컸었던 포르투갈 왕실은 1139년부터 1910년까지 해양제국을 건설하려했던 왕국이었다.[2] 근대화가 시작되는 1911년부터 포르투갈은 다른 신생 후진국들이 흔히 겪는 군부 쿠데타를 겪으며, 근대화를 위한 혁명의 질곡 속으로 빠져든다. 이 과정을 통해 포르투갈은 공화정체로 오늘에 이르고 있다. 세계에서 일찍이 식민개척에 앞장선 포르투갈은 1999년에 마카오가 중국 정부에 반환될 때까지 광대한 식민지를 보유했었다. 식민지지역을 가장 오래 보유하려했

2) 이 기간의 스페인 왕조는 보르고냐왕조(1139년~1385년), 아비스왕조(1385년~1495년), 아비스-베자왕조(1495~1580년), 합스부르그왕조(1580년~1640년), 라간사왕조(1640년~1853년), 사셰-코부르구-고타왕조(1853년~1910년)이다.

었던 나라도 포르투갈이었다.

재미난 일은 포르투갈이 브라질을 통합국가로 건설할 목적으로 1808년부터 1815년까지 7년간 수도를 리우데자네이루로 천도한 적이 있다는 사실이다. 이 천도 정책은 실패했지만, 참으로 원대한 제국 포르투갈 건설의 꿈이었다. 포르투갈 지역이 제국을 건설하기에는 국토가 너무 작다고 판단했던 것이다. 물론 브라질은 1822년까지 포르투갈의 지배를 받았었다. 아마 포르투갈의 국가 이전 정책이 성공했더라면, 남미에 미국에 버금가는 또 하나의 포르투갈제국이 건설되었을지도 모른다. 그것은 가설이긴 하나, 영국이 식민지로 건설했던 미국의 오늘날 위용을 보면, 포르투갈이 세우려 했었던 '브라질 제국' 추론이 가능하다.

4. 스페인에 지배당한 포르투갈

포르투갈이 국내외 내홍으로 어려울 1578년, 포르투갈의 영웅적 군주인 세바스티안 왕(王)이 국가 부흥의 꿈을 놓친 채, 북아프리카 원정길에서 전사한다. 군주를 해외에서 잃은 타격으로 포르투갈은 스페인과의 전쟁에서 패했다. 그 후 포르투갈은 1580년부터 60년 동안 스페인의 지배를 받게 된다. 이것은 오늘날 포르투갈 사회 속에 스페인 문화를 많이 발견할 수 있는 요인이 된다. 사실 양국이 같은 이베리아 문화권이라는 설명도 있다. 이런 역사적 연관성이 현대에 와서도 스페인과 포르투갈은 상호간 많은 문화적 영향을 주고 받는 배경이 된다. 아마 포르투갈인들이 스페인을 싫어하는 이유도, 이 기간에 있었던 스페인의 제국주의적 지배 역사 때문일 수 있다.

스페인에 예속된 포르투갈 왕실은 스페인으로부터 압제를 청산하기 위해 와신상담, 독립의 기회를 노리고 있었다. 드디어 1640년 브라간사공(公)의 지휘로 프랑스·영국과 동맹을 맺어 다시 독립전쟁에 승리한다. 이어 브라간사공은 포르투갈 주앙 4세로 즉위한다. 그러나 영국과 프랑스라는 외세의 도움을 받은 포르투갈은 그 후 혹독한 대가를 치루어야 했다. 영국에 신세를 진 포르투갈은 영국의 경제적 식민지처럼, 경제적 예속이 점차 심화되었다. 1703년에는 메스엔 조약에 따라 영국 공예제품의 자유로운 수입이 허가되고, 반대로 낮은 관세로 포르투갈산 포도주의 영국 수출이 결정되었다. 영국의 비싼 옷감과 공산품을 수입하고, 포도주와 같은 포르투갈의 일차 농산물을 수출하는 전통적인 경제 식민지로 전락해갔다. 이와 함께 포르투갈의 보석같은 식민지 브라질에서도, 점차 네덜란드·영국 등 신흥열강의 진출에 의해 침탈당하기 시작하였다.

포르투갈인들은 스페인 점령군에 맞서 싸우다 전사한 사람들을 위해 큰 탑을 리스본 시내에 건립했다. 그 이름이 '레스타우라도레스'란 '구원열사'라는 뜻으로, 1640년에 스페인의 지배에 대항해 포르투갈의 독립을 위해 싸운 지사들을 기념하여 붙인 이름이다. 광장 중앙의 30m 높이의 오벨리스크에는 포르투갈이 겪은 수많은 국가적 사건이 조각되어 있고, 이 오벨리스크를 둘러싼 광장은 전체가 기하학적 무늬의 모자이크로 구성되어 있다.

포르투갈인들에게는 지난날 스페인에 항거했던 악몽을 아직도 잊지 않고 있다. 이곳은 항상 여러 개의 꽃들이 헌화되어 있어, 지나는 사람들에게 포르투갈인들이 갖고 있는 강렬한 '스페인에 대한 저항의식'을 느끼게 해준다. 인접국이면서 역사적으로 혈통을 나누어 가진 스페인에 대해 포르투갈인들은 현대도 분명히 경계심을 갖고 있었다.

5. 프랑스와 영국에 지배당한 포르투갈

프랑스의 시민혁명을 무력으로 진압한 나폴레옹은 19세기 초, 이베리아반도를 성난 파도처럼 덮친다. 포르투갈 왕실 일족은 브라질로 망명하였으며, 영국·포르투갈 연합군과 프랑스의 전투가 계속되었다. 영국의 도움으로 겨우 나폴레옹 군대를 물리칠 수 있었으나, 이로써 영국의 간섭이 더 커졌다. 나폴레옹 몰락 후에는 영국 장군이 섭정으로 부임, 포르투갈을 실질적으로 지배하였다.

그러나 이베리아반도에 공화주의 열풍이 불어왔다. 스페인이나 포르투갈이나 모두 공화주의 태풍에 휩싸이게 되었다. 왕당파와 공화주의파 간에 전투를 하게 된다. 이것은 내란의 수준이었다. 마찬가지로 1820년에 포르투갈 내에도 스페인 내란의 경우처럼, 반영국 입헌파의 혁명이 일어난다. 다시 포르투갈 국왕이 복귀하여 입헌군주제가 채택되었다. 그러나 포르투갈은 국내의 내홍에 시달리는 상황에서, 1822년에 최대의 식민지인 브라질이 독립한다. 브라질이란 최대의 정치적 자산을 상실한 포르투갈은 국력을 소실한 채, 쇠퇴해 갔다.

포르투갈이 국력쇠퇴로 고통받을 때, 국제적으로 시대적 큰 획을 긋는 두 사건이 일어났다. 하나는 프랑스 시민혁명이고, 또 하나는 영국의 산업혁명이다.

이 사건들은 포르투갈에 근대화 정신을 일깨웠다. 포르투갈 국내에는 근대화를 위한 여러 가지 의식화 운동들이 일어났다.

원래 포르투갈은 자원 부족으로 국내의 산업기반이 취약했다. 시민들의 생활은 어려웠고, 국가 경제를 받쳐주는 중산층도 없었다. 겨우 영국의 보증으로 연명하는 중앙은행만이 가동되고 있었다. 경제발전의 시스템이 없었다. 국가 기관의 설립을 제외하고는 두드러진 성장이 없었으며, 오히려 정치 민주화 갈등속에서 사회적, 정치적 혼란이 계속되었다. 포르투갈은 가톨릭 교회 당국의 지나친 권력남용으로 사회전반의 발전이 지체되고 있었다. 모든 개혁은 교회의 개입으로 좌절하고 있었다.

이에 18세기 후반에는 퐁발[3]이 예수회(Jesuit 會)의 해산하고 종교 세력을 순수하게 교회 내로 복귀시키려했다. 다양한 국내 정치개혁을 시도하였다. 그러나 그는 정책을 서투르게 추진하다가 봉건세력의 저항을 불러일으켜 안타깝게도 좌절한다. 포르투갈의 사회개혁은 너무나도 멀리 있었다.

6. 군부의 정치개입과 살라자르 시대

이러한 정치적 소요 중에 결국 1908년 국왕 카를로스 1세와 그의 왕자가 암살되었다. 국왕이 피살된 비극 속에서, 1910년 총선거가 있었다. 기대했었던 절차에 의한 선거 개혁도 별 효력 없었다. 공화파의 혁명이 일어나고, 유약한 마누엘 2세가 퇴위하고 공화제가 성립하였다. 그 후에도 정치군인들의 정치 개입이 계속되고, 과격한 노동운동이 거리로 나오기 시작했다. 농민들도 정부의 무능함에 분노하기 시작했다. 포르투갈의 거리는 군인들과 노동자로 득실거리고 정치적 긴장이 커졌다. 더구나 게다가 포르투갈은 제1차 세계대전에서는 연합군 측에 가담, 참전하게 됨으로써 국력은 피폐해졌고, 경제적 위기는 극도로 심화하였다.

이러한 분위기는 다시 군부의 독재정치를 유발한다. 1926년에는 군부 쿠데타에 의하여 장군 코스타의 독재정권이 출현하였으나, 이 정권도 경제정책의 실패

3) 18세기 후반에 포르투갈의 정치·경제·교육의 대대적인 개혁을 단행한 정치가 퐁발 후작의 동상이 있다. 리스본 시가지 건설의 주역이었던 그의 동상은 리베르다데 대로를 내려다보고 있다. 에두아르두 7세 공원과 리베르다데 대로 사이에 있다.

로 붕괴된다. 그 뒤를 이어 대통령이 된 카르무나는 1928년 쿠임브라대학 교수 살라자르를 경제장관으로 기용하여 재정의 전권을 맡기면서, 살라자르의 시대를 예고한다. 살라자르는 과감하고 극단적인 디플레이션 정책을 실시하여 3년 만에 포르투갈 경제를 재건하는 데 성공하였다. 그러나 그의 국가 건설론은 포르투갈의 정치 민주화를 꽁꽁 얼어붙게 했다.

살라자르는 1932년 총리가 된 뒤, 1933년에는 헌법을 제정하고 무솔리니를 모방했다. 그는 공화제적 조합국가(共和制的組合國家)의 체제를 확립함으로써 강력한 권한을 집중시켰다. 살라자르는 비밀경찰을 창설하고 검열제도를 실시하는 한편 국민연합당 이외의 정당을 인정하지 않는 조치 등 일당 독재체제를 구축하였다.

1969년 독재자 살라자르가 신병으로 사임하고(1970년 사망), 카에타노가 후임이 되었다. 그러나 이미 혼란이 시작된 포르투갈 사회는 국내 반체제파의 불만이 고조됨과 동시에 아프리카 식민지 등의 독립운동이 활발해졌다. '세계 최후의 식민지제국'이라고 불리던 포르투갈은 아프리카 식민지에 대한 마지막 탄압을 자행했다. 이 비 인도적인 탄압은 결국 포르투갈의 국가명예를 손상시켰다. 이 탄압을 주도한 카에타노 정권은 여러 차례 국제적 비난을 받았다.

7. 포르투갈의 민주화, 카네이션 혁명

한국에서는 유신독재가 칼을 세울 1974년, 포르투갈의 청년 군인들이 흥미로운 쿠데타를 일으켰다. 이 혁명은 바로 붉은 카네이션 꽃을 가슴에 단 젊은 군인들이, 거리에서 시민들 가슴에 붉은 카네이션을 달아주는 무혈혁명이었다. 이 카네이션 혁명은 1974년 4월 25일 포르투갈에서 일어난 좌파 소장군인들이 일으킨 무혈혁명을 뜻한다. 그 주도자들이 주로 청년장교였으므로 '대위들의 혁명'이라고도 한다.

당시 포르투갈의 정국은 살라자르의 독재로 신음하고 있었다. 그는 포르투갈의 경제를 살리는 데는 성공했으나, 개발위주의 일당독재를 행한 결과로 국가의 정치발전을 후퇴시켰다. 1932년 이래 A. O. 살라자르의 장기독재는 저항을 받기 시작했고, 아프리카 식민지의 독립운동탄압에 대해서 1960년대부터 국제적으로 비판의 소리가 높아졌다. 1970년 살라자르가 사망한 후에도 포르투갈의 정국을 '살라자르 없는 살라자르 체제'라고 불렀다. 그의 동원형 독재체제는 그의 사후에도 몇 년간 지속되었다.

내부적으로 곪고 있었던 포르투갈의 식민지 문제가 드디어 군부를 분열시켰다. 1973년 기니비사우와 모잠비크에서 현지 독립운동이 더욱 치열해지자, 군부는 식민지전쟁을 지속하기가 어려워졌다. 계속 포르투갈의 젊은 군인들은 무모한 식민지의 해방 전쟁 속에서 죽어갔다. 당시 유럽전체가 급변하고 있는 데, 세계정세에 발맞추지 못하는 정부의 무능함에 젊은 군인들은 절망했다.

이어 와중에 카네이션 혁명에 동기를 제공한 사건이 터진다. 1974년 2월 참모차장이었던 A. S. R. 스피놀라가 조국의 식민지전쟁을 비판한 책을 내어, 항명죄로 해임된다. 이 사건은 진보적 군부세력에게 반란의 동기를 제공한다. 군부혁명의 도화선에 불이 붙었는데, 포르투갈 정부는 사태의 심각성을 깨닫지 못하고 있었다. 그들 젊은 장교들은 무능한 중앙 정권에 분노하기 시작했고, 곧이어 혁명을 일으켰다. 그들은 4월 25일 리스본에서 '국군운동(MFA)'이 반란을 일으켜 정부기관과 방송국을 점령하였다. 스피놀라 장군이 선도되어 구국 군사평의회 대표로서, 임시정부를 조직했다. 신 군인들은 살라자르 시대의 민주적 정치범들을 석방시키고, 언론 ·결사의 자유를 선언한다. 그리고 살라자르 시대의 고관 대작들을 파면하였다. 그들은 짙게 드리워졌던 '살라자르 없는 포르투갈'을 선언했다.

이 신정부는 살라자르 체제의 탄압으로 국외로 망명하였던 사회당 ·공산당 지도자들도 귀국시켰다. 메이데이인 5월 1일 군사 쿠데타 참가자 전원이 카네이션을 가슴에 달고, 포르투갈 시민들에게도 꽃을 달아주며 거리에서 민주주의를 호소한다. 즉 붉은 카네이션 혁명이란 포르투갈인의 '눈물 같은 혁명'이 시작된 것이다. 그들 젊은 장교들은 신선했다. 오래된 귀족들과 고리타분한 교회로부터 해방을 선언했다. 세계인들의 눈에는 붉은 카네이션 혁명, 그것은 포르투갈의 희망처럼 보였다.

젊은 그들은 신속하게 혁명을 추진하여, 5월 15일 스피놀라를 대통령으로, 변호사 파르마 카를로스를 총리로 선출하고, 사회당과 공산당을 영입한 신정부인, 군 ·민 연합의 새 정권이 발족하였다. 또 내각과는 별도로 대통령 자문기관으로 MFA를 포함한 국정평의회가 생겨났다.

그러나 견해가 다른 여러 정치세력 사이에 사회주의 노선을 놓고 갈등이 폭발한다. 얼굴마담격인 총리 파르마 카를로스는 7월에 사임하고, 좌파 청년장교단의 지지를 받은 혁명의 실세, MFA의 대령 바스코 곤살베스가 총리가 되었다. 이 내각은 해외 식민지들의 독립권을 승인하였고, 기니비사우와 모잠비크의 독립을 인정하였다. 곤살레스 내각은 좌파의 장교와 공산당 등의 지지를 받아 개혁을 신속히 진행시켰으나, 중립적인 스피놀라 대통령과 의견이 대립되었다. 민주적 정책을 추진하려던 스피놀라의 지지파들이 군부에 저항하기 시작했다. 곤잘레스 강경군부가 9월 스피놀라파의 데모를 진압하자, 스피놀라는 대통령직을 사임하였다.

포르투갈의 카네이션 혁명은 신선한 쿠데타였다. 소위 대위들의 혁명인, 포르투갈혁명은 자국의 민주화의 길을 열고, 무모한 식민지제국을 해체시켰다. 포르투갈의 쿠데타 후, 신 군부는 중요 산업을 국유화하고, 국내의 모든 부를 정부가 통제하는 사회주의화의 길을 걷는다. 우익적으로 내달리던 살라자르 독재정권의 그림자를 밀어내고 그 시대의 잔재인 국민연합당을 해체한다. 민주화를 부르짖는 새로운 정당들이 활동을 개시하였다.

이후 고메스 장군이 대통령에 취임하였다. 1975년 3월에는 스피놀라를 중심으로 하는 보수파 군부가 다시 쿠데타를 일으키나, 실패한다. 스피놀라는 브라질에 망명(1976년 8월 귀국)하였고, 이를 계기로 군부는 좌경화하여 좌파 군부정권이 들어선다. 그러나 신생국들의 군부정권은 언제나 좌파이거나 우파이거나, 끝내 권위주의적 정부를 만들어 나가게 마련이다.

드디어 혼란한 갈등 속에서 1975년 4월 민정이양의 제1단계로 제헌의회 선거가 실시되었다. 1976년 4월 제헌의회에서 사회주의 체제로의 이행을 명문화한 새 헌법이 채택되어 이에 근거한 총선거가 실시되었다. 선거에서는 사회당이 득표율 34.9%로 107석을 획득하여 제1당이 되어 1원제의 입법의회(정수 263석)가 발족하였다. 포르투갈은 합법적으로 사회주의 노선을 걷게 된 것이다. 이어 6월에는 대통령 선거가 실시되어 사회당, 민주대중당, 사회민주당의 3당 지지로 에아네스가 대통령에 당선되었다. 같은 해 7월에는 소아레스를 총리로 하는 사회당 단독내각이 발족함으로써 일단 의회제 민주주의의 형태가 성립되었다. 이런 모양은 외형적으로 포르투갈에 희망을 주는 듯 했다.

사회당이 제1당, 민주대중당(현재의 사회민주당)이 제2당이 되어 군부, 사회당, 민주대중당의 연립정권이 성립되었다. 그러나 군부는 너무나 이상주의적인 기치를 걸고, 좌경화의 길을 가고 있었다. 이를 비판한 사회당, 민주대중당이 이탈하여 연립정권은 붕괴된다. 그래도 좌익 군부와 공산당 연합세력이 그 세력을 확장해 나가고 있었다. 그 후 군부 온건파의 반격이 이어지고 정국은 좌우로 동요되어 포르투갈의 사회는 혼란 속으로 빠진다.

8. 사회당 통치와 소아레즈 시대

사회주의 포르투갈은 경제부문에서 위기를 맞는다. 바닥을 모르고 추락하는 경제위기와 당내의 좌우대립으로 고민하던 소아레스 내각은 1977년 1월 총사직하였고, 1978년 1월에는 사회·사회민주중앙당의 연립으로 제2차 소아레스 내각이 만들어 졌다. 그러나 양당의 무한 대립으로 7월 총리 소아레스는 해임되고, 그 후 무소속의 다고스타 내각, 핀토 내각, 첫 여성 총리인 핀타실코 내각이 차례로 구성되었다.

포르투갈의 정정은 참으로 어처구니없는 정치의 혼란이었다. 포르투갈은 국운회생의 기회를 놓치고 있었다. 1979년 12월 대통령 에아네스는 의회를 해산하고 임시 총선거를 실시한다. 이 총선에서 보수파 연합의 민주동맹(AD)이 과반수를 획득, 사카르네이로 연립내각이 구성되었다. 이리하여 5년만에 포르투갈 정권은 좌익에서 우익연합으로 옮겨졌다.

이로써 포르투갈 정국의 주도권은 좌익세력으로부터 다시 보수파로 옮겨지게 되었으나, 1980년 10월 총선거에서도 총리 사카르네이로의 민주연맹이 재집권하였다. 이어서 1980년 12월의 대통령선거에서는 좌파의 지원을 받은 대통령 에아네스가 재선된다. 이듬해 월 프람시스코 핀토 발세마우루를 총리로 하는 새 내각이 발족하였으나, 여당 내의 대립으로 8월에 총사직하였으며 9월 제2차 발세마우 내각이 발족하였다.

포르투갈의 정국은 어느 정파인건 국가를 위해 일할 수 있는 시간을 벌어주지 못하고 당파싸움으로 세월을 보내고 있었다. 이런 와중에서도 포르투갈의 정국은 점차 좌익 색채가 옅어지고 있었다. 비교적 작은 나라인 포르투갈의 좌우사상적 방황은 나라의 앞날을 어둡게 하고 있었다. 포르투갈은 실질적인 경제발전보다는 사상적 옳고 그름을 논하는데 귀중한 시간을 허비하고 있었다.

온건한 이데올로기를 표방하면서, 경제 정책에 몰입한 발세마우 내각은 국유화 정책의 완화, 농민들이 접수한 농지의 일부를 반환시키고, 자유경쟁 시장체제로의 복귀했다. 사회주의 정책을 완화하는 목표를 세웠다. 동시에 1976년 선언적 의미로 그득찬 사회주의 헌법 개정도 추진하였다. 사회당과의 타협에 의해 1982년 8월 국회를 통과한 신헌법 초안은 9월 대통령 에아네스에 의해 공포되었다.

결국 발세마우 내각도 대통령과의 마찰로 물러나고, 1983년의 총선거에서는 사회당 서기장 소아레스를 총리로 하는 새 내각이 발족하였으나, 단명으로 끝나고, 1985년 실바 내각이 들어섰다. 포르투갈 정국은 끝없이 요동치고 있었다. 가난한 나라 포르투갈의 정치는 희망이 안보였다.

1999년에는 포르투갈에 처음으로 사회당과 사회민주당의 주도로 양당체제가 정착되었다. 1995년 총선거 결과는 사회당(PS) 112석, 공산·녹색당 연합(CDU) 15석, 사민당(PSD) 88석, 대중당(PP) 15석으로, 공산당과 대중당 같은 과격세력이 퇴조하는 경향을 보이고 있다. 1997년 지방선거에서 사회당은 지방선거 사상 최고의 득표율(40.5%)을 기록하였다. 이상한 것은 1998년 지방자치 개혁 국민투표에서 정부여당의 패배에도 불구하고, 사회당 및 총리에 대한 지지 여론은 변동이 없다. 그것은 포르투갈의 민중들이 기본적으로 사회주의를 선호하고 있기 때문이다.

다시 총선에서 승리한 총리 안토니우 구테헤스가 이끄는 사회당은 1999년 10월 총선거에서도 승리하여 사회당 2기에 들어갔다. 그러나 2001년 초부터 경제부진, 정권운영의 혼란 등으로 인하여 총리의 무능이 문제되었다. 이에 따라 같은 해 12월 실시된 통일 지방선거에서 사회당이 최대 야당인 사회민주당에 대패하였고, 총리는 사임을 표명하였다.

그 결과 2002년 3월 조기 총선거를 실시하여 사회민주당이 1995년 이후 7년 만에 승리함으로써 정권 교체가 이루어졌다. 자유민주주의 정강정책을 추구하는 사회민주당 총재 호세 마누엘 듀라오 바로소가 총리에 선출되어 오늘에 이른다. 포르투갈 시민들은 좌익 노선으로는 유럽연합 시장에서 잃을 것이 많다고 판단한 셈이다. 사회주의 정당들이 모두 후퇴하는 유럽 사회에서, 포르투갈의 사회당은 너무 오래 포르투갈의 정국을 주도했다. 그리고 사회주의 정부는 서구 유력 국가들로부터 소외되어, 포르투갈의 경제를 너무 낙후 시키고 말았다. 외톨이가 된 포르투갈의 경제는 경쟁에서 낙오할 수 밖에 없었다.

9. 유럽 속의 포르투갈

포르투갈의 사회주의적 군부세력은 질긴 생장력을 갖고 있었다. 이어 발생한 군부의 정치개입과 국내의 좌파적 분위기로 국제사회에서 다시 고립되기도 했다. 한때의 포르투갈은 두 가지 문제로 유럽사회에서 고립되었었다. 이어 지독한 좌익 군사독재정치와 아프리카 식민지 유지정책으로 포르투갈이 관심을 가졌던 공산권 국가 및 아프리카 국가들과는 거의 국교가 단절되기도 했었다.

소위 카네이션혁명이라는 소장파 민주군인들의 쿠데타가 있은 후, 포르투갈은 크게 변모했다. 1974년에 민정이양을 위한 무혈 군사혁명 이후에는 이들 국가들과 국교를 다시 수립해야 했다. 그리고 정치민주화로 가기 위한 포르투갈 나름대로의 정치적 일정이 진행되었다. 군인들의 좌익 쿠데타 직후에는 반 서구적인 제3세계 외교를 그 기본으로 했으나, 그것은 포르투갈의 외교적 고립을 자초하는 위험한 정책이었다.

그 후 정책을 수정하여 1977년에는 EC(유럽공동체) 가입을 신청하였다. 1981년 유럽회의는 이를 검토, 1985년 EC 가맹협정에 조인하여 1986년 EC회원국이 되었다. 또한 1988년 11월에 유럽연합(European Union)에 가입하였고, 1999년 1월 출범한 유럽단일화폐인 유로체제에 창립 회원국으로 가입하였다.

포르투갈은 역사, 문화, 언어 면에서 비슷한 피지배국가들과의 전통적 유대강화에 노력하였다. 이들 과거의 식민지관계에서 파생되었던 적대관계를 정리하고 피지배 국가들과 새로운 동반자 관계를 수립했다. 그동안 소원했었던 인접 국가들과 선린관계를 복원하는 등 유럽국가의 하나로 거듭나려 했다. 이어 포르투갈은 지리적으로 가까운 지중해 연안 국가(북아프리카 국가 포함)들과의 관계를 개선시켰다. 최근의 포르투갈의 외교는 한마디로, 몇 년 앞서간 스페인의 외교를 닮고 있는 것 같다.

제8장
포르투갈의 자연환경

리스본 겨울은 섭씨 16℃

1. 포르투갈의 현황

포르투갈은 고대 역사가 화려한 국가이지만, 국가건설은 시기적으로 낙후된 나라였다. 유럽에서 정치적으로도 후진국이었고, 경제적으로도 발전이 늦다. 공식적인 건국은 1143년 10월 5일이고, 면적은 92,391km² 로 세계 110위이다. 인구는 10,495,000명(2005)으로 세계 76위이다. 인구밀도는 114명/km²으로 세계 87위이다. 포르투갈은 로마식 명칭인 포르투스 칼레(Portus Cale)에서 유래한 것으로, 칼레(Cale)란 두오로강 입구에 겔트인들이 거주하던 원시 정착촌의 이름이다. 정식 명칭은 포르투갈 공화국(República Portuguesa)이다.

포르투갈의 원주민은 지중해 연안의 남방 인종에 속하며, 예로부터 켈트계 이베리아인과 혼혈족이 중심이 되어 형성되었다. 인종적으로는 스페인의 갈리시아 지방의 주민과 유사하다. 고대에는 언어도 갈리시아 언어를 같이 사용했었다. 인구밀도는 동부 내륙지방보다 서부 해안지방이 높으며, 특히 북서부의 좋은 기후는 풍요한 농업지대를 만들어 냈다.

스페인과는 1801년의 바다호즈조약에 대한 갈등으로 불편한 관계에 있다. 포르투갈은 현재 국경지대인 올리벤차 지역을 스페인 영토로 인정하지 않고, 자국의 영토라고 주장한다. 스페인측과 군사적 긴장은 없으나, 영토분쟁으로 외교적인 갈등은 자못 심각하다. 양국의 국민적 감정도 영토분쟁으로 편안하지 않다.

포르투갈은 지금도 세계 여러나라의 지탄을 받아 가면서 계속 식민지를 보유하고 있는 나라이다. 대서양 상의 식민지인 아소르스 제도와 마데이라 제도를 포함한다. 그러나 일반적인 식민지와는 달리 두 섬은 원주민의 흔적을 찾아보기 힘들고, 현재 주민들도 거의 전부가 포르투갈 본토 이주민들이다.

포르투갈은 경제적으로 농업과 광업같은 1차 산업을 주로 하는 나라이다. 사회의 성격과 관습은 스페인과 비슷한 점이 많으나, 기질 면에서는 스페인 사람들보다 좀 온화한 편이다. 남북한 동시 수교국의 하나이며, 우리나라와는 1961년 4월, 북한과는 1975년 2월 국교를 맺었다. 우리나라의 대 포르투갈 수출은 1991년 이후 년 간 3,700만 달러수준으로, 매우 미약한 편이다. 앞으로 한국과 포르투갈은 많은 부문에서 교역을 확대하려고 쌍무협상을 추진하고 있다.

2. 포르투갈의 자연환경

포르투갈의 강들은 대부분 스페인에서 시작된다. 이베리아반도의 가장 긴 강인 태주 강 하구에 리스본이 자리 잡고 있다. 포르투갈의 중요한 하천으로 북쪽에서부터 미뉴, 도루, 테주, 과디아나강 등이 있다. 이 강들은 스페인 쪽에서 발원하여, 거의 북동쪽에서 남서쪽으로 흘러 대서양으로 유입한다. 일반적으로 급류이며 테즈강 이외에는 선박운항에는 별로 도움이 되지 못한다.

날씨는 전형적인 해양성기후로 겨울에는 따뜻하며 여름에는 시원하기 때문에 사람들이 살기에는 쾌적하다. 포르투갈 관광은 사시사철 어느 때라도 가능하다. 그러나 북부는 대서양에서 불어오는 바람 때문에 여름에는 비가 많고, 습도가 높다. 남부는 스페인 안달루시아처럼 건조한 편이다. 리스본의 우기는 일반적으로 10월에서 이듬해 4월까지이다. 비교적 겨울에 비가 많이 내리는 대서양성 해양기후를 갖고 있다.

연중 기온은 대체로 온난하다. 포르투갈은 지중해성 기후를 많이 띤다. 그 중에서도 남부지방이 지중해성 특질이 많이 나타나고 북쪽 지역의 경우 바람이 많은 대서양 기후를 띤다. 포르투갈은 유럽에서 가장 따뜻한 나라 중의 하나로 보통 기온이 연중 내내 섭씨 영상 13도~18도 정도에 머문다. 아조레스 제도의 경우에는 온도차가 더 작다. 대체적으로 여름과 봄은 아주 햇빛이 많은 반면에,

가을과 겨울에는 비바람이 많다.

프랑스 국경지대인 포르투갈의 북동 지방은 겨울에 엄청나게 추워질 때가 있다. 기온이 영하 15도까지 내려가기도 하고, 남동부 지방에서는 한여름이 되면 45도까지 치솟기도 한다. 그러나 해안가는 더 온화하여 가장 추울 경우 영하 2도, 가장 더울 경우 37도 정도까지 오른다. 북부 포르투갈의 연평균 강수량은 1,500mm 안팎이라, 강우량은 풍부한 편이다. 이 지역은 포르투갈에서도 습윤한 지역으로 대서양형의 온화한 기후를 나타낸다. 그러나 산악지대는 극심한 대륙성기후를 나타내고 있다. 스페인은 긴 국토를 따라 남쪽으로 내려오면 연평균 강수량 500mm 이하의 건조지역으로 바뀌며, 겨울에 비가 오는 지중해성이 된다. 또한 포르투갈은 알프스 히말라야 지진대에 속하기 때문에, 유사 이래 몇 차례의 대지진이 기록되고 있다. 경험적으로 특히, 1775년 리스본에서 일어난 지진으로 엄청난 인명피해와 재산 손실을 피해를 보았다. 삼림면적은 국토의 28%로 주로 북부 해안지대에 산림이 많다. 남부에 조림된 코르크 나무는 경제적으로 포르투갈의 중요한 수출상품이다.

포르투갈은 이베리아반도의 메세타(이베리아 고원) 서부에 위치해 있으며, 직사각형 모양을 하고 있다. 스페인과 경계를 이루는 동부산지와 대서양 방면으로 펼쳐지는 해안평야로 나눌 수 있다. 동부산지는 남북으로 길게 뻗어 있다. 국토 중앙에 동서로 흐르는 테주강[1)]을 경계로, 북쪽의 북부 산간지역은 강우량이 풍족한 다우지역이 있다. 남부 포르투갈은 낮은 평야가 많은 건조한 지역이 펼쳐진다. 이곳의 밀과 포도 재배 농장은 규모나 풍광이 정말 장관이다.

북부 포르투갈은 면적의 반 이상이 해발 고도 400m가 넘는 결정질의 암석으로 이루어진 고지이다. 이는 다시 중앙을 동서로 관류하는 도루[2)]강에 의해 남북 2개 지역으로 나누어진다. 도루강 북쪽 지역은 내륙의 트라즈오즈몬테즈 지방과 해안의 미뉴·도루리토랄 지방으로 분류된다. 내륙지방에는 갈리시아 지방의 트라즈오즈몬테즈 산맥이 부채모양으로 둘러있다. 그 가운데 높은 고원지역이 자리하고 있다. 여러 갈래의 깊은 협곡이 발달돼 있으며, 해안을 향하여 점차 계단 모양의 경사를 이루고 있다.

동쪽산지에는 떡갈나무·밤나무 등의 낙엽수림이 많으며, 골짜기의 비탈면에는

---

1) 스페인에서는 타호강으로 불리운다.
2) 에스파냐에서는 두에로강으로 불리운다.

옥수수·과일나무가 재배된다. 특히 도루강 경사면에서는 질 좋은 포도가 생산된다. 또 도루강에서 남쪽 테주강까지의 지역은 베이라 지역이라 하는데, 이곳은 분지처럼 생겼다. 북부보다 고도가 낮아지고, 기후도 건조해진다. 이곳을 따라 대서양 해안에는 소나무의 사구가 넓게 발달하고, 아베이루 지방에는 큰 호수가 있어, 아름다운 호반지대를 이루고 있다. 스페인 지역에 비해 포르투갈 지역은 마치 해양성 반도처럼 호수와 하천이 골고루 잘 발달해있어, 대륙성 국가인 스페인과 큰 대조를 이룬다.

동쪽 스페인 방면의 내륙지방에는 에스트렐라산맥(에스트렐라산: 1,991m)이 뻗어 있어, 포르투갈에서 가장 높은 고도지역을 이루고 있다. 이 산맥에서 발원하는 몬데구강이 서쪽으로 흘러내리는 구릉지에는 고도 코임브라가 위치해 있다. 이 지역에서는 포도 이외에 올리브도 재배된다. 북부 포르투갈과 남부 포르투갈의 경계를 이루는 테주강은 하류지역에 저평하고 비옥한 충적평야를 형성하여 좋은 농업지대를 이룬다. 또 강어귀에는 로마시대부터 좋은 항구로 알려져 있는 수도 리스본이 있다. 테주강 이남의 남부 포르투갈은 남쪽으로 내려갈수록 완만한 구릉을 이루는 평야지대가 전개된다. 남부는 기후도 건조하여 지중해 지역과 비슷한 경관을 나타낸다. 남부 해안지방은 에스트레마두라 지방, 내륙의 알렌테주 지방, 그리고 최남단의 알가르베 지방으로 나누어진다. 알렌테주 지방의 산지는 메세타의 서쪽 연변에 해당하며, 구릉지에는 코르크나무 숲이 넓게 펼쳐져, 코르크·올리브의 대표적인 재배지이다.

결론적으로 포르투갈의 기후와 자연환경은 유럽에서 비교적 양호한 편이다. 포르투갈 지역은 인간이 거주하기에는 매우 좋은 환경을 보여주고 있다. 물론 포르투갈의 역사와 전통은 유럽의 역사 속에서 커다란 비중을 차지하지는 못한다. 그것은 포르투갈이란 작은 나라가 스페인, 프랑스, 그리고 영국 등에 치여 국세를 마음껏 확장할 수가 없었기 때문이었다. 그러나 앞서서 신천지를 개척하였던 포르투갈 인들의 모험적 탐험 기질은 세계 최고의 수준을 자랑한다. 결코 포르투갈인들이 보여준 세계적 항해능력과 신대륙 개척 역사는 인접 강대국들에 비해 결코 뒤지지 않는다.

그리고 포르투갈의 때 묻지 않은 풍광은 유럽을 여행하는 사람들에게 마지막 남은 유럽의 고향같은 향수를 느끼게 한다. 포르투갈은 중세 추억같은 그 무언가 느낌을 준다. 특색 있는 유럽국가라는 이미지를 듬뿍 준다.

제9장
포르투갈의 문화

1. 포르투갈의 문화유산

다양한 인종들이 남하해서 살게 된 포르투갈은 사용하는 언어도 다양하다. 그래서 포르투갈은 의회 의결로 국어를 정했다. 미란다 두 도루지역에서 쓰이던 미란다어를 포르투갈어와 공동 공용어로 하는 결의안을 채택한 것이다. 미란다어는 포르투갈이 성립한 12세기 이래 만들어진 포르투갈어와 음운, 구조, 언어사등에서 다르다. 미란다어는 역사적으로 이베리아반도 북부의 레온 왕국의 언어에 뿌리를 두고 있다. 따라서 포르투갈의 미란다어는 스페인의 아스투리아스어 및 레온어와 동질성을 갖는다. 그러나 정치적으로 이 지역이 포르투갈에 가깝기 때문에 지속적으로 스페인보다 포르투갈어의 영향을 받았다. 그래서 미란다 어는 많은 어휘를 현대의 포르투갈어 및 그 여러 방언과 공유하고 있다.

어느 면에서 포르투갈 언어는 스페인어보다 오히려 어휘 면에서 풍요롭다는 평가도 있다. 따라서 국가의 역사와 크기를 고려할 때, 스페인보다 훨씬 작은 나라인 포르투갈에 좋은 시와 좋은 소설들이 많은 점이 신기하다.

포르투갈의 문화는 전통적인 지방문화와 리스본을 중심으로 하는 수도문화로 구분된다. 리스본의 구시가 주변에 다양한 고딕양식, 바로크양식, 로마양식 등의 아름다운 건축물들이 많다. 특히 리스본 구시가지에 즐비한 바로크 양식의 건축물은 18세기 포르투갈의 해외진출 당시 경제적 부를 잘 나타내고 있다. 리스본의 신도시는 철저히 선진국들의 모범적 도시 설계를 추진하고 있어, 신도시 지역은 포르투갈의 역사적 문화적 향기는 없는 것 같다. 여행자들이 리스본의 구도시와 신도시를 동시에 순환버스를 타고 돌아보면, 구도시의 중세분위기와 21세기 분위기를 동시에 느껴 볼 수 있다.

벨렘 탑

리스본을 방문할 때, 누구나 쉽게 관광할 수 있는 장소가 벨렘탑이다. 리스본의 해안 도로를 달리다보면, 바다와 강이 만나는 삼각주 지점에 서 있는 작은 성과 같은 하얀 탑을 만난다. 이 탑은 당초 물 속에 세워졌으나, 타호강의 흐름이 바뀌면서 물에 잠기지 않게 되었다고 한다. 각 층마다 창문에 큰 대포들이 바다를 향해 진열되어 있다. 바다로 침략해 들어오는 적들을 경계하던 옛날의 스산한 분위기를 느끼게 해준다. 벨렘탑의 건물이 멀리서는 탑 같은데, 가까이 접근해보면 작은 성처럼 분위기는 아름답다. 그러나 지난날의 역사적 흔적은 지금도 처연하다. 바다를 등으로 도시를 전망하기에는 3층 끝의 종루가 좋다. 창틀에 앉아서 도시 쪽을 바라보면, 리스본의 도시가 한눈에 잘 보인다. 그곳에 앉아 있으면, 해안의 성루에서 병사들이 밤낮 지켜야 하는 리스본 도시 중심을 바라보는 분위기를 느낄 수 있다.

이 탑은 포르투갈이 국력를 키우던 1515~1519년에 건설되었다. 이 건축물의 형상은 한 마리의 하얀 나비가 물 위에 앉아 있는 것처럼 보인다. 조화를 중시하는 마누엘 양식의 건축물로, 좁은 통로로 연결된 3층 구조이다. 아름다운 테라스가 있는 3층은 옛날 왕족의 해안 별장으로 이용되었으며, 지금은 16~17세기의 가구가 전시되어 있다. 2층은 포대로 항해의 안전을 수호하는 '벨렘의 마리아 상'이 서 있다. 1층은 지하처럼 지어져 있어서, 스페인이 지배하던 시대부터 19세기 초까지 정치범 감옥으로 사용되었다.

이리도 아름다운 흰 성 속에 처절한 정치범 수용 감방이 있었다니, 이해가 가지 않는다. 역사 속에서, 권력은 참으로 무상하다는 생각이 든다. 스페인 지배에 저항하던 독립운동가, 나폴레옹 군에 반항하던 애국자들이 반 지하의 낮은 층에 갇혀, 죽음을 맞이하던 슬픈 장소였다. 진보주의적 정치범들이 물이 차여오는 감옥에서 고통스럽게 수감생활을 했다고 한다. 만조 때 물이 들어오고, 간조 때 물이 빠지는 감옥에서 비인간적인 고통스러운 옥살이를 했다고 한다.

그러나 20세기에는 이 탑은 대항해시대에 항구를 떠나는 모험가들을 전송하는 이별의 장소이다. 또한 오랜 항해를 마치고 고국으로 돌아오는 모험가들을 가장 먼저 반갑게 맞이하는 노스탈쟈의 귀향탑으로, 항해자들의 마음속에 그려져 있었다. 언제나 이 탑의 모습은 떠나는 사람들의 그리운 고향, 리스본의 향수로 남아 있었다. 이곳은 교통 좋은 해안에 위치하고 있어, 많은 관광객들이 찾아오며, 지나가면서도 쉽게 관람할 수 있는 관광지이기도 하다.

나자레

나자레 지역은 어업자원이 풍부한 해안 어업도시로 포르투갈의 가난한 사람들이 모여들던 풍요의 항구였다. 가난한 자들이 굶지 않고 살아갈 수 있는 여유의 항구였다. 또한 기독교 신도들의 진솔한 순례역사가 깃든 도시이다. 포르투갈 레이리아주(州)에 있는 도시로 리스본에서 북쪽으로 100km 떨어진 대서양 연안에 있다. 17세기 중엽부터 포르투갈 전통적인 어촌으로 알려져 왔으며, 풍습은 화려한 색상의 독특한 옷차림과 특이한 풍습이 많다. 특히 부근 바다에서 정어리·고등어가 많이 잡히는 풍족한 항구이다.

이곳에서 관광용 시계제조·통조림가공 등의 제조업이 활발하다. 시내에는 12세기에 지어진 성지순례성당이 있으며, 길고 화려한 모래백사장은 포르투갈 최고의 해수욕장으로 알려져 있다. 전통적 종교행사로는 매년 9월 8일에 행하는 교회의식과 무용이 있다. 리스본에서 아베르를 거쳐 포르투로 향하는 철도가 이 항구를 지나며, 많은 관광 볼거리를 제공한다.

제로니무스 수도원

국토회복운동의 와중에서 많은 정신적 역할을 했던, 이 수도원은 16세기 포르투갈 전성기의 영광을 보여주는 듯하다. 포르투갈의 종교적 신심을 자부하는 이 거대한 수도원은 마누엘 1세(1469~1521)가 바스코 다 가마의 해외원정에서 벌어온 막대한 부를 이용하여 건설했다. 리스본 대지진때도 이 수도원은 큰 피해를 입지 않았다고 해서, 축복의 수도원으로 더 유명하다. 신앙의 힘을 입증했다는 뜻에서 많은 순례자들이 이곳을 찾는다. 특히, 이 수도원은 16세기 옛 모습을 그대로 간직하고 있어 신비스럽기도 하다.

그 아래로 타호강이 유유히 흐른다. 강이 흐르는 방향으로 남문 위쪽 벽에는 항해왕 엔리케의 상이 조각되어 있고, 그 위에 성서를 라틴어로 번역한 히에로니무스의 생애가 조각되어 있다. 남문을 통해 들어가면 성모마리아 교회가 있다. 꽤 높은 천장이 큰 기둥으로 둘러있다. 거대한 기둥들은 대항해 시대의 작품답게 탐험에 관련 있는 내용으로 장식되어 있다. 천장의 조각과 그림도 아름답다. 입구 오른쪽의 주제단의 양식이 아름답다.

이 수도원은 세계적인 탐험가와 시인이 묻혀있는 성지로 유명하다. 강당 상층 찬송 성가대실 아래에 2개의 관이 나란히 놓여 있는데, 오른쪽이 희망봉을 돌아 인도항로를 발견한 바스코 다 가마의 관이고, 왼쪽은 대항해시대 포르투갈의 활약상을 서사시로 읊은 국민시인 루이스 데 카몽이스의 관이다. 성가대실 아래에는 민족적 존경을 받는 군주, 마누엘 1세와 주앙 3세의 관도 모셔져 있다.

포르투갈이 낳은 최고의 개척자 바스코 다 가마와 민족시인 카몽에스관 사이를 지나면, 대서양이 바라보이는 서문으로 나오게 된다. 건축 당시 이 문이 정문이었다고 하는데, 19세기 중엽 건축된 기념관에 가려 멀리서는 잘 보이지 않는다. 이 문을 지나 오른쪽으로 나가면 넓은 정사각형 회랑으로 둘러싸인 밝은 뜰을 만난다. 포르투갈의 독특한 문형들이 그려진 이 정원은 화려하기 그지없다. 커다란 흰 돌을 사용한 회랑기둥에 새겨진 세세한 조각과 수려한 정원은 신비스럽고 아름답다. 그 조각 속에는 많은 열대식물과 바다짐승들이 표현되어 있다. 세계 각국의 동식물을 조각한 회랑기둥은 수려한 정원과 어울려, 마치 중세의 종교적 교황이 거닐던 모습을 상상케 한다. 교황이 지금이라도 칙서를 내리려는 듯, 지나가는 바람조차 숨을 죽이는 듯한 환상을 준다. 지나는 이방인들에게 수도원의 정원은 하나의 경건한 예술품이었다.

코아 골짜기(Coa Valley)선사시대 바위그림

이베리아반도의 최대 기원전 유적이 발견되었다. 국제 고대 사학회는 많은 노력을 해서, 이 바위그림을 학문적으로 고증했다. 포르투갈 북동쪽스페인 국경방향에 있는 대규모의 암각화 유적이다. 이 암각화는 길고 긴 만년이 넘는 역사 속에서 다양한 그림들을 남겼다.

코아 골짜기는 대단한 바위 군락은 포르투갈 북동쪽에 있는 유유히 흐르는, 코아강(江)을 따라 17㎞가량 이어져 있다. 기원전 22,000년부터 기원전 10,000년까지의 구석기시대 암각화부터 20세기의 암각화까지 발견되고 있는데, 아직도 고증이 안 된 암각화가 많이 있으며, 코아 강 밑이나 수중의 암각화가 더 있을 것으로 추정된다. 거대한 골짜기로 둘러싸인 코아 계곡은 멀리서 보면 그 규모가 웅장하다.

구석기 시대의 것으로 추정되는 암각화는 주로 동물을 소재로 표현하였다. 청동기와 철기 시대에는 칼과 창을 들고 말을 탄 전사의 모습 등이 나타난다. 그 후 많은 세월이 흐르고도 사람들은 이 코아 지역을 잊지 않고, 마치 성지처럼 찾아와 암각화를 남겼다. 로마지역에서 공통적인 현상이지만, 이곳에서도 절대

왕정의 시대인 16~17세기에는 종교적이거나 인간의 세속적인 내용들이 나타난다.

재미있는 사실은 20세기에도 인간들이 이곳에 찾아와 암각화의 역사를 남겼다. 그들이 표현한 내용들은 물고기·새·배·기차·비행기 등 다양한 소재가 사용되었다. 이곳의 암각화는 동굴 속보다는 밖으로 노출된 것들이 많아, 밝은 태양을 좋아했던 사람들이 살았던 것 같다. 코아 골짜기의 고대 암각화들은 오래 전부터 인간에게 내재 되어있는 예술적 창조성을 입증하는 것 같다. 인류 고고학적으로 무한한 가치를 보여주는 유적들이다. 참으로 신기한 것은 수많은 침략전쟁 속에서도 이 유적지의 보존상태가 좋다는 점이다.

포르투갈은 문화재를 보존하려는 열정은 대단하다. 세계적인 많은 유적들이 그렇듯이 이 골짜기도 1990년대에 댐건설 프로젝트 중에 발견되었다. 포르투갈 당국은 즉시 이 골짜기의 문화적 가치를 인식하고 댐 건설을 중단하였다. 국제사회도 포르투갈 당국의 신속한 조치에 찬사를 보냈다. 코아 계곡은 고고학적인 가치를 인정받아 유적공원으로 지정되었고, 많은 예산을 들여 관리되고 있다.

리스본의 레스타우라도레스 광장

이 광장은 포르투갈 리스본의 구 시가지를 상징하듯이, 우뚝 솟은 탑을 가운데로, 정남향으로 고색창연하게 펼쳐져 있다. 광장의 위용은 포르투갈의 지난날 찬란한 역사를 보여주듯이 화려하다. 이곳 광장의 이름이 레스타우라도레스이다. 이 말뜻은 '회복의 투쟁전사'라는 뜻으로 1640년 스페인의 지배에 대항해 포르투갈의 독립을 위해 싸운 지사들을 기념하여 붙인 이름이다. 광장 중앙의 30m 높이 있는 탑, 오벨리스크에는 포르투갈이 겪은 수많은 국가적 사건이 조각되어 있다. 오벨리스크를 둘러싼 광장은 전체가 기하학적 무늬의 모자이크로 구성되어 있다. 리스본을 보려는 관광객들이 제일 먼저 찾는 곳이기도, 리스본의 순회관광 버스들과 관광전차들이 이곳을 출발점으로 도시를 돌고 있다. 노란 도시순환 관광 전차는 리스본의 명물이기도 하다. 이 광장을 정점으로 남쪽으로 펼쳐있는 포르투갈식 레스토랑들은 사시사철 많은 나라에서 찾아온 관광객들을 맞이하고 있다. 레스토랑이 뽐내는 음식 맛도 개성적이다. 순환 관광버스에 오르는 외국 관광객들을 안내하는 시청 젊은 공무원들도 매우 아름답고 친절하다.

문화도시 쿠임브라시

포르투갈의 문화를 보려면 '쿠임브라'에 가보라는 말이 있다. 포르투갈의 대표적인 문화도시 쿠임브라는 몬데구강(江) 하구에서 약 50km 상류에 있는 구릉에 있다. 그 부근은 원래 농업지역의 중심지이었다. 이 지역을 로마시대에는 아에미니움이라고 불렀으며, 9세기 말 코님브리카의 주교청을 이곳에 옮기면서 쿠임브라가 되었다. 즉, 로마의 종교적 중심도시로 발전 된 것이었다. 9세기 말부터 이슬람교도에게 정복되었으나, 1064년에 스페인 국토수복운동의 일환으로 카스티야의 페르난도 1세에게 빼앗겼으며, 다시 독립운동을 통해 1260년에는 새로운 포르투갈 왕국의 수도가 되었다.

쿠임브라는 처음부터 포르투갈의 학술, 예술, 교육의 중심지로 발전했다. 그곳에는 포르투갈에서 가장 오래된 쿠임브라대학[1)]이 있다. 그 대학은 1290년 리스본에서 창건되었으나, 1537년 교육환경이 좋은 쿠임브라로 옮겼다. 이 대학은 국민시인 L. V. 카몽이스[2)] 등을 배출하는 등 많은 유명인들을 배출하였다. 이 유서깊은 도시에는 12세기에 건립된 산타크로스 수도원, 13세기에 세운 교회 등 옛 건물과 유적들이 많다. 도기, 직물, 종이, 식료품, 포도주 제조도 활발하며, 한때 교외에서 석유가 발견되었으나, 도시 문화재를 손상시킨다는 우려에서 상업적으로 개발되지 않았다. 원유개발보다는 문화재 보존이 더 중요하다는 사실을 포르투갈인들은 실천에 옮기고 있다. 진정한 포르투갈문화를 담고 있는 도시 쿠임브라는 종교적으로도 유서깊은 성당들을 여러 개 보유하고 있다. 그 명소들을 찾아보는 데도 며칠 걸린다.

역사적인 항구 오포르투

포르투갈의 역사적인 고대 도시이며 유서 깊은 항구도시로 리스본 북쪽 280km 지점에 위치하며, 리스본에 버금가는 포르투갈 제2의 도시인 오포르투

---

1)1290년 포르투갈의 6대왕인 디니스(D. Dinis)에 의해서 리스본에 설립된 포르투갈 최초의 대학이다. 설립 후 교회로부터의 자유 문제로 1307년 쿠임브라로 이전했다가 리스본으로 옮기기를 반복했다. 1537년에 주앙 3세(Joao III)때 리스본에서 쿠임브라로 완전히 이전하여 오늘날에 이르고 있다.

2) 그의 이름을 불후의 시인으로 만든 것은 서사시《우스 루지아다스 Os Lusiadas》(1572)인데, 1545년부터 1570년까지 쓴 것이라 한다. 포르투갈의 역사와 신화를 곁들여 그 국민의 영웅적 위업을 찬양한 애국적 대서사시이다. 그는 서사시인으로서는 로마의 베르길리우스와 비견되고, 서정시인으로서는 이탈리아의 페트라르카에 필적할 만한 시성(詩聖)이다.

(Oporto)가 있다. 대서양으로 흘러드는 도루강 하구에 가까우며, 예로부터 영국 프랑스 등 강대국들과 교류하는 중심항구도시로서 알려져 있다. 로마제국의 일부였던 포르투갈은 8세기에 이슬람의 침입으로 지배를 받는데, 11세기에 이슬람교도로부터 국가를 되찾게 된다. 그 때에 포르투갈지역 국토회복운동에서 큰 역할을 했던 프랑스 백작, 포르투카리아는 도우루 강과 그 위쪽의 미뉴강 사이에 낀 지역을 프랑스 왕실로부터 선물 받았다. 그 지역의 지명을 따서 그 백작도 포르투카리아 백작이라고 개명했다고 한다.

또한 이 지역의 명칭이 후일 국가명 포르투갈의 유래이기도 하다. 세계에서도 손꼽히는 이곳 포도주는 도루강 유역의 포도를 원료로 하며, 가을 수확기에는 주변의 계절노동자를 모아서 양조를 하는데, 그 풍습이 보기좋다. 포도주의 대부분은 이곳에서 영국·프랑스 등지로 수출되었기 때문에, 포트와인이라는 이름이 생겼다.

이 지역에서 당시 선진적인 중세시대의 공업제품들을 수공방식으로 만들어졌다. 수공업의 도시였던 도시이다. 그 밖에 도기, 주물, 방적, 피혁, 양모공업이 발달하였으며, 금세공도 활발하다. 시내에는 성프란시스 교회의 고딕식 대성당과 유리벽으로 유명한 수정궁이 있고 이곳에서 바라보는 강의 경치가 아름답다. 고대부터의 도시로 8세기 무렵부터 잘 알려지게 되었으며, 10세기에는 한때 무어인의 침략을 받기도 하였다. 14세기 중엽에 이 아름다운 도시는 유서깊은 성곽으로 둘러 싸여, 풍요로운 항구로 명성이 높았다고 한다.

2. 포르투갈의 문학

포르투갈 언어는 문학적 표현력이 좋은 언어라고 한다. 이 자유스럽고 감성적인 표현 능력을 보유한 포르투갈 언어는 많은 문학가를 배출했다. 특히 좋은 시가 많이 쓰여진 언어로 유명하다. 특히 포르투갈은 서정적인 문학 작품들을 많이 배출했다. 1998년에는 노벨문학상 수상자로 포르투갈 어권 최초로 사라마구가 선정되었다. 사라마구는 1947년 첫 소설인《죄의 나라》를 발표하였고, 1982년에는 '발다사르와 블리문다'를 발표하여 세계적 문학계에 거성으로 자리했다. 사라마구 이외에도 그에 버금가는 소설가와 시인들이 포르투갈에는 많다.

카스트루(Ferreira de Castro, 1898~)

그는 브라질의 밀림을 배경으로《대밀림》(1930)을 써서 일약 포르투갈의 큰 별로 떠올랐다. 아마존 대밀림을 배경으로 자연과 삶을 그린 소설이다. 그는 직접 이민으로 브라질에 건너가 아마존의 대밀림에서 고무 재배에 종사하였다. 이미 앞서 그는 애수에 찬 《이민》(1928)이란 소설을 발표해, 문단의 인정을 받았다. 그러나 그를 빛나게 한 작품은 스스로 자기체험에 바탕을 둔 소설《대밀림》이었다. 고무재배농장에서의 이민자들의 비참한 생활상을 폭로한 소설이 《대밀림》(1930)이다. 이 작품은 신 개척지에서 고통받는 이민자들의 애환을 적나라하게 묘사함으로서 많은 감동을 준 소설이다. 이 밖에도 《양모(羊毛)와 눈[雪]》(1947) 등이 그의 필체로 문학계에 주목을 받았다.

미게이스(José Rodrigues Miguéis, 1901~)

포르투갈의 소설가로 포르투갈이나 외국의 전설을 아름다운 문장으로 엮은 것들이 많다. 그의 대표작인《즐거운 부활제,1932》,《밤이 끝나는 곳, 1946》 등에서 아름다운 문장을 구사함으로써 읽는 독자들에게 포르투갈 언어의 우수함을 마음껏 표현하였다. 그는 단편집《레아 Léah》(1958)로 카스텔로 브랑코상(1958) 문학상을 수상하였다. 그 이외에도《천국의 학교 Escola do Paraís o》(1960), 희곡 《급행열차의 승객 O Passageiro do Expresso》(1960) 등이 있다. 그는 재미난 소설을 써서, 가장 많이 읽힌 포르투갈 작가 중에 하나였다.

주앙 바프티스타 다 가헤트(Joo Baptista da Silva Leito de Almeida Garrett, 1799.2.4~1854.12.9)

독일에서 시작된 문학적 낭만주의가, 포르투갈에서는 주앙에 의해 19세기 꽃을 피웠다. 그는 포르투갈의 소설가, 시인, 극작가, 정치가로 다양한 사회지도자였다. 나름대로 개성을 갖고 있는. 포르투갈 낭만주의 문학 창시자 중 하나이다. 그의 출생지는 포르투갈 오 포르투이며, 한때 그는 라틴 문학에 심취해, 고대 신화적 구성을 원용한 흔적이 있다. 좋은 환경 속에서 어릴 때부터 그리스어와 라틴어를 배우고, 1816년 코임브라대학에 입학한 뒤에는 프랑스 볼테르나 크레비용의 비극시에 몰입하기도 했다. 그는 자유에 대한 열정이 강한 작가였다. 입헌자유주의자였던 그는 정치적인 이유로 영국으로 두 번, 프랑스로 한 번

추방되었다. 이로 말미암아 그는 그 당시 두 나라를 풍미하던 문학운동의 영향을 받았다. 그의 작품 중 주목할 만한 비극《수도사 루이스 데 소자 : Frei Luís de Sousa》(1843) 등을 남겼고, 소설로는 역사소설《산타나의 활 : O Arco de Sant'Ana》(1845~1850) 등을 남겼다. 중부 유럽에서 유행하던 낭만주의적 색채가 강한 이 작품들로 인해, 주앙을 카밀루, 에르쿨라누와 함께 낭만주의 문학의 3대 작가라고 부르기도 한다.

에사 드 케이로스(José Maria de Eça de Queirós, 1845~1900)

정치적 식견이 진보적이었던 에사는 개성있는 포르투갈의 여행 소설가이다. 그는 특징있는 기행작품으로 주목받았으며, 시인 켄탈과 함께 포르투갈 사실주의 문학의 창시자이며, 많은 여행을 통해 사실적 테마를 즐겨 썼다. 그는 1869년 전후로 근동 여러 나라를 여행했다. 이 여행이 종교적 모순을 파헤치고, 종교적 편견과 인간의 위선성을 취급한 《성자의 유물》(1887)을 쓰게 된 동기가 되었다고 한다. 그의 작품은 인간들의 삶이 종교적 편견으로 일그러지는 참상을 잘 표현했다는 평가를 받는다.

그는 유능한 외교관으로서도 많은 기록을 남겼다. 1873년 아바나 영사가 되고, 직업 외교관으로 구미 여러 나라를 전전했으며 파리에서 객사했다. 그의 작품으로 볼 때, 1866년~1875년 초기에는 낭만파에 속해 있었다. 그는 여러 번 『가제타 데 포르투갈』지에 자신의 작품들을 기고했다. 그가 쓴 작품 중 성직자의 죄 많은 연애를 소재로 한《신부 아마로의 죄》(1875)라는 작품을, 그가 훌륭한 소설가라는 것을 입증했다. 연이어 그는 소설가로서 전향하여 타인의 아내 불륜을 그린《종형 바지리오》(1878), 근친상간을 테마로 한《마이아가의 사람들》(1888) 등의 대작을 발표해서, 포르투갈 사회의 문제를 소설화했다. 1887년 이후에는《성자의 유물》이외에 지방의 소시민의 생활을 묘사한《명문 라미레스가》(1900), 도시의 반자연적 생활을 비판한《도시와 산국》(1901) 등의 명작을 남겼다. 그는 리스본의 지루한 혁명 논쟁을 비꼬기도 하였다. 그리고 그는 작품을 통해서 포르투갈의 고질적인 좌파적 편견을 비웃었다. 어느 면에서 그는 보수적 자연주의자로 보인다.

포르투갈은 유럽 내에서 혁신을 갈망하면서도, 현실은 보수인 이중구조 사회를 갖고 있다. 그런 모순된 사회에서 에사는 작품을 통해서 포르투갈 사회를 비교적으로 풍자하려 했다. 그의 필체에서 그가 외교관이라기보다는 오히려 세련된 감수성, 예민한 비판력, 그리고 예리한 통찰력 등을 갖춘 좋은 비판 문학 작가임을 알 수 있다. 그의 작품 속에 사용된 외국어로 인해 그의 작품이 포르투갈 고전성이 결여되었다고 비판도 받는다.

그러나 그는 순발력 있는 유연성을 겸비한 작가였다. 상황에 잘 맞는 적절한 표현으로 보수적이고 목가적인 포르투갈의 산문을 혁신했다. 여러 나라의 실정을 정확히 파악하고, 비교문화적인 측면에서 날카롭게 사회적 병리현상을 지적했다. 그는 풍부한 유머와 풍자적 비유로 포르투갈의 근대적 사회를 비판했다. 에사는 개성 있는 포르투갈 문학을 탄생시킨 포르투갈 근대 소설가였다.

카밀루 카스텔루 브랑쿠(Camilo Castelo Branco, 1825~1890)

포르투갈의 리스본 출신으로 통칭 카밀루라고 부른다. 그는 어려서 부모를 잃었으며 만년에 가서는 그의 아들까지 정신병에 고통받았다. 그는 파란 많은 자신의 일생을 바탕으로 절절한 작품을 남기고, 말년에 실명하자 스스로 권총으로 자살한다.

그는 포르투갈 낭만파의 문호로 생활 소설의 창시자였다. 그는 260편에 달하는 소설, 희곡, 시, 평론, 번역 등을 남겼다. 이 중에서 대표적인 소설은 《파멸의 사랑》(1862년)이었다. 이 소설은 자기 숙부를 모델로 한 격정 소설이었으며, 현실주의적인 구성으로 쓰여졌다. 또 사실주의적 경향을 나타낸 《미니오 이야기집》(1875년~1877년)은 전원 소설의 걸작이기도 하다. 이 소설은 많은 이야기편으로 구성되는데, 그 가운데서 주옥편이라고 할 수 있는 《마리아 모이제스》는 포르투갈 문학의 시대작으로 평가받는다. 그는 포르투갈의 명장의 하나였음에 틀림없다. 이 밖에도 그는《에우제비오 마카리오》(1880년), 《플라진스의 브라질 태생 아내》(1882년) 등을 남겼다.

호세 사라마구(José Saramago, 1922~)

포르투갈을 대표하는 소설가 중에 하나이다. 그는 1922년 포르투갈 중부 지역에서 태어나 3세때 수도 리스본으로 이주했다. 집안이 빈궁하여 그는 고등학교만 마치고 기능공, 공무원, 번역가, 평론가, 신문 기자, 잡지사와 출판사의 편집위원 등 여러 직업을 전전했다. 사라마구는 1947년에 첫 소설《죄악의 땅》

을 발표했으나, 크게 주목받지 못하였다. 당시 우파 독재자 살라자르 시절 내내, 그는 문학 창작보다는 정치 칼럼니스트로 활동했다. 그의 문체는 어려운 상징을 많이 사용하여 처음에는 대중적 인기가 없었다.

그가 본격적으로 문학에 몰두하기 시작한 것은 1966년에《가능한 시》라는 시집을 발표하면서부터이다. 이후 시, 소설, 희곡, 콩트 등 다양한 장르를 넘나들며 작품을 발표했지만, 그다지 큰 주목을 받지 못했다. 그가 문학적 명성을 공고히 한 작품은 1979년의《바닥에서 일어서서》이다. 이후《수도원의 비망록》(1982년),《돌로 만든 뗏목》(1986년) 등이 크게 인기를 얻으며, 그의 작품은 25개 국어로 번역되기에 이르렀다.

사라마구의 작품들은 작품 독자들을 긴장시킨다. 그는 소설 속에 많은 문장부호를 사용한다. 그는 문체 속에 나타나는 마침표, 쉼표뿐, 그리고 직간접 화법조차 구분하지 않는다. 일반 대중들에게는 난해할 수 있다. 그는 눈에 보이는 사실의 세계에만 얽매이지 않고, 초자연적인 요소까지 수용하는 거대한 상징성과 상상력을 가지고 있다. 그는 1998년 95번째 노벨 문학상 수상자로 선정되어, 포르투갈의 문학을 세계에 알리는 인물이 되었다.

줄리우 디니스(Julio Dinis, 1839～1871)

포르투갈 출신으로 본명은 조아킹 길에르므 고메스 코엘류(Joaquim Guilherme Gomes Coelho)라고 한다. 그는 목가적인 소설을 썼다. 그가 쓴《어떤 영국 사람의 가정》(1868)을 제외하고는 거의 미니오 지방의 전원소설을 써서 세상을 풍미했다. 마치 포르투갈의 구릉지같은 길을 걸어가듯 부드러운 문장으로 청순한 사랑을 그렸다. 그는 교육적 가치가 있는 작품 구성을 의도적으로 했으며, 또 교훈적인 문체도 그 의 작품 속에 나타난 개성이라고 할 수 있다. 전원적 사랑을 그린《교구장 후견 아가씨들》(1867),《감자밭 주인의 외동딸》(1868) 등은 지금도 포르투갈의 많은 부녀자들에게 인기가 있다.

페르난도 나모라(Fernando Namora, 1919.4.5～1989.2.18)

20세기 중엽에 포르투갈의 중견 의사로서 활동한 소설가로 주요 작품으로는《암야의 화재》(1943),《밀과 독보리》(1954),《위장한 남자》(1957),《일요일 오후》(1961) 등이 있으며, 그의 소설은 어떤 사건을 중심으로 이야기가 전개된다. 그래서 그의 소설은 처음부터 의문을 갖게 하며, 흥미를 자아낸다. 1938년 코임브라대학교 시절, 자신의 생활 속에 드리워진 사상의 편력을 표현한 자전소설《As Sete partidas do Mundo》로 문단에 데뷔하였다. 그의 작품에는 인간이 갖고 있는 사상적 그림자가 인간의 삶을 얼마나 강하게 지배하는가하는 문제를 다루었다.

비센트(Gil Vicente, 1465~1536)

포르투갈 문화 속에서 발달이 미약했던 극작분야에서 그는 많은 업적을 남겼다. 어느 면에서 그는 포르투갈 국민극의 창시자이다. 그의 대표적 작품에는《이네스 페레이라》,《베이라의 재판관》 등이 있으며 신랄한 필치로 귀족, 성직자, 평민의 풍습을 풍자하였다. 그의 필담 재능을 인정받아 궁중에 출입하였으며, 독백극 《소치는 사람》(1502)을 왕비 마리아 2세 앞에서 낭독하기도 했다. 그 후로 계속 희곡을 써서 포르투갈 국민극의 창시자가 되었다. 작품은 44개나 되며, 포르투갈어만을 쓴 것으로는《모피나 멘데스》(1515),《지옥으로 가는 배》(1517),《연옥으로 가는 배》(1518)가 있고, 스페인어만으로 쓴 것으로《소치는 사람》(1502),《천국으로 가는 배》(1519)가 있다. 두 나라 말로 다 쓴 것으로 《인도》(1509),《쌀겨를 가진 사람은 누구인가》(1515),《이네스 페레이라》(1523),《베이라의 재판관》(1525)등이 있다. 그의 초기 작품들은 종교적 도덕을 바탕으로 쓴 것들이고, 스페인의 극작가 J. 엔시나의 영향을 받은 흔적이 있다. 그의 전성기에는 신랄한 사회비판이 중심이며, 후기에는 문학성이 강한 걸작들을 남겼다. 그의 작품은 모두가 시극이며, 해학적인 구성과 자유분방한 필치로 귀족 ·성직자 ·평민의 풍습을 흥미롭게 풍자하였다.

3. 포르투갈의 예술

파두(fado)

이 노래는 포르투갈의 대중음악이다. 포르투갈의 어느 도시이던 가난한 서민들이 모여 사는 오래된 아파트에 가보라. 복도에서 어디선가 흘러 나오는 슬픈 음악, 파두를 들을 수 있다. 포르투갈의 서민음악을 말하라면, 누구나 파두를 떠올린다. 포르투갈 사람들의 정서만이 표현할 수 있는 처연한 가사를 동반한 전통 음악의 하나이다. 매우 슬프고 구성진 가락이 기타의 음율로 작곡된다.

그 연원은 1820년대까지 거슬러 올라가며, 먼 바다로 일하러 떠나는 기약 없는 뱃사람이 가족들을 그리워하는 음악이다. 음악적 기원은 더 오래되었을 것으로 추정된다. 파두(Fado)란 뜻은 포르투갈어로 운명, 숙명을 뜻하는 말로서 영어의 fate, destiny등에 해당된다. 이 세상에 모든 만남은 이미 이별을 전제된 것인데, 파두는 이 운명적 이별을 노래하는 마이너 코드의 절규라고나 할까.

사실 파두에 대한 비 포르투갈어권 외국인들은 노래 말의 의미도 모른 채, 그 숙연함에 서글프다. 파두의 일반적인 느낌은 슬픈 노래라는 것이다. 화두의 애수어린 곡과 노랫말, 그리고 가난한 이의 삶이나 바다에 대한 노래가 많다는 것이다. 그러나 실제 포르투갈에서의 파두는 흔한 주제에 다양하게 다른 음악장르들과 어울려 두루 불려지고 있다.

기원적으로 파두는 포르투갈의 '사우다지'(누군가를 그리워하는 마음이나 잃어버린 무엇인가를 그리는 애수, 향수를 가리키는 말)라는 개념이 강하다. 인간의 운명·숙명의 뜻을 지닌 fatum이란 말에서 나왔다는 "파두"는, 포르투갈 민중의 삶을 노래한 민요이다. 언제 들어도 구슬프고 서정적이다. 특히 파두 트리스테(fado triste)와 파두 메노(fado menor)로 진행되는 고전적인 파두가 정수이다. 파두는 구슬픈 곡조를 여러 번 반복한다. 반복되는 코드인데도 지루하지 않다. 검은 옷을 입은 가수가 파두를 부르면, 가슴 속 깊이 참고 있었던 한을 노래하는 듯하다.

이 노래는 처음부터 애조를 띤다. 2박자와 4박자의 단순한 것이 대부분이며 조성은 단조가 많고, 장·단조 모두 코드전개는 복잡하지 않다. 그러나 미묘한 싱커페이션(당김음)과 섬세한 가락으로 되어 있어, 가수의 노래솜씨에 따라 매우 풍부한 정취를 느끼게 한다. 많은 파두 가수들이 유럽에서 활동하며 포르투갈 음악을 알리고 있다.

파두는 원래 리스본 항구에 있던 선술집에서 처음 등장했다. 파두를 부르는 여자 가수를 '파디스타'라고 한다. 파두의 초기 역사를 장식한 유명한 파디스타로 "마리아 세베라"라는 집시 여인이 있었다. 그녀의 파두 노래가 얼마나 심금을 울려 놓았던지, 비미오주라는 백작은 사람들의 시선을 아랑곳 하지 않고 그녀를 따라다니며 노래하는 집시 여인 옆에서 기타 반주를 했다. 세베라가 스물여섯이라는 나이로 요절하자, 백작은 귀족들의 무도회장에서 그녀 대신 파두를 불렀다고 한다.

이런 분위기는 결과적으로 민중들의 노래이던 파두를 귀족들의 가슴 속에 물결치게 했다. 파두 노래가 상류계층에도 알려졌다. 포르투갈 모든 국민들이 이 노래들을 즐기도록 되었다. 이 노래를 들으며, 포르토 와인을 즐기는 풍습이 생겨났다.

마리아 세베라가 세상을 떠난 후, 집시 파디스타들은 세베라의 명복을 비는 뜻에서 검은 가운을 입고 노래했다. 이것이 전통이 되어 오늘날에도 파디스타들은 검은 가운을 입고 노래를 부른다. 세베라 이후, 같은 땅 리스본의 뒷골목에서 '파두의 여신' 아말리 아 로드리게스(Amalia da Piedade Rodrigues)가 태어나, 세베라의 뒤를 잇는다. 그녀의 "검은 돛단배"라는 노래는 오늘날까지도 매우 유명하다. 사후에도 그녀는 포르투갈 국민 가수로 숭앙되고 있다.

그녀는 생전에 유럽 전역에서 많은 공연을 하고 포르투갈 음악의 명성을 드높혔다. 1999년 10월 6일에 아말리아 로드리게스[3]가 79세를 일기로 세상 을 떠났을 때, 포르투갈 정부는 즉시 3일 동안의 국가 애도기간을 공포했다. 그 당시 1999년 그녀가 사망했을 때, 포르투갈 정국은 좌우로 나뉘어져 갈등이 치열한 총선기간이었다. 여야는 모든 정쟁을 잠시 중지하고, 3일간 국민장을 치른 일은 너무 유명하다. 지금도 리스본 시 중앙에는 넓고 푸른 로드리게즈 광장이 있다. 시민들은 이 광장을 건립해서, 그곳에서 파두 콘서트를 열어 해마다 그녀를 추모하고 있다. 포르투갈 시민들이 자신들의 민족음악인 파두를 얼마나 소중히 여기고 있는가를 이것으로 알 수 있겠다. 그녀의 딸인 돌체 폰테스[4]도 어머니 로드리게즈 뒤를 이어 세계적인 파두가수로 활약하며, 유럽 각지에서 순회리사이틀을 하며 포르투갈 음악을 빛내고 있다.

파두의 가수는 여성이 많다. 이들은 '파두의 집(casa do fado)'으로 불리는 거리의 레스토랑에서 노래를 부른다. 반주는 옛날부터 포르투갈 기타와 스패니시기타로 정해져 있다. 객석에서 오페라처럼 주고받는 파두의 노래를 리스본 거

3) 1920년 7월 23일 리스본의 알파마라는 슬럼가의 극빈 가정에서 열 명 의 형제 중 하나로 태어났다. 어머니는 한 살 때 어디론가 도망 가버리고, 할머니의 손에서 자라던 그녀는 열 두 살 때부터 공장생활을 해야 했다. 탱고댄서로 일하기도 하던 아말리아는 결국 열 아홉 살에 세베라의 이름을 딴 극장에서 정식 데뷔 공연을 가졌다. 리스본의 시민들 은 이 파두의 여신에게 온 정신을 빼앗겨 버리고 말았다. 그 때 부터 지금까지 아말리아 로드리게스라는 이름은 곧 파두의 대명사였다.

4) 그녀 역시 아말리아 로드리게즈의 딸로 포르투갈의 대표적인 파두 가수이다.

리에서 쉽게 볼 수 있다. 포르투갈 북부의 교육도시 코임브라에서 불리는 파두는 "파두 다 코임브라"라고 하며, 리스본의 파두와는 달리 세레나데와 같은 느리고 온화한 느낌을 준다.

이 노래는 포르투갈의 대표적인 민중가요로 항구도시인 수도 리스본의 번화가에서 많이 불리고 있는 서민적 노래이다. 이 노래가 오늘날과 같은 형태로 다듬어진 것은 19세기 전반으로 추정된다. 그 기원에 대해서는 뱃사람의 노래, 죄수의 노래, 민요에서 파생된 노래, 그리고 브라질이나 아프리카에서 건너온 노래라는 등 갖가지 설이 있다. 그러나 음악적 장르로 보아, 파두의 기원은 거의 1800년 전후에 포르투갈과 브라질에서 크게 유행했던 도시풍이면서도 감상적인 노래 《모디냐 : modinha》와 경쾌한 춤노래《룬두:lund》로 보여진다.

아말리아 로드리게즈(Amalia Rodriguez)가 즐겨 불러 히트한 파두노래들은 다음과 같다. A Chave Da Minha Porta (내 문의 열쇠), A Minha Cancao e Saudade (내 노래는 그리움), Ave Maria Fadista (파두풍의 아베 마리아), Bailaricos(통속춤축제), BarcoNegro(검은 돛배), Cansaco(피곤), Esquina Do Pecado (죄의 모퉁이에서), Fadista Louco (미친 파두 가수), Fado Alfacinha (알파싱야 파두), Fado Da Adica(아디사 파두), Fado Das Tamanquinhas(따망끼냐스 파두), Fado Lisboeta(리스본 파두), La Porque Tens Cinco Pedras (당신이 5개의 보석을 가지고 있기에), Maldicao(어두운 숙명), O Marujo Portugues(포르투갈 선원), O Namorico Da Rita(히따의 연애), Triste Sina(슬픈 운명) 등이 있다.

모디냐(modinha)

포르투갈에서 발생하여 브라질에서 많이 불리고 있는 민요풍의 노래로 19세기 전후로 크게 발달했다. 원래는 민요풍의 노래라기보다는 형식과 내용으로 미루어 "곡조 있는 일종의 사랑이야기"같은 세속적인 설담 노래였던 것으로 추정되며, 작자는 알 수 없다. 누군가 아마 직업적인 작곡가의 작품으로 시작되었던 것으로 추정된다. 사랑이야기에 춤 리듬으로 붙여 부르는 것이다. 브라질의 모디냐는 도시풍의 민요로 포르투갈보다 경쾌한 싱코페이션이 가미된다. 포르투갈의 모디냐가 단조롭다면, 브라질의 모디냐는 빠르고 명확한 리듬이 이어진다. 모디냐가 리듬을 갖춘 연가라면, 파두는 기타연주의 애가라고 볼 수 있겠다. 오히려 브라질의 방송에서는 자신들의 고유한 음악 장르로 소개하기도 한다.

누누 곤사우베스(Nuno Gonialves, ?)

15세기 포르투갈의 화가로서, 개성있는 포르투갈 화풍을 이끌었다. 포르투갈 화풍을 새롭게 보여준 당대의 천재적인 화가였다. 《성(聖) 빈센티우스 수도원의 제단화》가 파리에서 전시된 후 세계 미술사에 중요한 위치를 차지하는 화가로 알려졌다. 선(線)의 절제, 능란한 터치, 뛰어난 성격묘사, 구성의 완벽함 등에서 독자적인 경지가 보인다. 알폰소 5세때 궁정화가로, 1450~1472년에 활약하였다. 포르투갈 화단의 우수함을 알린 천재적인 화가였으나 약 400년 동안 작품과 이름이 역사에 알려지지 않았다. 《리스본성당의 제단화》는 1755년 지진으로 파괴되었으며, 유일한 현존 작품《성(聖) 빈센티우스 수도원의 제단화》도 1882년에야 성 빈센티우스 수도원에서 발견되었다. 6개의 화폭으로 구성된 이 제단화는 리스본 시(市)와 포르투갈 왕궁의 수호성인인 빈센티우스를 주제로 그린 작품이다. 그의 그림은 성인들의 표정이 살아있는 듯한 강렬한 눈빛을 표현한다. 스페인의 엘 그레코처럼 그는 포르투갈 중세 종교화가로 분류될 수 있다. 그의 작품들은 리스본에 있는 국제 고대예술품 박물관에서 전시되어 있다.

4. 포르투갈의 음식

포르투갈의 요리는 맛이 풍부하고 깊어 지중해 식단의 대표로 꼽힌다. 현대의 대표적인 음식재료가 된 계피나 바닐라콩, 샤프란도 포르투갈의 요리 재료로 포르투갈이 개발한 것으로 알려져 있다. 모든 호텔 요리에서 세계인들의 입맛을 돋우는 유명 요리들도 포르투갈 요리를 기원으로 개발 되었던 것들이 많다.

역시 포르투갈 요리들도 스페인 요리처럼 아랍인, 무어인의 영향을 많이 받았다. 포르투갈 남부지방으로 갈수록 아랍의 특징이 더 두드러진다. 올리브유가 향신료나 음식 문화 전반에 필수적인 요소이며 마늘이나 코리앤더, 파슬리도 향신료의 일종으로 많이 쓰인다. 빵을 굽는 방식도 이슬람 방식인 화덕양식을 사용해서 그 맛이 중부 유럽방식과 차이를 보여준다. 포르투갈의 음식문화 속에 나오는 기본적인 것들 몇 개를 설명해보면 다음과 같다.

해산물

실제로 포르투갈은 수산업을 중시하는 해양 국가이다. 그리고 포르투갈 생선은 고급 어종이 많다. 근해에서 고등어를 비롯해 바다 가재가 많이 잡힌다. 그런 연유로 생선을 중심으로 한 해산물 요리가 아주 발달된 편이다. 소금간을 해서 생선을 그릴에 구워먹거나 찜을 해서 먹기도 한다. 생선 찜의 경우에는 올리브유를 사용해, 다른 야채 재료와 곁들여 먹는다. 그 중 대표적인 요리로는 대구를 이용해서 만드는 바칼하우(Bacalhau)가 있다. 순 한국말로 옮겨보면 '소금을 곁들인 대구 요리' 정도가 되고, 포르투갈에서 가장 대중적인 생선요리이다. 포르투갈인들은 바칼하우의 요리 방법을 300가지 이상 개발했다고 한다. 아마 그들은 매일 요리법이 개발하고 있는 셈이다. 대구는 거의 낚시방식으로 잡기 때문에 선도가 매우 좋다고 한다. 일단 잡으면 말리거나 소금 간을 하는데, 이렇게 소금간이 된 살찐 대구고기는 말렸다가 구이를 해도 맛이 좋다. 옛날에는 냉장 기술 발달하지 못해, 이런 소금 간 풍습이 생겼으며, 지금도 포르투갈인들은 염장 생선요리를 즐긴다. 특히, 고등어와 정어리도 아주 포르투갈의 흔한 대중적 생선이다. 특히 정어리는 포르투갈 해안에서 정말 많이 잡힌다. 이들 생선들을 소금과 버터를 발라, 거리나, 휴양지에서 구워먹는 소풍객들의 모습을 쉽게 볼 수 있다. 다양한 해물들을 섞어서, 퓨전음식으로 열처리해서 먹는다. 또한 크고 작은 다양한 조개를 곁들여 구워먹기도 한다. 칼데이라다라는 요리는 감자와 토마토, 양파와 조개, 생선을 섞어 곁들인 포르투갈식 스프 요리로, 한국의 생선 야채 탕과 비슷하다.

치즈

포르투갈에는 다양한 종류의 치즈가 있는데 특별히 염소, 양의 젖으로 만든 치즈가 유명하다. 이 치즈는 스페인의 특산 치즈와 매우 비슷한데, 스페인 것보다 값이 싸서 이용하기 좋다. 이 치즈는 향이 강하고 약한 신 맛이 특징이다. 아조레스 제도 인근에는 매운 맛을 내는 암소의 젖으로만 만든 치즈 종류가 있다. 뒷맛이 개운한 치즈이다. 스튜요리나 칼데이라다를 만들 때도 사용한다. 전통 포르투갈 요리는 치즈를 재료로 많이 쓰지 않는다. 그렇지만 매운 맛을 내는 치즈는 포르투갈에만 있다. 포르투갈인들은 치즈를 후식처럼 독립적인 식단으로서 식전이나 식후에 먹는다. 맥주 안주로도 잘 이용한다.

채소

포르투갈인들은 채소를 가장 많이 먹는 민족 중에 하나이다. 토마토, 배추, 양파와 함께 포르투갈 요리 중에는 채소가 많이 쓰인다. 감자전분으로 만든 요리도 많이 있는데 대표적인 예가 페이조아다(feijoada)이다. 포르투갈 풀 코스 정식 요리에는 토마토나 양상추, 양파를 곁들인 샐러드가 풍성하게 나온다. 포르투갈 서민들이 채소를 오래 삶아서 만든 야채수프를 평상시에 즐긴다. 한국인들이 식사 때 국을 즐기는 것처럼, 그들도 야채수프를 즐긴다. 해안지방의 포르투갈인들이 즐기는 수프 중에서 칼도 베르데(Caldo Verde)라고 하는 스프가 있다. 이것은 야채를 주원료로 하는 수프로서 대중적인 음식이다. 만드는 방식은, 으깬 감자와 가늘게 썬 양배추를 넣고, 올리브유와 약간의 소고기를 다져넣고 만든다. 넣는 향료에 따라 이 수프는 맛을 달리한다.

음료

포르투갈인들은 정말 포도주를 좋아한다. 백포도주, 적포도주와 같은 와인은 포르투갈인들의 전통 음료이다. 색깔이 좋은 로세(Rosé)라는 포도주는 외국인들이 좋아하는 대표적인 음료이지만, 포르투갈인들이 이것을 그다지 좋아하지는 않는다. 또한 비노 베르데(Vinho Verde) 즉, 초록색 와인이라는 이름의 포도주는 정말로 색깔이 초록빛을 띠는 것이 아니라, '젊은' 사람들이 먹는 와인 종류라 해서 붙여진 이름이라 한다. 물론 포르투갈산 와인 중에 최고급을 자랑하는 강화포도주들은 음료라기보다는 술이다. 최근에 와인 전문가가 선정한 최고 와인 중 하나가 포트 와인이다. 유럽연합에서 포르투갈산 포트 와인은 최고급으로 평가받는다. 진하게 만든 포르투갈 와인은 작년에는 유럽의 와인 전문가가 뽑은, 유럽의 최고 와인 선정되었다. 케이스도 나무로 만들어진 멋진 포르투갈 와인은 가격도 다른 것에 비해, 비교적 비싸다. 특히, 포트 와인은 두에로강 유역에서 생산되는 와인 중 가장 특별한 맛과 향을 지닌 상품으로 인정받는다. 지역특산물인 포르투에서 생산되는 와인은 전 세계적으로 유명하다. 포르투카리아 백작이 최초로 포도 모종을 들여와 포도를 재배하면서 포르투는 포도의 주산지로 알려졌다. 그것으로 만든 포도주는 지역 이름을 따서, 포르투 와인이라고 명명하였다. 포르투 시내 중심을 동에서 서로 흐르는 도우루강에는 와인을 실어나르는 작은 배들을 볼 수 있다. 특히, 포르투의 동쪽 지방에서 생산되는 포도는 당도와 맛에서 뛰어나서 그 지방에서 생산되는 포도주는 향과 맛이 일품이다. 이 지역 포도주의 대부분이 영국, 프랑스 등지로 수출되었기 때문에 포트와인이라는 이름으로 해외에서 알려졌다. 최근에는 다른 나라에서 포트 와인이 많이 생산되어 혼동을 피하기 위해 오포토라고 하기도 한다. 또한 백년전쟁에서 보르도를 잃은 영국인들이 포르투갈에서 와인을 가져 왔는데, 이동 중에 브랜디를 섞어 와인이 지나치게 발효되는 것을 막았다. 이를 강화 포도주라고 한다. 발효 과정에서 브랜디를 넣어 발효를 중지시켜 단맛이 많이 남아 있고, 알코올 농도가 짙은 와인이 된다. 디저트 와인으로 많이 사용된다. 와인과 위스키의 중간이라고 말할 수도 있다.

빵

빵은 서양 사람들의 주식으로 시작되었지만, 현재는 동서양 막론하고 인류가 즐기는 식품이 되었다. 우리가 쓰는 빵이란 말의 어원은 포르투갈어 '팡'에서 왔다고 한다. 주로 원료로 밀가루를 사용하지만, 보리·호밀·옥수수·메밀·쌀 등의 가루등도 사용된다. 연원적으로 빵이 정확하게 언제부터 만들었는지는 알려지지 않았다. 그러나 기원전 3000년경 바빌로니아인들이 밀을 자연 발효시켜 맥주를 만드는 과정에 발효된 밀가루 반죽을 구우면 빵이 된다는 사실을 발견했다는 추정이 있다. 효소를 넣은 발전된 빵이 만들어진 것은 기원전 2000년경 이집트지방이라고 한다. 그 증거로 고대 이집트의 회화와 조각품 중에는 밀가루를 반죽하여 빵을 굽는 그림이 있고, 당시의 사람들은 이집트인을 '빵을 먹는 사람'이라 불렀다고 한다. 물론 고대 그리스에도 오늘날의 오븐과 같은 돌과 벽돌로 만든 화덕이 있었고 여기에 빵을 구웠다. 원시적으로 빵을 구워 먹었다고 보인다. 모든 것이 발전하기 시작한 로마시대에 들어와서, 제빵 기술이 급속히 발전했다. 그것은 로마군단이 포르투갈 지역에서 전리품으로 들여온 좋은 재료와 우수한 기술자가 있었기 때문이었다. 이때는 말총으로 체를 만들어 고운 밀가루를 제조하고 설탕을 첨가하여 이스트의 작용을 상승시켜, 잘 부푼 질 좋은 빵을 생산하였다. 그리고 빵 전문점(bakery)이 생기고, 궁정에는 빵 전문가들이 상주하고, 1세기경에는 제빵업자끼리의 조합이 결성되었다고 한다.

그 후 로마제국이 붕괴되고 제빵기술도 한때 쇠퇴하였다. 그러나 르네상스를 맞으며 다시 제빵 기술이 부활되어, 유럽인들은 더 좋은 빵을 만들 수 있게 되었다. 현금에 와서도 유럽의 제빵기술이 세계적인 것은 바로, 이런 선진적 포르투갈의 제빵 기술때문이다. 포르투갈인들의 지혜로 고기를 주로 먹던 유럽인들이 빵을 곁들여 먹으면 좋다는 사실을 터득한다.

절대왕정이 꽃피울 1683년 전후 네덜란드의 A. 레벤후크가 자신이 만든 현미경으로 최초로 이스트균의 존재를 확인하였다. 이것을 계기로 이스트균의 분리 배양이 가능해지고, 이스트라는 효소를 빵 발효에 이용할 수 있게 되었다. 현대에 우리가 먹는 모든 빵은 고도로 발효된 식품이다. 효소가 1차로 농사지은 식품인 빵을 우리가 먹는 것이다. 효소가 일단 밀가루 반죽을 발효시키면, 우리 몸이 흡수하기 좋은 형태로 밀가루 분자가 변화한다는 것이다. 이런 빵의 기술이 유럽남부의 변방 포르투갈에서 시작되었다는데, 우리는 짐짓 놀란다.

현재 우리가 즐기는 카스텔라는 빵은 원래 원산지가 포르투갈이다. 아시아에서는 문호를 비교적 일찍 개방한 일본이 1600년대 최초로 나가사키항을 개방했을 때, 포르투갈 사람들에 의해서 일본에 전해진 빵이다. 숙성된 밀가루에 설탕과 우유, 달걀만을 넣어 반죽해서 만드는데, 거품기를 이용해 달걀을 풀어서 거품을 낸다. 이 거품으로 빵을 부풀려서 숙성시켜 부드럽게 만든 빵이다. 달고 부드러워 아가나 노인들도 즐기는 빵이다.

카스텔라라는 어원은 에스파냐의 카스티야(Castilla) 지방에서 유래되었다고 한다. 카스티야 지방의 과자 비스코초(bizcocho)가 포르투갈로 전해져, 가토 디 카스티유(카스티야 지방의 과자)라고 불리웠다. 이것이 일본으로 전해지면서 카스텔라가 되었다. 달걀을 흰자와 노른자로 분리한다. 달걀 노른자에 설탕 넣고 거품기로 많이 저어 준다. 흰자는 거품기를 이용해 한 방향으로 저어 거품을 내는데, 그릇을 뒤집었을 때 거품이 흘러내리지 않을 정도로 많이 저어야 빵이 잘 부풀어 오른다. 달걀노른자에 녹인 버터와 따뜻한 우유를 섞고, 거품 낸 흰자를 조심스럽게 섞는다. 밀가루를 준비해 둔 재료에 골고루 섞은 후, 유지를 깐 빵틀에 담고 탁탁 두드려 반죽이 고르게 펴지도록 한다. 예열된 오븐에서 섭씨 175도로 30분 정도 굽는다. 밀가루를 넣어 섞을 때 너무 오래 섞으면 빵이 딱딱해지고 잘 부풀어 오르지 않기 때문에 주의해야 한다. 현대의 양과 중에서, 이 카스텔라 빵이 세계적으로 가장 넓게 애용되는 빵이다. 이것의 원산지가 포르투갈이라니 놀랍다. 포르투갈의 양과기술이 세계를 리드했으며, 그 기술과 전통 또한 매우 오래된 것으로 보인다.

제10장
포르투갈의 사회

1. 포르투갈의 인종 구성

현대의 포르투갈인은 이베리아반도의 혼혈 겔트인종과 거의 흡사하며 다른 서남부 유럽인종들과 흡사하다. 스페인인과 가장 비슷하며 문화적 특성도 비슷하다. 지중해 인종과 대서양 연안 인종의 영향을 많이 받았다. 금발이나 눈동자가 파랗거나 녹색의 사람들도 많다. 포르투갈 사람들은 대다수가 유럽인이며, 지중해인과 대서양인으로 구분된다. 가장 초기의 기원전 사람들은 켈트인들로 구석기시대부터 이베리아반도에 거주했다. DNA 검사 결과로도 당시의 유전자와 현재의 포르투갈인들이 상당히 흡사하다고 한다.

역사시대와 함께 이베리아에 도래한 고대 로마인들은 포르투갈의 문화에 결정적인 영향을 주었으며, 포루투갈 언어 형성에도 큰 영향을 주었다. 페니키아인과 카르타고의 영향도 컸으며, 그들의 유적들이 남부지방에 기원전 200년 대의 유적속에서 발견된다. 북아프리카에서 북상한 아프리카 고대 인종들의 흔적이 많이 남아 있으며, 베르베르인의 삶의 흔적들이 많이 발견된다.

포르투갈의 주민은 지중해 인종에 속하며 예로부터 켈트계 이베리아인이 중심이 되어 형성되었다. 민족적으로는 스페인의 갈리시아 지방의 주민과 유사하다. 고대 로마 제국의 지배에서 속어화(俗語化)한 라틴어인 포르투갈어가 국어로 쓰이고 있다. 인구밀도는 동부 내륙지방보다 서부 해안지방이 높으며 특히 북서부의 풍요한 농업지대가 가장 높다. 20세기에 들어와서부터 인구증가가 빠른 속도로 진행되었으나, 이를 부양할 국내 산업의 발전 속도가 느려 해외 이주자가 많이 늘었다. 1950년대 후반부터 브라질을 비롯한 신대륙보다는 경제 사정이 나아진 서유럽, 특히 프랑스로 떠나는 이민의 비중이 압도적으로 높아지고, 2002년까지 해외 이민은 약 400만 명이 되었다.

포르투갈에는 대략 1,075만명의 인구 중 1,020만명을 포르투갈인이다. 소수가 미란다어를 사용하며 레온 지방에 가까운 주민들은 레온어를 사용하기도 한다. 에스트레 마두라어에서 영향을 받은 것으로 보이는 바라케노어를 사용하는 사람들도 2천여명 정도 된다.

이민 온 소수민족으로 식민지였던 브라질에서 온 사람들이 가장 많은 수를 차지하며, 인도, 아프리카 출신 이민자들도 많다. 그들은 피부색이 좀 검고 키가 작아 쉽게 구별이 되기도 한다. 최근에는 우크라이나 사람들이 다수 이주하면서, 포르투갈 사회에 최대 이민자 그룹을 이루고 있다.

2. 포르투갈의 교회와 교육

포르투갈의 특별한 쿠데타였던, 1974년 카네이션 혁명은 포르투갈에 종교의 자유를 인정해 주었다. 그 이후 로마 가톨릭 외에도 이슬람, 개신교 등 다양한 종교들이 포르투갈에 지부를 갖게 되었다. 물론 인구의 90%가 그리스도교 신자인데 그 대부분은 로마 가톨릭이다. 1910년의 정교분리 이래 헌법상으로는 신앙의 자유가 인정되었으나, 국민의 대부분이 가톨릭교도이고 가톨릭 교회의 사회에 대한 영향력은 크다. 2001년 기준으로 전체 인구 중에서 가톨릭교도는 84.5%, 기타 기독교도는 2.2%, 기타 0.3%, 무종교 3.9% 등이다. 문맹률은 6.7%(2003년)으로 대단히 높다. 기독교 국가이면서 문맹율이 높아, 종교 신앙 양식이 전형적인 구교회 방식이었다. 권위주의적 가톨릭 교회 앞에 종교개혁의 물결이 있을 수 없었다. 포르투갈에서도 교회성직자들은 국가의 모든 문제에 간섭하려 했다. 이런 현상은 포르투갈 사회를 후진적으로 만들게 하는 몇 가지 사회 병폐 중에 하나였다.

포르투갈의 사회는 보수적인 가톨릭 교회의 영향을 강하게 받았다. 인간관계도 가부장적인 전근대적 요소가 많다. 사회의 관습은 스페인과 비슷한 점이 많으나, 기질면에서는 스페인 사람들보다 온화하다. 도시의 주민들 조차도 아직 후진성을 띠고 있으며, 그냥 편안한 생활이나 금리로 생활하는 사람이 많다. 따라서 현대의 중산계급의 생활에도 그러한 특색이 강하게 나타나, 회사 등의 점심시간도 아주 길고, 극장, 영화관 등도 밤늦게까지 문을 연다.

1952년부터 성인교육이 시작되었으며 1960년에는 6년간의 의무교육제가 정해졌다. 그러나 문맹률, 특히 성인의 문맹률이 2003년 6.7%로 높다. 종합대학은 리스본, 포르투, 코임브라 등에 집중되어 있으며, 그 중 1294년에 창설된 코임브라대학은 유럽에서도 가장 오래된 대학의 하나이다. 1971년 1월부터 교육

제도의 개편으로 의무교육 기간이 종전보다 2년 연장되어 7~14세가 되었다. 학제는 초등 6년, 중등 6년(3/3년)이며 1990년 의무교육이 9년이 되었으나, 상급학교로의 진학률은 EU 국가들 중 낮은 편이다. 의료 및 교육 분야 지출 확대는 만성적인 재정 수지 적자국의 요인이 된다. 물론 이러한 적자는 정부의 방만한 재정운영과 각종 조세특혜와 탈세로 인한 세원 고갈에 기인한다.

카네이션 혁명 이전에는 언론이 통제되어 있었으나, 혁명이후 대폭 자유화되어 많은 신문·잡지가 창간되었다. TV는 국영으로 2개 채널이 있고, 라디오는 5개국 가운데 4개국이 국영이다. 인터넷 호스트 수는 845,980개 (2005년), 사용자수는 321.3만명(2006년)에 이른다. 젊은 장교들의 혁명인 카네이션 혁명은 낙후된 포르투갈 사회를 크게 일신하는 동기를 제공한 셈이다.

3. 포르투갈의 이민문제

작은 스페인이란 별명을 갖고 있는 포르투갈은 스페인보다 이민문제에 적극적인 유입정책을 추진했던 나라이다. 떠나는 이민이나, 들어오는 이민 모두 활성화되었던 이민 국가였다. 유럽연합내로 이주하는 포루투갈인들도 국민비례 이주비율이 매우 높은 나라이었다. 중남미로 나가는 이민은 물론 아시아권에서도 많은 사람들이 이주해 들어와 살기 시작했다. 그리고 포르투갈 당국이 외국 이민자들에 매우 관대한 사회정책을 베풀어 많은 가난한 외국인들이 이민갈 수 있는 유럽나라였다. 또 가난한 자들이 이민가고 싶은 나라도 포르투갈이였다.

유럽사회는 수월한 포르투갈의 이민제도를 불안한 눈으로 간섭하기 시작했다. 결국 모든 사회적 여건이 유럽연합의 간섭을 받게 되었고, 그 영향으로 이민문을 좁힐 수밖에 없었다. 동시에 2000년대 들어오면서 유럽 전반의 사회 경제적 여건이 나빠지고 사회 고용율이 심각히 저하되었다. 포르투갈 국민들이 외국인의 들어오는 이민에 대한 부정적인 여론을 갖기 시작했다. 이민에 대한 포르투갈인들의 관용이 한계에 이른 감이 있어 관심을 끌고 있다.

최근 포르투갈의 가톨릭 대학교가 조사하여 최대 일간지중 하나인 Publico지에 발표한 통계 자료에 따르면, 포르투갈 18세 이상 성인의 75%는 외국인들의 포르투갈 이민에 대해 반대 입장을 보이고 있는 것으로 나타났다. 연령별로는 45~64세 층에서 무려 80% 이상이 반대입장을 보이고 있다. 불법이민자의 처리 문제에 대해서는 62% 이상의 국민이 강제추방을 찬성하고 있으며, 이는 대부분의 연령계층에서 같은 입장을 보이는 것으로 조사됐다. 포르투갈 국민들은 또 불법이민을 막기 위해서는 이를 방조하고 있는 네트워크를 추적해 이를 근절시키는 것이 유일한 방책이라고 생각하고 있다. 포르투갈 국민들은 좀더 강력한 불법이민 근절을 요구하기 시작했다. 잘못된 이민자들의 범법 행위가 늘고 거리의 노숙자들이 늘고 있는 것도 무분별한 이민 허용 때문이라고 생각하게 되었다.

그러나 포르투갈의 「이민 및 소수민족 위원회(Immigration and Ethnic Minority Commission」의 고위 책임자인 Rui Marques는 "비록 지금은 외국인을 받아들이기에는 좋지 않은 시점이다. 그렇지만 이민이라는 것은 포르투갈사회에 아주 긍정적인 현상 중의 하나"라고 주장한다. 그는 외국인 이민을 무작정 억제하기 보다는 현재 포르투갈의 고용시장이 좋지 않다는 점을 널리 홍보하는 것이 바람직하다고 밝혔다. Rui Marques는 또 가톨릭대학의 이번 조사결과는 "외국인에 대한 관대한 경향이 사라지고, 외국인에 대한 차별성이 높아진 것을 보여주는 것은 아니며, 단지 외국인을 수용할 수 있는 여지가 줄었다는 것을 보여주는 것이라"고 밝혔다. 그가 말하는 것처럼 아직도 포르투갈 사회는 앞으로 저고용문제가 개선되면 들어오는 이민을 긍정적으로 수용해야한다는 분위기를 여실히 갖고 있다.

한편 유력한 저널인 Le Monde Diplomatique지에 따르면 포르투갈에는 약 440,000명의 합법적인 이민자들이 이주해 있으며, 불법체류자는 180,000명 정도에 달하는 것으로 알려지고 있다. 주요 합법적인 이민 현황을 살펴보면 우크라이나(60,703명), Cape Verde Island(59,678명), 브라질(58,370명), 앙골라(31,332명) 루마니아(10,673명) 등으로부터의 이민이 많다. 이어 아시아권인 인도, 파키스탄, 방글라데시로부터의 이주자도 1,000~4,000명에 이르고 있다. 이들 저임금 이민자들은 월급여가 높은 스위스, 프랑스 등으로 떠나간 포르투갈 비숙련 노동자들의 빈자리를 메꾸는 현상으로 순환되었다. 그들은 포르투갈 노동자들이 일하던 건설현장 및 제조업체 공장으로 흡입되었다. 그들은 월 급여는 400~600유로 정도를 받는 것으로 알려지고 있다. 이 임금 수준은 유럽연합 전체에서 매우 열악한 저임금 수준인 것이다.

포르투갈은 20세기에 들어와서부터 인구증가가 빠른 속도로 진행된 나라였다. 그러나 이를 부양할 국내 산업의 발전 속도가 느려, 해외로 떠나는 이주자를 많이 양산했다. 한때 중남미로 떠나는 이주자들도 50만 명이 넘어섰다. 1950년대 후반부터 브라질을 비롯한 신대륙보다는, 경제사정이 나아진 서유럽, 특히 프랑스로 떠나는 이민의 비중이 압도적으로 높아졌다. 최근 2002년까지도 포르투갈의 해외이민은 약 400만 명이 되었다. 당시 인구가 1,400만 정도임을 감안할 때 해외 이주민 400만은 엄청난 숫자였다.

포르투갈의 2000년 현재 GDP의 구성은 농업 4%, 공업 30%, 서비스업 66%로 농업의 비중이 낮으며, 농수산업에 종사하는 노동인구도 전체의 13%에 불과하다. 포르투갈은 서비스 업계인 관광에 많은 비중을 두려했다. 포르투갈은 관광부문에 큰 기대를 하면서 경제정책을 세웠으나, 최근 관광 불황으로 외환위기를 겪고 있다.

어느 나라이건 농업은 국가 토지정책에 따라 크게 달라지는데, 특히 포르투갈은 테주 강 남쪽, 특히 에스트레마두라 지방과 알렌테주 지방에서는 대토지 소유제가 발달하였다. 차라리 포르투갈에서는 대토지 소유로 기업 영농을 해야 한다는 포르투갈 언론의 주장이 강하게 일고 있다. 이 방법 밖에는 다른 정책이 유효하지 못하다는 것이다.

이에 대조되는 북부, 특히 미뉴 지방에서는 소(小)농지 소유자가 많다. 따라서 남부의 대 경영에 비해 북부에서는 가족노동에 의한 소규모 영농가가 많으며 낙농이 수반되는 집약적 경영 형태도 보인다. 포르투갈은 소작농들은 매우 빈곤하다. 농민들이 무작정 농촌을 버리고 대도시로 떠나는 이농현상이 오늘도 진행되고 있다. 포르투갈 이민당국은 황폐화되는 농촌을 지키려, 해외 이민자들로 농업 노동자 부족분을 메우려 하는데 쉽지 않다고 토로한다. 해외에서 들어오는 이민 정책도 이제는 유럽연합 가입 이후, 포르투갈 정부가 독자적으로 할 수 없게 되었다. 포르투갈의 유럽연합 가입 이후 이민을 사실상 자유롭게 하는 쉥겐 조약이 만들어졌다. 이 조약 이후 포르투갈이 겪는 첫 번째 고민이 바로 불법이민증가 문제인 셈이다. 유럽연합은 기본적으로 이민을 받지 않는 대단위 통합국가이기 때문이다. 앞으로 유럽연합은 포르투갈을 물론 모든 가입국들이 불법이민문제 때문에 크게 고통받을 것으로 전망된다. 유럽연합은 쉥겐조약을 보충하는 새로운 보충 조약을 준비해야 할 것이다.

4. 포르투갈의 개척자들

페르디난드 마젤란([Ferdinand Magellan, 1480~1521.4.27)

마젤란은 포르투갈이 낳은 세계적 항해 탐험가이다. 마젤란 해협과 태평양, 필리핀, 마리아나제도 등을 명명하였다. 그는 죽음을 무릅쓰고 세계를 항해한 탐험가로 포르투갈 명예를 빛냈다. 그를 포르투갈어로는 마갈랴잉시(Fernando de Magalhes)라고 부른다. 포르투갈의 하급귀족 출신으로, 마누엘 왕의 근위장교로 일하게 된다. 한때 그는 포르투갈령 인도 총독의 부하로서 동남아시아에서 일하였으며, 아프리카·인도 항로 개척에도 투신했었다. 이어서 1511년 말라카에서 몰루카제도 무역의 정보도 입수하였다.

그는 입신 출세하여 포르투갈왕의 중신까지 승진하였으나, 모로코에서 현지 무어인과의 거래사실이 왕의 의심을 사게 했다. 그는 질책을 받고 불신을 받자, 포르투갈과 인연을 끊고 곧바로 스페인 카스티야 이사벨 여왕에게로 갔다는 설이 있다. 이사벨 여왕은 마젤란을 신임하고 세계일주 여행에 필요한 준비를 도와준다. 마젤란의 세계여행은 스페인 카스티야 이사벨의 용단에 의한 지원이 그 배경이라는데 흥미롭다. 당시 이사벨 여왕은 직접 관여하지는 않았지만, 스페인 측에서 항구의 책임자를 통하여 많은 지원을 했다고 한다. 스페인의 국토회복운동의 지도자들은 그만큼 미래를 내다보는 현명한 식견이 있었던 것으로 보인다. 이런 지혜를 갖춘 지도자들이었기에, 그때 카스티야의 지도자들이 끝내 스페인 통일 위업을 달성할 수 있었다. 이어 용기를 얻은 마젤란은 아메리카대륙을 넘어 동남아시아를 항해하는 계획을 세우고, 여기에 앙베르의 상인인 전주를 만나 재정적 도움을 얻었다. 스페인 국왕 카를로스 1세(뒤에 신성로마황제 카를 5세)에게 자신의 탐험계획을 제안하여 후원을 약속받았다. 스페인 최고의 대왕 카르로스국왕은 로마에 상주하며, 스페인의 세계지배를 지휘하던 야심찬 군주였다.

그는 1519년 8월 10일 서항로 몰루카제도에 갈 계획 하에 선박 5척과 승무원 270[1]명으로 세비야를 출발하였다. 그는 목적지와 지도를 감춘 채, 계속 항해하여 12월 중순에 리우데자네이루에 닿는다. 이듬해 1월 라플라타 강에 도착하여, 이것이 해협이 아니라 내수라는 것을 확인하였다. 브라질 대륙을 발견하고, 마젤란은 남하를 계속하여 1520년 11월 28일 험난한 항해 끝에 해협을 빠

1) 이 중에는 스페인 죄수들이 많았고, 성공하고 돌아오면 사면의 약속을 받은 자들이었다.

져나가 잔잔한 대양(大洋)에 이르는 데, 그는 이를 태평양이라 명명하였다. 그리고 그가 지나온 이름모를 해협은 후일 마젤란해협이라 불리게 되었다. 이때 선단은 1척이 침몰하고, 1척은 도망하여 떠나고, 남은 것은 3척뿐이었다.

마젤란은 태평양을 작은 바다로 예상하고 서진하였으나, 결과는 3개월 이상이 걸리는 긴 항해였다. 불안에 떠는 선원들을 통솔하여 계속 서쪽으로 가는 동안에 이상하게도 아무 섬도 만날 수가 없었다. 1521년 3월 6일 괌섬에 도착하여 원주민과 교전하였고, 3월 16일에는 현 필리핀군도 레이테만의 즈르안섬에 도착하였다. 그리고 스페인 세비야에서 데리고 온 수마트라인 노예의 통역으로 원주민과 우호관계를 맺었다.

1521년 4월 세부섬의 왕 및 부하들을 기독교로 개종시키고, 스페인 왕에게 충성할 것을 약속받았다. 4월 27일에는 준비가 덜 된 채, 막탄섬의 토벌을 시작하였다. 그러나 이 전투에서 마젤란은 부하 12명과 함께 전사하였다. 그가 죽은 지점이 몰루카제도의 경선을 넘었기 때문에 사실상 '세계일주'를 완수하였다고 생각할 수도 있다.

전투적 탐험 속에 지휘관을 잃은 선단원들은 인원이 부족하였기 때문에, 배 1척을 불태우고, 나머지 2척으로 11월 몰루카제도의 포르투갈 세력권으로 들어갔다. 그러나 할마헤라 섬에서 잔존 2척 중 트리니다드호는 난파하고, 나머지 1척 빅토리아호에 향료를 만재한 뒤에 60명이 귀로에 오른다. 포르투갈 해군의 추적을 피하면서 1522년 9월 8일 스페인의 세비야로 귀항하였다. 이때에 생존자는 후안 세바스티안 엘카노(Juan Sebastian Elcano) 등 18명이었다. 참으로 그 당시의 항해기술로 보며 대단한 업적이었다. 오늘날 필리핀·마리아나 제도 등의 명명도 이때에 이루어진 것이다. 마젤란은 포르투갈이 낳은 대 탐험가이지만, 그를 완성시킨 나라는 스페인이었다. 마젤란은 이베리아반도가 낳은 인류 최고의 탐험가이자, 세계적 항해역사를 새로 쓴 영웅이었다.

페르낭 멘데스 핀투(Fernão Mendes Pinto, 1509~1583)

그는 포르투갈의 여행가・작가로서, 매우 가치있는 여행기를 남겼다. 그의 필체는 묘사력이 뛰어나서, 과장이 심하다는 평을 받기도 했다. 그는 몬테모르-오-벨류의 가난한 가정에서 태어났는데, 1537년에서 1558년까지 아프리카, 동양 등지에서 파견 근무중 13번 포로가 되었고, 17번 팔려가는 등 파란 많은 일생을 보냈다. 생생한 현장을 묘사하려 했던 여행기(1614)는 인도, 아라비아, 중국, 일본에서의 작자의 수많은 모험이나 진기한 풍경 등을 기록해 낸 경험론이다. 그를 '허풍쟁이 핀투'라고들 평했으나, 근년에 와서 그의 기록들이 정확한 사실이었다고 평가받는다. 또한 여행 작가로서 그의 진가가 인정받게 되었고, 현재도 문학의 선구자로서 포르투갈 국민들로부터 존경받는다.

제11장
포르투갈의 정치

1. 포르투갈의 정치인

포르투갈의 군부는 스페인의 경우보다 사상적으로 과격했다. 왕과 왕자가 피살되고, 혁명에 의해 만들어진 좌익 공화정치가 진행되는 모습을 찾을 수 있다. 프랑스의 시민혁명이 루이 왕을 단두대에서 죽이듯이, 포르투갈의 마지막 왕은 군부 쿠데타에 의해 그 왕자와 함께 피살된다. 그런 연유로 프랑스나 포르투갈 양국은 오늘날 왕실이 없다. 이러한 질곡 속에서도 포르투갈에는 정치적 인물들이 몇 명 나왔다. 다음은 포르투갈 정치사회에서 정치적으로 큰 역할을 했던 인물들이다.

페드루 데 수사 홀스타인

그는 팔멜라 백작(Pedro de Sousa Holstein, 1st Count of Palmela, 1781 ~ 1850)라고 명명한다. 그는 19세기 전반 포르투갈의 정치인이자 외교관으로서, 포르투갈의 정치에 가장 영향을 많이 준 인물 중에 한 명이다. 그는 망명생활도 했으며, 수상 지위까지 올랐다. 그는 일찍이 1808년의 바욘회합에서 나폴레옹을 접견하고 「포르투갈은 결코 에스파냐처럼 행동하지 않겠다」고 확약했다. 포르투갈을 반스페인적으로 회귀하여 포르투갈 정치독립을 완성시킨 인물이다. 그는 정치적 현실주의로 명성을 얻었다. 그가 제시한 반스페인적 외교노선은 바로 프랑스가 늘 원하던 바였다. 빈회의 때는 포르투갈의 전권대표로 참석하여, 스페인 대표 라브라도 후작과 대결한 일화는 유명하다. 팔벨라 백작은 스페인의 주장에 맞서, 올리벤차에 대한 포르투갈의 권리 주장을 관철했다. 그는 영국 주재 대사 경험을 거쳐, 브라질의 외무상으로 임명되는 특이한 이력을 남긴다.

1820년 스페인 군부반란의 영향으로 포르투갈에서도 혁명이 일어난다. 이 여파로 제헌의회가 소집되자, 그는 혁명적 공화파와 복위를 원하는 주앙 6세 측의 중재연락을 맡았다. 입헌군주제 교섭을 성공시켜 1821년 주앙 6세를 포르투갈로 복귀시킨다. 그 공로로 그는 팔멜라 후작으로 승작하고, 1823년 본국의 외무상이 되었다. 이어 헌법 개정에 착수하여 그는 민주적인 입헌군주제를 상정한다. 이런 배경으로 만들어진 1824년의 헌법안은 주앙 6세가 받아들이기에는 너무 자유주의적이고 반군주적인 것이었다. 당시 정치상황은 또다시 국론 분열로 치닫고 있었고, 그는 브라질에 있었다. 대외적인 정세도 큰 변화가 있었다. 그는 브라질에서 포르투갈로 복귀해야 하는 다급한 처지에 있었다. 몇 년 전과 달리 국왕은 이미 권좌에 앉아 권력을 다시 찾고자하는 권위주의적 전제를 부리고 있었다. 또한 인접국인 스페인도 반란으로 어지럽고, 이 분위기는 그대로 포르투갈에 전달되고 있었다. 포르투갈의 군부도 이 소요를 예의 주시하며, 봉기의 때를 기다리고 있었다. 먼 지방에서조차 공화주의적 항거가 일고 있었다.

권력을 지키려는 주앙 6세의 거부로 입헌주의자와 전제주의자 사이에 봉합되어 있던 갈등은 폭발했다. 왕실의 핵심 인물인 왕비 카를로타와 둘째 왕자인 미겔은 1824년 기회주의자라고 판단하고 정치의 조종자 팔멜라 후작을 체포했다. 해외로 가는 조건으로 자유를 되찾은 후, 그는 영국 주재 대사로 발령됐다. 그는 왕에 대한 합리적인 설득이 무위로 그치자, 절망하고 영국으로 가는 배에 오른다. 권력에 향수를 버리지 않던 주앙 6세가 1826년 3월 10일 죽는다. 장남이며 브라질의 국왕인 페드루 4세가 브라질에 있는 상태로 왕위를 계승했다. 1828년, 야심적인 미겔은 권좌의 공백을 이용하여 반란을 일으켰다. 다시 팔멜라 후작은 오포르투에 근거한 자유주의파에 편에 섰다. 그리고 군부장악에 실패한 그는 또다시 패하고 영국으로 망명할 수밖에 없었다.

야심가인 미겔은 스스로를 국왕으로 선포했지만, 동생의 반란에 실망한 브라질의 페드루 4세는 장녀인 마리아 2세에게 왕위를 물려주고 자유주의자들과 협력한다. 반란은 내전으로 번졌고, 팔멜라 후작은 런던에서 마리아 2세 진영의 대사 역할을 수행했다. 그는 영국의 개입을 이끌어내, 마리아 정권의 승리를 만들어낸다. 영특한 팔멜라는 영국의 제독 찰스 네이피어를 끌어들여 포르투갈 자유주의파의 해군 사령관으로 삼는다. 팔멜라 후작은 마리아 2세와 함께 영국해군의 도움으로 포르투갈아 조레스에 상륙했다. 런던에서 격렬한 반(反)미겔 캠페인을 벌인 공로가 인정되어, 그는 자유주의파의 외무상으로 승진했다. 1833년에는 찰스 네이피어 함대는 아조레스에서 오포르투로 진군하면서 자유주의파의 원군과 합류한다. 동년 7월 5일 상비센테 해전에서 찰스 네이피어가 미겔의

해군을 대파한다. 이것이 계기가 되어 내전에서 자유주의파가 승리한다. 이듬해 마리아 2세가 리스본에 입성하면서 내전은 미겔의 패배로 끝났다.

자유주의파를 밀어온 팔멜라 후작은 1834년 9월 24일, 마리아 2세 치하의 포르투갈의 새로운 입헌정부에서 초대 수상에 올랐다. 그가 염두에 둔 입헌군주제는 매우 현대적인 체제로서 군주는 통치하지 않고 상징적으로만 존재하는 체제이다. 그는 1842년과 1846년에 수상을 지냈다. 1850년 10월 10일, 그간의 공로를 인정받아 팔멜라 공작으로 승작했다.

안토니우 드 올리베이라 살라자르

안토니우 드 올리베이라 살라자르(António de Oliveira Salazar, 1888.4.28 ~1970.7.20)는 군부에 의해 발탁된 교수 출신 정치인이다. 39년이나 집권하면서 그는 국가건설 독재를 강행한 포르투갈의 정치지도자이다. 1932년부터 36년간이나 총리로 재임하며, 국가동원의 독재체제를 구축하였다. 그는 병으로 집권 중에 사망했다. 그러나 만일 그가 오래 생존했더라면, 포르투갈 정국은 독재자 살라자르에 대항해서 엄청난 민주화 투쟁 속으로 빠져 들어 갔을 것이다. 이어 포르투갈은 젊은 군인들의 봉기로 신속히 민주화의 길로 들어선다.

어느 면에서 그는 스페인의 프랑코장군과 맞먹는 독재자였다. 포르투갈의 살라자르는 중부 산타 콩바당의 평범한 집안에서 태어났다. 처음에는 비세우의 신학대학에서 성직자 교육을 받았으나, 코임브라 대학교에서 법학과 정치학으로 전공을 바꿨다. 그 후 코임브라 대학교에서 정치경제학 교수로 재직했다. 1926년 군부 쿠데타 이후 경제 전문가로 1928년 재무장관에 군부정권에 발탁된다. 대공황 속에 성공적인 경제정책을 수행했다. 1932년 오스카르 카르모나 대통령은 그를 총리로 임명하였다. 그 다음해 이스타두 노부(Estado Novo) 체제를 도입하고 국민동맹을 조직하여 1당 독재체제를 구축했다. 그의 정권은 총리에게 권한을 집중시키고 경제개발에 집중한 권위주의적 성격을 가졌다.

살라자르는 1936년 스페인 내전 때 프란시스코 프랑코를 지원했다. 이어 2차 세계대전에서는 국익을 우선해서 영리한 살라자르 정권은 패색이 짙은 독일측을 포기하고, 중립을 지키면서 배후로 연합국을 원조하였다. 전쟁 후에는 서방측에 가담하여 북대서양 조약기구(NATO)에 참여하며 국제적 지위를 보장받았다. 이런 기회주의적 정책은 살라자르의 영특한 실리외교로 볼 수 있겠다. 살라자르를 총리로 내세웠던 카르모나 대통령이 1951년 사망하였으나, 그는 계속 총리로 재임할 수 있었다.

살라자르는 포르투갈의 해외 식민지 지배를 강행했다. 그 시대에 1960년대에는 아프리카의 모든 식민지들이 대부분 독립하는 시대였다. 그러나 살라자르는 시대적 조류에 역행하여 식민지정책을 계속 유지하여 국제적인 비난을 받았다. 현지에서 악전고투하는 포르투갈 군부의 원성이 높아가고 있었다.

그는 1968년 고령에 건강이 악화되어 의식 불능 상태가 되었고, 9월 25일 면직되었다. 그 후 1970년 세상을 떠났으며, 민주화는 젊은 대위들의 봉기로, 1974년에야 혁명적으로 이루어질 수 있었다. 어느 면에서 살라자르라는 정치인은 포르투갈의 경제 근대화를 이룬 개발형 독재자이었으며, 동시에 포르투갈의 정치민주화를 후퇴시킨 독재자였다.

아니발 안토니우 카바쿠 실바

그는 포르투갈의 우파적 정치인이다. 비교적 포르투갈 정치적 안정기라고 말할 수 있는 1985년~1995년 총리를 지냈으며, 2006년부터 대통령으로 재직 중이다. 아니발 안토니우 카바쿠 실바(Aníbal António Cavaco Silva, 1939. 7.15 ~)는 포르투갈 남부의 시골 롤레에서 태어났다. 리스본 공과 대학교와 영국의 요크 대학교에서 경제학을 전공했다. 젊은 시절, 포르투갈의 식민지였던 모잠비크에서 군복무를 했다. 포르투갈로 돌아와 리스본의 여러 대학교에서 경제학을 가르쳤다. 한편 1974년 민주화 혁명 후 민주국민당(PPD)에 입당했으며, 1980년 재무장관이 되었다. 그 후 PPD가 개편된 사회민주당(PSD)의 당수직을 맡는다. 이어 1985년 그가 이끈 총선에서 제1당이 되어, 총리 자리에 올랐다. 1987년 총선에서 사회민주당은 다수석을 확보, 우파적 입지를 굳혔다.

정치적 갈등이 심화되는 포르투갈 정국에서 그는 1995년 총선에 출마하지 않았다. 그 해 총선에서 사회민주당은 제1당의 자리를 내주었고 그도 총리직에서 물러났다. 약 10년 간 총리로 재임했던 그는, 포르투갈에서 19세기 이래 독재자 안토니우 드 올리베이라 살라자르를 제외하면 가장 오랫동안 집권한 총리였다. 그는 행정부 수반으로 경제중심의 현실주의적인 정책을 선도했다. 그의 재임 중 포르투갈은 유럽연합에 가입했으며, 현실주의 노선에 따라서 유럽에서 제일 낙후된 포르투갈의 경제를 성장시켰다. 그는 모든 면에서 철저한 실용주의

자였다. 그의 대서방 접근 정책으로 포르투갈은 비로써 유럽연합의 일원으로 대우 받을 수 있었다.

포르투갈의 국민적 지도자로 인정받던 그는 1996년 대통령 선거에 사회민주당 후보로 출마했으나, 사회당의 조르즈 삼파이우에게 패했다. 다시 2006년 1월에 대통령 선거에 출마하여 과반수 표를 확보함에 따라 2차 투표 없이 바로 대통령으로 당선된다. 그는 포르투갈의 사회민주당 원로로 다른 유럽나라와 달리 중도우파 노선을 고수했다. 우파적 지도자로는 그가 포르투갈의 민주화 이후 처음으로 대통령 자리에 오른 인물이다. 이에 따라 좌파의 조제 소크라테스 총리와 함께 국정을 이끌어, 포르투갈에 최초로 좌우 동거 정부가 들어섰다. 그는 포르투갈 지도자 중, 온화한 성품에 중도 통합을 즐기는 화합 정치인으로 평가받는다.

호세 소크라트스

호세 소크라트스(José Sócrates de Carvalho Pinto de Sousa, 1957.9.6~)는 포르투에서 태어났다. 리스본의 인데펜덴트 대학교에서 토목공학을 전공했다. 젊은 시절 중도우파 정당인 사회민주당 청년조직에서 활동했으나, 후에 중도좌파 계열의 사회당으로 옮겼다. 코빌량의 시청 기술직 공무원으로 근무했으며, 1987년 국회의원으로 선출되었다. 1995년 안토니우 구테흐스 정부 출범 후 중앙부처에서 근무했으며, 1997년 체육청소년부 장관으로 임명되어, 2004년 포르투갈에서 열리는 UEFA 유로 2004의 준비과정을 주관했다. 1999년 환경부 장관을 지냈으나, 2002년 사회당 정권이 붕괴되어 장관직에서 물러났다. 2004년 사회당 대표로 선출되었으며, 2005년 2월 치러진 총선에서 승리하여 2005년 3월 조르제 삼파이우 대통령에게 총리 임명을 받고 총리로 취임했다.

총리에 취임 후 중앙행정부처, 사회복지, 보건, 교육, 행정제도와 조세제도의 간소화 등 여러 분야에서 대대적인 개혁을 단행한다. 결단력이 있다고 큰 호평을 받았으나, 여러 가지 논란으로 구설수에 오르기도 했다. 그는 일찍이 교육 개혁의 일환으로 시행하는 교원 평가제 도입에 대한 교사들의 격심한 반발을 들 수 있다. 그는 포르투갈 교육 전반을 현대화하지 못하면, 포르투갈의 미래가 없다고 판단하고, 진보적인 교육 정책을 강력하게 추진했었다. 외국에서는 그의 정책을 놀라운 눈으로 좋게 평가했다.

마르셀루 조제 다스 네베스 알베스 카에타누

마르셀루 조제 다스 네베스 알베스 카에타누((Marcello José das Neves Alves Caetano, 1906.8.17~1980.10.26)은 갑자기 죽은 독재자 살라자르 뒤를 이어 정부를 이어 받은 과도기의 총리였다. 그도 포르투갈의 교수 출신 정치인이다. 살라자르가 갑자기 쓰러진 1968년부터 1974년까지 과도 총리를 지냈다. 그는 불운하게 브라질로 망명가야 했다. 어느 면에서는 원인 제공자 격인 살라자르가 겪어야 할 망명생활을 그가 말년에 한 셈이다.

그는 리스본의 비교적 유복한 가정에서 태어났다. 리스본 대학교 법학 교수였으며, 안토니우 살라자르 총리의 이스타두노부(신체제)의 헌법 제정에 참여했다. 이어 1944년~1947년 식민장관을 지냈으며, 1947년부터 국민동맹 의장을 맡았다. 1959년~1962년 리스본 대학교 총장을 지냈고, 1968년에 총리가 되었다. 그는 민주화 요구를 부분적으로 수용했으나, 우유부단했다. 그리고 경제 정책의 실패 등으로 그나마 유지하고 있던 지지 기반을 잃었다. 포르투갈 정부는 아프리카의 식민지에 대한 탄압을 계속하며 독립을 인정하지 않아, 국제적 비난을 받고 정치적 위기를 맞이했다. 결국 1974년 군부 소장파가 일으킨 카네이션 혁명으로 그의 정권은 무너졌으며, 그는 브라질로 망명하여 그 곳에서 여생을 보냈다. 리우데자네이루의 가마 대학교의 법학 연구소 소장으로 학자생활을 하다가, 1980년 리우데자네이루에서 세상을 떠났다.

안토니우 마누엘 드 올리베이라 쿠테흐스

안토니우 마누엘 드 올리베이라 쿠테흐스(António Manuel de Oliveira Guterres, 1949. 4. 30~)는 포르투갈의 정치인으로, 1995년~2002년까지 7년 장기간 총리를 지냈으며, 2005년 이후 현재는 국제연합 난민고등판무관으로 재직 중이다. 포르투갈이 배출한 국제사회의 중량있는 외교관으로 많은 유럽연합의 난제를 푸는 데 앞장서고 있다.

그는 리스본 출신이다. 리스본 기술대학교에서 물리학과 전기공학을 전공했다. 1972년 군사정권 당시 합법화되지 않았던 사회당에 입당했다. 정당활동 자유화 후 적극적으로 정치에 참여했으며, 국회의원으로 선출되었다. 아니발 카바쿠 실바 정권시절인 1992년, 사회당 대표로 선출되어 야당을 이끌었다. 1995년 총선에서 당을 승리로 이끌어 총리로 취임했다. 1999년 총선에서 다시 승리했으며, 그 해에 사회주의 인터내셔널 대표가 되었다. 2002년 인기가 떨어져 총선을 앞두고 퇴임하였다. 2006년까지 사회주의 인터내셔널 대표로 있었다.

호제 마누엘 두랑 바호주

호제 마누엘 두랑 바호주(José Manuel Durão Barroso, 1956. 3. 26. ~)는 포르투갈의 정치인으로 2002년~2004년까지 총리를 지냈으며, 2004년부터 유럽위원회의 집행위원장을 맡고 있다. 포르투갈이 낳은 유럽연합의 중요 지도자로 바호주는 많은 업적을 내고 있다. 그 역시 리스본 출신이며, 리스본 대학교에서 법학을 전공 후, 스위스의 제네바 대학교에서 경제학과 사회학을 전공했다. 미국 조지타운 대학교에서 국제정치학 박사학위를 받은 후 리스본의 대학교에서 강의를 하였다.

한편 1974년 민주화 이후 한때 공산주의계열 정당에 참여했으나, 그 후 전향하여 사회민주당에 입당했다. 그는 1985년 아니발 카바쿠 실바 행정부에서 일했으며, 1992년~1995년 외무장관을 지냈다. 1999년 사회민주당 총재가 되었고, 2002년 총선에서 승리, 총리 자리에 올랐다. 2004년 유럽연합의 유럽위원회 집행위원장 후보로 우파계열 정당의 연합인 유럽인민당 후보로 지명되어 유럽연합을 대표하고 있다. 바호주는 포르투갈이란 유럽의 변방국가 출신으로 유럽연합 차세대 지도자로 클 가능성이 있다.

2. 포르투갈의 정치상황

1976년 4월 2일 제정된 헌법에 따르면, 포르투갈의 정체는 대통령제가 가미된 의원내각제 공화국이다. 의회는 단원제로 230석의 4년제 국회의원으로 구성된다. 1999년 10월 총선거에서 총리 안토니우 구테헤스가 이끄는 사회당이 승리하여 좌파정부 2기에 들어갔으나, 2001년 초부터 경제부진, 정권운영의 혼란으로 어려움에 처했다.

이러한 국정혼란은 헌법에 의한 합법정부 구테헤스 총리의 통치력에 대한 의문을 불러왔다. 2001년 12월 실시된 지방선거에서 여당인 사회당이 최대 야당인 사회민주당에 대패하였고 총리는 사임한다. 그 결과, 2002년 3월에 조기 총선거를 실시하여 사회민주당이 1995년 이후 7년 만에 승리함으로써 정권교체가 이루어졌고, 사회민주당 총재 호세 마누엘 듀라오 바로소가 총리에 선출되었다.

그 후에도 포르투갈의 정치위기는 가라앉지 않는다. 새로 집권한 사회민주당도 위기를 극복하지 못한다. 역시 사회민주당은 다시 2005년 2월 20일 총선에서 패배하였다. 많은 어려운 속에서 포르투갈 정정은 사회당과 사민당이 정권을 주고받는 '혼란한 양당체제'를 구축하였다. 그런 와중에도 포르투갈은 민주주의에 대한 신념을 유지시켜 나갔다.

당시 선출된 당별 의석 분포는 포르투갈이 유럽 코뮤니즘의 나라라는 것을 보여준다. 포르투갈사회당(PS) 121석, 사회민주당(PSD) 75석, 통일민주연합(CDU) 14석, 대중당(PP) 12석, 좌익블록(BE) 8석 등이다. 이렇듯 복잡한 정당구도 속에서 포르투갈 사회당 당수 J. 소크라테스가 다수당 대표로서 2005년 3월 12일 이후 수상으로 선출되었다. 이어 실권없는 국가 상징인 대통령은 재임이 가능한 5년 임기이다. 대통령은 2006년 1월 국민들의 직접선거에 의하여 카바코 실바가 당선되었다. 포르투갈은 역대 사회주의 성격이 강한 사회당과 민주주의 성격이 강한 사회 민주당이 오랫동안 정권을 놓고 치열한 선거전을 벌여 왔다. 그러나 포르투갈의 분위기가 사회주의를 선호하기 때문에, 사회당이 사회민주당에 비해 비교적 역대 선거 전적에서 우세했다. 그러나 사회민주당의 연합전술로 정권을 거머쥐고 연정을 펴고 있다. 다음은 포르투갈 정치에서 주목할 만한 정치인들이다.

제12장
포르투갈의 경제

1. 포르투갈의 경제현황

포르투갈의 산업 및 경제구조는 스페인·그리스와 더불어 유럽에서 가장 농업 중심의 후진적이다. 기본적으로 포르투갈의 직업은 농민과 어민들로 구성되어있는 노동집약적인 구도에서 출발해서, 서비스 업종으로 확대되었다. 2006년 산업별 GDP 구성 비율은 농업 6.6% , 공업 28.6%, 서비스업 64.9%이지만, 노동력별 구성 비율은 농업 10%, 공업 30%, 서비스업 60%이다. 농업 부문의 생산성이 매우 낮다. 외형적으로 농업의 비율이 낮아 보이지만 농업노동력의 인구비율이 높다. 넓은 농지에서 전근대적으로 이루어지는 농업이라 전반적으로 생산성은 떨어지는 편이다. 결과적으로 지대(地代)와 이자에 의존하여 생활하고 있는 상류계급의 이익을 대변했다는 살라자르 정권의 경제정책 때문이라는 주장이 강하다. 살라자르 정권은 전통적인 농업 정책을 추진함으로서, 오히려 포르투갈의 빈익빈 부익빈 현상을 가중시켰다.

그러나 1950년경부터 서유럽 국가들과의 경제적 교류를 하고, 포르투갈은 유럽의 메카니즘에 맞게 경제구조를 개편해야 했다. 또한 포르투갈 정부는 국내 군사비 조달의 필요성이 커지고, 적극적 산업·경제 진흥책의 긴박성을 통감하게 되었다. 이에 따라 좀 늦은 감이 있지만, 1953년부터 공업 발전을 목표로 하는 6개년 경제계획이 수립되고 1974년에는 제4차 6개년계획이 착수되었다. 하지만 그나마 이어 발생한 젊은 이상주의적 장교들에 의한 쿠데타 때문에 중단되었다. 카네이션 혁명 이후, 국가성장형 경제정책보다는 서민복지정책 쪽으로 경제 정책을 회귀하는 바람에, 포르투갈은 경제 성장의 동력을 얻지 못했다. 발전을 위한 동력 축적보다는 국가의 부를 서민들에게 배분하는 일에 군사정부는 매달렸다. 어느 면에서 불균형 성장이론[1])으로 보면 좀 안타까운 일이었다.

---

1) 불균형 성장이론은 국가경제가 성장하려면 우선적으로 국내저축을 활성화해서, 성장이 가능한 부문을 집중육성하여 일자리를 창출하고, 유효수요를 확장해서 국가경제 전체에 활력을 불어넣는다는 것이다.

역사적으로 포르투갈의 포도주 제조업, 전신, 전화, 교통 등의 공공사업은 거의 영국자본에 의해 이루어졌으며, 제2차 세계대전 후에는 미국·서독계 자본이 진출하여 포르투갈의 산업을 장악하였다. DEMAG(서독계), SACOR(영국·미국·포르투갈의 합병), MABOR(미국계) 등의 외국자본 계통의 독점적 자본이 큰 비중을 차지하였다. 1974년 쿠데타 직후에는 산업국유화와 정정불안으로 외국자본의 투자유보로 국내 금융위기가 발생하였다. 이어 중동사태의 불안으로 석유파동도 일어났다. 이로 인해 포르투갈의 경제는 금융 부문쪽에서 크게 혼란스러워졌다. 그 후에도 국제적 불황, 이민송금과 관광수입의 격감, 이민 귀환자의 유입 등으로 경제혼란이 절정에 달하였다. 당시 군사혁명이 안 일어났어도, 무언가 터질 것 같은 상황이 포르투갈의 1960년대 정국상황이었다.

그러나 젊은 장교들이 주축이 된 신정부는 1977년부터 민간기업을 대상으로 한 외국자본의 도입 촉진, 긴축정책 실시 등으로 경제 재건이 이루어졌다. 특히 혁명정부의 긴축정책과 서방측의 원조로 포르투갈의 경제는 상당히 개선되어 다소 경상수지는 1979년에 흑자로 전환되었다. 1980년 1월부터 중도 우파정권은 경제성장과 인플레이션 억제에 중점을 두어 두 마리의 토끼를 잡으려 했으나, 1981년 흉작, 전력부족, 수출부진 등으로 경제는 다시 정체되었다. 이어 경상수지 적자는 약 20억 달러에 달하였다. 다시 포르투갈은 국가 부도사태까지 악화된다는 소문이 날 정도로 어려워졌다. 그것은 경제적 위기를 몰고 왔다. 이 위기를 극복할 수 있었던 것이 바로 포르투갈의 유럽연합 가입이었다. 유럽연합 가입 이후 서구 선진자본들은 인건비가 싼 포르투갈에 관심을 갖기 시작했다.

포르투갈은 사회주의적 경제구조가 자유민주주의적 자본주의 체제(시장경제)로 전환되면서 경제정책의 기본 틀이 근본적으로 자본주의적 구도로 바뀌었다. 이에 따라 경제발전이 가속화되고 경제개방효과로 인하여 내부의 후유증도 크다. 그러나 유럽연합 가입은 포르투갈 당국은 국민들의 경제 발전 심리를 자극하여, 내수 증가, 생산의욕 고취 및 공급 증가라는 좋은 환경을 만들었다. EU가입은 포르투갈 경제에 활력이 불어 넣기 시작하였다. 새로운 자본주의 국가 포르투갈의 탄생이었다.

드디어 1989년 7월 개헌을 통해 포르투갈은 국영기업의 민영화와 운수통신업에 민간자본의 참여를 가능하게 했다. 이 개정헌법으로 자본이 활성화되기 시작하였다. 1994년 이후 경기회복이 가속화되어 수출, 투자 및 소득증대에 힘입어 포르투갈은 1996~1997년간 실질성장률은 3~3.5%로 유럽연합 국가 내 최고수준을 기록했다. 충분한 외국의 투자가 유입되기 시작하였고, 이에 힘입어 포르투갈은 저 인플레이션(2006년 2.5%), 저실업률(2006년 7.6%), 환율안정 등으로 수년간 안정적인 성장이 이룩되고 있다.

그러나 포르투갈은 수출입 부문에서 적자가 심해 경제적 어려움은 남아 있다. 2006년의 경우, 수출 467.6억달러, 수입 677.4억달러로서 210억달러 정도의 적자를 나타내고, 2006년 1인당 GDP는 19,800달러, 공공부채는 GDP의 67.4%이다. 그러나 아직까지 유럽연합 국가 중에서 하위수준인 경제성장률, 재정건전성 및 공공의료서비스 악화, 연간평균임금의 최하위 등이 문제이다.

오래전부터 포르투갈은 수입이 수출보다 월등히 많아, 적자 현상을 이루고 있었다. 무역구조를 보면 섬유·의료, 농수산물 관련 제품을 기계·전기, 수송기기, 화학제품 등을 수입한다. 주요 상대국은 스페인 26.5%, 독일 12.9%, 프랑스 12%, 영국 6.7%, 미국 6.1% 등이며, 수입상대국은 스페인 29%, 독일 13.1%, 프랑스 8.1%, 이탈리아 5.6%, 네덜란드 4.4% 등 (2006년)이다. 또한 유럽연합 국가가 수출의 80.7%, 수입의 75.9%를 차지한다. 포르투갈은 적절한 시기에 유럽연합에 가입하였으나, 산업구조가 선진화되지 못하여, 다른 유럽연합국가와는 경제적 격차가 크다. 포르투갈의 경제능력상 이러한 불균형의 개선은 그리 쉽지 않다고 보인다.

2. 포르투갈의 교통

국가정책이 혼선을 빚어온 포르투갈은 국토종합개발이 부진하여 경제적으로 중요한 간접자본개발이 부진하였다. 그래서 육상 교통로는 크게 발달하지 못했다. 도로 총연장은 78,470km(2004년)에 불과하며 철도는 총 2,786km(2006년)로 광궤 2,603km, 협궤 183km이다. 철도는 모두 국영이다. 육로 교통에 비하여 해운수송은 활발하다. 수도이며 주요 항구 리스본과 마투시뉴스(레이송이스, 포르투의 외항) 등을 중심으로 군사적 이유로 항구시설이 발달되었다. 영국의 협력으로 포르투갈은 일찍부터 항만이 정비되고 해운이 발달하였다. 지형상 항공로선이 절실해서, 포르투갈은 비교적 항공로가 잘 발달되어 있다. 리스본은 유럽, 남북아메리카, 아프리카를 연결하는 국제항공로의 거점이며, 포르투갈 항공(TAP)이 국내·국제선을 운항하고 있다. 다양한 활주로를 개발하여 2006년 기준 크고 작은 국내외용 공항 66개가 이용되고 있다. 전통적으로 포르투갈의 교통은 해운부문이 앞서간다.

3. 포르투갈의 농업

포르투갈은 아일랜드와 함께 유럽의 마지막 남은 두 개의 농업국가 중에 하나이다. 2006년 현재 GDP의 구성은 농업 6.6%, 공업 28.6%, 서비스업 64.9%로 유럽연합 가입 국가들과 비교할 때 농업의 비중이 비교적 높다. 단순 수치로는 농업비율이 그리 큰 부분인 것 같지는 않으나, 질적으로 계산하면 크다. 농수산업에 종사하는 노동인구도 전체의 10%나 된다. 농업은 지방에 따라 경영의 성격이 크게 달라진다. 테주강 남쪽, 특히 에스트레마두라 지방과 알렌테주 지방에서는 대토지 소유제가 발달하여, 대규모 농장이 운영되었다. 따라서 경영의 대형화로 비교적 농업 생산성이 높다. 이에 비해 동북부, 특히 미뉴 지방에서는 소(小)농지 소유자가 많다. 농업의 빈곤 운영이라 말할 수 있는 전통농업이 발달하고 있다. 따라서 남부의 대 경영에 비해, 북부에서는 가족노동에 의한 소규모 영농가가 많으며 생산성이 떨어진다. 간간이 낙농이 수반되는 집약적 경영형태도 보이지만, 대부분 경제 환경이 열악한 소농들이 살고 있다.

경영되는 농지는 국토의 7.9%(2005년)를 차지하고, 그 대부분이 올리브, 포도, 밀, 옥수수, 쌀 등을 재배하는 농지이다. 또한 이 농산물들이 포르투갈의 주요 농산물이다. 올리브 오일, 'Rocha'재배, 토마토 가공제품, 용천수 등 대서양과 지중해 문화적 요소가 섞인 식품과 포도주를 수출한다. 세계 제11위 테이블 와인 생산국으로 농업인구의 28%가 포도재배 및 포도주 생산에 종사한다. 포르투갈은 포도주의 품질 유지 및 출처 확인을 위해 40개의 공식 포도원(demarcated regions)을 지정하였다. 특히 뽀르뚜(Porto) 와인, 마데이라(Madeira) 와인이 세계적으로 유명하다. 포르투갈은 세계 최초로 특산 포도주를 생산하기 위한 전용 포도원(demarcated wine region)을 지정하였다.

포르투갈은 양질의 해안을 보유한 국가라 수산어업도 풍요롭고 국가 경제에 미치는 영향도 중요하다. 어업 제품도 1인당 생산량과 소비량도 많고, 포르투갈 통조림은 주요 수출품으로 유명하다. 세계 제1의 코르크 수출국답게 코르크 삼림자원을 대규모로 운영된다. 코르크 이외에 종이 펄프 수출이 많다. 특히 포르투갈 코르크의 질은 매우 우수하여 생산량도 세계적이다. 코르크 펄프를 수출하는 항구의 선적 모습은 장관이다.

한편 포르투갈의 포도밭은 스페인의 풍경과 프랑스의 풍경과도 좀 다르다. 포르투갈의 포도 농장은 대규모로 경영된다. 대서양 바다의 소금기있는 습기를 머금은 바람, 그리고 너무나도 충분한 일조량으로 포르투갈 포도의 당도는 매우 높다. 바닷가에서 재배된 포도가 맛이 좋은 것은 이미 검증되었다. 어느 나라이건 약간 습한 기후와 소금기 바람속에 재배된 포도는 향도 강열하다.

피코 섬의 포도밭 장관

피코 섬의 포도밭 경관은 정말 아름답다. 피코섬은 포르투갈 서쪽에 있는 화산섬이다. 15세기부터 포도를 재배하고, 포도주를 생산한 유적들이 남아있다. 피코 섬은 포르투갈 서쪽에 있는 아조레스제도에서 두 번째로 큰 섬이다. 총 면적 987ha이며, 화산섬이다. 15세기부터 포도를 재배하고 포도주를 생산하였는데, 그 유적들이 아직 남아있다. 포도밭과 19세기 초의 장원, 교회, 포도주 저장고 등은 포도주 생산으로 번성하였던 마을의 역사를 보여주고 있다. 섬 안쪽의 작은 밭들을 해안에서부터 안쪽까지 많은 벽이 세워져 있다. 바람과 바닷물로부터 보호하기 위한 것이다. 이 곳을 2004년 유네스코(UNESCO:국제연합교육과학문화기구)에서 세계문화유산으로 지정하였다. 이곳은 화산섬이라 배수가 잘되어, 병해가 적어 우수한 포도를 생산한다.

알토 도우루 포도주 산지(Alto Douro Wine Region)

이 지역도 포르투갈이 자랑하는 특산 포도주를 대량으로 생산하는 지역이다. 아름다운 자연 경관 속에 독특한 포도주 숙성시설이 고색창연하게 어우러져 있다. 2001년 유네스코(국제연합교육과학문화기구)에서 세계문화유산으로 지정하였다. 이 지역 농가들은 기원전 전부터 포도를 재배해왔고, 수공의 전통방식으로 포도주를 생산하였다. 포도주 생산으로 이 지역주민들은 생계를 유지해왔고, 지역 경제도 발전하게 되었다. 이곳에서 만나는 자연경관들은 역사적인 기념물처럼 아득히 펴져있는 모습이다. 오래된 시설과 아름다운 자연들은 지나는 관광객들에게 언젠가 꿈속에서 보았던 '추억의 그림'같다.

18세기 이후부터 이곳에서 생산된 포트와인은 세계적인 품질을 평가받고 있다. 이곳의 검은 토양은 매우 비옥해 포도재배에 좋다. 이 지역의 기후 역시 포도 재배에 적합하다. 특히, 경사가 가파른 포도밭은 충분한 일조량을 얻기에 적합하다. 이 지역은 포도주 제조 공장뿐만 아니라 유서깊은 마을, 역사적인 교회 등이 어우러져 아름다운 전원모습을 보여주고 있다. 이미 2001년 유네스코에서 세계문화유산으로 지정하였다. 이곳은 포르투갈 특유의 시골 풍경을 보여주기 때문에 많은 관광객들이 찾고 있다.

포트와인(Port Wine)

강화 포도주의 원료가 되는 포도가 포르투갈 북부 도루강 상류의 알토도루 지역에서 재배된다. 이곳에서 재배된 적포도와 청포도로 원료로 만들어진다. 포트 와인(Port Wine)이라는 명칭은 이 지역의 수출을 담당한 항구 이름이 '오포르토'인데서 유래하였다. 주로 1670년대부터 영국으로 수출되어 팔려갔는데, 1800년대 들어와 오랜 수송기간 동안 와인의 변질을 막고자 수출업자들이 브랜디를 첨가하였다. 이 풍습이 오늘날 알콜 강화 와인인 포트 와인이 되었다.

포르투갈의 포트와인이 세계적으로 많이 알려지자, 최근 다른 나라에서 '포트(Port)'라는 이름을 도용하는 사례가 나타났다. 포르투갈 당국은 이 상표를 함부로 쓰지 못하도록, 포르투갈산 포트 와인의 명칭을 포르토(Porto)로 바꾸었다. 이 상표는 일찍이 1756년부터 원산지 관리법이 시행되어 세계적으로 포르투갈 특허상품으로 관리되었다. 어느 면에서 포르투갈의 포도주 제품관리는 시대적으로 선진적이었다.

포르투갈 포도주의 단백한 맛을 간직한 주정강화 와인인 셰리와인(Sherry Wine)과 대중적인 지역 포트와인(Port Wine)이 있다. 이들은 세계 2대 주정 강화 와인으로 꼽힌다. 알코올 농도는 약 20도로 한국의 소주보다 약간 도수가 센 편이다.

전통적으로 포트 와인은 대부분 레드 와인으로 제조되나 드물게 화이트 와인으로도 만들어진다. 알코올 함량은 18~20% 정도이고 브랜디의 향, 견과류의 첨가에 따라 고소한 향이 난다. 주로 쓰이는 포도품종은 토우리가 나시오날(Touriga Nacional)이며, 알코올 함량 75~77%의 브랜디를 첨가하여 만든다. 이 때 첨가되는 브랜디 양은 발효 중 와인의 25% 정도 분량이다. 이때 섞어지

는 브랜드의 질에 따라 포토 와인의 맛이 정해진다. 제조자들은 좋은 브랜드를 섞으려고 노력한다

단백하고 달콤한 맛이 나는 셰리 와인(Sherry Wine)이 발효 후 브랜디를 첨가한 주정 강화 와인이라면, 포트 와인은 발효 중에 브랜디를 첨가하는 것이 차이점이다. 드라이한 맛의 셰리 와인은 식전와인(Aperitif Wine)으로 주로 이용되고, 달콤한 맛이 있는 포트 와인은 식후 주로 주로 마신다. 포트 와인에 단맛이 존재하는 이유는 발효 중, 브랜디를 첨가하여 효모가 파괴되고, 아직 발효가 끝나지 않은 포도의 당분이 그대로 남기 때문이다. 이렇게 남은 단맛의 당이 9~11% 가량 된다.

포르투갈은 스페인처럼 전통적으로 라가레스(Lagales)라 불리는 화강암으로 만들어진 통에 포도를 놓고 발로 으깨는 방법을 사용한다. 즙을 인위적으로 얻어서 발효통에 넣는다. 좀 거칠지만 자연적인 방법을 사용하는 것이다. 이런 제조 과정을 찾아오는 관광객들에게 보여주고 있다. 최상품의 포트 와인 제조 현장에서 아직도 재래 방식을 아직도 사용되고 있다는 점이 특이하다. 그리하여 최고급 포도주는 생산량이 세계적 수요를 감당하기에는 충분치 못하다. 또한 그런 과정에서 만들어진 포도주의 맛과 향이 더 좋다고 한다.

포르투갈의 지역 특산으로 판매하는 제품으로는 포트 와인은 '통 속 포트와인(Cask-Aged Port)'과 '병 속 포트와인(Bottle-Aged Port)'으로 크게 구분된다. 통 속 포트와인은 가격이 저렴하고 색이 진하며, 과일 향이 풍부하다. 덜 성숙된 와인을 블랜딩한 루비(Ruby)포트, 엷은 호박색을 띈다. 여러 종류의 빈티지 와인을 섞어서 4~5년 동안 오크통에서 숙성된 황갈색을 의미하는 토니(Tawny)포트라는 통 속에 넣어 숙성시킨다. 그 숙성기간이 6년에서 40년 이상 되는 에이지드 토니(Aged Tawny)가 있고, 보통 나무통 속의 숙성기간이 최소 7년이다. 이들 통 속 포트와인 중 가장 높은 가격대인 콜헤이타(Colheita)가 있으며, 물론 숙성기간이 오래된 것 일수록, 값도 비싸고 맛도 그윽하다.

또한 병 속 포트와인(Bottle-Aged Port)이라는 단기간 숙성포도주도 있다. 단일 빈티지로 빚어 수확 이후 4~6년간 병에서 숙성되는 레이트 바틀드 빈티지(LBV:Late Bottle Vintage)가 있다. LBV와 비슷하지만 비교적 좋은 해의 빈티지 와인을 섞은 단일 포도원의 포도로 빚는 퀸타(Quinta)와 나무통에서 2년 숙성 후, 다시 병 속에서 더 숙성시키는 빈티지 포트(Vintage Port)등이 있다.

비교적 대중적이라는 '통 속 포트와인'은 병입 후 바로 마실 수 있으며, '병 속 포트와인'도 병 주입 후 좀 더 숙성시키면 맛이 좋아진다. 고급 빈티지 포트는 빈티지 캐릭터 종류로 분류된다. 품질에 따라 15~30년 후가 마시기 적기가 된다. 프랑스의 코냑이 숙성되는 기간과 비슷하다. 코냑은 증류주라, 포트와인과는 술의 성격 자체가 다르고, 값도 훨씬 비싸다. 코냑은 숙성기간이 길면 길수록, 포트와인보다 더 진가를 발휘한다.

평균적으로 인기리에 팔리는 포트와인의 60%는 토니 포트와 루비 포트이며, 30%는 빈티지 캐릭터이며, 7%는 에이지드 토니이고, 3%는 빈티지 포트이다. 1945년산과 1994년산이 최고의 빈티지로 알려져 있으며 일급 호텔 등에서 소비되고 있다. 해마다 포트 와인의 제조량은 시장상황을 보고, 주문 수요에 따라 조정이 가능한 것이라, 생산관리에 편리하다. 바로 이 보관 기간이 긴 것이 포르투갈 원산지 '강화 포도주'의 장점이기도 하다.

4. 포르투갈의 공업

포르투갈의 공업 분야는 유럽에서 낙후된 상태로 늦게 출발했다. 1970년대 중반 이후 포르투갈의 공업은 석유·화학 및 자본재의 비중이 커지고 있다. 식료품 공업·섬유공업 등 값싼 노동력집약의 경공업이 발달이 활발하였지만, 1974년 이후 제2차 6개년계획을 수립하여 제철, 정유, 화학공업 등의 중공업 발전이 부분적으로 이루어졌다. 포르투갈은 워낙 산업 간접자본 발달이 취약해, 공업 발전이 더딜 수밖에 없었다. 결국 외국자본의 협력이 필요했다. 그러나 오랫동안 정권을 담당했던 사회당은 사회주의 정책을 추구했기 때문에 외국 자본의 유입조차 어려웠다. 공업발전의 핵심인 시설 투자가 포르투갈에서는 이루어지지 않아, 1960년대 후반 독일과 네델란드의 자본이 유입될 때 까지 포르투갈의 공업부문은 잠자는 듯 했다.

노동단가가 저렴한 포르투갈은 서유럽 자본에게 좋은 투자 시장이 되었다. 1961년에는 리스본 근처에 서독·벨기에의 자본이 참가하는 최초의 근대적 제철소가 건설되었다. 1974～1975년에 포르투갈 전체 생산능력의 약 60%에 해당하는 주요 기간산업이 국유화되어 다소 침체기를 겪는다. 그러나 1980~1981년에 들어와 EC가입, IMF차관 확보 등을 위하여 포르투갈 당국은 외자유치에 편리하도록 과감하게 공업부분에 대한 민영화 조치를 취했다.

포르투갈의 광업 자원중 특히 중석의 매장량이 풍부하다. 이 중석은 철 합금 공업에 필수적이고, 군사적으로도 중요한 원자재이다. 그것이 바로 세계적인 베트몬테 중석광산이다. 그밖에 석탄·철·주석이 약간 산출된다. 또한 세계 제 5위의 자연석 생산국으로 대리석·화강암·석회석·편암 등이 생산되며, 이들 생산 수출량은 세계생산량의 4.3%를 점유하고 있어, 매우 큰 규모이다.

역시 노동 집약적인 섬유공업을 특화되어, 많은 면직류를 생산한다. 또한 포르투갈은 유럽 내 제2위, 전 세계 제9위의 가죽의류와 구두의 생산국이 되었다. 생산량의 90%를 주로 유럽시장에 수출하고 있다. 2006년 국내총생산에서 공업이 차지하는 비중은 28.6%이며, 총 노동인구 중 30%가 공업에 종사한다. 아직 자본 집약적인 선진구도로 공업구조가 바뀔려면, 포르투갈은 내부적으로 노사문제같은 민감한 문제를 해결해야 한다. 포르투갈의 공업발달은 필요한 자본 여건상 좀 더 시간이 걸릴 것 같다.

5. 포르투갈의 서비스업

포르투갈은 유럽 내 여타 국가에 비해 비교적 좋은 자연적 기후를 갖고 있다. 전국적으로 고르게 분포되어 있는 아름다운 해변과 골프장이 있다. 상대적으로 싼 물가와 저렴한 호텔 등 레조트 주변에 양호한 인프라가 잘 건설되고 있다. 즉, 서비스업이 발달할 수 있는 자연 환경을 갖고 있다는 것이다. 로마·이슬람·가톨릭 등의 역사에서 비롯된 다양한 문화유산들이 있다. 또한 포르투갈 정부의 관광홍보 강화 등으로 매년 관광객이 증가하여 관광산업의 미래가 밝다.

2005년 포르투갈의 관광업은 GDP의 8%, 경제활동 전체 인구의 6.5%를 차지할 정도로 비중이 높아졌다. 2002년 세계관광기구(WTO) 자료에 의하면 포르투갈 관광객은 1170만명으로 세계관광시장의 1.7%를 점유하여, 세계 제17위, 관광수입은 약 60억 불로 세계시장의 1.2%로 세계 20위이다. 더구나 특징적인 관광 상품을 개발하여 가중효과를 만들어 내고 있다. 리스본 시당국이 직접 운영하는 구도시 순환 전차 투어는 놀라울 만큼의 돈을 벌어들이고 있다. 포르투갈의 서비스 분야는 늦게 출발했으나, 성장속도가 매우 빠르다. 전통적으로 서비스업에 필요한 친절함과 순발력이 포르투갈 사람들의 기질 속에 들어있다고 본다. 포르투갈의 인간미는 유럽의 여타 국가들보다 따뜻하다.

또한 리스본은 여성들의 패션시장으로 각광받고 있다. 특히 의류, 가죽 및 직물산업 발전과 함께 패션산업이 급속도로 발전하여 관광객의 눈길을 끌고 있다. 세계적 브랜드를 유치해서 OEM방식의 수출을 증대시키고 있다. 저렴한 가격으로 우수한 가죽 의류를 살 수 있는 곳이 리스본이기도 하다. 또한 최근 전자상거래 및 인공지능의 적용, 통행료 자동징수 시스템(Via Verde)시행, ATM 네트워크 작동 등 솔루션 개발로 유럽과 미국의 일부 공급자가 되기도 하였다. 선진 각국들이 상호 호혜적인 무역파트너로 포르투갈을 선택하고 있는 추세이다.

6. 포르투갈의 과학기술

전통적으로 중세부터 영국의 협력으로 포르투갈의 과학은 꾸준히 발전하고 있다. 예컨대 포르투갈의 국내·외 전신업무는 영국의 기술지원으로 1857년 정부에 의해 시작되었다. 영국은 일찍이 포르투갈의 해안이 영국의 배들이 잘 닿을 수 있는 지형이라, 많은 투자를 계획한 바 있었다. 1870년 이스턴 텔레그래프가 영국까지 해저 케이블을 구축하였고, 1880년 우편업무와 전신업무가 통합되었다. 1998년 말 현재 본회선수는 530만 회선이다. 1981년 정부의 통신정책 자문기구로 설립된 통신연구소(ICP)는 국내외의 모든 통신 환경을 책임지고 있다. 포르투갈 기술자들이 통신 서비스의 감독, 사업자 면허발부 등의 일을 하고 있으며, 과학부문에서 국제기구의 대표로도 활동하고 있다.

최근에 포르투갈 정부가 많은 예산을 투입하여 IT산업에 매진하는 듯하다. 이미 1984년 설립된 포르투갈 텔레콤은 국내외 전화 서비스, 전용회선, CATV, 이동전화, 무선호출, 데이터통신, 인터넷접속 등의 서비스를 제공하고 있고, 해외 통신사업을 계속 확충해 나갈 방침이다. 1998년 현재 포르투갈 텔레콤에 대한 정부의 지분은 25%이다. 포르투갈 텔레콤은 지상 케이블, 해저 케이블, 지상 마이크로파, 위성을 통해 국제전화 서비스를 제공하고 있으며, 국제 교환망은 100%, 전송망은 94%가 디지털화되어 있다. 이동통신 전화 서비스는 포르투갈 텔레콤의 자회사인 TMN, 텔레셀, 옵티무스에 의해 제공되고 있다. 포르투갈인들의 이동통신 선호 현상은 유럽 내의 여타국들보다 강하다. IT산업의 꽃이라는 이동통신 서비스분야는 그 가입자 수는 1999년 현재 307만 4194명이다.

TMN은 1988년부터 리스본에서 아날로그 셀룰러 서비스를 시작하였고, 옵티무스는 1998년 말부터 디지털 서비스를 제공하기 시작했다.

1997년 현재 방송사업자는 전국방송을 실시하는 국영방송사인 RPT1, RPT2, TVI가 있고, CATV방송을 제공중인 국영방송사인 RTPI가 있다. RTPI는 브라질어와 포르투갈어를 사용하는 아프리카 국가를 대상으로 방송을 하고 있다. 위성방송 서비스는 수신기 구축 비용이 비싸고, 포르투갈어 방송이 많지 않아 1997년 말 현재 20만 대에 불과하다. 인터넷 호스트 수는 845,980개(2005년)이며, 인터넷 사용 인구는 321만 명(2006년)이다. 포르투갈은 개인 이동통신 사용율은 선진국 수준이지만, 기기 제조 면에서는 아직도 후진적이다. 한국의 IT산업들이 포르투갈에 더 많은 진출을 할 것으로 전망된다.

7. 한국과의 관계

2002년 월드컵에서 포르투갈을 이긴 한국축구 때문에 한국에 관심을 갖고 있는 사람들이 상당수 증가했다. 2007년 9월 한국의 영화 '괴물'이 스크린 점유율과 관객 점유율 1위를 기록했다. 최근 한류 컨텐츠 때문에 포르투갈인들이 한국에 대한 관심이 더욱 높아지고 있다. 또한 한국의 여러 기업들(삼성, LG 등)의 제품 소비가 늘고 있다. 1961년에 한국과 수교하였다.

사회주의 성향이 강했던 포르투갈은 남북한 동시 수교국의 하나이다. 한국과는 1961년 4월에, 그리고 북한과는 1975년 2월 국교를 맺었다. 1973년 6월에 한국의 주(駐)포르투갈 대사관이 개설된 데, 이어 1977년 12월에 무역협정이 체결되었다. 그리고 외교적 사증면제협정(1979), 경제·산업 및 기술협력 협정(1985), 문화협정(1990), 투자보장협정(1996), 이중과세방지협정(1997), 항공협정 가서명(2000)이 체결되었다. 1993년 10월 대통령 소아레스, 2000년 안토니우 구테헤스 총리가 방한하여 양국 정상회담을 가졌다. 한국에서는 1987년 국무총리 노신영, 1999년 국무총리 김종필, 2002년 전윤철 부총리, 2006년 한명숙 국무총리가 포르투갈을 방문하였다. 한국은 그동안 포르투갈에 많은 노력을 들여 외교적관계를 강화했다. 한국 정부는 브라질 같은 큰 나라를 포르투갈의 인맥을 통해서 관리할 필요가 있다. 중남미 외교를 강화하기 위해 한국 역대 정부는 대 스페인, 대 포르투갈 외교를 한때 집중했었다.

한국과의 무역규모를 보면, 2005년 기준으로 한국으로부터 수입액은 3억 8,000만 달러, 한국에 수출한 것은 4,800만 달러이다. 한국은 포르투갈과 무역면에서 큰 흑자를 보고 있는 셈이다. 한국의 대 포르투갈 투자액은 2.21억 달러(제조업)이고, 포르투갈의 대한국 투자액은 1억 달러(서비스업, 제조업)이다. 2006년 기준 교민 수는 59명이고, 체류자는 89명이다. 이 무역규모는 확대되고 있으나, 살고 있는 교민 수는 줄고 있는 추세이다. 포르투갈 언어만 극복한다면, 한국인들의 해외 투자처로 유리한 점이 많다. 포르투갈 인들의 강인함과 순함이 장기적으로 한국인들의 기질과도 비슷하다.

한국의 IT관련 제품들은 포르투갈인들은 좋은 평가를 받고 있다. 이 지역으로 한국의 전자관련 제품들이 앞으로 더 좋은 조건으로 수출될 수 있다. 포르투갈과 한국은 상호 호혜적 좋은 무역 여건을 갖추고 있다. 최근에 포르투갈에 한국인들의 관광객들이 많이 감으로서, 포르투갈 사람들이 한국에 더 많은 관심을 갖기 시작했다. 한국인들이 포르투갈을 이해하려는 모습에, 포르투갈 사람들은 좋아한다. 리스본을 여행해 보면, 그들이 한국인들에 친근감과 더불어 큰 관심을 갖고 있음을 확인할 수 있다. 그들은 지난날 한국이 일본 제국주의자들에게 식민지 지배를 받았던 것에 관심이 크다. 포르투갈이 스페인 프랑스 등 이웃 열강들로부터 식민통치를 받았던 과거가 있기 때문에, 한국의 입장에 연민의 정을 느끼는 것 같다. 필자가 리스본을 여행했을 때, 포르투갈인들은 한국의 역사에 큰 관심을 갖고 있었다. 앞으로 한국과 포르투갈은 민간 차원의 교류를 돈독히 하여, 양국이 21세기 경제적 문화적 동반자관계로 발전할 수 있는 국민적 유사성이 있다고 본다.

제3부
반도의 나라, 이탈리아

이탈리아는 서구문명의 요람이다. 인문주의와 기독교가 한데 어우러져 변증법적 발전을 거듭해온 곳이 이탈리아이다. 로마는 서양사상의 두 기둥인 인문주의와 기독교적 전통을 접목하여 사회를 발전시켰으며 그 전통은 법과 제도를 통하여 오늘날까지도 영향을 미치고 있다. 로마가 하루 아침에 건설된 것이 아니듯 로마의 멸망도 역사적인 사건으로만 이해되어서는 안된다.

서기 476년 서로마제국은 게르만의 용병대장인 오도아케르에 의해 붕괴되면서 시작된 중세는 기독교적 전통이 지배적인 시대였다. 교황이 주재하는 로마는 정신적인 차원에서의 영향력은 지속되었다. 오늘날 많은 역사학자들은 근대 이전의 중세도 단순한 암흑기로서 평가하기 보다는 그 시대적 특성에 근거하여 이해하여야 한다고 주장한다. 사실 11세기 이후 이탈리아의 중북부에서 발달한 중세도시는 상인과 장인들에 의해 건설되었으며, 이들은 후에 자본주의의 발달에 결정적 영향을 주었다.

르네상스는 이탈리아가 있기에 가능한 것으로 그 유산이 대단한 것이다. 천재들의 예술과 건축, 인문주의의 부활 등은 중세에서 근대로 이어지는 핵심 고리이다. 오늘날 대부분의 사회보장제도인 보험이나 복식부기법 등은 모두 이탈리아의 산물이며, 유럽과 서양이 중심이 된 16세기 이후의 세계사는 이탈리아의 문화유산에서 그 원천을 찾을 수 있다. 그러나 16세기부터 19세기 말에 이탈리아가 통일될 때까지의 역사는 외세침입과 지배로 이어지며 이탈리아사에서 어두운 시기로 기록된다.

이탈리아는 19세기 말에 통일되었지만 이탈리아인들의 국민통합은 이루어지지 않았다. 사르데냐왕국의 중심인 토리노의 산업자본가를 중심으로 완성된 통일은 통일 이후에도 남부를 소외시켜 고질적인 문제로 남게 되었다. 후발공업국이었던 이탈리아는 독일과 비슷한 경로를 거치면서 산업화와 제국주의를 도모하게 되지만 당시의 열강이었던 영국과 프랑스 등의 견제로 원활한 경제성장을 경험할 수 없었으며, 이것이 20세기에 발발한 양차대전의 주요 요인으로 작용하게 된다. 양차대전 사이의 시기는 파시즘으로 대변되며, 제2차 세계대전이 종식된 뒤 새롭게 마련된 공화국헌법은 반(反)파시즘에 기초하고 있다. 이는 20세기의 이탈리아 사회가 긍정적이든 부정적인이든 파시즘의 유산에 많은 영향을 받고 있음을 의미한다.

이탈리아와 관련된 것은 다양한 주제들로 정리될 수 있다. 우선은 언어로서 이탈리아어가 네오라틴계이며, 로망스어군의 하나라는 점이다. 불어, 서반어, 포르투갈어 및 루마니아어를 같은 어족으로 보았을 때 이들 언어간의 비교연구가 가능하다. 이탈리아 문학은 서양문학에서도 굳건히 자리를 지키고 있으며 많은 노벨수상자를 배출하기도 하였다. 이밖에도 역사분야에서는 로마사와 중세사 그리고 르네상스사가 중요한 이슈로 다루어진다. 특히, 문예부흥기의 다양한 인문주의적 전통이 강조되고 있다. 19세기에서는 리소르지멘토도 중요하게 취급되며, 20세기에서는 파시즘과 남부의 저발전 그리고 마피아의 문제가 자주 등장한다. 최근에는 1990년대에 발생한 부패수사운동(Mani Pulite)을 기점으로 제도개혁 문제를 위기냐 아니면 새로운 시대를 위한 전환기인가라는 차원에서 활발한 연구와 논의가 진행되고 있다.

많은 정치분석가들은 이탈리아의 정치상황을 민주주의의 실험실이라 명명한 바 있으며, 경제학자들도 이탈리아의 경제가 지속적인 성장을 보이는 것은 기적이라 여긴다. 문화적으로도 인간생활의 기본요소라는 의식주의 차원에서 이탈리아는 많은 관심을 유발시키는 나라이다. 패션이 세계적이며, 식문화가 전 세계적으로 퍼져 있고, 건축의 전통은 이천년을 넘는 유산을 가지고 있다. 경제적으로도 미국, 일본, 독일, 프랑스에 이어 세계 제5위인 이탈리아는 막대한 잠재력을 보이고 있는 국가이다.

제13장
이탈리아의 역사

1. 이탈리아의 인문환경

이탈리아의 국가명은 이탈리아 공화국(Italian Republic)이다. 삼면이 바다로 둘러싸인 이탈리아 반도는 남유럽에 위치하고 있으며, 문화적으로는 독일과 영국이 게르만 문화라면 프랑스, 스페인과 함께 라틴 문화의 종주국으로 알려져 있다. 북으로 알프스 산맥이 프랑스, 스위스, 오스트리아와 자연적인 국경을 이루고 있으며, 남으로는 지중해를 사이에 두고 있어 북아프리카의 아랍권 국가들과 지리적으로 근접하여 있다. 동으로는 아드리아 해를 건너 유고슬라비아와 마주보고 있다.

1993년 현재 이탈리아의 총 인구는 5,696만 명으로 이중 남성 인구는 전체의 48.5%이고, 여성 인구는 51.5%로 여성 인구가 약간 많은 편이다. 인구의 나이별 구조를 보면, 사망율과 출생율의 감소 그리고 평균 수명의 지속적인 증가로 인해 유년 인구의 감소와 장년층의 증가 및 노년층의 비약적인 성장세를 보이고 있으며, 이러한 현상은 앞으로도 진행되어 지속적인 추세를 가정할 경우 2003년에는 19세 이하의 인구가 전체의 19.8%를 차지하는 반면 60세 이상의 인구는 24.3%, 2013년에는 19세 이하가 18.4%, 60세 이상이 27.3%, 2003년에는 각각 16.1% 및 31.4%를 기록할 것으로 보여 인구구조의 심한 편중현상이 예상된다. 이러한 노인인구의 급증현상은 사회적 부양비를 높게 하여 커다란 부담으로 작용할 것이다. 또한 노인 인구 중에서도 여성의 비율이 매우 높을 것이므로 이에 대한 사회정책적 고려도 병행되어야 할 것이다.

기술의 발달이 육체 노동력의 비중을 약화시킨다고는 하나 유년인구의 지속적인 감소는 결국 경제활동인구의 감소를 의미하므로 성장율의 둔화와 함께 심각한 국면에 접어들 것이므로 인구에 대한 미래전망은 어둡다고 하겠다. 이러한 현상은 유럽사회 전반에 걸친 문제임으로 유럽연합을 건설하는 노력에서 인구변수를 혁신적으로 고려할 때 낙관적 미래상이 도출될 수 있을 것이다. 이는 특히 주변의 동유럽 국가나 회교권 국가들의 인구가 상대적으로 성장하고 있다는 사실을 감안할 때 더욱 절실한 문제로 부상되리라 전망된다.

이탈리아의 총 면적은 301,263평방km로서 한반도의 약 1.5배에 달한다. 영토는 알프스 산맥 이남에서 지중해로 길게 뻗어있는 장화모양의 긴 반도와 시칠리아, 사르데냐 등의 70여 개의 섬으로 구성되어 있다. 이탈리아의 지형은 제3기 융기지대로 유럽에서도 가장 활발한 지진대에 위치하고 있다. 서기 79년의 베수비오 화산의 폭발은 폼페이 시를 역사적인 유물로 남게 하였으며, 현재도 여러 개의 활화산이 존재한다. 외국인들은 태양이 작렬하는 이탈리아의 기후와 토양을 아름답다고 칭송하지만 일상적인 주민생활을 위해서는 적절치 않은 요인이 산재하고 있다.

산업화가 본격화되기 전에도 이탈리아의 토지는 척박하여 인구를 충분하게 부양할만한 생산물을 제공한 적이 없었으며, 경작 가능한 토지도 남부가 아닌 북부 지역의 포강 유역에 집중되어 있어 지역 간의 격차는 오랜 역사를 가지고 있다. 국토의 40%는 산악지방이고, 40%가 구릉지대이며, 오직 20% 정도만이 평원으로 구성되어 있다. 그나마 농사를 지을 수 있는 토지도 경사가 심하거나 거듭된 침식현상으로 불모지가 되어 가고 있으며, 강수량의 부족과 계절적 차별 현상은 농업의 어려움을 배가시키고 있다. 이러한 현상은 특히 남부에서 극심하여 지역적 부의 격차를 야기시키는 요인이 되었다.

남부와 북부의 지역적 차이를 농업 분야로 비교하면 다음과 같다. 북부에서는 집약적 농사가 이루어지며, 중소농을 중심으로 직접 경작하는 자영농의 문화가 자리잡혔으며, 2차 대전 이후에는 기업농화가 이루어져 높은 생산성을 보이고 있다. 남부의 농업은 조방적 형태를 띠고 대토지경영형태(latifundium)가 일반적인 현상으로 농업노동자를 중심으로 한 간접 경작이 성행하고 있다. 집약적 농업이란 농산물의 회전을 의미하며, 조방적 농업은 농지의 계절적 순환형태를 의미한다. 이러한 농업문화의 지역적 차별성은 북부에서 독립 자영농이 발전하여 자신들의 조합을 구성하고 이를 통해 기업 영농화 하는 선진적 유형을 보이는 반면, 남부에서는 토지를 소유하지 못한 대다수의 영세적 또는 농업노동자들이 생산성의 하락과 함께 적정한 수입을 얻지 못하는 한계농으로 전락하였다.

또한 천연자원의 절대적인 부족현상은 산업화를 위한 원자재를 수입에 의존하게 하였으며, 일부 존재하는 자원도 경제성을 결여하여 별반 도움을 주지 못하고 있다. 가축의 양육에 있어서도 지역적 차이가 발생하였는데 북부에서는 영구적 사육이 가능한 동물들(소, 말, 젖 소, 노새 등)을 관리하여 육류와 우유 등을 안정적으로 공급받는데 비하여 남부에서는 항구성이 떨어지는 동물들(양, 염소 등)에 특화하여 불안정성을 보였다. 특히, 남부에서는 가축의 계절적 이동을 실시하여 겨울에는 산악지방에서 그리고 가을에는 평원지대로 옮기는 형태가 일반적이었다.

이탈리아는 전형적인 지중해성 기후를 보이는데 사계절의 구분이 한국에 비해 약한 편이다. 겨울이 끝나고 여름이 일찍 시작되며, 가을과 겨울이 연속적으로 연결되어 사계절의 구분이 명확하지 않다. 그러나 알프스 지역의 북부와 남부 및 도서 지방간에는 적지 않은 기후의 차이를 보인다. 즉, 북부의 포강 유역에 펼쳐져 있는 지대는 해양의 영향이 반도를 세로로 가로질러 아펜니노 산맥으로 절단되어 있어 대륙성이 가미된 성향을 보이는데 여름에는 중남부와 별 차이가 없지만 겨울에는 영하의 기온으로 추운 편이다. 위도로 볼 때 이탈리아가 한국보다 북부에 위치하고 있으나 지중해성 기후로 인해 우리나라보다는 대체적으로 따뜻한 기온을 보인다. 그러나 북부 이탈리아는 겨울에 습도가 높아 체감온도는 기록되는 수치보다 낮은 편이다.

이탈리아 공화국의 수도는 로마인데, 로마는 고대 로마제국의 번영을 구가하였던 도시였을 뿐만 아니라 중세에는 종교의 중심지로 부상하였으며, 현대에도 세계 관광의 중심지로서 세계인의 관심을 받고 있다. 사람들은 이를 두고 로마가 영원한 도시라고 설명하고 있다. 이탈리아는 행정적으로 보아 20개의 주와 95개의 현, 8,067개의 자치시로 구성되어 있다.

이탈리아 반도는 오랜 역사와 전통을 자랑하고 있으므로 전체가 유명한 관광지로 간주될 수 있다. 그 중에서도 매력적인 곳을 소개하면 다음과 같다.

나폴리

나폴리는 세계적인 3대 미항이다. 나폴리 해안은 전형적인 해수욕장이라고 볼 수는 없지만 풍부한 수산물과 향토 음식(피자와 스파게티)으로 유명하며, 인근의 카프리섬이나 이스키아섬은 국제적인 명소이다. 나폴리 해안의 남쪽으로는 절벽과 해변이 마주치면서 장관을 이루고 있는데 이를 아말피 해안이라 부른다. 민요 '돌아 오라 소렌토'의 고장인 소렌토, 이탈리아인들의 신혼여행지로 이름난 포지타노를 비롯하여 아말피 해변은 환상의 드라이브 코스로도 훌륭하다.

베네치아

베네치아 역시 세계적인 관광지로서 이년 마다 열리는 베니스 비엔날레와 세계 3대 영화제의 하나인 베니스영화제가 개최되는 도시이다. 물의 도시 베네치아는 물가가 비싸 오래 체류하기에는 적절치 못하나 이탈리아의 여행에서 빠뜨릴 수 없는 목적지이다. 한편 이탈리아 반도 북서부 쪽의 바닷가에는 리비에라 해안이 펼쳐져 있다. 리비에라 해안은 항구도시 제노바를 시작으로 깐소네와 꽃의 도시인 쌍레모가 존재한다. 쌍레모 시는 미국의 라스베가스 시와 자매결연을 맺은 바 있으며, 매년 2월 셋째 주에 열리는 쌍레모 가요제는 1951년에 대회를 시작으로 매년 개최되어 국제적인 명성을 얻고 있다. 리비에라 해안은 서쪽으로 모나코왕국과 남프랑스의 니스 및 깐느와 연계되어 유럽 내에서도 부호들이 즐겨 찾는 여름 휴가지로 명망이 높다.

시칠리아

시칠리아 섬은 마피아로 유명하지만 한국 사람에게는 크게 알려진 곳이 아니다. 그러나 이 섬은 동양적인 매력을 지니고 있으며, 고대 희랍문명과 아랍문화가 로마와 만나는 곳이기에 때문에 다양한 유적지와 관광지를 보유하고 있다. 섬 북동부의 에트나화산에서는 스키를 즐길 수도 있으며, 이웃하는 타오르미나 시는 하나의 보석과도 같은 느낌을 준다. 이 밖에도 이탈리아에는 도처에 매혹적인 관광지가 산재해 있으나 어떤 의미로는 반도 전체가 관광지이므로 개인별 관심에 따라 여행지를 선택하는 것이 바람직하다.

2. 이탈리아의 역사

이탈리아의 역사는 에트루리아 시대로 거슬러 가나 내분과 분열의 역사였다. 이탈리아가 19세기 전까지 통일된 경우는 로마인들의 지배하에 있을 때이다. 그들은 기원전 3세기에 다른 이탈리아 종족마저 정복했다. 로마는 거대한 제국의 수도가 되었고, 5세기에 게르만의 침략자들에게 굴복하기 전까지 그들의 언어, 법률 등은 유럽 전 지역에 소개되었다.

로마제국의 기독교 정신, 그리고 가톨릭 교회의 수장로서 교황의 위상이 강화되었다. 중세의 교황권은 롬바르드족을 몰아내기 위해 프랑크인들을 불러들였으며, 800년에는 프랑크인인 왕 샤를마뉴를 신성 로마제국의 황제로 추대했다.

로마제국은 500년간 교황과 황제들이 제국을 누가 차지할 것인가를 결정하기 위해 싸웠다. 그러는 동안 노르만족, 앙주 왕가의 사람들, 그리고 아라곤 족과 같은 외국의 침략자들은 성공을 거두었고, 시칠리아와 남부 지방을 정복하는 데에 유리한 위치를 차지했다. 이와는 반대로 북쪽 지방은 도시국가로 독립하면서 성장해 갔는데 가장 강력했던 베네치아는 동양 사회와의 교역을 통해 부를 축척해갔다. 제노바, 피렌체, 밀라노, 시에나와 같은 다른 도시들 또한 번영의 시기를 맞았다.

북부 이탈리아는 서부유럽에서 가장 번영하고 문명화된 지역이 되었다. 그리고 15세기에 피렌체의 미술가들과 학자들은 르네상스를 일으켰다. 그러나 작고 분열되어 있는 국가들은 막강한 힘을 가질 수 없었다. 16세기에 이탈리아의 약소한 왕국들은 외국 침략자들의 재물로 전략했고, 이 시기에 스페인은 이탈리아 북부지방을 넘어 오스트리아까지 점령하였다.

독립국가로 남았던 하나의 작은 왕국인 피에몬테는 1796년에 나폴레옹의 손에 들어갔으나 19세기에는 피에몬테가 이탈리아 통일의 구심점이 되었고, 결국 이탈리아는 영웅 가리발디 장군의 노력으로 1870년에 통일이 이루어졌다. 1920년대에는 파시스트가 권력을 잡았고, 1946년에는 오늘날 이탈리아공화국이 출범하면서 군주제가 폐지되었다.

고대 로마에서 중세까지

기원전 800년 경 이탈리아 북부와 동부에 빌라노바 문화에서 출발한 에트루리아가 성립하였다. 이들은 그리스 본토, 이집트, 레반트, 그리고 가장 중요한 카르타고와 긴밀하게 무역 활동을 했다.

에트루리아는 기원전 650년 경 이탈리아 반도의 가장 유력한 세력으로 성장하였다. 북쪽으로 포강 유역, 남쪽으로 라티움까지 그 영토를 확장하였다. 기원전 7세기경에 에트루리아는 마그나 그라이키아 지역과 교역하며, 많은 영향을 받았다. 시켈리아나 마실리아의 그리스 도시들과 무역경쟁을 벌이면서 에트루리아는 자연스럽게 카르타고와 동맹을 맺게 되었다.

로마에는 에트루리아인 왕조가 들어서기도 했으며, 그 후 100년간 로마를 지배하였다. 에트루리아는 고대 그리스의 문화를 수입하여 로마에 전해주는 역할

을 하였는데, 예를 들어 로마 문자는 그리스 문자에서 온 에트루리아 문자에서 비롯된 것이다

기원전 600년경 로마는 이미 당대 기준으로 부유하고 번영하는 도시로 왕의 지배를 받았다. 기원전 500년경에는 왕정이 무너지고 공화정이 뒤를 이었으며, 평민과 귀족간의 신분 투쟁이 전개되었다. 기원전 272년경 로마 공화국은 게누아에서 이탈리아 남단까지 이탈리아 반도 전체를 포괄하는 거대한 동맹 체제를 이끌었다. 그 뒤 150여년 동안 포에니 전쟁 등 여러 전쟁을 치르면서 로마는 알렉산드로스 제국의 뒤를 잇는 지중해 세계의 유일한 강국으로 부상하였다.

그러나 5현제 시대가 끝난 뒤로 군인 출신들이 황제 자리에 오르고 쿠데타가 여러 번 일어나는 등 혼란을 겪으면서 '군인황제시대'를 맞는다. 급기야 284년 디오클레티아누스 황제가 집권하면서 로마 황제가 처음에 4명이 공동으로 집권하다가 8명씩 늘려 공동황제로 집권하는 등 더 큰 혼란기를 유발시키게 만든다. 306년에 8명의 황제들 중 콘스탄티누스 1세가 황제에 추대되어 정통파 황제를 자칭하고 황제 정리 작업에 들어간다. 로마 시를 근거지로 삼고 있던 막센티우스를 꺾어야 했고, 312년에야 정식으로 황제 지위를 얻었다. 314년부터 로마 제국 동부를 차지한 황제 리키니우스와 대립하였으나, 323년 고트족의 침입을 막아낸 후 리키니우스를 격파, 제국을 통일하여 단독 지배자가 되었다.

이후 콘스탄티누스 1세는 가톨릭교를 인정하였으며, 수도를 콘스탄티노플로 이전하고, 구 로마지역에 또 다른 황제를 올려놓아 동·서 로마로 갈라진다. 395년에 분리된 서로마 제국의 황제는 허울뿐인 존재로 전락하고 말았으며, 대신 각 지역 군벌의 지도자들이 제국의 실질적인 통치자가 되었다. 한편 이 무렵에 흉노족의 침입으로 게르만족이 서로마 제국으로 대거 유입하여 들어오면서 게르만족의 영향력이 증대되자, 서로마 제국의 마지막 황제인 로물루스 아우구스툴루스는 게르만족 용병들을 단순한 이민족 군대로 취급하지 않고 로마 제국의 정규군으로 편입시켰다. 이로 인해 서로마를 장악한 오도아케르는 로마 황제의 직위를 포기하고 대신 스스로 서로마 황제를 자처하였다. 제국은 명맥을 유지할 수는 있게 되었으나 이는 오래가지 못했고, 결국 476년에 서로마 제국은 멸망하고 말았다.

반면에 동로마 제국인 비잔틴 제국은 5세기에 경제적으로 서로마 제국보다 더 부유했고 파괴된 제국을 복구하였다. 6세기 중반에 유스티니아누스 1세 치

세의 동로마 제국은 동고트 왕국으로부터 이탈리아와 일리리아를 빼앗고 옛 영토를 일부분 회복하였으며, 반달족으로부터는 북아프리카를, 서고트족으로부터는 히스파니아를 되찾았다. 동로마 제국의 히스파니아 지배는 오래가지 못했으나, 북아프리카는 약 1세기 기간, 이탈리아는 5세기 기간, 일리리아는 거의 천년동안 동로마 제국의 지배를 받았다. 그러나 이후 7세기경에 이슬람 세력이 널리 퍼지기 시작하면서 동로마 제국은 서서히 기울어지기 시작했고, 1453년 오스만 제국이 콘스탄티노폴리스를 함락으로써 결국 멸망하였다. 이렇게 됨으로써 로마제국의 역사는 막을 내리게 된다.

476년에 서로마 제국이 붕괴한 후 게르만족의 장군 오도아케르가 이탈리아의 왕으로 즉위하여 493년까지 통치하였다. 493년에 테오도리쿠스 대왕이 이끄는 동고트족이 오도아케르와의 전쟁에서 승리하였다. 테오도리쿠스는 오도아케르를 처형하고 이탈리아의 왕으로 즉위하였다. 535년에 동로마 제국의 유스티니아누스 1세는 이탈리아 반도에 대한 로마 제국의 통치권을 탈환하기 위해 고딕 전쟁을 일으켰다. 이 전쟁은 554년까지 계속되었으며 그 결과 이탈리아의 남부와 동부가 동로마 제국의 지배를 받게 되었다.

751년에 롬바르드 족은 동로마 제국의 라벤나를 공격하여 점령하였다. 이로서 이탈리아 반도의 동로마 제국의 영토는 이탈리아 남부로 축소되었다. 동로마 제국은 11세기까지 자신의 영토를 유지하였다. 한편 756년에 프랑크 왕국이 롬바르드 족을 몰아내고 이탈리아 북부를 지배하였다. 754년에 프랑크 왕국의 피핀 3세는 교황령을 교황 스테파노 2세에게 기증하였다.

카롤루스 대제 시기에 이르러 프랑크 왕국은 이탈리아 북부를 안정적으로 통치하였다. 북부 이탈리아는 843년에 베르됭 조약에 의해 중프랑크 왕국이 되어 신성 로마제국의 황제 로타르 1세의 지배를 받게 되었다. 그러나 로타르 1세가 사망하자 이 지역은 여러 독립적인 국가들로 나뉘게 되었다. 시간이 지남에 따라 아말피, 피사, 제노바, 베니스와 같은 도시 국가들이 강성해졌다.

1155년에 동로마 제국의 마누엘 1세 콤네누스는 이탈리아에 대한 지배력을 확고히 하고자 전쟁을 일으켰다. 그는 베네치아 공화국과 동맹을 맺고 이탈리아 남부의 영토를 확장하는 데 성공하였으나 얼마 지나지 않아 시칠리아 왕국에 의해 패배하여 이탈리아의 전 영토를 상실하게 되었다. 한편 시칠리아 왕국은 시칠리아와 이탈리아 남부 및 중부를 자신의 영토로 확장하게 되었다.

그러나 이슬람세력의 시칠리아 시대는 11세기에 영국을 정복한 노르만족의 기사들에 의해 마감되었다. 특히, 오트빌가 지스카르(Hautville Guiscard, 1015~85)와 그의 동생에 인솔된 노르만 기사들은 숙련된 용병술로 지중해 무역의 거점을 확보하기 위해 남이탈리아와 시칠리아를 공략하여 동로마제국의 비잔틴 세력과 시칠리아의 사라센 세력을 차례로 무너트렸다. 이후 로마로 진격하여 독일황제 하인리히 4세의 포로가 된 로마교황 그레고리우스 7세(1073~85)를 구출하였다. 지스카르 형제는 로마교황으로부터 폴리아와 칼라보리아공의 칭호를 각각 얻어 노르만왕국을 건설하였다. 따라서 시칠리아를 비롯한 남부지역에는 서유럽의 봉건제도, 비잔틴의 관료제도, 이슬람식 문화가 번성하였다. 한편 사라센과 노르만의 침략과 약탈은 실질적으로 서유럽에서의 정치적 개편 작업이 강요되었고, 봉건적 제도의 기틀도 마련되었다. 프랑크왕국의 해체과정도 이와 밀접하게 관련되어 진행되었다. 또한 이탈리아가 비잔틴 세력과 결정적으로 결별하는 계기가 되었다.

12세기~14세기에 걸쳐 진행된 십자군운동은 기독교세력이 이슬람세력과 오랜 투쟁을 하면서 유럽의 질서를 크게 바꾸어 봉건적 기반이 무너지고, 교회를 분열시켰다. 신성로마제국의 독일황제는 프리드리히 1세 이후 황제권을 강화하고, 교황과의 오랜 서임권투쟁의 갈등을 해소시켰다. 1152년에 그는 교황과 결탁하여 이탈리아원정을 단행하여 황제권을 교황과 대등한 위치로 올려놓았다. 4차에 거친 독일 황제의 이탈리아 원정은 1162년에 밀라노를 함락시키고, 북부 이탈리아를 통일시키는데 성공하였다. 1184년에 마지막 로마원정은 프리드리히 1세의 맏아들 하인리히 6세(1190~97)에 의해 성사되었고, 이후 그는 시칠리아 왕국의 콘스탄쩨와 결혼하여 남부지역까지 세력을 확대시켰다. 1189년 십자군 원정에서 실패하고 프리드리히 1세가 죽자 신성로마제국은 혼란에 빠지게 되었다. 하인리히 6세의 4살짜리 아들인 프리드리히 2세가 권좌에 오르자 독일제국은 십자군원정으로 혼란이 가중되었고 내란상태에 빠지게 되었다. 결국 호헨슈타우펜왕가의 프리드리히 2세는 독일 황제가 아니라 마치 시칠리아의 황제와 같은 신세가 되었다. 1250년에 프리드리히 2세가 죽자 1273년까지를 '대공위 시대'라 말한다. 황제 선출은 이중으로 진행되고, 제후들은 상호 대립하였다. 신성로마제국의 황제는 세습제에서 선출제로 바뀌게 되고, 수백 명의 제후들로 구성된 독일영방의 시대가 열려 로마제국의 전통은 자취를 감추게 되었다. 따라서 남부 이탈리아의 주도권은 독일황제에서 프랑스 앙주가로 넘어가는 계기가 마련되었다.

이탈리아 반도는 독일연방처럼 중세 전반에 걸쳐 정치적 통일을 이룰 수 없었다. 북부에는 도시국가와 제후령의 지역으로 나뉘고, 중부에는 로마교황령, 남부는 나폴리왕국이 주도권을 행사하였지만, 신성로마제국이 약화된 13세기 이후 프랑스와 스페인의 이탈리아 간섭은 커졌다.

한편 중세 말기 베네치아, 제노바, 밀라노, 피렌체, 피사 등의 북부 자유도시는 성장하였다. 이러한 발전은 오랜 비잔틴과의 교역과 십자군원정 때문이었다. 도시들은 독일 황제와 교황 세력과 대항하기 위해 1167년에 롬바르디아 동맹을 맺고 프리드리히 1세의 군대를 격파하여 1183년에 콘스탄츠 강화에서 승리하였다.

이때부터 북·중부의 도시들은 기사계층이 상인과 토지귀족 등과 결탁하여 자치적인 공화제(Commue: 작은 행정구역을 의미)를 도입하여 나갔다. 13세기 베네치아에서는 대상인들이 최고기관인 대평의회를 독점하여 10인 평의회를 구성하여 과두적 공화제를 바탕으로 동방과의 무역을 진흥시켰다. 특히, 1380년에 제노바와의 전쟁에서 승리하여 크레타 섬과 남그리스의 도서지방의 전략적 요충지를 확보하여 동방무역의 중심도시로 발전하였다.

피렌체도 공화제를 도입하였지만 만성적인 혼란상태가 지속되었다. 피렌체의 메디치가는 교회파와 황제파의 오랜 대립 속의 무정부 상태를 극복시킨 대부호가로서 상업보다 특히 직물공업에 비중을 두고 도시를 발전시켰다. 그러나 가혹한 정치는 피지배층의 도시반란의 원인이 되었고, 토지귀족과의 대립을 야기하였다. 메디치가의 폭정에 따른 반란이 진압되면서 피렌체는 금융업이 번성하였다. 피렌체는 전제군주정의 조직적인 제도를 정비하여 유지되었고, 르네상스의 튼튼한 후원자로 이탈리아 국민문화 발전에 크게 기여하였다.

밀라노는 베네치아의 상업도시로서 피렌체의 공업 및 금융도시와는 대조적인 전형적 이탈리아의 도시였다. 도시의 상공업은 소규모적이었지만 정치적인 역량은 컸다. 교황령은 중세 말 타락된 교황선거 등으로 극심한 무정부상태에 빠지게 되고, 교황령 국가의 통일은 어렵게 되었다. 나폴리 왕국 역시 1442년에 아라곤의 침입으로 붕괴되고 이후 프랑스와 스페인의 거듭된 쟁탈전의 무대가 되었다.

리소르지멘토와 자유주의 국가

이탈리아는 로마제국의 멸망과 함께 오랜 분열의 역사를 경험하였다. 중세기의 교회와 르네상스 등이 역사에서 중요한 위치를 차지하기는 하지만 이탈리아 민족이라는 시각에서는 통일된 민족국가를 형성하지 못했다. 15세기 말부터 시작된 지리상의 발견과 자본주의의 태동에서도 이탈리아의 위상은 미진한 것이었으며, 이는 이태리 르네상스의 한계를 대변해 주는 것이다. 16세기 이후부터 19세기 중반까지의 이태리는 외세의 침입과 지배라는 악순환을 겪어야 했으며, 이 시기의 분열의 역사는 부정적인 의미에서 지역주의의 팽배 그리고 긍정적인 차원에서 지방자치의 활성화를 야기하기도 했다.

19세기 초반 이태리에 대한 나폴레옹의 지배가 끝나고 비인회의가 개최되어 왕정복고가 이루어지자 이태리 내에서는 민족부흥운동 또는 통일운동이 범국민적 차원에서 본격화되기 시작하였다. 초기의 운동은 지식인 위주의 공화파에 의한 비밀결사가 가장 활발하였으며, 국제적인 사회주의 운동 및 혁명으로부터 고무되었으나 일반대중인 농민의 지지를 획득하는 데 실패하여 일시적인 영향을 주는데 그쳤다. 이탈리아의 통일운동을 보는 시각은 초기에 애국적, 민족적 측면이 강조되어 마치니, 가리발디 등의 민족적 영웅들에 대한 분석이 지배적이었으나 파시즘의 등장 이후에는 보다 구조적인 분석이 주류를 이루게 된다. 그러나 통일운동에서 성공적이지는 못했지만 민중적 성격을 유지하려 했던 카르보네리아, 보나롯티, 청년 이탈리아 등의 대중적 운동을 간과하는 것은 적절치 못하다. 19세기 이태리의 지식인들(라브리올라, 크로체, 젠틸레 등)은 대부분이 남부출신이었으며, 헤겔식의 이상주의에 심취하여 계몽주의적 시각에서 정신적, 문화적인 민족통일을 염원하였다. 한편 피에몬테 중심의 사르데냐 왕국은 상대적으로 국제적인 영향력에서 벗어나 실용주의 노선을 유지할 수 있었고 당시의 수상이었던 카밀로 벤소 카부르에 의해 온건적 통일운동을 시도하였다.

1859년에 가리발디와 그의 의용군은 시칠리아와 남부 이탈리아를 정복한 후 사르데냐왕국의 비또리오 에미뉴엘레 2세와의 충돌을 피하여 입헌군주제가 탄생하게 된다. 의회는 카부르를 중심으로 토리노에서 시작되었으나 가톨릭 교회는 로마에 대한 지배권을 일시적으로 행사하였으며, 세속국가에 의해 압력을 받게 되었다. 입헌군주제하의 민주주의는 제한된 것이었는데 그 이유는 당시 이탈리아 민중이 높은 문맹율을 가지고 있다는 점과 교황의 가톨릭 신자들에 대한 정치참여에 대한 배제 권유 때문이기도 하였다. 1870년에 군대에 의한 로마진입 후 교황은 세속국가와 어떤 공식적인 관계도 맺지 않은 채 60여년 동안 '바티칸의 포로'로 남게 되었다.

이탈리아 통일운동인 리소르지멘토에서 급진적인 공화파가 아닌 온건적 세력이 주도권을 잡았다는 사실은 통일 이후의 사회구조와 정치엘리트의 성격을 결정하는데 매우 중요한 요소로 작용하였다. 즉, 북부의 부르조아가 남부의 농민과는 관련이 없는 산업정책과 정치를 수행함으로써 남북간의 격차를 더욱 벌어지게 했으며, 진정한 의미에서의 국민통합을 저해하는 요소로 작용하였다.

통일된 국가에서 지배계급은 통일을 주도하였던 실용주의적 노선의 온건파가 역사적 우익으로 그리고 공화주의를 내걸면서 대중성을 확보하지 못하여 주도권 장악에 실패한 급진파가 역사적 좌익으로 자리매김하게 된다. 역사적 우익은 북부의 산업가와 남부의 토지귀족으로 구성되는데 이들은 입헌군주제를 선호하였으며, 자유무역과 국가예산의 균형유지를 통한 중앙집권적 정부를 추구하였다. 반면 역사적 좌익은 주로 지식인 계급이 주 구성원이었는데 입헌군주제가 아닌 공화정을 주장하였고, 중앙의 예산을 지방으로 이전하는 분권적 정치를 지향하였는데 이러한 이유는 지방에서의 자신들의 기반을 공고히 하려는 의도로 이해된다. 따라서 통일은 북부의 산업자본가계급이 남부의 토지귀족과 결탁한 사회변화이며, 남부의 토지귀족은 농민들을 적절히 통제함으로써 결국 북부의 남부에 대한 지배 및 영향이 고착화되는 결과를 낳게 되었다. 그람시는 리소르지멘토 과정에서 광범위한 농민대중의 참여가 결여된 형태를 수동적 혁명, 즉 급진 부르조아가 대중과의 연대에 실패한 사회변화로 해석하였다.

통일된 입헌군주제 하에서의 우익정권(1861~1876)은 경제발전의 일반적인 외적 조건들, 즉 정부기구의 합리화, 사회간접자본의 구축 등을 소극적으로 창출하였고, 리소르지멘토 전쟁 중의 과중한 부담을 안게 된 국가재정을 복구하려 노력하였다. 야당이었던 좌파는 이러한 정부의 편향적인 북부개발을 비판하였으나 역부족이었으며, 좌파에서 우익으로 변신한 크리스피는 제국주의를 통해 자본주의의 심화를 도모하였으나 이태리에 대한 국제적인 신뢰는 매우 낮은 상태여서 의도한 바로의 정책추진이 불가능하였다.

역사적 우익 정권이 무너지고 야당 출신의 데프레티스가 정권을 잡은 1876년 이후에는 다수파 공작 내지 정치적 편의주의가 의회를 지배하게 된다. 다수파 공작은 입헌군주제하의 이태리가 남부와 북부의 사회구조적 차이 때문에 통합의 어려움을 보였고, 앞서 언급한 바와 같이 정치엘리트도 북부의 산업자본과 남부의 지주계급으로 그 성격이 달랐기 때문에 통일 이태리의 의회는 상이한 이해관계를 지닌 사람들에 의해 협상과 조정을 거치는 모습으로 나타났다. 즉 일정한 정치적 프로그램을 통한 이념에 기초한 의정운영이 아닌 특정인들에 의해 의회가 조정되는 불안한 상태를 노정하게 되었던 것이다.

다수파 공작은 20세기 초 졸리티 정권 시기에 정점에 이르러 좌익주의자의 거의 전부가 온건파인 우익으로 넘어가는 국면에 이르게 되었다. 이는 정치적 현실주의가 대의와 명분을 압도했다는 사실을 말해주며, 아울러 당시 이태리 국민의 대다수가 문맹상태이고 선거권을 갖지 못했다는 사실에 비추어볼 때 정치엘리트와 일반 국민대중간의 이반 현상이 매우 심각하였음을 시사해 주고 있다.

세계대전과 파시즘

이태리는 연합국의 진영으로 들어가 1차 대전에 참가하게 되는데 전쟁을 통해 약 70만 명의 희생자를 내게 되었고, 1915년에 영국과 프랑스 그리고 이태리 간에 체결된 런던조약의 내용이 전후에 충실히 지켜지지 않자 공격적인 민족주의가 발흥하게 된다. 사회주의자들도 1917년의 러시아혁명에 고무되어 일부는 과격화, 폭력화를 추구하게 되는데 이로써 이태리는 파업의 연속으로 통치불능의 위기에 빠지게 되는 '붉은 두 해(Biennio rosso, 1919~1920)' 기간을 맞게 되고 졸리티 주도의 자유주의 국가는 실권의 위기에 봉착하게 된다.

한편 자신들을 파시(fasci)라 부르는 소규모의 집단이 뭇솔리니의 지도력에 의해 결집되면서 행동을 취하게 되는데 때로는 사회질서를 바로 잡기도 하고, 때로는 도시정부에 몸담고 있던 사회주의자들을 축출하는 무력시위도 보였다. 1922년의 총파업은 파시스트들로 하여금 로마로의 행진을 가능케 하여 왕은 뭇솔리니에게 정부를 구성하도록 요청하게 된다.

파시즘체제는 조합주의인데 조합주의는 정의하기 매우 어려운 개념이다. 이는 조합주의가 여러 나라에서 서로 다른 의미로 사용되어 왔기 때문이다. 또한 조합주의에 는 다양한 분파가 있다. 스웨덴, 노르웨이, 덴마크 등에서 출현한 사회민주주의 정치경제의 경우 도시 노동계급과 가족농민의 연합에 기초한다는 차원에서 그리고 광범한 국가정책의 결정과정에 노동조합의 반(半)공적인 지위를 부여했다는 점에서 민주적 또는 융합적 형태의 조합주의라 부를 수 있다. 그리고 양차대전 기간 중에 독일, 이태리, 스페인 등에서 출범한 파시스트 정치경제는 노동자들을 중앙에서 통제하는 포괄적 노동조직으로 편입한 점에서는 앞의 경우와 유사하나 그 이유가 노동자들을 당과 국가의 필요에 복속시키고 결속시키기 위한 것이었으며, 이러한 배타적 조합주의는 민주적 경쟁을 전체주의적 동원과 통제로 대체한 것이었다. 이러한 배타적 조합주의는 체제의 성격에 부합되는 사회집단들에게는 특혜와 보호를 아끼지 않으나 반체제적인 요소를 띠는 집단들에게는 가혹한 탄압을 행사하였다. 파시즘체제는 제국주의적이며, 독재적인 정권이고, 반대파들을 탄압하였지만 대외적으로는 국제연맹의 체제에 머물렀으며 히틀러와의 연맹국 형성 후에야 인종주의에 암묵적으로 동의하고 2차 세계대전에 주역의 하나로 참가하게 된다. 그러나 이태리의 국력은 예상보다 훨씬 미약했으며 군부조차도 전쟁에 열중하지 않는 모습을 보였고, 이태리 경제는 파탄에 도달하였다. 1943년 7월 25일 연합군이 시칠리아에 상륙하자 뭇솔리니는 추종자들에 의해 거세되었고, 국왕은 바돌리오장군에게 조각을 의뢰하게 된다. 로마는 1944년 여름에 가서야 해방이 되며, 새로 구성된 정부는 파시즘체제하에서 반체제운동을 벌였던 단체인 민족해방위원회(행동, 기독민주, 공산, 자유, 사회, 노동당 등)를 중심으로 만들어졌다.

전후복구와 이탈리아 재건

1946년에 실시된 국민투표에서 공화정이 왕정에 대해 신승을 하게 되었고 동시에 선거에 의한 제헌의회가 구성되었다. 공화국의 초대 내각은 기독교민주당이 공산당과 사회당을 포함하는 거국내각의 성격을 띤 것이었으나 미국의 마샬플랜(Marshall Plan)과 1949년에 NATO에 가입한 후 기민당은 좌익과 15년동안 결별하는 모습을 보인다. 기민당은 절대다수의 지지를 획득하였으나 중도의 소수당을 정부에 참가시켰고 경제재건에 경주하는 정책을 펴나갔다.

그러나 기민당이 절대다수를 점유한 때는 1948년의 선거에 불과하였고, 나머지의 경우에 는 타당과의 연정이 불가피하였다. 이는 중도의 소수당(자유당, 공화당, 사민당 등)과의 제휴를 결과하였고, 1963년 이후에는 사회당도 포함되게 되었다. 그런데 기민당 내에도 다양한 분파와 정치적 견해가 있었기 때문에 정치적 안정은 외견상으로만 가능한 것이었고, 연정 파트너와의 조화는 물론이고 때로는 기민당내부의 갈등으로 정권이 무너지는 일이 비일비재하였다. 이는 다시 말해서 부정적 의미에서의 정치적 타협이 곡예사와 같은 형국을 자아내는 것으로서 기민당의 안정적 집권에도 불구하고 전후 수십 차례의 내각이 들어서고 무너지는 행태를 보이는 근본적인 이유가 된다.

이러한 상황은 공산당으로 하여금 비록 정권에는 참여하지 못한다 하더라도 정치프로그램에 상당한 영향력을 행사할 수 있는 계기를 마련해 주었다. 공산당의 입장에서는 비록 국정에는 직접 참가할 수 없었지만 사회당과의 부분적인 제휴로 지방정부나 전국적인 노동조합에 영향을 미칠 수 있었으며, 1970년대에는 역사적 타협으로 국영방송국의 운영권 그리고 사회보장과 연금공단 등의 관리권을 행사할 수 있었다. 또한 이탈리아 노동총동맹(CGIL)을 통해 국가나 사용자와 직접 타협할 수 있는 권리도 구가하였다. 마지막으로 공산당의 득표율이 높은 수준을 유지했다는 점은 사회의 다양한 부분에서 공산계 지식인이나 전문직업인을 찾아볼 수 있는 사실로도 대변된다. 따라서 영원한 여당인 기민당과 영원한 야당인 공산당의 존재는 현상유지주의 혹은 불완전한 양당제를 의미하기도 했으나 현실적으로는 많은 개혁이 가능했던 것도 또 한 사실이다.

이탈리아의 경제는 서구의 다른 선진산업국가들을 추월하였으며, 복지국가를 시행하기도 하였다. 1950년대와 1960년대는 경제성장과 복지국가의 시대였다. 그러나 1970년대에 들어와 성장이 둔화되면서 여러 문제가 제기되었다. 3차 산업의 비대화는 공업부문의 약화를 가져왔으며, 공공부문의 비대는 재정적자와 인플레 효과를 야기하였다. 1980년대에 들어와 이러한 문제점을 해결하려는 의도로서 공공지출을 견제하면서 인플레를 줄이고 에스칼레이터조항을 유보시키는 노력과 사기업에 대한 통제를 줄이려는 시도를 보이고 있다. 국제적으로 보아도 NATO와 EEC에 참여하여 적극적인 역할을 행사하려고 시도하고 있으며 강한 공산당과 강한 가톨릭시즘이라는 이탈리아 사회의 예외성에도 불구하고 점증하는 국제적 상호의존성을 간과할 수 없다고 사료된다.

제14장
이탈리아의 정치

1. 정치체제의 형성과정

다른 유럽 국가들에 비해 이탈리아의 국가통일과 민족국가 수립은 시기적으로 매우 늦게 이루어졌다. 이것은 여러 왕국들과 도시국가들이 난립하고 프랑스 등 외세의 지배가 지역적으로 유지되고 있었다는 점 외에도 이탈리아 반도의 사회경제적 분열에 기인하는 바가 적지 않다. 1789년 혹은 1815년부터 1871년 기간에 이르는 이탈리아 통일운동기(Risorgimento)에 북부지역에서는 중간층 기업가들이 성장한 반면, 남부 지역에서는 대토지 소유(Latifondo)에 기반한 봉건적 사회질서가 유지되고 있었다. 특히, 남부의 대지주들은 국가통일로 인해 자신들의 기득권을 상실할까 우려하고 있었으며, 농민들도 통일로 인해 지주들의 착취에 피에몬트 왕국의 조세징수가 더해질 것을 두려워 했다.

뿐만 아니라 이 두 지역 사이에 위치한 교황권의 영역도 권력 공간적 의미뿐만 아니라 하나의 정신적 지주로서 이탈리아 반도의 분열을 유지시키는 주요 요인으로 작용하였다. 교권지역인 바티칸 공국을 제외한 대부분의 지역이 통일된 1861년 이후에도 남부에서는 내란이 빈번히 일어났는데 여기에는 새로운 국가를 인정하지 않는 바티칸 공국이 농민들의 반란을 선동했기 때문이다. 결국 통일 이전의 분열상은 통일 이후에도 지속되어 수십 년간 이탈리아 반도는 지방중심주의의 무대로 남을 수밖에 없었다.

피에몬트 왕국이 주도하여 탄생한 통일 이탈리아의 자유주의적 헌정체제는 단일한 교육체계와 입법체계를 갖추었음에도 지방중심주의로 인해 효율적인 통치능력을 확보할 수가 없었다. 통일운동기 피에몬트 왕국의 재상인 카부르(Cavour)를 정점으로 중앙집권주의자와 군주주의자들이 중심이 된 역사적 우익과 마치니(Mazzini)를 포함한 급진주의자와 민주주의자들은 초기에 영국과 같은 양당 제도를 구축할 수 있는 여지도 없지 않았다. 그러나 이후 지올리띠(Giolitti) 정부에서 적나라하게 드러나는 바와 같이 이탈리아의 재상들은 의회 다수당을 형성하기 위해 정당 간 경쟁이 아니라 계파 간 후견자를 중심으로 의원 개인들과의 타협정책을 선호했다. 계파의 후견자들과 그 의원들은 정부를 지지하는 대가로 뇌물과 부정축재를 보장받았다.

이러한 무능력과 타협 정치적 후견주의로 인해 통일 이탈리아의 정당체제는 왜곡되었고, 왜곡된 정당체제는 북부의 산업 발달과 더불어 두 가지의 새로운 반체제적 정치세력을 부상케 하였다. 밀라노와 제노바 등 대도시의 산업프롤레타리아트와 1880년대 포(Po) 계곡의 농업노동자들이 중심이 되어 일어난 사회주의 운동이 그 하나이고, 남부의 대지주와 보수적 농민들 및 북부의 산업자본가들을 기반으로 등장한 극우민족주의 세력이 다른 하나이다.

전자는 1892년 노동자당(PLI: Partito dei Lavoratori Italiani)을 조직하고 이듬해 사회당(PSI: Partito Socialista Italiano)으로 개명한 후 1913년에 이르러 명실상부한 정치세력으로 부상하였다. 이탈리아 사회주의 운동의 탄생이 북부의 집중적인 산업발전에 따른 본원적 축적에 기인한다면, 20세기 초반의 급성장은 정당체제의 파행에 따른 것이라 할 수 있다. 이러한 외연적 팽창에 힘입어 이탈리아 사회주의 운동은 1921년 당내 노선논쟁도 촉발하여, 최대 강령주의적 사회주의 혁명노선(Socialista massimalista)을 주장하는 그람시(Gramsci) 등에 의해 공산당(PCI: Partito Comunista d'Italia)이 분리 창당되기에 이르렀다. 이탈리아 공산당은 이후 파시즘 치하에서 개량주의적인 노동조합총연맹(CGdL: Confederazione Generale del Lavoro)을 대체한 새로운 노동총동맹(CGL: Confederazione Generale del Lavoro clandestina)을 건설하는 등 반파시스트 투쟁을 주도하면서 2차 대전 이후 정국에서 제1당을 다투는 정치세력으로 성장하였다.

타협정치와 정부의 무능력에서 초래된 극우 민족주의 세력의 부상은 사회주의 운동의 성장에도 기인하였다. 극우 민족주의의 대표적 세력인 파시스트들은 국내적으로 성장하는 노동자계급들에 대항하고 해외 시장을 확보하고자 하는 산업자본가들과 이탈리아 국가의 대외정책적 팽창을 추구하는 군국주의자 및 남부 저발전에 기초한 기득권을 옹호하고자 하는 국수주의자들로부터 지지를 받았다. 사회주의의 정치세력화는 다른 한편 가톨릭 정치세력의 성장과 분열도 촉진하였는데, 그중 진보적인 세력은 국민당(PPI: Partito Pololare Italiano)으로 결집해 반파시스트 전선에 가담한 반면 교황청의 교권주의자들은 파시스트 정권과 타협하였다. 1918년부터 1922년에 이르는 기간 동안 사회주의 세력과 국민당 세력 및 파시스트들간의 갈등은 더욱 첨예해졌고, 동부 아프리카 식민지 확보를 위한 제국주의 전쟁에 의해 극우민족주의 세력은 더욱 강화되어 갔다. 이와 같이 자유주의적 국가통일의 후반기에 통일운동의 밑거름이었던 민족주의는 강력한 군국주의를 기반으로 하는 대외팽창적 민족주의로 변해 갔다.

이탈리아의 파시즘 통치경험은 민주주의 경험만큼이나 현대 이탈리아 정치에 지대한 영향을 미쳤다. 이러한 경험의 역사적 궤적은 현대 이탈리아의 여러 사건들과 정치현상을 통해 나타나고 있다. 1960년대 초반 좌파 정치세력을 제거하고자 한 로렌초(Lorenzo) 계획이나 1981년에 드러난 프리메이슨 조직 P2 사건 및 좌파세력 집권 시 이를 무력으로 붕괴시키기 위한 기민당 정부의 비밀 군사조직 글라디오(Gladio) 사건이 그에 대한 간접적인 표현이라면, 남부에 튼튼한 기반을 가지고 있던 네오파시스트 정당인 사회운동당(MSI: Movimento Sociale Italiano)에 대한 지지도는 직접적인 정치현상이라 할 수 있다.

이탈리아 정치의 역사적 흔적에 있어 가톨릭의 영향도 빼놓을 수 없는 부분이다. 국가통일에 지속적인 방해 요인으로 작용하였으며, 통일 이탈리아 국가를 인정하지 않았던 바티칸이 현대 이탈리아에 미친 정치적 영향은 파시스트와 관련된 것이다. 1922년 바티칸은 가톨릭 국민당에 대한 기존의 지지를 포기하고 뭇솔리니(Mussolini)를 지지하기 시작했다. 더욱이 1929년 파시스트와의 정교협약(Concordato: Patti lateranensi)을 통해 바티칸은 이탈리아 국가를 인정하고 파시스트를 합법적인 권력체로 정당화하는 대신, 가톨릭을 국교화하고 바티칸 시를 독립주권영역으로 보장받았으며, 혼인에 대한 전권과 교육제도에 대한 광범위한 영향력을 확보하였다. 이로써 가톨릭은 직접적인 정치영역을 침범하지 않는 한 자유로운 정치사회적 영향력을 보장받은 셈이었다. 더욱이 2차 대전 이후에도 가톨릭의 영향은 정치적 필요에 의해 지속적으로 보장되고 있어 1929년 정교협약은 아직도 유효하게 적용되고 있다.

이와 같이 현대 이탈리아 정치에 영향을 미친 역사적 궤적은 남북의 지역차이와 타협 정치적 후견주의 전통 및 파시즘의 경험과 유산 그리고 가톨릭 보수주의와 사회주의 운동 간의 하부정치 문화적 갈등으로 요약될 수 있다. 남북의 지역차이는 지역주의로 정치화하였고, 타협 정치적 후견주의는 뿌리깊은 야합과 부정부패로 이어졌으며, 파시즘의 유산은 남부지역을 중심으로 세력을 확대해 왔다. 양대 하부정치문화도 반세기 이탈리아의 정치를 정권교체가 불가능한 불완전한 민주주의로 만든 원인으로 작용하였다. 이러한 제반 요소들은 1990년대에 와서야 일대 지각변동을 통해 새로운 개혁정치의 대상이 될 수 있었다. 반면 이탈리아 정치의 왜곡된 모습의 대부분은 사회주의 정치세력의 성장에 대한 방어적 표현에 기인하기도 하는 만큼 새로운 사회질서 창출 노력의 밑거름이 되기도 하였다. 바로 이러한 측면에서 이탈리아 정치의 또 다른 동력을 엿볼 수 있는 것이다.

2. 이탈리아 정치체제

지방행정

이탈리아 민족국가 건설의 모델은 정치적·경제적으로 통일된 근대적·세속적 국가라는 19세기 프랑스의 자코뱅 민족주의에 따른 단일제 국가였다. 그러나 중앙집권적 단일제는 파시즘 통치의 경험이라는 부정적 측면도 반영하고 있었기 때문에, 소수민족들의 정당 정치적 자치운동이나 분리주의 운동뿐만 아니라 연방주의적 가톨릭 세력까지 중앙집권제나 단일제를 강력히 반대해 왔다. 그에 따라 1946년 6월에 국민투표를 통해 확립된 이탈리아 정치체제는 단일제 공화정을 근간으로 하되 연방제적 요소를 가미한 형태를 띠게 되었다. 소수종족들이 거주하는 세 지역과 두 섬에 대해 특별법으로 자치권이 부여되는 한편, 나머지 지역들에게도 일반 자치법을 통한 지방자치가 허용된 것이다.

지방행정제도의 확립에 따라 이탈리아는 20개 주(州)로 구성되며, 그 중 5개 주가 종족적 혹은 언어적 소수를 보호하려는 취지로 연방제적 요소를 가미한 특별 자치법의 적용을 받는다. 이 특별 자치주들은 독일어를 사용하는 주민이 일부 거주하는 트렌티노-알토 아디제(Trentino-Alto Adige)와 슬라브어를 사용하는 프리울리-베네치아 쥴리아(Friuli-Venezia Giulia)라는 북동부의 2개 주, 프랑스와 스위스의 접경인 북서부에 위치하고 프랑스어를 일부 사용하는 발레 다오스타(Valle d'Aosta), 그리고 두 섬인 사르데냐(Sardegna)와 시칠리아이다. 또한 주 다음으로 구·군을 의미하는 프로빈치아(provincia)가 있으며, 최소 행정구역은 읍·면에 해당하는 코뮤네(comune)이다.

일반자치법과 관련해 1948년 제정된 이탈리아 헌법의 5장 117조는 행정기구와 구역의 정비, 공공복지와 보건 및 의료시설, 직업교육과 학교교육, 건설, 교통, 관개, 숙박시설, 광산과 수자원, 농림어업과 수공업 등 시장정책과 치안 일부에 걸치는 주정부의 자치권을 인정했다. 또한 118조는 이 부문에 대한 행정책임을 주정부에 일임하여, 구·군과 읍·면에도 적절히 분권화할 수 있는 권한을 부여하였으며, 119조는 그 집행을 위해 일정한 조세징수권을 비롯한 재정자치권을 보장했다.

그러나 특별 자치주와 달리 일반 자치주에서는 헌법에 규정된 일반자치법이 곧바로 실현되지는 못했다. 15개 일반 자치주들의 지방자치권은 정당정치의 부산물이었다. 이탈리아의 지방자치는 1960년대 사회당이 기민당의 연립파트너로 등장한 이후에야 가능했는데, 지방자치를 둘러싼 정치세력들의 주장은 그들의 전통이나 이념이 아니라 정치적 이권을 둘러싸고 전개되었다. 전통적으로 연방주의적 이념을 가진 기민당은 비경쟁적 집권당으로서 중앙의 권력을 지방으로 분권화하는 데에 더 이상 매력을 느끼지 못했다. 정당에 대한 지지도가 지역별로 상이하게 나타나는 이탈리아의 정치상황에서 지방분권화는 곧 야당의 지방권력 장악을 의미했기 때문이다. 반면 전통적으로 중앙집권적인 공산당과 사회당은 이러한 지역적 정당지지 분포에 착안하여 지방권력을 장악하고자 지방분권을 주장했다. 이러한 논쟁구도에서 기민당이 약화되고 좌파정당들이 강화되자 그 정치적 타협의 산물로 나타난 것이 1970년 최초의 지방선거로 지방자치제의 도입이었다. 이 선거에서 공산당은 실제로 에밀랴-로마냐(Emilia-Romagna), 토스카나(Toscana), 움브리아(Umbria)에서 막강한 세력으로 등장하였으며, 5년 후에는 피에몬테(Piemonte), 리구리아(Liguria), 라치오(Lazio)의 주정부를 장악하고 여러 대도시에서 선전했다.

지방분권의 현실화 과정은 자치법을 제정하고 중앙의 정부기능과 행정기능의 일부 주요 부분을 이전한 후 점차 세부적으로 확대해 가는 방향으로 진행되었다. 1970년 지방선거 이후 주의 인구 수에 따라 선출되는 30명 내지 80명으로 구성되는 주의회(consiglio regionale)를 비롯해 주행정부(giunta regionale)와 주지사 등 주요 주정부 기구가 완성되었다. 주정부의 구체적 권한은 1972년과 1977년 정부령을 통해 헌법 5장에 규정된 사항들이 구체화되는 과정을 밟아갔으며, 2001년 10월 7일에는 국민투표를 통해 헌법 5장이 연방제적 요소를 가미하는 방향으로 개정되었다. 특히, 주의 권한을 규정한 117조는 중앙국가의 권한 나열로 변경되어 주의 권한이 배제적 규정을 통해 확대되었다.

그러나 지방자치제의 도입 이후에도 헌법에 보장된 대로 자치가 이루어지지는 못했다. 실제 진행된 이탈리아의 지방자치는 이른바 통제된 지방자치로서 로마중앙정부의 지방통제장치라고 할 수 있을 정도이다. 일반 자치주들이 중앙집권적 정치에 이미 익숙해져 있었다는 사실도 그 주요 원인으로 지적되고 있으나, 지방자치를 제약하는 제도적 요인과 정치행태적 요인이 오히려 더 크게 작용해 왔다고 할 수 있다.

모든 주정부 소재지에는 중앙에서 파견된 조정위원이 주재하면서 주정부에 대한 중앙정부의 결정사항 이행을 감시해 왔다. 또한 중앙정부는 주의회 해산권을 가지고 있으며, 위헌이나 위법이라고 판단될 경우 주정부에게 주지사 해임이나 주내각의 해체를 요구할 수 있다. 이러한 권한은 주 이하의 행정구역에 대해서도 마찬가지로 적용된다.

주정부의 재정자치권도 지출에 관한 권한이 명시되어 있으나 이 권한조차도 독자적 감사·통제권을 갖추지 못했다. 더욱이 수입에 있어서는 중앙정부의 지침을 준수해야 하는 등 중앙통제를 벗어나지 못한다. 이러한 재정자치권의 결함은 이탈리아 주정부의 중앙정부 종속에 대한 단적인 예이다. 주의 재정수입 중 90%가 중앙정부로부터의 이전에 의존하며, 중앙정부의 지방재정 지원은 총 예산의 5분의 1을 차지한다. 주는 물론 주소유의 토지와 기타 부동산에서 파생하는 재정수입과 예외적으로 인가된 사업에 관해서는 독자적 권한을 갖는다. 그러나 이 부분은 전체 재정의 10%에 해당하는 것으로 그다지 중요한 부분을 이루지는 못한다. 조세의 재분배는 각 주의 조세납부 정도에 의거하지 않고, 조세에 의해 형성된 국가 기금의 정해진 비율에 따른다. 그러나 해마다 중앙의회에서 결정되는 기금의 조성과 배분비율조차도 각 주의 주민 수나 면적 및 경제·사회적 조건 또는 조세 납부 정도를 고려하지 않은 채 이루어진다.

이러한 제도적 요인은 역사적 뿌리를 가진 정치행태적 요인을 더욱 첨예화시켰다. 취약한 지방자치제도와 중앙집권적 제도운영이 민주공화국에서도 후견주의적 정치행태를 지방정치에까지 파급시키는 결과를 가져온 것이다. 이러한 의미에서 이탈리아의 지방자치를 중앙정치방식의 지방화이자 사회에 대한 중앙정부 결합방식의 지방화라고 할 수 있다. 정치적 결정권의 미비와 재정자치권의 결함으로 각인되는 지역구조는 경제적으로 저발전 상태에 있고 후견주의적 전통이 강한 남부 주들에 있어 더욱 치명적으로 작용하였다. 남부 주들은 대부분 중앙에 종속적이었으며, 그로 인해 북부 지역과의 격차도 더욱 심화될 수밖에 없었던 것이다.

반면 특별 자치주들은 국가 이해관계를 보장하는 한도에서 일반 주들에 비해 배타적 입법권과 행정권을 가진다. 예를 들어 공식 언어로 독일어를 이탈리아어와 병용하는 트렌티노-알토 아디제 주에서는 주민들이 국방의 의무를 자신의 주에서 수행할 수 있으며, 시칠리아 주도 독자적 치안권을 비롯한 광범위한 자치권을 누리고 있다. 그러나 이 특별 자치주들도 재정자치권과 관련해서는 국가의 재정 및 조세정책의 제약을 받으며 독자적 권한의 영역이 매우 협소하다. 다른 4개 특별 자치주들에 비해서도 더욱 광범위한 자치권을 보장받는 시칠리아의 경우도 독자적 재정권을 주법이 규정하고 있음에도 중앙정부의 재정 및 조세 통제를 받는다.

헌법과 괴리된 지방자치권의 미비에 반대하여 특별 자치주들에서는 1960년대에 성공적인 지역주의 동원이 일어나기도 했다. 사르데냐 지역주의 정당인 사르데냐 행동당(PSd'A: Partito Sardo d'Azione)과 발레 다오스탈 주의 발레 다오스탈 연합(UV: Unione Valdôtaine) 및 남티롤(트렌티노-알토 아디제 주의 알토 아디제 지역)의 남티롤 국민당(SVP: Südtiroler Volkspartei)이 대표적인 예이다. 특히, 남티롤 국민당은 1960년대에 주의 헤게모니를 장악하기도 하는 등 오늘날까지 일정한 지역 세력을 확보하고 있으며, 발레 다오스탈 연합도 1960년대에는 주의 제1당으로 등장했었다. 사르데냐 행동당도 1960년대 당시 약 10%의 지지율을 확보하여 주요 연립정당의 역할을 수행했다.

그러나 1970년대 들어 전국선거에서도 여전히 지역적 이슈들이 주민들의 40%를 동원할 수 있는 상황임에도 불구하고, 특별 자치주 주민들이 거대 전국정당을 선택함으로써 지역주의 정당들은 대개 6% 안팎의 지지율로 후퇴하였다.

의회조직

모든 국가들에서 그렇듯이 이탈리아의 의회제도 역시 헌법에 그 조직과 내용이 규정되어 있다. 이탈리아 헌법에서 규정하는 의회제도의 가장 주요한 원칙은 양원제(Bicameralismo)이다. 상원(Senato)과 하원(Deputato)의 양원은 인구 수를 기반하여 의석 수 630석을 전체 인구에 비례하여 나누어 선출하는 하원과 주를 단위로 하는 지역을 기반으로 315명의 의원을 선출하는 상원으로 구성되어 있다.

양원제를 도입하게 된 가장 주요한 이유는 좌파 정당들과 우파 정당들의 당파적 이해관계의 산물이었다. 좌파 정당들(사회당, 공산당, 행동당 등)은 국민주권의 유일성을 주장하며 단원제를 주장하였지만, 우파 정당들(기민당, 자유당 등)과 연방주의를 주창했던 정당들(공화당 및 기타 지역 정당들)은 사회 각 계층의 경제적, 문화적, 정치적 이해관계를 반영하기 위해서는 하원과는 다른 원을 조직해야 한다고 주장했다. 좌파 정당들과 우파 정당들의 이와 같은 대립은 동일한 권력과 기능에 기반한 서로 다른 두 개의 원 조직에 합의하게 되었고, 1948년 제헌헌법에 이와 같은 원칙이 구현될 수 있었다 .

상하 양원 사이의 기능과 역할의 차이는 4가지 차원에서 다른 차이점을 갖고 있다. 첫째는 선거인 연령이다. 하원의 경우 18세 이상의 남녀에게 선출권이 부여되지만, 상원의 경우에는 25세 이상의 성인으로 차이를 두고 있다. 피선거인의 연령 역시 하원과 상원이 다른데, 하원의 경우 선거일 현재 25세가 되어야 입후보할 수 있으며, 상원의 경우에는 40세 이상이어야 한다. 의원 수 역시 차이가 있는데 하원의 경우 630명의 정족수를, 상원의 경우 315명의 선출직과 지명 및 당연 종신 상원의원으로 구성된다. 지명직 종신 상원의원은 정치, 사회, 문화, 과학, 예술 등의 분야에서 이탈리아를 위해 뚜렷한 애국심과 공헌을 한 시민들 중에서 5명이 넘지 않는 상원의원을 지명할 수 있다. 또한 대통령을 역임한 이는 당연직 지명 종신 상원의원에 임명된다.

하원과 양원 사이 권한의 대소 여부는 헌법상에 명시되어 있지 않다. 그러나 양원 사이에 권한 조정의 필요가 생기거나 정치적 갈등이 초래되면 대통령의 중재를 통해 해결하는 것이 관례로 되어 있다. 이 경우 국회 안 여러 정당 대표들의 조정회의 혹은 상하 양원 의장의 조정을 통해 대통령이 중재하는 것이 일반적이다 . 만약 이러한 중재 과정이 받아들여지지 않을 경우에는 대통령이 헌법에 명시된 국회해산의 명을 내릴 수 있다.

상하 양원 모두 의회 구성에 있어 두드러진 특징은 비례대표제 의석 배분 방식과 다수정당 프리미엄 비례대표제이었다. 2005년 12월에 개정된 선거법은 비례대표의 원칙을 1993년 이전으로 돌림과 동시에 과반수 확보를 보장하는 방식을 채택했다. 이와 더불어 변화된 봉쇄조항을 두면서 제 1당이나 제1 정당 연합체에게 나머지 추가 의석을 모두 배분하는 방식을 채택하였다. 새롭게 개정된 선거제도의 가장 큰 특징은 1위를 한 정당이나 선거 연합체에게 하원과 상원 모두 과반수의 수치까지 결정하여 안정적 정국 운영이 가능하도록 보장했다는 점이다 . 이는 상하 양원에서 비례대표 의석 수를 할당받는 각 정당이나 선거 연합체의 최저 전국 득표율을 조정하여 최대 다수당에게 과반수를 보장하고 있다.

하원의 경우, 선거 연합체의 경우 적어도 연합체 소속 한 정당이 전국 득표율 2%를 초과한 상태에서 10%의 득표율을 획득하거나 특별 주 중에서 전국에서 10%를 획득하지 않더라도 주에서 20% 이상의 득표를 했을 경우 비례대표 의석 수를 할당받았다. 선거 연합체에 소속되지 않은 개별 정당의 경우에는 전국적으로 4%의 최저 득표율을 획득하면 비례대표 의석 수를 할당받을 수 있다. 선거 연합체의 경우 주차원에서 20% 이상의 유효 득표를 차지해야 하며, 선거 연합체 소속 정당 중 적어도 하나의 정당이 주 (州)차원에서 3% 이상의 유효표를 획득해야만 비례대표 의석을 배분받을 수 있다. 또한 독자 출마한 정당의 경우에는 20% 미만의 득표율을 획득했다 할지라도 주차원에서 8% 이상의 득표율을 획득하면 비례대표 의석을 배분받을 수 있다. 이렇게 하여 최대 다수당 에게 '내부 과반수 확보 비율(하원 총의석의 54%)'을 배정하고 상원에서도 총 의석의 55%를 확보하도록 한 것이다. 하원은 총 630개 의석이 전체 26개 선거구의 득표율에 따라 배분된다. 그 중 발레 다오스타(Valle d'Aosta) 주 1석을 포함해 618석은 18세 이상 국내 거주 이탈리아인이 선출하고 12석은 역시 18세 이상 외국 거주 이탈리아인이 선출한다. 그러나 1위를 한 선거연립 체나 정당이 과반수를 차지하지 못했을 경우에는 재외 국민과 자치주의 하나인 발레 다오스타 주를 제외하고 총 의석의 54%인 340석을 우선적으로 배분받는다. 또한 모든 선거 연합체는 공동 강령과 공동 총리후보를 낼 수 있도록 하고 있다.

한편 상원은 총의석 315석을 전체 20개 선거구별로 후보 명부의 득표율에 따라 배분한다. 국내 309석 중 종신의원(현재 6명: 전직 대통령)을 제외한 의석은 25세 이상 국내 거주 이탈리아인이 선출하고 6석은 25세 이상 외국 거주 이탈리아인이 선출한다. 상원 역시 추가 의석제를 두어 주별로 1위를 한 선거 연합체나 정당이 최소한 55% 이상을 확보하도록 했다. 그러나 상원의 경우에는 반드시 안정적 다수로 연결되지는 않는다는 문제가 있다. 또한 주 단위로 순위를 매김으로써 전국 단위에서 1위를 한 정당이나 선거 연합체가 다수를 확보하지 않을 수도 있다. 중도-좌파 선거 연합체인 ‘연합’이 ‘자유의 집’보다 전국 득표율이 더 낮음에도 불구하고 다수 의석을 획득한 2006년 총선이 바로 이러한 결과로 이어진 첫 번째 사례가 되었다.

선거제도의 중요성은 의회 구성과 원내 정당의 구조 및 권력 관계까지 함께 돌아볼 수 있다는 점에서 의회 연구의 전제이다. 이탈리아 역시 75%의 단순다수 소선거구제도의 지역대표와 25%의 비례대표제를 통해 의회를 구성하고 있는데, 1990년대 이후 제 2공화국의 출범과 함께 시행된 제도개혁의 대표적 사례로 들 수 있다. 양원제 의회제도를 채택하고 있는 이탈리아의 경우, 의회 권한에서 다른 의회주의 국가들과의 커다란 차별성은 보이지 않는다. 그러나 양원 사이의 권한과 기능 면에서 독특하고 주목할 만한 사항들은 몇 가지 거론할 수 있다.

가장 중요한 의회의 권한은 모든 나라에서와 마찬가지로 입법권이라 할 수 있지만, 의회중심제 권력구조의 이탈리아에서는 가장 중요한 의회의 기능과 역할의 하나가 정부의 정치적 조정과 방향 설정이라는 역할이다. 의회 다수당이 곧 정부인 이탈리아에서는 정부 수립과 동시에 추진해야 할 국정전략의 기조가 입법 활동에 의해 결정된다는 의미이기 때문에 의회에서 행정부와의 정책적 공조와 조화를 위한 방향 설정과 조정은 가장 중요한 기능이 된다. 1996년, 2001년, 2006년, 2008년 정부에서도 이와 같은 조정과 방향 설정을 위해 조각과 동시에 여러 법안들을 제안하여 의회에서 통과시켰다.

두 번째 기능으로 특징적인 것은 선출직 고위직에 대한 의회 할당 선거이다. 주요 선거는 다음과 같다. 공화국 대통령 선거, 헌법재판소 5명의 재판관 선거, 최고사법평의회 위원 8명 선거, 헌법재판소 보조판사들이 선출한 배심원들의 선거, 행정심판의장평의회 위원 4명 선거, 개인정보보호보장위원회 위원 4명 선거 등이 있으며, 상하 양원 의장들은 군사사법평의회 위원 2명을 선출할 권한이 있다. 세 번째 기능으로는 공화국 대통령의 탄핵권 및 헌법재판소 기소권이 있으며, 네 번째는 상하 양원 모두 자체의 심의, 규칙제정, 행정적 기능을 소유하고 있다.

이상과 같은 의회의 기능과 권한 이외에 주목할 만한 사항은 의회 법안 제출과 관련한 법안 상정의 주체이다 . 통상 의원들이 발의하는 것이 일반적이지만, 행정부에 해당하는 정부 역시 가장 중요한 법률안 제출의 주체이다. 또 다른 주체로는 경제 및 노동 국가평의회(CNEL)로 이탈리아 헌법 98조에 이와 같은 권한을 명시하고 있다. 이 외에도 독특한 주체로는 선거권자인 유권자를 들 수 있는데, 헌법 제 71조 2항에서 규정하고 있는 법안제출 주체로서 유권자는 50,000명 이상의 유권자 서명을 받아 법률안을 국회에 제출할 수 있다고 명시하고 있다. 제출된 법안이나 법률에 대해서는 소속 위원회에서 심의하여 정해진 절차에 따라 확정하여 공포한다.

양원제와 내각제를 기반으로 하는 의회중심제 국가로서 이탈리아는 기능적인 측면에서 뿐만 아니라 제도적인 측면에서도 다양하고 독특한 특징들이 있다. 이탈리아의 의회 구조는 상하 양원제의 특징을 고스란히 보여주고 있다. 상원과 하원 각각에 설치되어 있거나 조직되어 있기도 하지만, 양원 모두를 포괄하는 조직도 그 역할과 기능에 따라 존재한다. 가장 중요한 조직으로는 다른 나라와 마찬가지로 회기 중에 있는 의회로 상하 양원의 입법활동이 열리는 장이다.

상하 양원 의장은 개원이 되면 일정한 절차에 의해 선출하는데, 국회 개원까지의 공백을 막고 개원 시 원활하고 효율적인 의정활동 진행될 수 있도록 임시 국회의장실을 상하 양원에 설치한다. 하원의 경우 임시 국회의장이 되는 이는 이전 국회의 부의장 중에서 연장자를 선임하는데 반해, 상원의 경우 의원 중 연장자를 선임하는 차이가 있다. 그러나 이 기구는 임시적이고 과도기적 성격의 기구로 개원에 의해 상하 양원 의장이 선출되면 자동 폐쇄된다.

공식적으로 선출된 상하 양원 의장은 각각 의장실을 구성하여 의회의 가장 중요한 정치기구로 출범시킨다. 하원의장의 경우 하원의 재적의원 2/3 이상의 찬성에 의해 비밀투표로 선출되며, 첫 투표에서 이 조건을 충족시키지 못하면 4단계에 걸쳐 조건완화부 형식으로 재투표가 실시된다. 이는 상원의장의 경우에도 마찬가지이지만 단계에 따른 조건에서는 다소 간 차이가 있다.

그러나 4차 이후에도 동점자가 나올 경우에는 연장자를 의장에 선출한다. 의장과 함께 4명의 부의장이 선출되어 구성된다. 이 밖에도 사무총장이 의장의 업무와 의회의 효율적 운영을 돕는데, 하원의 경우 16명의 사무총장이 선출되며 상원은 8명의 사무총장인 선출된다. 또한 상하 양원 의장실에 각각 3명의 감찰관이 존재하는데, 이들은 의회의 행정적 업무 진행과 개의중인 총회와 분과회의 질서유지 및 의사진행규정 및 법령 적용 등의 업무를 담당한다.

10명으로 구성된 상임규정협의회는 의회 규칙이나 규정의 보완 변경 등의 업무를 위해 상설적으로 운영되고 있다. 선거관리위원회(상원의 경우 선거 및 면책관리위원회로 명칭이 다소 다르다)는 상하 양원 선거뿐만 아니라 헌법에 규정되어 있는 다양한 선거관리 업무를 위해 의회 내부에 설치되어 있는 기구이다. 이는 의회 내부에서 담당하고 있는 선거업무의 실질적 권한과 내용을 규정하고 의회 특유의 교유한 위상을 대외적으로 보장받고 있는 기구라 할 수 있다.

원내교섭단체장 회의는 국회의 원내교섭단체의 지도부나 당수 등 대표자들의 연속회의 기구로서 국회 운영에 필요한 규칙 제정에 관한 3가지의 권한이 주어진다. 첫째는 입법활동 혹은 의정 활동 프로그램의 숙의이며, 둘째는 의사일정 숙의이고, 셋째는 의사당 내에서의 토론 순서 및 일정 조직이다. 원내교섭단체장 회의는 하원의회법 제 13조에 규정된 사항으로 대개 의장이나 정부 또는 구성원 중의 하나인 원내정당 대표가 필요에 따라 소집요구를 할 수 있다. 보통 의사일정이나 위원회 직무에 관련하여 의장이나 정부가 협조 혹은 요청을 구할 때 소집되는데, 이를 위해 정부는 회기 내에는 매일 혹은 시간마다 수시로 정부 활동이나 위원회 결정 사항 등에 대하여 정보를 제공하고 있다.

지금까지의 기구들이 주로 의회 조직 내에서 의회 기능과 역할을 위해 설치되고 조직된 기구라 할 수 있다면, 다음의 구들은 회기 중 의원들이 중심이 된 직무 관련 조직이다. 가장 중요한 것으로는 의회 위원회가 있는데, 보통 상임위원회 14개와 다수의 특별 위원회가 존재한다. 가장 대표적인 것으로는 2007년 1월 30일에 설치된 이탈리아 해외동포문제를 위한 위원회로, 해외투표구 설치 문제를 통해 해외동포의 참정권 문제를 해결하기 위해 설치한 특별위원회였다. 상임위원회의 경우 상하 양원 모두 14개씩 존재하는데 순서와 차례에 약간의 차이가 있지만, 그 활동 내역이나 내용은 유사하다고 볼 수 있다.

그러나 이들 위원회와는 달리 상하 양원혼합위원회를 설치하기도 하는데, 이 경우 아주 엄격한 심사와 상하 양원의 합동결의가 필요한 문제를 다루고자 할 때 설치한다. 예를 들면 지역문제, TV와 라디오 방송관련 업무, 정보통신 상의 기밀과 안전문제 등을 다루는 특별위원회로서 상하 양원혼합위원회가 설치된다. 이는 상정안의 시급함에 따라 상하 양원이 함께 참여하여 절차상의 시간낭비를 줄이면서, 지역 대표성과 국민 대표성을 함께 상징적으로 논의할 수 있는 문제를 다루고자 할 때 합의에 의해 설치할 수 있다.

이와 함께 정치적 필요에 의해 의회 내의 교섭단체들의 요구로 자문이나 입법외 활동에 대한 의회협의체를 설치할 수 있다. 하원의 경우 의장이 선임한 21명의 하원의원들로 구성된 인허가심의위원회나 상원의 경우 23명의 상원의원으로 구성된 선거 및 면책특권협의체를 구성할 수 있다. 또한 원내교섭단체 역시 정당을 대표하거나 소수 정당간의 연합체 성격을 띠면서 원내에서 활동할 수 있는 기구로, 상원은 10명 이상의 상원의원과 하원의 경우 20명 이상의 하원의원으로 구성할 수 있다.

이탈리아 양원제는 최근의 정치적 변동의 가장 주요한 제도이자 권력기관이 되고 있다. 특히, 베를루스코니가 1994년 처음으로 수상에 올라 권력을 잡은 이래 끊임없이 변화와 개혁의 대상이 되고 있다. 이탈리아 사회 내에서 국민 신뢰도가 최저인 직군과 기관에 속하는 국회는 이탈리아 공화국 건국 이래 항상 주요한 개혁의 대상이다. 따라서 역사적으로나 제도적으로 여러 번에 걸쳐 의회 운영과 관련한 변화와 제도를 도입하였다.

다양한 제도적 변화나 개혁적 방안들 중에서 몇 가지 특징적이고 정치적인 효율성을 갖는 것들은 다음과 같다. 첫째, 국회소집과 관련 이탈리아는 국회 개원을 위한 소집이 대통령령으로 확정되어 있다(대통령령 제 61조와 87조 3항). 국회의원 선거일로부터 20일 안에 첫 회의가 소집될 수 있도록 법령에 명시함으로써 국회 개원과 관련된 정치적 책략이나 전술에 따른 지연을 방지하고 있다. 또한 상하 양원은 각각 국회 활동과 업무를 보완하고 개정할 필요가 있을 경우 「업무 개정 동의에 관한 소집」을 결정할 수 있다. 이는 보다 신중하고 보완의 필요성이 있는 사안이나 법률에 대한 준비와 법안 중복 등을 예방하기 위한 조치로 볼 수 있다.

둘째, 총선에 임박하여 국회 활동이 종료되거나 제한적일 경우에도 법안이나 국회 업무의 연속성을 위해 국회활동과 권한의 유예를 인정하고 있다(헌법 제 61조). 이는 총선이 예정되어 있는 해에는 총선 준비와 여러 이유 등으로 당해 국회 활동이 일시 정치되거나 상정된 법안 등에 대하여 고의로 지체하는 정파적 책략을 예방하고 국회의 고유 기능에 대한 연속성을 보장하기 위한 조처이다. 이러한 유예 기간은 90일을 초과하지 않도록 헌법에 명시되어 있다(헌법 61 조 1항).

셋째, 국회 자체의 권한 강화와 효율성 제고를 위하여 국회 내부의 제도나 소관 부처 등의 신설 등에서 비교적 독립적이고 상대적으로 자율적인 준비와 진행이 가능하다는 점이다. 의회와 행정부가 유기적이고 상호 연관성이 밀접함에도 불구하고 국회 내부의 독립적인 위상과 권한을 강화하는 필수적 기구와 업무에 대한 자치권을 인정해 준다는 의미에서의회권력 강화의 주요내용이라 할 수 있다.

이 밖에도 입법과정에서 법안 제정의 진행과정에서 나타난 여러 기능과 절차는 국회 위상과 권한의 독립적 지위 확보라는 측면에서 국회 자체의 권한을 확대하고 인정하는 방향으로 진행되고 있다. 또한 회기 중에는 돌발적인 안건이나 의사 진행을 예방하기 위해 본회의 및 각 위원회별로 프로그램화된 일일명령안이 마련되어 있다. 이는 돌발적이거나 사안과 다른 정치적 의도를 막고 의사 진행의 효율성을 높이기 위한 제도로 볼 수 있다.

그러나 이러한 구체적이고 실질적인 제도적 개선과 개혁적인 방안들이 있음에도 불구하고 이탈리아 의회제도가 안고 있는 몇 가지 문제점들도 분명히 존재한다. 첫째는 상하 양원제라고 하는 양원제로 인한 비효율성의 문제이다. 국민의 직접적인 의사결정이나 정책제안이 실질적으로 어려운 상황에서 대의민주주의 제도의 효율성을 논의한다는 것이 불필요한 것일지도 모르지만, 이탈리아의 경우 상하 양원의 권한이나 기능의 중복과 비효율성은 향후 어떠한 방식으로든 개선의 필요성이 있다. 둘째는 의회중심제를 채택하고 있지만 내각 중심의 권력구조를 갖는 이탈리아에서 의회의 자체적인 역량 강화가 현실적으로 쉽지 않다는 점이다. 이제 1정당의 정책이나 정책방향과 유사하다는 점은 의회에 대한 행정부의 영향력과 간섭을 최소화 할 수 있는 실질적이고 효과적인 예방책이나 제도적 보장이 어렵다는 단점을 갖게 한다. 셋째는 중앙의회뿐만 아니라 지방의회의 다층적인 구조는 오히려 의회의 효율성이나 책임성을 떨어뜨린다는 지적을 받게 한다. 이 밖에도 세세하고 구체적인 제도와 운영상의 단점들 역시 향후 개선과 함께 적극적인 제도화의 필요성을 요구하고 있다.

이탈리아에는 의회의 정책적 역할과 권한 및 운영상의 효율성개선을 위한 조직과 협회들이 잘 조직화 되어 있다. 2001년 조직된 단체로 민주주의 제도 개선과 행정개혁을 위한 연구활동협회(ASTRID)를 비롯하여 20여년의 역사를 지니고 있는 의회활동연구회(APSRP), 대학과 연구소들이 주도하는 의회개혁 연구회 등이 전국 각지에서 활동하고 있다. 특히, 44가지의 의회제도 개혁방안을 제시하고 있는 ASTRID의 연구 성과물은 주목할 만하다.

정당체제

이탈리아의 정당체제는 흔히 '불완전 양당체제' 혹은 '극화된 다원주의'로 표현된다. '불완전 양당체제'는 기민당(DC: Democrazia Cristiana)과 공산당(PCI)이 양대 정당으로 정당체제를 구성하지만 전자가 정부를 독점한 채 연립정당들의 몰락을 두려워하지 않는 상태를 이르는 말이다. 그리고 '극화된 다원주의'란 의회진입을 위한 봉쇄조항을 규정하지 않은 순수 비례대표제에 따라 15개 가량의 정당들이 의회에 진출해 있었으며, 이 정당들이 좌우 양극 중심으로 분포되어 있었음을 의미한다.

1990년대 초반까지 지난 반세기 동안 이탈리아 정치사를 지배해 온 기민당은 점차 국가 정당화되었으며, 제 1야당이었던 공산당은 영원한 야당으로 남아야만 했다. 기민당과 공산당의 양극체제는 정권교체를 허용하지 않는다는 의미에서 '불완전한' 체제였던 것이다. 그러나 다른 한편으로 영원한 야당으로 존속했던 공산당도 의회의 중요한 세력으로서 주요 정치적 사안에 대해 기민당과 협조하는 등 이탈리아 정치체제의 유지를 위한 한 지주로 기능한 것도 사실이다. '가톨릭-공산주의 화해공화국(Katho-kommunistische Republik)'이나 '합일정권(Konkordanzregime)' 및 '차단된 민주주의(democrazia bloccata)'란 규정은 이러한 측면을 지적한 표현들이다.

이탈리아 정당정치체제를 보다 총체적으로 표현하는 것은 정당지배체제라는 개념이다. 정당지배체제란 국민들의 이해에 반해 자신들의 권력을 생산하고 확대하고자 하는 정당들의 통제되지 않고 규제되지 않은 초권력적, 초국가적 정당권력체제이다. 이탈리아의 정당지배체제는 서구의 어떤 의회민주주의 국가들에서보다 광범위한 정치적 영역에서 막대한 영향력을 가지고 있다. 이러한 입장에서 이탈리아 정치사회의 모순을 직업정치인들로 구성된 정치계급에 의한 과잉정치화 사회(hyper-politicized society)라고 표현했다. 정당 지도자들이 정당이나 파벌 또는 국가제도를 통해 이른바 '정부 속의 정부'를 형성해 정부와 사회전반을 실질적으로 지배해 왔다는 것이다.

이러한 정당권력체제는 수십 년 동안 구축되어온 정치계급의 권력구조에 근거하고 있다. 이 구조는 제도들 간의 결합을 통해 권력이 재생산되고 후견주의를 통해 다양한 사회적 이해관계들이 매개되며 대변되는 구조이다. 이탈리아적 정치계급이란 베버의 가치중립적 이상형의 개념인 직업정치인, 즉 국가 정책 결정에 정기적으로 참여하는 집단적 행위자가 아니라, 국가기구의 부패와 무능에 대해 책임있는 직업정치인을 이르는 말로서 비판적으로 사용되는 개념이다.

정당권력체제의 부정이 일상화되고 다양한 파벌과 여러 정당들간 연립이 불가피한 정치적 불안정 속에서도 양대 정당간 정권교체가 불가능했던 것은 가톨릭의 역사적 배경이 작용하고, 서구에서 가장 강력한 공산당이 존재함으로써 가톨릭 보수주의와 사회주의-공산주의라는 양대 하부정치문화가 지속되었기 때문이었다. 특히, 공산당의 집권 위협이 상존함으로써 기민당을 정점으로 하는 가톨릭-보수주의의 반공블럭 유지가 가능했던 것이다.

가톨릭-보수주의와 사회주의-공산주의라는 양대 하부정치문화를 대표하는 정당들의 득표율과 양대 정당들의 득표율이 1976년을 정점으로 하여 사회주의의 몰락이 가시화되는 1980년대 후반까지 각각 80%이상과 60%이상을 나타내고 있다. 그러나 1970년대 후반부터 드러나기 시작한 이탈리아 국민들의 세속화는 가톨릭-보수주의의 정치문화를 뿌리로부터 흔들고 있다. 두 가지 득표율이 모두 1976년을 고비로 지속적인 감소 추세를 보이는 것은 양대 하부정치문화 모두의 해소가 아니라 이탈리아 국민들의 세속화 추세에 따른 기민당의 약화에 기인하는 것이다. 기민당이 꾸준히 약화되는 반면 사회주의-공산주의 정당들의 득표율은 크게 줄어들지 않았던 것이다. 공산당과 좌파 민주당의 득표율이 감소 추세에 있기는 하나 재건 공산당과 사회당의 득표율을 합산할 때는 지속적으로 30%선에 근접하고 있음을 알 수 있다.

세속화의 과정 속에서 1980년대 말에는 사회주의의 몰락으로 공산주의의 위협까지 사라지자 가톨릭 정치문화와 반공 이데올로기라는 기민당의 존재이유도 상실되었다. 곧 동구의 몰락은 이탈리아 좌파의 해체가 아니라 반공블럭의 해체를 가져온 것이다. 따라서 1990년대 양대 하부정치문화의 변화는 전체적인 해소가 아니라 가톨릭-보수주의의 일방적인 해체와 사회주의-공산주의의 분열로 설명되어야 한다. 제2공화국의 이탈리아의 정당체제는 가톨릭-보수주의 정치문화가 해체된 공간에 새로운 중도-보수주의가 등장하면서 중도-보수주의와 온건-좌파라는 새로운 양대 하부정치문화로 자리잡아가는 모습을 보여준다.

이탈리아 정당들의 분포를 이데올로기 스펙트럼에서 비교해 보면, 제1공화국 시절에는 좌파정당들과 중도정당들이 구심점이 되었던 반면, 제2공화국에서는 변동기에 우파와 극우파가 강화되었다가 최근에는 새로운 중도정당들이 정치무대를 장악해가고 있음을 알 수 있다. 1994년과 1996년 선거에서 네오파시스트인 민족연맹(AN: Alleanza Nazionale)이 14~15%를 기록했다가 2001년 선거에서는 12%로 후퇴하였으며, 북부 지역주의 정당으로서 우익을 점한 북부동맹(Lega Nord)에 대한 지지율도 1996년 10%를 넘었으나 2001년에는 4%에도 미치지 못했다. 반면 중도에 위치한 전진이탈리아와 새로운 선거 연합체인 마르게리타(Margherita)는 각각 약 30%와 15%의 지지율을 얻어 이탈리아 정국을 주도해 가고 있다.

한편 양대 하부정치문화의 한 축이 새롭게 형성되어 가고 있는 가운데 이탈리아 국민들의 정치문화에서도 정당 혐오증이 커져가고 있다. 1970년대 중반까지 평탄했던 투표참여율이 1970년대 후반과 1980~90년대를 지나면서 급강하하기 시작한 것이다. 특히, 2001년에는 80%를 간신히 넘고 있어 정당체제의 안정화와 달리 이탈리아 국민 일반의 제도권 정치에 대한 실망이 심각해지고 있음을 엿보게 한다. 세속화와 후견주의적 정당지배체제의 폐해가 드러나기 시작한 것이 1970년대 후반이었다. 이러한 현상은 정당 혐오증과 밀접하게 관련되어 있다. 이탈리아 정치의 반세기를 점철해 온 구습의 타파가 새로운 정당지형과 선거제도의 개혁으로 가시화될 필요가 더욱 심각하게 제시되고 있는 것이다.

선거제도

선거제도와 관련해 후견주의적 정당지배체제를 가능하게 했던 것은 선호투표(voto di preferenza)와 정당명부식 비례대표제였다고 할 수 있다. 지역별로 토대를 가진 계파 보스와 정당 지도자들은 후보명부 작성과 3~4명에 대한 선호투표를 통해 지역 기반을 공고히 할 수 있었다. 그러나 정당지배체제가 장기화됨에 따라 헤게모니 영역에서 배제된 정치인들과 기민당 좌파는 세력 간 역학관계를 변화시키기 위해 선거법 개정을 주장하게 되었다.

가장 성공적인 운동은 기민당 좌파에 속한 세니(Segni)가 1991년에 시작해 1992년 탈당과 동시에 독자적 운동체로 성립시킨 '개혁을 위한 국민운동(Popolari per la Riforma)'이었다. 또한 시칠리아 주정부 소재지 팔레르모(Palermo)의 시장인 오를란도(Orlando)도 1991년 반마피아 운동체인 '라 레테(La Rete)'를 조직한 후 이듬해 정당으로 재조직하였다. 오를란도는 1993년의 주선거에서 75.2%를 득표하는 놀라운 결과를 가져오기도 했다. 기민당과는 다른 입장에서 비례대표제를 고집했던 좌파민주당을 비롯한 야당들도 1993년 이후에는 동참하여 선거법 개정운동은 명실공히 정파를 초월한 국민운동으로 확대되어 갔고, 결국 1993년 4월 국민투표를 통해 선거법 개정이 확정되었다.

한편 1992년에 시작된 법관들의 '깨끗한 손(Mani pulite)'운동이 이탈리아 전역으로 번져 나가 1993년 6월 지역선거에서 북부 지역주의 정당인 북부동맹(Lega Nord)과 시칠리아의 라 레테 등 신생정당들이 약진함으로써 기민당 정치인을 비롯한 구 정치인들의 위기감은 더욱 고조되었다. 그 결과 국회는 국민투표의 의사를 반영해 선거법 개정을 위한 전문가 과도정부를 구성하는 방향으로 정리되었고, 과도정부의 지속적 개혁작업에 의한 선거법 개정은 다수대표제를 근간으로 하는 상하원 선거제도가 1993년 8월 의회를 통과함으로써 마무리되었다. 이러한 선거법 개정은 전후 이탈리아 역사상 최초의 정권교체를 가능케 하고 정당체제의 일대 지각변동을 가져왔다.

새로운 선거법은 기존 헌법으로 보장된 선거의 권리와 의무 및 대원칙은 그대로 유지하고 있다. 이탈리아 헌법은 국민들의 보통, 평등, 직접, 비밀 선거를 보장한다. 그러나 이탈리아의 특징 중의 하나로서 투표는 국민들의 권리일 뿐만 아니라 헌법상의 의무이기도 하다. 일부 학자들은 이 의무조항을 이탈리아 국민들의 투표참여율이 전통적으로 높게 나타나는 이유의 하나로 들기도 한다. 그러나 투표의 의무를 다하지 않는다고 처벌되지는 않는다. 선거권은 하원의 경우 18세 이상, 상원의 경우 25세 이상에 해당되며, 피선거권은 하원의원의 경우 25세 이상, 상원의 경우 40세 이상의 국민들에게 부여된다.

새로운 선거법은 안정된 다수형성을 통한 정부 통치력의 강화와 유권자들에 대한 정치인들의 대표성 증대 및 의원들의 당내 계파 보스에 대한 독립성 확보를 위해 다수대표제를 도입하였다. 그러나 정당 간 갈등과 타협의 소산으로 탄생한 새로운 선거제도는 비례대표제를 가미한 혼합제도였으며, 상원과 하원의 선출과 의석배분 방식도 상이하게 결정되었다.

다수대표제와 비례대표제의 혼합비율은 각각 75%와 25%이며, 다수대표제 방식은 영국식 1구 1인 단순다수제(first-past-the post)이다. 다수대표제에 해당하는 직접 출마자들은 상원의 경우 독립적인 출마가 허용되나, 하원의 경우 모든 직접 출마자는 비례대표제의 정당명부들 중 하나 이상에 소속되어야 한다.

상원에 대한 투표는 직접 출마자에게만 투표하는 1기표인 반면, 2기표로 이루어지는 하원 선출에서는 유권자들이 1기표와 2기표를 독립적으로 행사할 수 있다. 특히, 한 후보자가 복수의 정당명부에 소속될 경우는 같은 선거구 내의 이 명부들에 소속된 다른 모든 출마자들도 복수의 동일한 명부들에 소속되어야만 한다.

의석배분에 필요한 최소규정인 봉쇄조항도 상원과 하원에 다르게 적용된다. 하원 비례 의석의 배분은 정당명부에 대한 전국 유효득표의 4% 이상 획득한 정당에 한하며, 상원과 달리 매우 복잡한 과정을 거친다. 직접 출마의 당선자를 낸 정당명부의 경우, 명부 득표 총수에서 직접출마 후보의 당선에 필요한 득표수(2위 후보의 득표수에 1을 더한 수)를 감산하며, 이 감산하는 수는 당해 선거구 전체 유효표의 최소한 25%에 달해야 한다. 다만 당선 후보의 득표율이 당해 선거구 전체 유효표의 25%에 이르지 못할 경우에는 이 후보의 득표수 전체를 감산한다. 그리고 이 감산된 잔여 득표수는 당선자가 속한 정당명부들이 당해 선거구에서 획득한 득표의 비율에 맞추어 이 명부들에게 분배된다. 반면 상원 비례 의석은 정당이나 선거연맹체별로 직접 출마자들의 총 득표수에서 다수대표로 당선된 후보들의 득표수를 감산한 표들을 각 주별로 환산한 후, 주별로 할당된 비례대표의 수가 지수 100에 대해 갖는 비율 이상을 획득한 정당들에게 배분된다. 이러한 계산 방법은 제 2정당에게 매우 유리한 방식이라 할 수 있다.

선거구의 획정은 지역과 주민들의 동질성을 기준으로 하되 게리맨더링(Gerrymandering)을 방지한다는 원칙에 따른다. 다수대표 선거구(collegio) 간 유권자 수의 차이는 비례대표 선거구(circoscrizione) 내에 위치한 모든 다수대표 선거구들의 평균 유권자 수의 10% 이내이어야 하며, 소수 종족이 거주하는 지역에 한해서만 15%까지 허용된다. 그 밖에도 새로운 선거법은 게리맨더링의 폐해를 방지하기 위해 여러 가지 장치를 두고 있다.

우선 선거구 획정을 국가통계청장과 12명의 교수 또는 관련 전문가들로 구성된 위원회에 일임하여 독자성을 확보하고 있다. 그러나 선거구 획정 위원회의 활동은 다음 사항을 준수하여야 한다. 다수대표 선거구는 경제적·문화적 동질성과 역사적·문화적 특성을 보장하는 범위에서 구획되어야 하며, 섬을 포함하는 경우가 아닌 한 연결된 지역을 포함하여야 한다. 또한 상이한 구・군(province)이 하나의 선거구에 포함될 수 없으며, 특별히 여러 선거구로 나누어야 하는 광역성을 띠지 않는 읍·면(comune)은 분리될 수 없다. 그러나 물론 인구분포의 변화로 인해 이러한 원칙들이 지켜지지 못할 경우도 있는데, 이 때에는 선거구 획정 위원회가 인구 수를 감안하여 합리적으로 결정할 수 있다.

이탈리아의 경우는 선거법 개정을 통한 정치개혁의 물꼬를 튼 대표적 사례이다. 그러나 다수대표제를 통해 당내 계파 보스들의 전횡을 막고 국민들에 의한 선택의 여지를 높인다는 다수대표제의 장점이 이탈리아의 새로운 정국에 제대로 반영되고 있는지는 의문시된다.

정치자금제도

이탈리아의 정당자금제도는 1974년 제정된 정당관련법에 의해 처음으로 규정되었다. 이탈리아는 정치가 부정부패에 의해 오염되었음에도 불구하고 1974년 이전까지는 정치자금에 대한 법적 규정이 거의 전무한 상태였다. 1948년 이탈리아공화국 수립 이후 1974년까지 정치자금은 사기업과 공기업의 기부금과 관련된 '검은 돈'으로 알려진 사적 조달에 의존하고 있었다.

1974년 정당자금 관련법은 이러한 배경을 바탕으로 공기업의 정당기부를 불법화하고 일정액 이상의 기부일 경우 명의를 공개하며 국고보조를 통해 정당자금의 투명성을 보장하도록 규정하였다. 1974년에 도입된 정당자금 관련법의 주요 내용을 보면 다음과 같다.

전체 국고보조의 85%를 정당조직운영을 위해 지급한다. 그 중 2%는 모든 정당들에게 동일하게 지급되는 기본보조이며, 75%는 선거결과에 비례해서 지급되고, 23%는 혼합방식을 통해 지급된다. 전체 국고보조의 15%는 선거운동을 위해 지급된다. 총선에서 하원 전국 선거구의 2/3에 후보자를 내어 전국 차원에서 30만 표 이상을 획득하거나 총 유효투표의 2% 이상을 획득한 정당들, 그리고 소수 언어지역의 정당/그룹일 경우 하원선거에 참여해 당해 주에서 1석 이상을 획득한 정당들에게 동일하게 지급된다. 1백만 리라(약 60만 원) 이상 기부의 경우, 명의를 공개하고 세금감면을 받지 못한다. 국가지분이 20% 이상인 기업은 정당에 기부금을 낼 수 없다. 국고보조는 매년 5월 31일 당재정 보고를 통해 공식 보고되어야 한다. 영리사업에 종사하는 단체나 기업의 기부금은 별도 보고서를 통해 보고되어야 한다.

정당운영비로 지급되는 국고보조 중 혼합방식을 따르는 23%는 다시 3가지방식에 따른다. 우선 의회에 진출한 모든 전국 정당들에게 동일하게 확정된 금액이 지급되고, 총선에서 독자적 당명으로 참여하는 정당에 소속되지 않은 의원들의 의회그룹과 2석 이상을 얻은 소수 언어지역 정당들에게 전국 정당에 지급되는 액수의 1/10에 해당하는 금액이 지급되며, 소수 언어지역의 그룹이나 정당을 대표하는 개별 의원들에게도 전국 정당에 지급되는 액수의 1/10에 해당하는 금액이 지급된다.

1974년 법은 약간의 수정을 거쳐 1980년 이후 주의회 선거와 유럽의회 선거에 적용되었고, 1981년 이후에는 유럽의회 선거뿐만 아니라 각급 지방선거에도 확대 적용되었다. 또한 1980년부터 주의회 선거와 유럽의회 선거에서 모두 바로 전 선거를 통해 1석 이상을 차지한 정당들에게 20%에 해당하는 일정액이 지급되고, 나머지 80%는 선거결과에 비례해서 지급되도록 하였다. 한편 총선에서도 81년부터 일괄지급되는 기본보조금이 전체 국고보조의 15%가 아니라 20%로 상향조정되었고, 나머지 80%가 선거결과에 비례해서 지급되게 되었다.

보고의무와 관련해서는 규정이 더욱 강화되어 1982년 7월 법률 441조를 통해 모든 의원들에게 기업의 경영진을 겸임할 경우 이를 공개하고 연소득세 감면분과 선거비용을 공개해야 할 의무를 지우고, 1985년 8월에는 법률 413조를 제정하여 모든 정당들에게 선거에 사용된 비용을 상세하게 공개하고 중앙당과 지구당 간의 국고보조금 배분상황도 보고하도록 하였다.

그러나 국고보조의 제도화를 통해 금권정치의 폐해를 극복하고 보고의무를 확대했음에도 불구하고 실천적인 면에서 본래의 취지는 상당히 퇴색한 것으로 나타났다. 우선 법 자체가 적용의 기준을 명확히 제시하지 못함으로써 정당마다 해석하는 방법이 달랐다. 예를 들어 '기타 수입'이 매우 큰 비중을 차지하면서도 정당의 규모나 성격과도 무관하게 보고되는 등 보고서 자체가 일정한 기준과 맥락을 갖지 못했다. 또한 정당의 자금 조달과 운영이 과거의 관행을 탈피하지 못하여 투명하게 진행되지 못했다. 중앙당과 정당지도자들의 부정은 말할 것도 없고, 지구당들조차 중앙당에 제출하는 재정보고가 합리적이거나 투명하게 이루어지지 않았다고 한다

1993년 이후의 이탈리아 정치자금제도를 규정하는 법은 1993년 국민투표를 통해 구제도를 폐지하고 새로 제정된 정치자금법인 '공화국 상하원 선거를 위한 선거운동 관련법(Disciplina del campagne elettorali per l'elezione alla

Camera dei Deputati e al Senato della Repubblica)'이다. 이 법의 주요 취지는 정당에 의한 관공서와 공기업의 식민지화에 따른 제도적 부정부패를 일소하기 위해 정당 중심의 국고보조를 폐지하고 선거운동에 대한 후보자 중심의 국고보조체계를 도입하는 것이었다. 선거운동에 대한 국고보조도 선거가 끝난 후 일정한 규정에 따라 비용을 상환하는 방식으로 이루어지게 되었다. 1993년 정치자금관련법의 주요 내용은 다음과 같다.

후보자별 선거비용은 8천만 리라(약 5천만 원) 외에 1인 1구 선거구에서는 시민 1인당 100리라, 다수 1구 선거구에서는 시민 1인당 10리라에 해당하는 액수를 더한 금액에 한정한다. 선거자금은 기록과 집계를 관장하는 선거기구를 통해 받아야 한다. 선거 기부금은 1천만 리라 이상일 경우 명의를 공개해야 하며 개별 기부금은 2천만 리라 이하로 한정한다. 선거비용에 대한 국고보조는 주별 인구 수에 따라 주별로 배분된다(1994년의 경우 한 주민당 1,600리라로 확정됨). 후보자별 국고보조는 득표수에 따라 결정된다. 상원선거에서는 1명 이상의 후보자가 당선되거나 유효투표의 5% 이상을 획득한 후보자 그룹들과 당선되거나 유효투표의 15%를 획득한 후보자들이, 그리고 하원선거에서는 유효투표의 4% 이상 획득한 정당들과 3% 이상을 득표하고 1명 이상 당선자를 낸 정당들이나 그룹들이 그 득표수에 비례하여 국고보조로 선거비용을 상환받는다. 정당이나 그룹의 선거운동비용은 당해 선거구의 주민 수에 200리라를 곱한 총액 이하로 한정된다. 유럽의회선거에서의 선거비용총액은 이탈리아 인구 수에 800리라를 곱한 액수에 한정된다. 각 정당과 그룹들은 총선에서의 득표율에 따라 이 총액을 분배받는다. 선거에 참여한 각 정당과 단체 및 후보자 그룹들은 전문가들이 6개월 이내에 보고서를 공개할 수 있도록 선거자금의 출처와 지출내역을 상하원에 제출해야 한다.

1993년 선거법이 이탈리아 정당체계뿐만 아니라 정치자금제도에 미친 영향은 매우 크다. 그러나 '탄젠토폴리'가 사라졌다고 판단하기에는 아직 이르다. 1993년 이탈리아의 정치자금제도는 정당체계와 선거제도의 지각변동에 따라 획기적인 변화를 겪었다. 그러나 '뇌물공화국(Tangentopoli)'으로까지 불렸던 이탈리아의 부정부패가 완전히 사라졌다고 판단하기에는 이르다. 후견주의 정당지배체제와 부패 정치인들에 대한 반동으로 정치무대 진입에 성공한 신생정당들조차 구습의 행태를 답습하고 있기 때문이다.

제15장
이탈리아의 경제

1. 경제 개관

이탈리아는 2차 대전의 패망으로 인하여 1940년대 후반에 산업시설의 파괴, 일자리 및 물자의 절대부족 현상으로 인하여 극도의 혼란기를 경험하였다. 그러나 1940년대 후반에 본격화되는 유럽부흥계획(일명 마샬플랜)은 전후 유럽의 경제부흥에 매우 중요한 요소로 작용하였다.

1950년 한국전쟁은 이탈리아에게 수출의 붐을 조성하여 경제회복을 하는데 결정적인 영향을 주었다. 마샬플랜과 한국전쟁은 국가주도의 1950년대 경제성장의 견인차 역할을 함으로써 이탈리아는 경제의 기적을 이루었다.

사회간접자본과 기간산업으로 대변되는 1950년대의 성장은 크게 두 가지의 요인으로 설명된다. 우선은 이탈리아가 패전국이었음에도 불구하고 양질의 값싼 노동력을 풍부하게 지녔다. 비록 전쟁에서 패배하였지만, 무기관련 산업이 발달할 수 있었기 때문에 이러한 기술문화적 유산은 전후에도 산업화를 위해 활용될 수 있었다.

두번째로는 국가주도의 성장 자체가 미친 영향을 간과할 수 없다. 철강산업의 경우, 국가가 국영기업을 통해 생산하여 이를 민간기업(Fiat 등의 회사)에게 저렴한 가격으로 공급함으로써 이탈리아의 가격경쟁력을 유지하였다. 노동비용의 절감과 저렴한 원자재의 안정적인 공급은 고도성장을 가능하게 하였다.

이러한 고도성장을 배경으로 이탈리아는 1960년 로마올림픽을 유치하게 된다. 올림픽의 유치는 이탈리아인들에게 자부심을 불어넣어 주었을 뿐만 아니라 이탈리아의 산업제품들(예, 패션산업)이 세계적인 경쟁력을 확보하게 하였다. 이탈리아인들은 다양한 소비재와 자동차 등을 소유하게 되면서 대중소비의 단계로 접어들게 되었다. 그러나 1960년대에는 성장과 함께 위기도 있었다. 노동자의 임금상승과 복지혜택의 증가는 기업들에게 부담으로 작용하였으며, 생산성의 증가속도를 추월하는 임금의 상승율은 장기적으로 이탈리아의 경쟁력을 약화시켰다. 당시 사회분위기는 산업사회비판론과 함께 여성운동, 학생운동, 노동운동

등이 빈발하여 극도의 혼란을 노정하였다. 1969년의 대표적인 총파업인 '뜨거운 가을(l'autunno caldo)'은 통제불능의 상태로 위기를 몰아갔다.

1970년대 두 차례의 석유위기는 이탈리아의 중화학 공업에 치명타를 입혔으며, 대부분 석유를 수입에 의존하고 있던 경제에 부정적인 영향을 미쳤다. 또한 이 시기는 사회·정치적으로도 혼란기였기 때문에 이탈리아에 대한 국제신인도는 회복되기 어려울 정도로 악화되었다. 그러나 기업들은 나름대로 생존전략을 펼치게 되는데, 대기업의 경우 과도한 노동조합의 요구에 대응하기 위하여 분산화 전략을 채택하게 된다. 이 전략은 대규모의 공장을 중규모의 공장 여러 개로 나누어 분산시키는 방법으로 기본적으로는 노조의 세력을 약화시키려는 의도에서 시도되었다. 중소기업의 경우, 광범위한 지하경제를 활용하는 전략을 구사하였다. 즉 세금에 포착되지 않는 일자리의 창출 및 송장을 발부하지 않는 판매 등을 통해 세금을 부담을 줄임으로써 어려운 시기를 헤쳐 나가게 되었다.

1980년대에 들어와 세계경제는 1970년대의 위기를 극복하면서 재도약을 위한 움직임을 보이기 시작하였다. 국제적으로는 레이거노믹스, 대처리즘 등의 신자유주의 물결이 불어 닥치면서 케인즈 경제이론에 대한 수정이 가해져 과도한 노조의 요구와 복지혜택이 체계의 공멸에 직접적인 관련이 있다는 점을 수용하게 되었다. 중소기업의 경우, 국제적인 3저현상으로 인해 수요가 진작되어 이탈리아가 자랑하는 제품들(섬유, 가구, 구두, 기계, 가전 등)이 세계적인 각광을 받는 호경기 시대를 맞이하게 되었다.

1990년대에 들어와 이탈리아의 경제는 구조적인 어려움을 겪었다. 우선 부패수사의 장기화로 인해 경제에 커다란 영향을 주었으며, 세계경제의 침체와 함께 성장률이 저하되는 현상을 경험하였다. 그러나 유럽통합과정에서 적극적인 노력을 기울인 결과 단일화폐인 유러화의 실행에 참가하고 있으며, 최근에는 성장률도 회복되고 있는 실정이다. 문제는 정보화라는 장기, 거시적인 사회변화에 이탈리아 경제가 어떻게 적응하느냐가 앞으로의 추이가 주목된다.

그러나 이탈리아 경제에 있어 근본적으로 해결되어야 하는 것은 마피아와 관련된 것이다. 역대 이탈리아 정부는 끊임 없이 마피아와의 전쟁을 치러 왔으나 마피아 사업은 오히려 확장을 거듭해 왔으며, 영역을 계속 늘려 나가고 있다.

작년에 이탈리아 정부가 압수한 마피아 재산은 총 90억 유로를 넘지만, 마피아 전체 사업 규모에 비하면 빙산의 일각에 불과하다. 이제 마피아는 단순한 마약 장사나 무기 밀매 등을 통해 돈을 버는 것이 아니라 합법적인 사업을 하면서 상상을 초월하는 부를 축적하는 것으로 알려졌다. 이에 광범위하게 이탈리아 경제를 지배하는 마피아에 대한 효과적 대책 없이는 최근 직면하고 있는 경제위기를 타개하는데 한계가 있다.

2. 경제의 위상과 기업문화

이탈리아의 기업위상

1980년대의 성장을 발판으로 하여 이탈리아는 1987년 국민총생산 기준으로 영국 경제를 제체고 세계 제 5대 경제대국으로 발돋움하게 되었다. 이탈리아의 기업가들은 국제적으로 저명한 시사주간지의 커버스토리로 다루어졌으며, 이탈리아식 생산방식이라는 용어가 등장하기도 하였다.

이 중에서 특히 주목할 수 있는 것은, 미국을 중심으로 이탈리아의 사례를 연구하는 집단들이 생성되었다는 사실이다. 가령 하버드 대학의 퍼트남 교수는 이탈리아 중부지역의 성공사례가 전통적으로 민주적인 결사체들의 수평적인 사회조직에서 기인하고 있다는 장기연구 결과를 발표하여 주목을 받은 바 있다. 또한 세 개의 이탈리아론으로 대표되는 바냐스코의 이론은 이탈리아의 지역구분을 새롭게 하는데 기여한 바 있다.

특히, 소기업 위주의 경제성장이 가능하다는 사실을 보여준 것이 특이할 만하다. 일반적으로 주류경제학에서는 자본주의의 발전과 더불어 중소기업은 대기업에 흡수되거나 경쟁에서 낙오하여 폐업할 수밖에 없다고 보아왔으나, 이탈리아의 사례에서는 그러한 이론의 적용될 수 없음이 드러났다. 이탈리아의 소기업집단은 동종 산업에 종사하는 수많은 소기업들이 지역적으로 특화하여 대기업에 못지않은 효율성과 경쟁력을 보이며 결과적으로 높은 부가가치를 창출하고 있다는 차원에서 미시자본주의의 모델로 설명되어지기도 하였다.

이탈리아 경제의 주요 특징은 다음과 같이 정리될 수 있다. 우선 다양한 형태의 이중구조가 존재한다는 사실이다. 지역적 이중구조는 상대적으로 낙후된 남부와 발전하는 중북부가 혼재하는 나라라는 점에서 지적되고 있으며, 산업적 이중구조는 전통산업 위주의 비공식 부문과 첨단산업 분야의 공식 부분으로 대별되는 경제를 유지하고 있다는 것이다. 이러한 이중구조는 1945년 이후의 경제 발전과정에서 긍정적인 요인으로 작용하기도 하였다. 가령 1950년대에 이루어진 남부실업자들의 북부공업지대로의 국내적 이민현상은 저렴한 노동비용을 통한 산업화에 지대한 영향을 미친 것으로 평가받고 있다.

이탈리아 경제는 영·미 위주의 사고와 철학으로는 적절히 설명할 수 없다는 차원에서 하나의 예외로 치부되기도 하지만, 개발도상국의 입장에서 보면 하나의 좋은 발전모델로서 채택될 수 있다는 점에서 소홀히 취급되어서는 안 될 것이다.

이탈리아의 기업문화

이탈리아에서는 대규모의 백화점이나 하이퍼마켓, 대형상설할인매장이 발달하지 않고 있는데, 이를 유통구조의 낙후로 이해되어서는 안된다. 그 이유는 이탈리아인들의 상관습이나 문화에서 비롯되는 것이기 때문이다. 이탈리아 사람들은 음식문화에 있어 재료의 신선함을 최고의 가치로 삼기 때문에 대량의 물품구입을 지양하며, 매일 매일 소비할 양만을 그때그때 구입하는 소비패턴을 보이고 있다. 따라서 가정의 냉장고도 미국이나 독일에 비해서 적은 편이며, 특히 냉동실은 커다란 용량을 갖고 있지 않다. 이는 얼린 음식에 대한 부정적인 사고에서 비롯되는 것이다. 따라서 주거지대에는 수많은 소규모의 상점들이 즐비하며, 생필품의 경우에도 거주 지역에 그다지 멀지 않은 위치에 상가들이 몰려있어 수시로 구입하는 패턴을 보인다. 생산자가 직접 차를 몰고와 판매하는 야채, 과일, 육류 등의 새벽시장도 발달하고 있다.

여기서 중요한 것은 이탈리아인들이 물건을 사고파는 행태이다. 판매상이나 소비자는 인간적인 면을 중시하기 때문에 반드시 정겨운 인사가 오가며, 때로는 집안 대소사에 대한 이야기도 포함된다. 물건의 가격도 흥정의 대상이 될 수 있으며, 덤을 주는 행태도 자주 발견할 수 있다. 이탈리아가 세계 제5대 경제대국이라는 점을 고려할 때, 이러한 상행위의 패턴을 매우 이례적이며 동시에 흥미거리이다. 공산품의 경우에도 같은 물건이 가게마다 다른 가격으로 전시장에 적혀 있지만 높은 가격을 매겨 논 상점 주인이 이를 심각하게 받아들이지 않고 있는데, 이것은 바로 할인(lo sconto) 문화가 발전했기 때문이다. 할인과정을 통해 가게 주인과 소비자가 보여주는 상호작용은 전통적이면서도 삭막하지 않은 인간적인 면모를 보여준다는 차원에서 긍정적인 것으로 평가할 수 있다.

3. 주요 산업과 기업구조

이탈리아의 주력산업은 기계 및 기계설비, 그리고 섬유산업이 차지하고 있다. 공작기계의 경우 이탈리아는 독일, 일본과 함께 세계적인 명성을 얻고 있다. 섬유산업은 이탈리아가 패션강국이라는 점에서 모두가 인지하고 있는 분야이다.

아르마니, 베르사체, 발렌티노 등은 이탈리아의 패션을 세계화하는 중요한 영향을 미친 디자이너들이며, 패션의 메카가 파리로부터 밀라노에 이행하는데 결정적인 역할을 하였다. 이탈리아 섬유산업의 강점은 좋은 소재의 끊임없는 개발과 창의적인 패션디자인의 결합으로 타의 추종을 불허하고 있다는 점이다. 매년 새로운 실과 천의 개발, 그리고 이러한 천에다 색깔을 입히는 나염산업이 세계적인 수준이며, 디자인에 관하여 말할 필요가 없다. 섬유산업은 전통산업이지만 부가가치의 창출을 통해 첨단화할 수 있다는 교훈을 보여주었다.

항공기계산업과 헬리콥터 생산에서도 이탈리아는 국제적인 명성을 갖고 있다. 또한 화학 및 약학 분야에서도 나름대로의 위치를 점하고 있으며, 자동차 산업과 텔레커뮤니케이션도 전통적으로 유럽 내의 강자로 자리매김하고 있다. 이 밖에도 첨단화된 농산물의 생산을 통해 의식주의 기본에서 높은 사회적 질을 유지하고 있는 나라로서 평가받고 있다.

국영기업

이탈리아의 국영기업은 파시즘시기에 본격화되었다. 당시의 체제는 자급자족적 경제발전을 추구하였으며, 그 과정에서 국가기업의 창설을 통해 선진권으로 발돋움을 추구하였다. 고대 로마의 영광을 재현하자는 파시즘체제의 주요 목표는 이러한 국영기업들을 통해 시도되었다.

이차대전이 끝나고 공화국이 출범한 이후에도 이들 국영기업들은 지속적인 활동을 하였으며, 특히 1950년대는 국가주도의 성장전략을 채택한 기간이었기 때문에 국영기업들은 비약적인 발전을 할 수 있었다. 이들 국영기업들은 이후 국가지주회사의 형태인 기업집단으로 확대·개편되었으며, 복지국가와 남부 개발

사업을 수행하는데 있어 중추적인 역할을 담당하였다.

그러나 과도한 복지와 비효율적 운영은 국가에게 큰 부담으로 작용하였으며, 1980년대에 들어와서는 공공재정적자의 중요한 비중을 차지하게 되어 개혁으로 대상으로 전락하기도 했다. 또한 최근에는 국영기업의 민영화 작업과 맞물리면서 민간에 대한 대대적인 매각작업이 이루어지고 있다.

주요 국영기업집단으로는 산업재건공사(IRI))와 탄화수소공사(ENI)를 들 수 있다. 산업재건공사는 산하에 6개의 계열기업을 통하여 공업부문에 대한 투자를 증가시켜 왔는데, 공사의 자회사들은 항공운송, 전화통신, 텔레비젼 및 라디오 부분에서는 거의 독점상태에 있으며, 철강산업의 98%, 조선의 94%, 여객운송 58%, 상업은행수신액 17% 등을 점유하고 있다.

탄화수소공사는 이탈리아 석유생산의 100%, 천연가스의 97%를 점하고 있으며, 이외에 합성고무, 요소 등의 비료, 수지, 석유화학, 판유리 등의 분야에서 생산활동을 해왔다.

대기업

이탈리아가 중소기업의 천국이기는 하지만 민간 대기업의 존재도 무시할 수 없다. 사실 1870년대에 이탈리아가 통일되면서 산업화에 박차를 가하게 되었는데, 당시에 설립된 회사들이 오늘의 대기업을 형성하고 있다. 최근에는 이탈리아의 대기업가들이 새로운 경영가로서의 이미지(올리베티의 카를로 데 베네뎃티, 몬테디손의 라울 가르디니, 피닌베스트의 실비오 베를루스코니 등)를 국제적인 차원에서 보여준 바 있다.

이탈리아 자동차산업의 대명사이자 최대의 대기업은 피아트(Fiat)이다. 이 회사는 1970년대에 석유위기와 노조의 과다한 요구로 생산량의 감소현상을 경험하였으나, 1980년대에 들어와서는 새로운 차종이 대히트하면서 회복세를 보였으며, 그 사세를 확장하고 있다. 그러나 아직도 그룹내에서 자동차부분이 전체 순이익의 2/3를 차지하고 있다.

몬테디손(Montedison) 그룹은 첨단농업과 화학제품에 특화하고 있는 기업인데, 최근에는 부패수사에 연루되어 그 사세가 기울고 있는 형편이다. 이는 올리베티(Olivetti)사도 마찬가지인데 전통적인 타자기 생산에서 오피스오토메이션 부문으로 전환하면서 유럽의 리더였으나, 회장의 부패수사 스캔들의 연루설로 인해 어려움을 겪고 있다. 그러나 최근에는 텔레콤 이탈리아사를 인수하려 하면서 새로운 면모를 보여주고 있다. 타이어 생산업체는 피렐리(Pirelli) 역시 세계적인 기업으로 평가받고 있다.

신흥 재벌로서는 단연 피닌베스트(Finivest) 그룹을 꼽을 수 있다. 이 회사는 원래 밀라노 교외의 주택건설사업을 통해 성장하였는데, 1980년대 이후 상업방송으로 진출하여 국영방송국인 라이(RAI)와 함께 이탈리아 언론계를 양분하고 있는 언론재벌로 성장하였다. 또한 이탈리아의 명문축구팀인 밀란(Milan)을 인수하여 사업적인 성공을 거두었다. 흥미로운 것은 이 기업의 총수인 베를루스코니가 1994년의 총선에서 승리하여 내각의 총리가 되었다는 사실이다. 기업가가 정치인으로 변신하는 것은 흔히 있을 수 있는 일이나, 이탈리아의 상황에서는 매우 특이한 사실로 받아들여진다. 그러나 베를루스코니가 정치일선에 뛰어들은 배경은 1992년의 부패수사가 자신의 기업에게도 해당되게 되자 정치인으로서의 변신을 통해 그 위기를 모면하려 한 것이다.

중소기업

이탈리아의 중소기업은 세계적인 명성을 얻고 있다. 사실 중소기업은 자본주의의 발전에 따라 소멸될 수밖에 없다고 보는 것이 중론이지만, 예외적인 상황에서는 오히려 확대·팽창할 수 있다는 의견도 제시된 바 있다. 일례로 고전경제학자였던 영국의 알프레드 마샬은 산업지역론(Industrial Districts)을 통해 같은 업종에 종사하는 소기업집단이 집락을 형성하고 그를 통해 효율을 보인다면 대기업과 같은 규모의 경제를 실현할 수 있다고 주장한 바 있다.

마샬의 산업지역론은 이탈리아의 소기업집단들에게 매우 적절한 이론이라 평가된다. 즉 이탈리아의 중소기업들은 동종의 산업이 특정 지역에 모여 있으며, 이들이 운명공동체와 같은 운영 논리로 부가가치를 창출하여 세계적인 경쟁력을 유지한다는 차원에서 매우 흥미로운 사례이다. 이들 중소기업들은 특히 중부와 중북부에서 많이 발견되고 있는데, 전문성과 유연성이 강점으로 꼽히고 있다. 대부분이 가족기업이며, 경기침체기에는 지하경제를 통한 생존전략을 구사하기 때문에 일반적인 경제이론으로는 설명할 수 없다.

이들 소기업들은 지방문화의 차원에서도 고려되어야 한다. 기업들은 개별적인 노하우도 중요하지만, 전체적인 생산체계의 정상적인 가동이 전제조건이므로,

생산체계가 전체적으로 지니는 탄력성이 공동의 운명으로 작용하게 된다. 이러한 공동운명체적 속성이 이탈리아 중소기업의 특성이며, 이는 전통적인 지방적, 사회적, 제도적 여건에 의해 가능한 것이었다.

제16장
이탈리아의 교육

1. 교육제도 개관

1859년 11월 13일, 피에몬테(Piemonte)왕국은 헌법 제 3725조를 통해 공공교육을 공식적으로 탄생시켰으며, 초등교육의 4년 가운데 2년을 의무 교육화했다. 1904년 7월 8일 오를란도(Orlando) 개혁은 6, 7, 8학년제를 규정했고, 1934년 4월 22일 법률 제 2490조에 의해 초등학교와 직업훈련학교(scuole di avviamento/technical or commercial schools)로 분리하였다. 또한 1923년 왕령에 의해 의무교육 기간을 14세까지로 확대시켰다. 초등교육은 1957년까지 5년 과정을 기본으로 처음 2년을 하급과정, 나중 3년을 상급과정으로 나누었다. 왕령은 1923년에 유치원 교육을 창안했으나 유치원 교육이 국가교육 체제로 통합되기 시작한 1968년까지 유효했다. 중학교 교육은 이전의 직업학교, 예술학교 그리고 음악원을 통합하면서 1963년부터 이루어졌다.

일반적으로 이탈리아 교육 제도는 대체로 교육부를 중심으로 이루어졌으며, 개혁방향은 교육부 권한 확장으로 진행되었다. 1948년 헌법은 이 체계를 바꾸어 2개의 구요 정책 노선을 수립했다. 하나는 지방 자치권의 승인과 증진이고, 다른 하나는 제 교육시설의 지방 분산이었다. 이러한 경향은 1968년 이후에 전환점을 맞이하여 1973년이 되어서야 법률로 정착되었다. 지방 당국의 권한, 특히 지방 자치단체는 기존의 범위(학교 건물의 건축과 유지)를 넘어 확대되었다. 그리고 지방 자치단체는 새로운 행정 기능, 교육 제도의 실질적 적용, 그리고 심지어는 교육의 실질적 내용의 결정권을 갖게 되었다. 선택된 대학들은 자유로이 그 지방 자치단체를 대표하는 것이 되었으며, 교육 지부라 불리는 새로운 세분화(구획 분할)는 학교가 국민들의 요구에 더욱 책임성 있도록 하게 하기 위해 설립되었다.

동시에 일련의 입법안이 1973년에서 1980년 사이에 대학 자치권을 향상시키기 위해 도입되었다. 동일 법률은 '국가교육위원회'와 '국립대학위원회'를 제정했다. 이와 '지방교육위원회'의 영역은 재정을 확보하기 위해 확대되었다.

이러한 개혁안들로부터 대두된 대학 관련 주요 조직은 '지방교육위원회'였고, 유치원, 국민학교 조직에서의 그와 유사 조직은 '교육위원회', 그리고 중고등학교 단계에서는 '학교위원회' 같은 주요 조직이 있다. 동일 법률은 교육 영역에서 혁신과 변화에 대처하기 위한 많은 제도, 이른바 유럽교육센터(C. E. E.), 교육학자료도서관(BDP), 연구 실험과 쇄신 교수법(IRRSAE)을 제정했다.

사설 교육 기관에 등록된 학생 수는 비교적 적은 편이다. 이 기관들은 국가보조금을 받지 않으며, 따라서 학생들은 수업료는 내야 한다. 1975년부터 계속해서 사립학교의 학생 등록율은 현저하게 감소해 왔는데, 국민학교는 7.6%에서 6.9%로, 중학교는 7%에서 4%로, 고등학교는 14.3%에서 9.9%로 나타났다. 점차 증가하는 사립 학교 교육의 질적 저하와 국가 교육 정책으로부터의 분리가 학생비율 감소를 초래했던 것이다.

최근 이탈리아 교육은 노동 시장의 양적, 질적 필요에 대한 반응이라기보다는 교육에 대한 사회적 욕구에 대한 반응으로 발전해 온 것 같다. 직업 훈련과 고용 시장 간의 격차는 다른 ECC 국가에서 보다 이탈리아에서 더욱 크다. 청년의 실업자 수는 그러한 불균형을 뒷받침한다. 예컨대, 14세에서 29세 때에 최초로 직업을 구하는 사람의 40%가 대학 졸업장이나 증명서를 소지하고 있었다.

2. 유치원에서 고등학교까지의 교육과정

유치원 교육

1968년 3월 10일자 이탈리아 일간지 「Corriere della Sera」는 하원에서 통과된 「국립 유치원 교육 개정 법안」의 내용을 다음과 같이 실었다.

첫째, 3세에서 6세까지의 유아들이 들어갈 수 있는 국립 유치원(scuole materne)은 교육 및 유아의 인성 개발과 의무 교육 기관, 예컨대 국민학교 진학 준비를 돕는 데에 목적을 둔다. 둘째, 입학은 선택적이며, 무상으로 교육이 실시된다. 셋째, 1년 중 10개월 동안 개원한다. 넷째, 신체적, 정신적 결함이 있는 유아를 위한 특수반을 개설한다. 다섯째, 한 반에 30명 이상을 초과할 수 없다. 여섯째, 한 반에 한 명의 교사와 유아의 사회생활 교육을 담당할 보조원을 둔다. 일곱째, 유아 보호교사는 반드시 여성이어야 한다.

이 법안은 1969년 11월부터 실시되어 현재까지 유효하다. 교육 사회 복지차원에서 큰 의미를 들 수 있다고 본다. 물론 이탈리아에도 사립 유치원(asili d'infanzia 혹은 giardini d'infanzia)이 있다. 이것은 최근 양적인 증가를 보여왔는데 특히 대부분 지역 산업체에 의해 지원을 받는 이탈리아북부 지방에 집중되어 있다. 이러한 유치원들은 개인이 운영하기 때문에 정확한 입학자 수를 확인할 수는 없다. 그들이 유아들에게 제공하는 서비스는 실질적인 학교교육이라기보다는 보모 역할에 더 근접한다고 할 수 있다.

국민학교 교육

6세부터 11세까지 5년간 모든 어린이들에게 의무 교육인 국민학교 교육이 실시된다. 그 과정은 공식적으로 두 단계, 다시 말해서 2학년 말과 5학년 말로 나뉘어지는데 각각 한 차례씩 시험을 치루어야 한다. 3학년부터 교과 과정은 다음과 같은 이탈리아 전통적 과목 영역, 이를테면, 읽기, 쓰기, 그리기, 서법, 산수, 기하학, 체육, 도덕, 역사, 지리, 과학, 노래 부르기, 음악 실습 활동으로 분리된다. 종교학은 선택적인데 많은 수의 학생들이 원한다면 로마 가톨릭 이론이 교육된다.

학생들은 1년에 성적표를 3번 받는다. 1977년에 제정된 교육법 제517조는 학생들의 학력 점수 평가제를 학업 활동을 서술적으로 설명한 평가서 형식으로 변경시켰다. 학생 진급 결정은 각 학생들의 특성에 대한 면밀한 검토를 제공할 목적으로 짜여진 "학년 말 평가서(scheda/year-end evaluation)"에 기초를 둔다. 또한 교육법 제517조는 한 과목 이상 낙제를 받은 학생들을 대상으로 9월초에 실시하던 "재시험(esami di riparazione/make-up examination)"을 폐지했으며, 낙제를 시킨다면 낙제의 사유를 서면으로 제출해야함을 요구하고 있다. 아울러 학업 부진 학생들을 위한 특수반을 폐지하여 그들을 일반 학급에서 교육받도록 하고 있다.

학생들은 졸업 학년인 5학년 말에 필기와 구두시험을 치른다. 이 시험을 통과한 학생들은 중학교 입학에 필요한 "국민학교 졸업장(diploma di licenza elementare/elementary school diploma)"을 받는다.

사립 혹은 보조 국민학교는 졸업 증명서 또는 졸업장을 발급할 수 없기 때문에 그 학생들은 국가에서 주관하는 시험을 보아야 한다. 국민학교의 교과 과정은 1955년 교육법 제503조에 의해 제정되었다. 이 법의 골자는 교과 과정을 규정하기보다는 단지 제시하는 바에 의미를 둔다는 것이다. 또한 "교육 시작부터 교사는 종교, 도덕, 시민체육, 그리고 다른 형태의 지적이고 실용적인 활동을 통해서 학생들의 인격형성을 도모하는 방향으로 교육적 활동을 해야 한다"고 그 법은 제시하고 있다.

국민학교 교육은 "사범 대학(istituto magistrale/teachers college)"에서 학위를 받은 교사들에 의해 이루어진다. 국민학교는 각 코무네(comune)에 설립된 자선 단체(patronati scolastici/charitable institutions)들로부터 재정적인 지원과 도움을 받는다. 또한 그러한 단체들은 학생들에게 문구류, 의류, 의약품을 공급하며 평의회에 의해 통제를 받는다. 이에 대가로 자선 단체들은 코무네, 교육부 장관, 내무부 장관으로부터 의무적으로 기부금을 받는다. 1964년에 제정된 교육법 제719조에 따르면 모든 국립 국민학교 학생들은 교과서를 무상으로 배급받도록 규정되어 있다.

중학교 교육

중학교 교육은 11세부터 14세까지 3년간 이루어지며, 의무 교육의 마지막 과정이자 중등 교육의 시작이다. 국민학교 졸업생들을 곧바로 중학교에 입학할 수 있다. 중학교의 구조는 1963년 10월 1일부터 실효되었던 교육법 제1895조(1962년 제정)에 의해 조정되고 있다. 1963년 이전까지는 학생들은 국민학교 교육 과정을 이수한 후 중학교에 입학했다. 수준높은 공부를 하고자 했던 학생들은 중학교(scuola media inferiore/lower middle school) 입학에 필요한 필기와 구두시험을 거쳤으며, 그렇지 않은 일반 학생들은 기초 직업학교(scuola secondaria di avviamento professionale/beginning vocational school)의 여러 분야 가운데 하나를 선택하여 다니도록 되어 있다. 그러나 1963년 교육법 개정은 위와 같은 능력별 편성을 폐지하지 않았다. 그리고 인문계 고등학교(liceo classico/classical lyceum)에 진학하고자 하는 학생들은 중학교 3학년 선택 과목으로서 라틴어를 준비해야 한다. 그러나 1977년에 라틴어 교육에 대한 국가적인 토론을 거친 끝에 모든 선택 과목을 폐지시켰다.

중학교에서는 이탈리아어, 지리, 도덕, 역사, 외국어, 과학, 기술, 예술, 음악, 체육, 교과목이 설치되어 있다. 이러한 교과목들은 학생들은 3년 동안 이수해야 하며 종교 교육 1시간을 포함하여 일주일에 29시간을 교육받아야 한다. 일주일

가운데 일요일을 제외한 나머지 6일간 강의는 열려 있다.

1977년에 개정된 교육법은 전통적인 점수 평가제를 폐지하고 서술적이고 분석적인 학습 발달 평가서로 대치했다. 평가는 1년에 3회 실시되며, 이것은 매 학년 진급뿐만 아니라 중학교 교육을 마무리하는 국가시험에 응시할 수 있는 평가 기준이 된다. 국가시험은 3학년 담당 교사들로 구성되는 위원회에 의해서 실시되는데, 이탈리아어, 수학, 외국어는 필기시험으로 하고 다른 과목들은 구두시험으로 이루어진다. 합격 평가는 "충분하다", "좋다", "매우 좋다" 그리고 "훌륭하다"이다. 시험을 통과한 학생은 중학교 졸업 증명서(diploma di licenzia media/certificate to leave middle school)와 더불어 고등학교에 진학할 수 있는 자격을 부여받게 된다. 시험을 통과하지 못한 학생들은 다음해에 재시험을 보아야 한다. 1977년 교육법은 재시험을 폐지시키고 그 대신 학력 부진 학생들에게 1년에 최고 160시간을 교육시킬 수 있게 했다.

이탈리아의 모든 중학교는 교장과 교감을 두고 있으며 교과 과정이나 학교 규율을 포함한 일반적인 학내 문제들은 학교 교사 전원들로 구성되는 '교무회의(Academic Council)'에 의해 결정된다. 교무회의는 1년에 3회 열리는데, 특히 학년 초에는 교과서 선정과 진급자 리스트 작성을 위해 모인다.

이탈리아 중학교는 사립 중학교(private school), 국립 중학교(legally recognized school), 동등한 가치를 인정받는 중학교(equalized school)로 구분된다. 사립 중학교는 법인 혹은 개인에 의해 운영되며, 학생들은 공납금을 내야 하고 졸업 증명서나 졸업장은 법적 효력을 갖지 못한다. 국립 중학교는 교과 과정, 학교 설비, 운영진, 교육부가 규정하는 행정적인 면에서 모든 조건을 갖추고 있고 정부 파견 감독관 입회 하에서 자율적으로 졸업시험을 실시할 수 있으며 또한 시험을 통과한 학생들에게 법적인 효력을 지니는 졸업장과 졸업 증명서를 발급할 수 있다. 그러나 학교 측은 상황에 따라서 학생들에게 수업료를 지급케 할 수 있고 입학을 제한할 수도 있다. 동등한 가치를 인정받는 중학교는 교회 혹은 법인에 의해서만 운영될 수 있다. 모든 사람들에게 입학의 문은 열려 있으나 공납금은 내야한다. 국립 중학교와는 달리 정부 파견 감독관의 입회 없이도 학교 나름대로 졸업 시험을 실시할 수 있고 시험 통과자들에게 법적 효력을 갖는 졸업장과 졸업 증명서를 발급할 수 있다. 외국학생들도 역시 졸업 시험에 응시할 수 있다.

이탈리아에는 독특한 상황을 갖는 3개 지방이 있다. 발레 다오스타(Valle d'Aosta) 지방에서는 불어가 이탈리아어와 동일한 가치를 가지며, 결과적으로 교육도 2개 언어로 이루어진다. 트렌티노-알토 아디제(Trnetino-Alto Adige) 지방에서는 대부분 학생들의 모국어인 독일어로 그리고 트리에스테(Trieste) 지역과 고르지아(Gorzia)주에서의 교육은 대다수 학생들의 모국어인 슬로베니아어로 이루어진다.

고등학교 교육

고등학교 교육은 의무 교육은 아니며, 15세부터 19세까지 5년간 이루어진다. 대다수 학생들은 인문계 고등학교(liceo classico/classical lyceums)나 자연계 고등학교(liceo scientifico/scientific lyceums)에 진학한다. 이와 같은 두 유형의 고등학교 교육 프로그램은 5년 동안 대학 교육으로 가는 전통적인 노선을 취하고 있으며, 이들 고등학교는 국가의 조정을 받는 국립이다. 최근에는 3번째 유형인 언어 고등학교(liceo linguistico/linguistic lyceum)가 생겼는데, 거의 대부분 사립이다.

국립이든 사립이든 모두 교육부의 조정을 받아야 한다. 교육 과정, 수업 시간, 학사 일정, 입학과 졸업 자격은 모든 이탈리아 고등학교에 있어서 동일하다. 한국과는 달리 기본적으로 1년을 한 학기로 하는 이탈리아 고등학교 학기는 3개월씩 3기로 하는 3개월 학기(trimestre)와 4개월씩 2기로 하는 4개월 학기(quadrimestre)로 나뉜다. 이러한 학기 구분은 학교의 편의에 따라 결정될 수 있다. 일반적으로 학기는 수업 일수 215일을 기준으로 하여 9월 10일에서 20일 사이에 시작되어 다음해 6월 10일에서 30일 사이에 끝난다.

중학교에서와 마찬가지로 고등학교 학생들은 모든 교과목에 대해 1년에 3차례 성적표를 받는다. 그러나 중학교와는 달리 6점을 통과 점수로 하는 10점 만점의 전통적인 점수제를 실시하고 있다. 학년말 점수는 1년 동안의 학업 성적을 반영한다. 만일 낙제했을 경우 그 학생은 새로운 학기가 시작되기 전인 9월에 재시험(esami di riparazione/make-up examination)을 볼 수 있다. 재시험에서도 실패할 경우엔 다음해에 재수강해야 한다. 그러나 이러한 현상은 매우 드문 경우이다. 2가지 유형의 시험이 사립이든 국립이든 모든 고등학교에서 실시되는데 하나는 자격 시험(esami di idoneita/qualifying examination)이고, 다른 하나는 국가 자격 시험(esami di Stato dimaturit/the state school-leaving examination)이다. 전자는 국립 고등학교에 입학하고자 하는 외국 학생 지원자에게 종강 이전에 실시되며, 후자는 이탈리아 학생이면 반드시 치러야 하는 대단히 중요한 유일한 시험이다. 이 시험은 필기와 구술 시험이 동시에 실시된다. 이 가운데 필기 시험은 이틀 동안 연이어 실시되는데, 첫째 날, 필기 시험은 일반적으로 잘 알려진 이탈리아 에세이에 대한 것이며, 이는 모든 고등학교에서 동일하다. 학생들은 역사, 시사, 사회학, 정치학을 다루는 4가지 에세이 주제 가운데 하나를 선택한다. 둘째 날, 에세이 시험의 주제는 교과 과정과 관계하는데, 5학년에서 학습한 내용으로 국한된다. 이에 반해, 구술 시험은 둘째 날 에세이 시험이 끝난 1주일 이내에 그 에세이 주제에 대해 5인의 심사 위원과 교장의 입회 하에 이루어진다. 다만 5인 가운데 1인의 심사 위원은 모교 선생님이어야 한다. 학생은 그가 선택한 에세이에 대해 질문을 받게 되며 5학년 교과 과정에 국한된 두 가지 주제를 심사 위원들과 함께 토론을 한다. 모든 토론은 일반적으로 30분간 지속된다. 필기와 구술 시험 사이 기간에 심사 위원회에 각 학생들의 학점을 낸다. 시험 통과 최소 점수는 36, 최대 점수는 60점이다. 시험 실패 학생은 다음해 7월 재시험을 봐야한다. 시험 합격율은 최근 대략 95%를 기록한다. 반면, 외국 학생들은 국가 자격 시험에서 적어도 23점은 받아야 그들이 입학하고자 하는 고등학교에 받아들여진다. 그 시험을 통과한 학생은 학교 유형에 따라 인문계 고등학교 자격 인정 증서(diploma di maturity classica), 자연계 고등학교 자격인정 증서(diploma di maturit? scientifica), 언어 고등학교 자격 인정 증서(diploma di maturit? linguistica) 가운데 하나를 받게 된다.

인문계 고등학교(Classical Lyceum)는 위에 제시한 3가지 유형의 고등학교 가운데 가장 오래되고 정평이 있는 학교이다. 5년간의 교과 과정은 2가지 주기로 나뉜다. 하나는 하급 고등학교(ginnasil superiore/upper gymasium), 다른 하나는 상급 고등학교(liceo classico)인데, 각각 2년, 3년의 교육 프로그램을 갖는다. 교과 과정은 인문학 위주인데, 하급 고등학교 2년 동안 교육되는 교과목은 이탈리아어, 라틴어, 그리이스어, 현대 외국어, 역사, 윤리, 철학, 수학, 종교 교육, 체육을 들 수 있다. 현대 외국어라함은 일반적으로 영어를 말하는데, 하급 고등학교 과정에서 이수해야 하며, 적어도 일주일에 한 시간은 외국 문학 연구에 배정되어야 한다.

자연계 고등학교(Scientific Lyceum)는 1923년 만들어졌으며, 인문계 고등학교의 원형을 따르고 있다. 본래 교육 기간은 4년이었으나 1945년부터 5년으로 연장되었다. 인문계 고등학교의 영향으로 인해 자연계 고등학교도 인문학 교육에 강한 목적을 둔다. 예컨대, 1학년에서 이탈리아어, 라틴어, 역사, 철학 수업을 받는다. 이러한 과목들의 강의 내용은 인문계 고등학교와 거의 같다.

그러나 주된 차이점 하나는 과학과 수학의 수업에 많은 시간을 할애한다는 것이다. 또한 물리학, 화학, 자연과학의 과목들도 보다 심도 있는 강의가 이루어진다. 또 다른 차이점은 매 학년마다 외국어 수업은 물론 예술사 대신에 회화 수업을 받는다는 것이다.

언어 고등학교(Linguistic Lyceum)의 교과 과정은 필수 과목만을 이수하는 2년 과정(biennio/two year course)과 선택 과목을 이수하는 3년 과정(triennio/three year course)으로 분리된다. 인문계와 자연계 고등학교와는 달리 라틴어, 수학, 역사, 철학에 비중을 두지 않고, 단지 관심을 두는 정도이며, 오히려 제 2외국어를 필수로 하며, 제 3외국어 습득도 권장한다.

기술교육고등학교(Upper Secondary Technical Education)는 대학에서 전공하는 이론적인 공학이 아닌 기술 교육이 실시되는 고등학교이다. 여기에는 9개 유형의 기술원(technical institutes)이 설치되어 있는데, 모두 40개의 분과로 구성된다. 학생의 반수 이상이 거기에 등록되어 있다.

9개 유형의 기술원이란 항공, 농업, 실업, 상업, 측량, 가정, 공업, 해양 그리고 관광 기술원으로서 과정을 이수하는 데는 대부분 5년이 소요되나 농업은 특히 6년을 요구한다. 교육은 이론과 실습을 겸한다. 실습에 비중을 두는 3년 과정 이전에 2년의 준비 과정을 밟는다. 지난 5년간 이미 전공한 분야를 심화(perfezionamento/deepening) 혹은 향상(aggiornamento/upgrading)시키기 위한 졸업자격증 취득 후 과정(post-diploma courses)을 개설했다. 농업 전공 학생들은 농업 전문가(perito agrario/agrarian expert)로서 자격을 획득하기 위해서는 1년을 더 공부해야 한다.

이외에도 예술 학교(Istituto d'Arte/Art Institute), 산업 예술 학교(Istituto Superiore per l'Industria Artistica/The Higher Institute of Industrial Art), 미술 아카데미(Accademia di Belle Arti/The Academy of Fine Art), 음악 학교(Conservatorio di Musica/The Music Conservatory), 국립 드라마 예술 아

카데미(Accademia Nazionale d'Arte Drammatica/The National Academy of Dramatic Art), 국립 무용 아카데미(Accademia Nazionale di Danza/The National Academy do Dance) 등이 있다.

3. 대학 교육제도

유럽은 물론 이탈리아에서의 최초의 대학은 9세기에 설립된 살레르노에 있는 의학 학교였다. 또한 유럽에 현존하는 최초의 대학은 볼로냐 대학으로 11세기에 설립되었으며 1158년에 프레데릭 바르바롯싸(Frederik Barbarossa) 황제가 대학으로 공식 지위를 부여한 바 있었다. 법에 의해 특별한 학교로 시작되었지만 곧 다른 영역의 학문으로까지 확장되었다. 대학이라 용어는 라틴어 universitas scholarium에서 유래되었다. 볼로냐 대학에서 학생들은 고용주로 간주되는 반면, 교수들은 그들의 피고용인으로 간주되었다. 사실 몇몇 대학들은 1200년 경에 설립된 파도바(Padova) 대학과 모데나(Modena) 대학을 포함하여, 볼로냐(Bologna) 대학에 의해 설립되었다. 로마(Roma), 페루쟈(Perugia), 피사(Pisa), 피렌체(Firenze), 파비아(Pavia), 나폴리(Napoli), 시에나(Siena) 대학은 1300년경에 세워졌고, 토리노(Torino), 파르마(Parma), 카타니아(Catania) 대학은 1400년경에, 칼리아리(Cagliari), 사싸리(Sassari), 메씨나(Messina) 대학은 1500년경에, 그리고 팔레르모(Palermo), 제노바(Genova) 대학은 1812년 이전에 세워졌다.

고등연구 기관인 이탈리아 대학은 백만 이상의 학생들이 다니고 있으며, 6만 이상의 교수가 있으며, 약 50여개의 대학이 있다. 이탈리아에 college는 없으며 학생들은 고등학교에서 대학으로 바로 간다. 대학은 대체로 모든 고등학교 졸업생들에게 입학을 허락하는 일종의 개방 대학이라 할 수 있다. 교수 수준은 어느 정도 균등하며 졸업 학위(laurea)는 이탈리아 내의 어느 대학에서나 동일한 가치를 지닌다. 거의 모든 이탈리아 대학들은 州의 조직에 속하고 법적 인정을 받기 위해 정부기준에 순응해야 할 필요는 없다. 교육부는 대학의 학문적 그리고 행정적 구조를 지시할 뿐 만 아니라 재정의 가장 큰 몫을 제공하고 교과 과정과 평가 체제를 지정한다. 대학 교수, 교사 그리고 대학 행정 관리들은 국가, 시공무원들이다. 따라서 이탈리아 대학 교육은 다른 나라 보다 훨씬 더 균등한 양상을 나타낸다.

이탈리아 대학은 대학생과 대학원생의 구분이 없다. 모든 연구는 기술상 대학원 공부이다. 대학과정은 학부에 따라 4년에서 6년까지 다양하다. 일반적으로 문학부는 4년, 건축학부는 5년, 의학부는 6년이 소요된다. 이 외에도 대학은 3가지 유형의 졸업장을 수여하는데, '단기 졸업 과정(breve laurea)', '특수 전문 과정(corso di specializzazione, di perfezionamento)', '특수 목적 과정'이 그것이다.

이탈리아 대학 학부에는 연구소와 사립이든 국립이든 기술 연구소를 설치하고 있다. 교수 연구실이 바로 연구소이며, 학생들이 연구 발표한 자료들이 소장되어 있는 곳이기도 하다. 대학에 입학한 학생들의 첫해 낙제율은 40%에서 55%로 입학생이 극적으로 증가했음에도 불구하고 학위를 받는 비율은 크게 변하지 않고 있을 정도로 졸업이 어렵다.

교육과정(학년도)

이탈리아 대학 과정은 11월 1일에 시작해서 다음해 10월 31일에 끝난다. 이른바 1년을 학기로 하고 있는 셈이다. 강의는 일반적으로 11월 1일에 시작하나 성탄절과 부활 주일에는 휴가를 갖는다. 7월에서 10월 31일까지 강의는 없다. 이 기간에 시험을 실시한다. 일반적으로 대부분의 교과 과정이 1년을 단위로 이루어지나 2,3년을 연속해서 심도있게 수강할 수 있는 강좌도 개설되어 있어서 과정이 끝나고 졸업 학위 논문을 준비할 시기에 학문적 깊이를 더할 수 있다.

대학생들은 매년 교과 과정을 학적부에 등록해야 한다. 수업 참석이 의무적인 것은 아니나 원칙적으로는 필수이다. 한 과목 수강이 끝나면 학생은 통과 시험에 응시해야 하는데 위에서 이미 언급한 시기에 담당 교수와 일정을 상의하여 구두시험에 임한다. 이때 학생은 반듯이 학생증을 교수에게 제사해야 하고 시험 결과를 교수는 학생증에 그 자리에서 기재를 한다.

교과 과정을 등록하지 않았거나 다음 학년 진학을 위해 필요한 시험을 모두 통과하지 못한 학생들 또한 교육 과정에 규정된 기간 내에 laurea를 받지 못한 학생들은 일종의 유급생이 된다. 이러한 유급생들을 위한 과정을 'fuori corso'라 한다. 대학 입학 후 8년 동안 어떠한 시험도 치르지 않은 학생은 '퇴학

(decaduto)'이 된다. 퇴학생이 다시 대학 공부를 하려면 1학년부터 모든 것을 다시 시작해야 한다.

이수 학점(Credits)

이탈리아 대학에서 이수 학점이란 개념은 없다. 단지 한 과목 수강 후 학년말 시험에 의해 이수 여부가 결정될 뿐이다. 학년말 시험에 실패하거나 시험에 응시하지 않은 학생들은 그들이 1년 내내 충실히 수업에 출석했다 하더라도 어떠한 공식적인 인정도 받지 못한다.

시험과 점수

'과목 통과 시험(esame di profitto)'은 전통적으로 5월에서 7월까지와 9월말 두 기간에 실시되며 대부분은 구술 시험이다. 3명의 교수가 1명의 학생에게 질문을 던지며 각각의 교수들은 0에서 10점 사이의 점수를 주고 이 점수는 '학생증(libretto di iscrizione)'에 기재된다. 이때 3인의 교수점수의 합이 그 학생의 과목 시험 결과가 되는데 최고 30점, 최저 0점이며, 과목 통과 점수는 18점이다. 낙제한 학생들은 다시 수업을 들어야 한다.

학위 논문(tesi di laurea)

이탈리아 대학의 모든 학부는 '논문(tesi)'를 요구한다. 일반적으로 논문은 독자적인 연구의 결과여야 하며, 논문의 성격이 이론적이든 실용적이든 그 가운데 어느 하나여야 한다. 학생들은 학위 논문 주제를 선정하여 3학년 초에 지도교수와 상담을 한다. 학위 논문의 주제는 '학위 논문 심사(esame di laurea)'에서 토론되기 6개월 이전에 학장에게 보고되어 승인받아야 한다. 또한 논문 초안은 세밀하게 살펴보기 위해 적어도 논문에 관한 토론이 있기 15일 이전에 제출되어야 한다. 학위 논문의 분량은 미국의 Ph. D 논문 보다 100여 페이지가 많은 200페이지 이상이 일반적이다. 학위 논문 심사토론은 학장이 임명한 11명의 교수로 구성된 심사 위원들 앞에서 이루어진다. 일반적으로 토론은 30~45분간 지속되나 더 연장될 수도 있다. 그러나 실제적으로 1시간 이상 지속하는 것이 예사이다. 학위 논문 심사 평가는 그 동안 학생이 이수한 '과목 통과 시험(esame di profitto)' 성적의 평균과 논문 디펜스(defens)를 기초로 하여 주어지는데, 66점이 학위 논문 통과 최소 점수이고, 110점이 최고 점수이다. 최고 점수는 상당히 드문 경우이지만 만약 그러한 논문이 있을 때 대학 출판부에서는 그 논문을 출판하게 된다.

학습 계획(Piano di Studio)

이탈리아 대학의 각 학부는 선택 과목과 필수 과목을 둔다. 학위 논문을 쓸 수 있는 자격을 부여 받기 위해서는 4년 과정에서 일반적으로 20개 과목을 이수해야 한다. 각각의 학생들은 '개인 학습계획(piano di studio individuale)'을 짜야하는데, '학부 교수 위원회(faculty cuoncil)'의 승인을 얻어야 한다. 이때 개인 학습 계획은 과정 이수 후 논문 작성에 필요한 과목들이 포함되어 한다.

예컨대, 문학부 학위 과정(Corso di laurea in lettere)에서 특히 고전 분야(indirizzo classico)를 전공하려는 학생은 아래와 같은 과목들을 필수적으로 이수해야 한다. 물론 전공 영역마다 필수과목의 수는 다소 차이가 있다.

학위과정(Corso di Laurea)

이탈리아 대학에서 수여되는 유일한 학위(the only degree conferred by Italian universitiles)는 'Laurea'이다. 대부분 4년 과정이지만 화학, 건축학부는 5년, 의학부는 6년이 소요된다. laurea과정에는 2년이 소요되는 과목 혹은 3년이 소요되는 과목들도 있다. laurea과정에는 전문적인 연구를 할 수 있는 'indirizzi'과정이 설치되어 있다. 수업은 보통 주당 18시간을 한다. 대부분의 교과과정에서 4, 5시간은 조교수(prof. assistente 혹은 ricercatore)가 지도하는 세미나를 갖는다. 학생들이 요구하면 교수들은 그들과 만나야 한다.

1984년부터 이탈리아 대학에는 3년 과정인 '학위 후 연구 과정(dottorato di ricerca: D.R)이 신설되었다. 대학에서 학위를 취득한 'dottore di laurea' 가운데, 연구를 필요로 하는 지원자는 정해진 자격 시험을 거치는데 일반적으로 3인을 선발한다. 합격자는 3년 동안 국가로부터 매년 천만리라(한화 5백만원)를 연구비로 받으며 한 편의 연구 논문을 준비한다.31) 이른바 '국가 연구 박사과정'이라고 할 수 있고 반면, Corso di Laurea는 '대학 박사 학위 과정'에 해당된다고 볼 수 있다.

제17장
이탈리아의 음식과 예술

1. 음식문화의 전통

이탈리아인을 알고 싶으면 그들과 함께 식탁에서 파스타를 먹고, 이탈리아를 이해하려면 아내를 도와 주방의 스펀지로 설거지를 하라. 이 속담을 통해서 알 수 있는 것은 이탈리아가 파스타의 나라이며 주변의 모든 정치·사회·경제적인 변화들을 마치 스펀지가 물을 흡수하듯이 수용하였다는 것이다.

이탈리아는 선진문화지역들에서 공통적으로 나타나는 뜨거운 음식들을 중심으로 육류와 채소에 적절한 조화에 기초한 식문화전통을 가지고 있다. 이탈리아의 식문화는 반도로서의 독특한 지리적 특성과 지중해성 기후의 다양한 혜택 그리고 보다 직접적인 기독교의 영향을 받으며 성숙되었다. 그러므로 대중적인 음식보다는 토속적인 음식들이 발전하였다.

이탈리아인들은 주로 집이나 직장 근처의 바에서 아침식사를 해결한다. 전자의 경우, 주로 에스프레소(Espresso)라는 독한 커피나 카푸치노(Cappucino)를 마시는 경우가 많지만, 오르쪼(Orzo)라는 대맥커피를 마시는 사람도 있으며 빵은 거의 먹지 않는다. 대부분 사람들이 아침인사와 함께 간단한 농담과 인사를 주고 받으며, 부리오쉬(Briosci), 트라메지노(Tramezzino) 또는 (잼이나 크림이나 속이 빈) 코르넷토(Cornbetto)와 같은 작은 부피의 빵을 커피, 레몬이나 우유를 넣은 홍차와 함께 먹는다. 이탈리아인들은 아침식사가 부실한 만큼, 특히 아침에 일어나 커피만을 마신 사람들의 경우에는 오전 11시를 전후해서 다시 한번 커피와 간단한 빵을 먹기로 하는데 이를 스푼티노(Spuntino)라고 부른다.

오후 1시를 전후해서 아침일과가 끝나면, 대부분의 사람들은 집으로 돌아가 식사를 한다. 토스카나 지방에서는 점심을 1시 반경에 먹는데 이 지방의 고유용어로는 점심을 '토코 에 메짜', 즉 중세에 종을 치던 1시 반에 점심을 먹는다고 한다. 군소도시들의 경우, 집으로 돌아가는 데는 보통 자동차로 10~20분 정도가 소비되며 부인이 직장을 가진 경우에는 일과시간에 잠시 장을 보거나 일과 후 집으로 돌아가는 길에 단골 식품점에서 간단하게 장을 보게 된다. 일반적으로 상점들은 1시경에 문을 닫으며, 오후 4시경에 경우에 따라서는 5시를 전후해서 다시 문을 열기도 한다. 식사 후에는 사람들이 커피를 마시며 1~2시간 정도의 낮잠을 즐기기도 한다.

대도시들의 경우, 집에 돌아가는 것보다는 직장 근처의 자주 가는 바에서 토스트나 '빠니노'로 가벼운 식사를 하며, 입맛이 없을 때에는 샐러드에 참치를 넣고 올리브, 레몬, 소금을 넣고 양념한 후에 빵과 함께 먹기도 한다.

오후의 일과는 7시 반을 전후해서 끝나게 되며 저녁 식사 시간인 8시 반~9시까지는 가벼운 산책과 친구간의 대화를 통해서 피로를 풀게 된다. 온가족이 모이는 저녁식사에는 특별한 이유가 없으면 반드시 참석해야만 하는데, 이 시간은 가족들 간의 유대관계와 가정교육이 이루어지는 중요한 순간이다.

로마와 중세의 음식문화

당시 유럽경제에서 숲의 활용정도가 빠른 속도로 확대되어 가는 가운데, 육류가 중요한 식품으로 등장하였다. 당시 고기소비는 권력의 크기와 비례하였으며, 육체적인 에너지와 투쟁 능력의 척도로 이해되고 있었다. 따라서 고기 소비를 줄이는 것은 약육강식의 사회로부터 소외됨을 의미했다.

그러나 지중해 세계를 중심으로 성장한 기독교는 기존 식문화의 생산물을 유일신에 대한 헌물의 수단으로 수용하였다. 이를 배경으로 빵은 포도주 및 올리브유와 더불어서 고기를 대신하게 되었다.

서유럽의 경우, 빵과 포도주 그리고 올리브유의 소비는 로마가 기독교로 개종하여 로마제국의 영토에 정착하고 정치·이념적으로 당시의 사회를 주도하게 됨에 따라 더욱 증가되었다.

이탈리아 중북부를 포함한 서유럽 지역에서 농업혁명이 일어나면서 고기와 밀 그리고 그 밖의 다른 곡물들의 생산이 급증하였으며, 주민들의 경제생활에서 수요자와 공급자의 역할이 구분되는 현상이 나타났다. 농민들의 재산축적과 같은 얼마간의 예외적인 현상에도 불구하고, 보편적으로 대부분의 농민들 사이에서는 밀을 제외한 다른 곡물들과 콩과식물, 밤나무열매, 검은 보리빵, 또는 보리와 옥수수로 만든 폴렌더(polenta)죽의 소비가 보편화되었다.

13세기 초 교황 인노센트 3세(Innocenzo Ⅲ)의 교서 '데 콘템프뚜 문디(De Contemptu mundi)'에서도 알 수 있듯이 이제 포도주, 맥주, 사과나 배로 빚은

술 그리고 나무와 땅과 바다와 하늘로부터 얻을 수 있는 모든 좋은 것들도 더 이상 만족의 필요충분조건이 될 수 없었다. 새로운 유제(乳劑)와 음료들이 만들어졌으며, 향로들에 대한 관심이 고조되어 향료가 많이 들어간 음식일수록 좋은 것으로 생각하는 경향이 강하게 나타나고 있었다. 13세기 이탈리아의 경우, 향료의 사용은 이미 유럽의 다른 지역들에 앞서서 다양한 요리법을 통해 보편화되어 있었다. 향료 사용량의 차이는 각 지역의 특색있는 음식 맛에 따라서 다양하게 나타났으며, 사용량의 결정권은 요리사에게 위임되었고 주로 혼합된 향료의 사용이 권장되고 있었다.

유럽의 다른 지역들에 비해서 도시문화가 가장 발전되어 있던 14~15세기의 이탈리아 중북부에서는 오늘날 전자렌지에 해당하는 규모의 큰 화덕을 이용해서 음식을 대량으로 요리하며 주로 도시민들을 대상으로 음식을 판매하는 전문상점들이 많이 등장하였다. 주로 번화한 거리들에 위치하고 있는 전문상점들은 닭고기, 돼지고기, 소고기 또는 토르타와 같은 다양한 음식들을 미리 준비한 후 고객들을 기다렸다. 전문식품점의 등장으로 지배계층과 시민들의 음식문화가 상호 간에 교류되었다.

중세 이탈리아 식생활문화의 다른 특징은 종교와의 관계 속에서 찾을 수 있다. 전통적으로 고기소비 중심의 사회였던 중세의 식생활에 일대 전환기를 마련한 것은 바로 기독교의 교리규정들, 일 년에 140~160일 동안 고기 소비를 금지 또는 자제하는 기간을 설정한 것이다.

이는 당시의 음식문화에서 차지하고 있던 육류의 핵심적인 역할을 거부하려는 종교권, 즉 수도승이나 금욕주의자 또는 개인적인 선택이나 종교규율에 따른 결과로서 탈육식 문화현상을 반영하였다. 이러한 소비문화의 양상은 자연적으로 대체 식문화의 등장을 촉진하였으며, 결과적으로 식문화의 저변을 확대하는 예기치 않은 결과를 가져왔다. 이제 식생활차원에서 뿐만 아니라 문화적, 경제적인 차원에서도 적지 않은 중요성을 가지게 된 식재료들로는 콩과류 식물, 치즈, 계란 그리고 생선이 있었으며, 특히 후추는 종교적인 금식일에 고기를 대신하여 조화와 대립의 양면적인 성격의 훌륭한 대체음식으로 자리를 잡았다.

또한 중세 만찬은 상황에 따라서 음식의 제공순서가 탄력적으로 결정되었다는 점이다. 한 번의 식사는 여러 번의 상차림으로 구성되며, 각각의 상차림은 다시 수많은 종류의 요리접시들을 포함하여 한꺼번에 식탁에 올랐다. 그러므로 식사에 참가한 사람들은 자신의 기호와 입맛에 따라 음식을 선택할 수 있는 자유를 보다 많이 가지고 있었다. 한편, 음식의 제공순서에 일정한 법칙이 적용되기 시작한 것은 16세기부터라고 할 수 있지만 정착단계에 들어선 것은 18세기라고 볼 수 있다. 그러나 한 번의 상차림이 구체적인 기준에 따라 짜임새 있게 구성된 것은 14세기로 거슬러 올라간다. 무엇보다도 1388년 피아첸차(Piacenza)에서 있었던 대만찬에 관한 죠반니 데 무씨스(Giovanni de Mussis)의 기록은 무척 흥미롭다. 먼저, 만찬을 시작하기에 앞서 참석자들의 마음을 흥겹게 할 목적으로 여러 종류의 설탕 과자들과 함께 적포도주와 백포도주가 식탁에 올랐다. 그리고 1~2마리의 식용 수탉 요리와 두 사람마다 아몬드 열매와 설탕 그리고 수많은 향료로 요리된 커다란 덩어리의 고기가 제공되었으며, 그 다음에는 식용 수탉, 닭, 꿩, 유럽자고새, 산토끼, 멧돼지, 노루 등 불에 구운 고기와 계절에 따른 여러 종류의 요리들이 함께 제공되었다. 그리고 토르타, 생치즈와 함께 수많은 설탕과자들이 마련되었고, 과일이 제공된 후에는 참석자들에게 손을 씻을 물을 갖다 주고, 마지막 순서로서 식탁을 치우기 전에 음료들과 설탕과자들이 제공되었다. 그러나 점심의 경우, 식사 전에는 토르타와 생치즈를 대신하여 계란과 치즈 그리고 우유로 요리한 다음 좋은 품질의 설탕을 위에 뿌린 요리가 제공되기도 하였다.

겨울철의 저녁식사에는 야생동물의 고기나 식용 수탉, 암탉, 소고기 또는 생선을 재료로 만든 젤리(우무)요리가 식탁에 오르며, 그 다음으로는 식용 수탉과 불에 구운 소고기 그리고 과일이 제공되었다. 그리고 식탁을 치우고 손을 씻기 전에 점심만찬의 경우와 마찬가지로 설탕과자와 음료들이 제공되었다.

반면에 여름철의 저녁식사에는 암탉과 식용 수탉, 소, 양, 돼지로 만든 우무요리 또는 생선으로 만든 우무요리가 제공되었다. 그 다음으로는 닭, 양, 소 그리고 원앙새, 오리 또는 다른 고기들이 형편에 따라 식탁에 올랐으며 마지막으로는 역시 과일이 제공되었다. 그리고 손을 씻은 후에는 다른 경우들과 마찬가지로 진행되었다.

결혼식이 끝난 이튿날에는 치즈, 샤프란, 건포도 그리고 여러 종류의 향료들을 섞어서 요리한 라자네(파스타의 일종)가 제공된다. 그 다음으로는 불에 구운 소고기와 과일이 제공된다. 이 경우 저녁식사는 각자의 집에 돌아가 먹게 되며 축제가 종식된다.

사순절 기간에는 먼저 설탕과자와 함께 음료들이 제공되며 털이 제거되지 않은 아몬드와 무화과 열매 그리고 고추 소스로 요리한 커다란 생선이 식탁에 오른다. 다음으로는 아몬드우유, 설탕, 그리고 향료와 쌀로 요리한 국요리 그리고 소금에 절인 뱀장어 요리가 제공된다. 그 다음에는 식초나 겨자를 넣은 다음 불에 끓인 포도주와 향료를 섞어 요리한 창고치(luccio) 요리가 그리고 마지막으로는 호두와 과일들이 제공되었으며, 손을 씻은 다음에는 최종적으로 설탕과자와 음료가 제공되었다. 음료로는 백포도주와 적포도주 이외에도, 종종 소화를 촉진할 목적으로 향료를 많이 넣은 포도주나 향료와 치알다를 넣은 포도주가 식사 중이나 마지막 순서에 제공되기도 하였다.

위의 예들을 통해서 간접적으로 알 수 있는 것은 중세요리가 크게 다음의 4가지 부류로 나누어질 수 있다는 것이다. 첫째, 단순히 고기를 불이나 물에 익히는 구이형태, 둘째 농도가 짙은 소스가 첨가된 고기국물과 종종 고기크림과 또는 많은 조각의 고기와 향료로 양념된 곡물 케익, 셋째 향료로 맛을 낸 묽은 크림소스가 첨가된 육류, 닭 또는 생선요리, 넷째 수프요리로서 마른 빵이나 고기 덩어리를 첨가한 요리이다.

르네상스 시대의 음식문화

14세기에서 16세기의 르네상스에 접어들면서 대규모의 정치·사회적인 변동을 암시하는 사건들이 발생하였다. 특히, 농민들의 변화가 두드러지게 나타나는 가운데 점차적으로 지배계층들의 이념이 여러 사회계층들의 생활방식도 정착화됨으로써 지배계층은 자신들의 고유한 영역을 구축하는데 보다 많은 관심을 가지게 되었다. 이들 중 특히 의식주에 관련된 문제들은 법령들을 통해서 구체적으로 성문화되기 시작하였다. '사치금지법(풍기문란법, leggi suntuarie)'은 도덕질서의 회복이란 명분 이외에도 오히려 사회적이고 정치적인 통제문제, 즉 현행제도의 안녕을 보장하고 수호하려는 거시적인 목적에서 제정된 것이었다. 지나친 사치와 허영 그리고 가문의 권력이나 부가 결혼만찬이나 장례만찬 등을 통해서 지나치게 과시되는 것을 막으려는 것이었다. 그 예로서, 1562년 베니스의 한 관련 법령은 '고기음식으로 한 조각의 구운 고기와 한 조각의 삶은 고기만을 제공할 수 있으며, 닭고기를 포함하여 3가지 이상의 종류를 초과할 수 없다'고 규정하였다. 그리고 하늘과 육지에 사는 야생동물의 고기가 식탁에 오르는 것을 금지하였다. 반면 검소한 식탁에는 전채(前菜)와 더불어서 구운 고기, 삶은 고기, 기름에 튀긴 고기 등이 제공되었지만 송어와 호수에서 잡은 물고기, 설탕 파스티치(pasticci o pastelli)(이 음식은 요리사들의 전문음식점에서만 판매가 허용되었다) 등은 금지되었으며, 고기와 생선요리를 함께 식탁에 올리는 것도 마찬가지로 금지되었다.

이러한 법 규정들의 제정은 일차적으로 낭비와 무절제한 생활방식을 규제하려는 단순한 의도를 실현하기 위한 것으로만 보일 수 있지만, 그 이면에는 당시의 사회가 직면하고 있는 커다란 사회적 변화와 그 사회의 지배계층들 간의 관계를 조율하려는 정치·사회적인 의도가 담겨 있었다. 그러므로 당시의 식문화를 올바르게 이해하기 위해서는 부르조아 계층이 전통 귀족계층과의 대립과 조화라는 관계를 통해서 새로운 세력집단으로 등장하고 이런 상황 속에서 지배계층이 내부에 질서를 부여하려는 이른바 '보편화', '동질화'정책을 추진하였을 것이란 사실을 염두에 두고 접근해야 한다.

당시의 식문화전통은 의학 분야와도 밀접한 연관을 가지고 있었다. 크로체(Giulio Cesare Croce)는 자신의 희곡, "베르톨도(Bertoldo)"에서 궁중의사들의 입을 빌려 주인공 베르톨도의 병치료에 관련하여 '의사들이 베르톨도에게 오히려 그의 위장에 전혀 익숙하지 않은 산해진미의 음식을 먹음으로서 병을 치유할 수 있다고 말하자, 베르톨도는 자신에게 재로 익힌 무(rape)와 콩을 섞은 요리를 가져다주도록 요청했다. 그러나 베르톨도의 요청은 거절당하였다'고 언급하였다. 주인공은 자신의 격에 맞는 음식을 먹음으로서 치유될 수 있을지도 모른다는 한 가닥 희망을 품은 채, 깊은 고통 속에서 죽고 말았다. 자신들만의 계층을 형성하려는 폐쇄적인 의도를 의학적인 분야에도 적용한 것이라고 해석할 필요는 없겠지만 특권의 '합리화' 또는 '과학화'가 식분야에도 영향을 주었다는 사실은 부인할 수 없다.

음식과 사회의 관계, 음식질서와 인간사회 질서의 관계에 관한 이상의 이념들이 수직적이면서도 동시에 수평적인 사회변동이 활발하게 진행되던 시대에 발생한 것은 결코 우연이 아니었다. 과거 중세 초기의 노동자계층(laboratores)으로부터 유래된 당시의 '민중'들을 권력과 문화차원의 모든 쾌락들로부터 격리시키려는 부단한 노력은 역설적으로 볼 때, 그만큼 민중들의 도전과 상승욕구가 강력하였다는 사실을 의미한다.

사회의 변동현상들이 일어난 것과 거의 같은 시기에 음식의 성향에도 변화가 발생하였다. 예를 들면 나는 새, 즉 꿩과의 조류들이 가장 수요가 많은 고기로 등장하였다. 또한 15~16세기에 사슴과 멧돼지의 고기는 11~13세기에 숲들에 대한 대대적인 파괴현상이 진행된 사실과 관련하여 공급이 부족했던 만큼 귀족들의 식탁에 그 수요가 폭등하였다. 이런 현상과 함께 이제 부자들은 고기들 중에서도 흰색과 비교적 위에 부담을 적게 주는 생선을 선호하게 되었으며, 16세기 이탈리아의 어느 의사의 말처럼 육체보다 정신을 더 사용하는 사람들에게 보다 적합한 식료품으로 간주되었다. 동일한 논리에 따라 당시의 수도원들에서도 이런 경향이 적지 않게 확산되었을 것이라고 짐작해 볼 수 있다.

이제 농부들과 귀족들의 식물성 음식재료도 상호 구분되는 경향이 나타남으로서 마늘류의 구근(球根)들과 뿌리열매인 양파, porri, 무들이 전자들의 주된 식료품으로 사용된 반면에, 후자들의 식탁에는 밤을 제외한 과실열매들이 자리를 차지하였다.

이렇듯 과거와 다른 새로운 식문화의 성립은 특히 부자들의 경우, 자연적으로 식사시간을 보다 다방면으로 활용하려는 경향을 동반하게 되었다. 이제 식탁은 더 이상 우두머리를 중심으로 하는 집단의 단합을 위한 장소가 아니었다. 소수의 특권적인 만찬을 더욱 하려하게 보일 목적으로, 혹은 많은 사람들에게 보일 목적으로 식탁에 오를 많은 음식들을 집 앞의 광장에 잠시 동안 전시하는 순서가 마련되었으며, 화려한 만큼 만찬시간도 상당히 길어지게 되었다.

이탈리아의 이러한 먹거리 문화가 엘리트계층의 독점에도 불구하고 팽배해가는 과정에서 음료문화의 범위는 기존의 지배적인 포도주와 맥주 이외에도 커피, 홍차, 초콜릿으로 확산되었다. 새로운 음료들이 건강에 이롭다는 의사들과 과학자들의 견해는 새로운 마실 거리를 찾으려는 욕망의 문을 여는 계기를 마련하였다. 유럽의 다른 지역에서와 마찬가지로 의학과 약품제조를 위해서 생산되기 시작한 알코올이 이제는 서서히 포도주와 경쟁관계에 들어갈 만큼 음료대중성을 획득하는 단계로까지 발전하였다. 그리고 알코올에 이어서 당밀이나 조청을 증류해서 만드는 럼주, 과실을 증류해서 만드는 칼바도스와 키르쉬, 마라스키노(야생버찌로 만드는 주류) 그리고 곡식을 재료로 증류과정을 통해 생산하는 보드카, 위스키, 진 등이 새로운 식문화로 700년대에 등장하기 시작하였다.

미국대륙의 발견에 이어서 16세기 말경에 이탈리아 중북부 지역에 소개된 옥수수는 당시의 경제현실의 한 단면을 보여주고 있다. 기존의 농산물에 비해서 높은 생산성을 기록한 옥수수는 초기에는 세금문제로 인해서 농부들로부터 외면당하는 위기상황을 맞기도 했지만, 새로운 수입소득원으로서 자리를 잡은 이후에는 식문화의 새로운 요소로 등장하였을 뿐만 아니라, 기근이나 전염병이 발생하였을 경우에는 기본식량으로서의 역할까지 수행하였다. 이런 과정을 통해 등장한 대표적인 음식이 바로 옥수수가루로 만든 플랜더죽이었다. 그러나 옥수수 요리는 신체에 필수적인 비타민의 부족으로 당시에는 심각한 펠라그라(옥수수 홍구병)라는 일종의 피부병을 유발하였으며, 심한 경우 정신성 질환을 유발하여 죽음을 초래하였다. 실제로 이러한 질환은 1730년경 프랑스와 이탈리아의 북부지역, 즉 파다나(Padana) 평야의 주변지역에서 발생하였으며, 이탈리아의 경우에는 오늘날까지 발생하고 있다. 이 때문에 옥수수를 약간의 돼지고기 또는 신선한 야채와 함께 요리하는 변형된 요리법이 등장하기도 하였다. 옥수수의 등장은 농민계층들에게 적지 않은 위안이 되어주었으면서도 동시에 19세기 의학적 논쟁의 대상이 되어 이른바 상반된 모습을 보여주었다.

한편, 식전통적인 측면에서 옥수수의 경우와 마찬가지로 가난한 사람들의 주된 식량으로서 환영을 받아온 감자는 1767년에 이탈리아의 감자찬양론자의 말처럼 그 자체만으로도 비교적 영양의 균형을 잘 유지시켜주는 훌륭한 식품으로 인식되어졌다. 거의 6개월 동안 감자만 먹으면서도 살아도 독일 사람들은 건강하고 튼튼한 육체를 유지한다. 18~19세기의 민중식 문화전통의 단순화 성향에 중요한 원인을 제공한 옥수수와 감자는 근대에도 농민들로 대표되는 민중들의 필수적인 음식으로 자리잡았다.

근대와 현대의 음식문화

18~19세기에 옥수수와 감자가 유럽의 거의 모든 지역에 확산되는 동안 이탈리아의 중남부에서는 장래에 이탈리아의 고유한 음식으로서 세계적인 명성을 획득하게 될 파스타(또는 스파게티)가 이들을 대체하고 있었다.

그러나 파스타 제조에 관한 역사는 오늘날까지도 분명하게 밝혀지고 있지 않다. 이탈리아의 가장 대중적인 먹거리 문화를 대표하는 '파스타', 즉 국수요리는 크게 생파스타와 건조파스타로 구분된다. 지중해 연안의 민족들과 다른 지역,

예를 들어 중국을 배경으로 비교적 오랜 역사를 갖고 있는 생파스타는 밀가루와 물 또는 계란을 혼합하여 요리된다. 기원에 있어서 전자는 분명하지 않은 반면에 후자는 비교적 최근에 유행된 식품이었다. 건조 파스타는 사막을 오랫동안 여행하는 아랍인들의 유목생활에 기원을 두고 있다고 하지만, 어원학적인 측면에서 볼 때 아랍의 식생활적인 문화권내에서는 근거를 찾아보기 힘들다.

한편, 지질학자 에드리지(Edrisi)의 주장에 따르면, 아랍문화권의 강력한 영향권 하에 있었던 시실리 섬의 팔레르모(Palermo)에서 약 30㎞ 정도 떨어진 뜨라비아(Trabia)에는 이미 12세기에 건조 파스타를 생산하는 가내공장이 존재했었다고 한다.

이탈리아 경우, 파스타의 역사적인 흔적은 시실리 섬 이 외에도 리구리아(Liguria) 지역에서 찾아볼 수 있다. 제노바(Genova)의 상인들은 이미 12세기부터 파스타를 이탈리아의 북부지역으로 확신시키는데 중요한 역할을 수행하고 있었다. 이러한 사실을 고려할 때, 14세기의 요리서적들에서 트리아(Tria)의 요리법들을 '제노베지(제노바 사람들, Genovesi)'라고 부르는 것은 결코 우연이 아니다. 그리고 13세기부터는 리구리아와 토스크나(Toscana) 북부지역에서도 파스타가 생산되었다고 한다.

15세기에는 뿔리아(Puglia)도 파스타의 새로운 생산지로 등장하였다. 그러나 건조 파스타의 경우와는 다르게 이탈리아의 중북부 지역들, 에멜리아(Emilia) 또는 롬바르디아(Lombardia)의 가정에서는 생파스타 요리가 더욱 보편화되었다.

그럼에도 파스타의 식문화적인 개념 정의와 소비의 사회적 주체는 아직까지 분명하게 드러나 있지 않다. 왜냐하면 15세기까지도 물에 익힌 파스타, 기름에 튀긴 파스타, 소금에 절인 파스타, 달콤한 맛의 파스타 그리고 단순하거나 여러가지 음식재료, 밀가루에 섞거나 기름에 튀긴 고기와 채소를 첨가하여 요리한 파스타를 아무런 구분없이 모두 하나의 이름으로 지칭했기 때문이었다. 그러나 건조 파스타의 경우, 항해선원들처럼 식량을 오랫동안 보관해야만 했던 사람들의 대중적인 음식으로 시작되었다는 추측이 있는가 하면, 이와는 반대로 생파스타의 경우, 파스타가 부자들의 끝없는 욕망을 만족시켜 주기 위한 사치스러운 음식이었다는 주장도 있다.

이후 파스타가 대중들의 식생활에서 중요한 비중을 차지하게 된 것은 17세기 초부터 였으며 중심지는 나폴리 왕국이었다고 한다. 반죽기와 파스타 압축기의 발명으로 과거에 비해서 가격이 비교적 저렴한 파스타의 대량생산이 가능하게 되었다. 그리고 시실리인들의 파스타 대식가라는 별명을 물려받은 나폴리 시민들이 즐겨 먹는 파스타는 양배추와 같은 고기를 섞은 전통적인 소스를 대신해서 이번에는 질적으로나 양적으로나 식생활의 균형을 가능하게 해준 치즈로 양념되었다.

나폴리 파스타의 등장으로 이탈리아의 식생활 문화는 새로운 역사를 맞이하게 되었다. 비록 파스타는 800년대 말까지도 남부의 전 지역으로 확산되지는 않았지만, 이탈리아인들의 파스타에 대한 선호도는 빠르게 확산되어가고 있었다. 나폴리의 경우, 이제 파스타는 길거리의 가두 판매점에서 구입할 수 있었다. 그러나 오늘날 이탈리아의 파스타는 대략 1830년경 미국대륙으로부터 토마토가 수입되면서 현대적 의미의 '붉은 파스타의 혁명'을 맞이하였다.

19~20세기로 접어들면서 유럽은 과거 1000년간의 배고픔을 극복하고 음식의 보존기술과 운송기술의 혁신과 같은 새로운 변화들을 통해서 지역성, 즉 음식과 영토간의 역사적이고 지리적인 한계를 극복하면서 수많은 지역들에서 경제적 선택의 지평선을 무한대로 확대하였다.

오늘날 이탈리아의 어느 도시에서든지 패스트푸드 음식점을 발견하는 것은 그리 어렵지 않다. 그리고 신세대 음식이라고 불리는 햄버거, 감자튀김 그리고 코카콜라는 이탈리아인의 입맛을 국제적으로 바꾸어 놓고 있다.

2. 이탈리아의 음식

"이탈리아에는 이탈리아적인 요리는 없지만, 수많은 지역들의 요리가 있다." 이탈리아의 역사적인 상황을 고려한다면, 그 의미를 어렵지 않게 이해할 수 있다. 반도의 음식들은 지중해성 기후의 영향으로 재료에 있어서나 조리 방식에 있어서 유럽의 다른 지역들에 비해서 매우 다양하게 발전하였다. 음식과 식탁의 화려함은 그 소비의 양과 질적인 정도에 따라 개인들 간의 차이가 컸을 뿐만 아니라, 각 계급들 간의 괴리를 보여 주었다. 또한 경제구조의 개편에 따른 영향은 식문화 차원에도 많은 흔적을 남겼으며, 가장 중요한 변화로서 봉건적 계급질서에 따른 음식구분현상을 퇴색시켰다. 생활에서 요리가 중요한 비중을 차지하던 그 동안의 전통구조가 붕괴되면서 맛의 민주적이고 평등한 기회가 점차 적으로 현대적 의미의 시민들에게 제공되었다는 점이다.

파스타(Pasta)와 피자(Pizza)

식문화 역사에 있어서 중요한 전환점으로 작용하는 것은 화덕의 발명과 효소(이스트)의 발견이었다. 전자는 이집트의 나일강 유역에서 약 6000년 전에 고안되었다.(유태인들은 발효된 빵을 절대로 사용하지 않았다. 오늘날 가톨릭에서도 발효된 빵을 미사에 사용하지 않는다). 화덕이 등장하기 전에는 넓적한 돌이나 특히 도자기를 사용해서 빵이나 훠카치아(Focaccia, 건포도가 첨가된 빵)을 만들었다.

수 천년전부터 빵은 종교의식에 사용되었다. 빵에는 향료가 첨가되기도 하였는데, 이탈리아 여러 지역에서는 아직까지도 향료를 쓰고 있지만 본래의 종교적 의미는 거의 상실되었다. 이들 중에는 파지 또는 훠카치아도 포함되어 있는데, 올리브와 썰은 돼지고기가 첨가된 것은 오늘날의 토르타(Torta)의 기원이 되었다. 그리고 꿀, 건포도, 솔방울, 설탕으로 절인 과자가 첨가된 빵은 오늘날까지도 다양한 종류의 빵으로 발전되었다.

비르질리우스(Virgilius)의 기록에 따르면, 모레툼(Moretum) 요리방식이 있었다. 이는 납작하게 눌러서 화덕에 넣고 구어낸 빵으로 올리브와 식초에 담근 생양파를 곁들어 먹었다. 추측하건데 모레툼은 양파 이외에도, 마늘과 함께 먹기도 하였으며 피자는 이로부터 응용된 형태로서 밀가루 반죽으로 요리하였다.

11세기가 지나면서 나폴리에서는 눌린 빵의 형태가 보다 다양해지기 시작하였다. 이 기간 중에 나폴리에서 빵을 눌러 불에 구운 후에 길게 잘라 만든 눌린 파스타, 즉 라가노가 등장하였다. 이 명칭은 라틴어의 라가눔(Laganum), 혹은 그리스어의 라가논(Laganon)에서 유래되었다. 길게 자른 파스타는 후라이펜에 넣어 콩과 식물이나 다른 종류의 식품과 함께 요리되었다. 이것이 바로 초기 형태의 탈리아텔레(taliatelle)였다.

같은 시기에 나폴리에서는 피체아(picea)라는 말이 쓰였는데, 이것은 원형의 파스타로서 화덕에 넣기 전에 색색의 다른 음식물을 첨가한 것이다. 그 다음에 등장한 것이 피자였다. 그러나 오늘날의 피자는 이탈리아 남부에서 고전스타일의 피자, 즉 눌린 형태 위에 양념을 하고 화덕에 넣어서 요리하는 것일 뿐만 아니라, 속이 가득 찬 파스타와 속이 빈 훠카치아를 모두 지칭한다.

기본적으로 붉은 색의 토마토 소스가 바탕을 장식하는 요리로서 오늘날 세계적으로 알려진 피자가 본격적으로 등장한 것은 700년대로서 추측되고 있다. 그러나 당시의 나폴리의 사람들에게 가장 사랑을 받던 음식은 양배추 수프와 고기기름 요리였다.

700년대 말, 피자는 눌린 형태의 다른 빵들과 구별되기 시작하였다. 초기에 토마토 피자가 주를 이루었으며, 그 이외의 마늘과 생올리브 또는 구운 올리브 그리고 모짜렐라, 소금과 올리브에 절인 멸치, 작은 크기의 생선들을 잘게 잘라 놓은(cicinielli, 가장 오래된 전통의 피자로 간주됨) 피자가 있었다. 또한 피자 아 리브레토(pizza a libretto)라는 것이 있었는데, 일종의 칼쪼네(Calzone) 형태였다.

1830년경, 진정한 의미의 전문 피자점이 등장했다. 나폴리에서 처음으로 등장한 피자점은 로르토알바(Port'Alba)였다. 벽돌로 제작한 화덕에 나무로 불을 지피는 형태의 피자집이었다. 그 이후 벽돌보다는 베수비오 화산의 돌들로 화덕을 제작하는 것이 유행하였는데, 파지를 굽는데 필요한 적정온도를 맞추는데 알맞기 때문이었다.

피자는 성 데니스(St. Denis)에서 만든 넋처럼 일종의 둥근 형태의 얇게 만든 빵반죽 음식이었다. 이 피자는 보기와는 다르게 복잡한 구성과 맛의 균형을 이룬 음식이었다. 그 이외에도 듀마는 여러 가지 다른 형태의 피자에 관한 기록도 남겼다. 19세기 초반 가장 보편적인 피자의 형태는 올리브 피자(pizza all'olio), 라르도 피자(pizza al lardo), 수냐피자(pizza alla sugna), 치즈피자(pizza al formaggio), 토마토피자(pizza al pomodoro)였다. 그 이외에도 '8쪽 피자(pizza a otto)'가 있는데, 이 피자는 보통의 경우와 달리, 가격이 비싸기 때문에 먹고 난 후 8일이 지나서 값을 지불하였다.

19세기 말인 1889년 여름 움베르토 1세는 왕비인 마르게리타와 함께 나폴리 몬테(Monte)왕궁에 머물고 있었다. 당시 마르게리타는 먹어본 적은 없었지만 작가들과 예술가들을 통해서 이미 알고 있었던 피자에 대해 호기심을 가지고 있었다. 그러나 왕비가 직접 피자집에 갈 수는 없었기 때문에 요리사 한 명을 왕궁으로 불러들이기로 했다. 그리고 당시에 가장 유명한 피자전문점인 피에트로 일 피자이우올로(Pietro il Pizzaiuolo)의 주인, 돈 라파엘레 에스포지토(Don

Raffaele Esposito)가 선택되었다. 이 요리사는 부인 로사와 함께 왕국의 화덕을 사용하여 당시의 가장 전통적인 피자들을 요리하여 왕비에게 선을 보였다. 그 중에 하나가 돼지기름, 치즈 그리고 토마토를 넣어서 요리한 수냐피자(pizza con sugna)이다. 이외에도 요리사는 모짜렐라, 토마토 그리고 바실리코를 넣고 애국적인 마음을 표하는 의미에서 이탈리아의 3색기를 표현한 모짜렐라 피자를 만들어 마르게리타를 기쁘게 하였다. 그리고 이때부터 돈 라파엘레는 이것을 피자 마르게리타(pizza alla Mergherita)라고 불렀다.

라치오 주(州)의 전통음식

오늘날 라치오 주의 행정수도인 로마의 요리는 오랫동안 교황의획일적인 지배하에 있었던 역사적 상황 때문에 주변 지역들의 토속요리까지 포함하고 있었다. 그 예로 페코리노치즈가 가미된 부카티니 알아마트리치아나(Bucattini all' Amatriciana) 파스타 요리는 로마에서 멀리 떨어진 아펜니노 산맥 주변에 위치한 아마트리체 마을의 양치기들이 즐겨 먹던 향토음식이었다.

로마인들의 보수적인 기질은 음식문화에도 반영되어, 규칙적인 식전통을 형성하였다. 목요일에는 감자로 만든 경단모양의 뇨끼라는 파스타를, 금요일에는 대구를 말려 요리한 바카라와 멕시코 콩, 체치를 그리고 해산물을 포함한 생선요리는 마르테디 페쇠(Marte야 pesce, 화요일 생선) 또는 베네르 페쇠(Venerdi pesce, 금요일 생선)라고 하여 화요일이나 금요일에 먹는다. 서양의 가장 큰 명절인 크리스마스와 부활절에는 특별히 손으로 만든 파스타인 페토치에(Petocie), 라비올리, 아브키오(어린 양고기)와 같은 음식을 먹는다. 그리고 새해를 맞이하는 봄에는 야외에서 통돼지구이 요리를 하거나 양치즈를 함께 먹으며 즐거운 시간을 갖기도 한다. 물론 이러한 요리들에는 좋은 포도주가 곁들여지기 마련인데, 라치오 지역의 포도주들 중에는 투명도가 좋고 부드러운 프라스카티(Frascati), 과일향의 콜리 알바니(Colli Albani), 몬테 피아스코의 에스트 에스트 에스트(est! est! est!)가 유명하다.

로마식 만찬을 살펴보면, 우선 전채로서 쌀을 고로케식으로 만든 수플리 요리(Suppli)와 토마토 속에 올리브유, 마늘, 파슬리 바실리코, 쌀을 넣은 다음 오븐에 구운 포모도로 콘 비소(Pomodoro con viso)가 있다. 항상 올리브와 마늘을 사용하는 전채 후에 나오는 첫 번째 접시에는 목요일의 뇨끼와 금요일의 체치 그리고 일반적으로는 팬네 알 아라비아타(Penne all'Arrabiata)가 자주 오른다. 이 요리는 토마토에 고추나 피망을 넣은 다음 소스와 함께 먹는데 맵기 때문에 화가 났다는 의미의 '아라비아타(Arrabiata)'라고 불리운다. 두 번째 접시에는 생선요리 이외에도 양구이요리, 양의연한 가슴살로 요리하는 '압바끼오 알 훠르노', 햄과 소시지를 소고기와 함께 요리하는 '살팀보카', 닭이 가슴 속에 돌을 넣어 요리하는 '폴로 알라 디아볼라(Pollo alla Diavola)', 소의 위장 부위를 토마토와 함께 끓여 요리하는 '트리파 알라 로마나', 소꼬리 스튜에 송아지의 내장과 토마토를 넣어 끌인 '코다 알라 비치나', 로마멘타와 마늘과 파슬리를 서양엉겅퀴, 즉 카르쵸피에 넣어 요리한 '카르쵸피 알라 로마나(Carciofi alla Rommana)', 카르쵸피를 모양 그대로 기름에 튀겨 꽃이 핀 것처럼 요리한 '카르쵸피 알라쥬디아(Carciofi alla Judia)'가 있었다.

토스카나(Toscana)의 전통음식

중북부에 위치한 토스카나 주는 프랑스 요리의 원조라고 할 만큼, 과거 메디치 가문시대에 형성된 '소박한 식탁, 화려하고 다양한 맛'의 식문화 전통을 성립시켰다. 토스카나 지역은 아펜니노산맥과 티레노 해 그리고 토스카나의 내륙 평야에서 풍부하게 생산되는 식재료들과 세계적인 명성의 끼안티(Chianti) 포도주의 고향으로 유명하다.

토스카나의 음식은 중세 르네상스를 거치면서 피렌체의 전통적인 요리로 대표되었으며, 유럽의 다른 지역들에 비해서 상당히 일찍 포크와 나이프와 같은 식탁도구를 사용하며 음식예절의 선구적인 역할을 수행하였다. 토스카나 주의 요리들 중에 가장 대표적인 음식은 두 번째 접시의 스테이크 요리인 '비스테카 휘오렌티(Bistecca Fiorentina)'를 꼽을 수 있다. 이 스테이크는 소금으로 만간을 하고 레몬즙을 겉에 살짝 뿌린 다음 포도주와 함께 먹으면 특히 좋다.

전채 요리로는 토스카나 햄과 살라메, 멧돼지 햄, 양념된 소시지, 피노키오네가 있다. 첫 번째 접시에 속하는 요리들로는 토마토, 양파, 안초비, 비실리코 올리브로 요리한 것으로서 입맛이 없을 때 좋다고 하는 판차넬라(Panzanella), 겨울의 별미인 야채수프, 리볼리타(Ribolitta)가 있다. 그리고 두 번째 접시로는 돼지고기 등심 로스트로서 마늘과 로즈마리로 양념한 아리스타, 가을에 먹을 만한 요리로는 '미각의 왕자'라고 하는 포르치니(Porchini, 가을에 접어들면서 산에서 채취한 이 버섯의 향이 특히 좋다) 버섯, 타루투퍼(Tarutufo)가 있다. 말린 요리(Conforno)로는 강낭콩과 토마토를 함께 끓인 파지올리 알루첼레토와 콩요리인 파지올리 알 피아스코(Fangioli al Fiasco)가 있다. 후식으로는 중세 시에나(Siena)의 전통과자인 판훠르테(Fanforte)가 유명하다.

베너토(Veneto) 주의 전통음식

베네치아를 중심으로 하는 베네토주의 전통요리는 육·해·공에서 생산되는 식재료들의 조화에 기초한다. 베네토주의 바사노 델 그라파지역에는 프레스코라는 높은 도수의 포도주와 함께 흰색 아스파라가스와 삶은 달걀로 요리한 아스파라기 알라 바싸네세(Asparaghi alla Bassanesse)가 유명하다. 특히 소맥으로 만든 다음 산짐승을 삶아 소스를 얹은 비골리라는 스파게티는 베로나 근처의 유명한 발포리첼라(Valoplicella) 포도주와 잘 어울리는 유럽적인 요리로 알려져 있다. 이 외에도 대중적인 음식으로는 마늘, 양파, 파슬리, 안초비에 우유를 넣고 끓인 다음 옥수수죽, 폴렌타와 함께 먹는 바카라 알라 비첸티나(Baccata alla Vicentina)가 있다. 후식으로는 크리스마스와 부활절에 그리고 설날에 먹는 판도로(pandoro)라는 소프트케익 과자가 있다. 이 과자는 말랑말랑하게 이스트로 발효시킨 것으로 '금의 과자'라고 불린다.

한편, 베네치아의 요리들은 대부분 오징어, 새우, 게, 조개 등과 같은 어패류를 중심으로 구성된다. 스캄피(Scampi)라는 새우요리는 올리브로 구운 다음 소금과 후추로만 맛을 낸 게살을 으깬 다음 감자와 샐러드를 넣어 만든 것이 셀러드 요리 그리고 오징어 먹물과 파다나 지역에서 생산되는 쌀로 지은 밥요리인 리소토 네로(Roisotto nero)가 유명하다. 또한 폴렌타 이 외에도 송아지간 요리인 페가토 알라 베네치아(Fegato alla veneziana) 그리고 쌀과 완두를 의미하는 리시와 비시(까냐 e bisi), 수프 요리도 유명한 토속음식으로 알려져 있다.

캄파나(Campana) 주의 전통음식

반도이 중남부에 위치한 캄파나 주의 요리로는 스파게티 국수에 토마토 소스를 얹은 스파게티 알 포모도로(Sapaghetti al pomodoro)와 어패류를 토마토 소스와 양념하여 국수와 함께 섞은 파스타가 유명하다.

이 지방이 자랑하는 또 다른 음식으로는 토마토, 후추, 케파, 올리브로 양념하는 스파게티 알라 브타네스카(Spaghetti alla puttanesca)와 베니치아풍의 푸질리 알라 베수비아나(Fusili alla vesuviana) 그리고 포도주로 요리한 산양고기인 카프레토 인 아그로돌체(Capretto in agrodolce)가 있다. 이 지방의 행정수도인 나폴리는 피자의 전신으로 알려져 있는 훠카치아(Focaccia)로 유명하지만, 16세기에 토마토가 소개된 이후에는 부르봉 왕가의 왕비 마르게리타(Margherita)의 이름을 붙인 마르게리타 피자가 대표적인 음식으로 유명하다.

시칠리아(Sicilia) 주의 전통음식

이탈리아의 문화의 중심지로서 2500년의 역사가 살아 숨쉬고 있는 시칠리아 섬의 요리는 기원전 5세기경의 시라쿠사(Siracusa)에서 유래되었다고 전해진다.

지중해의 중심에 자리잡은 탓에 주변지역들의 식문화가 지속적으로 유입되면서 섬의 고유한 음식들과 결합하여 다양한 발전을 이루었다. 이탈리아 남부의 다른 지역들과 마찬가지로 레몬, 오렌지, 올리브, 딸기, 바나나와 같은 지중해성 과실과 해산물 그리고 육류들을 결합한 수많은 음식들은 지중해성 기후와의 조화 속에서 식문화의 파라다이스를 형성하고 있다. 따라서 시칠리아 섬의 화려하면서도 복잡한 역사가 이 섬의 식문화에 직간접적으로 반영되어 있다.

우선 아랍문화의 영향은 시칠리아의 트라파니에 정착된 쿠스쿠스 요리에서 찾아볼 수 있다. 이 요리는 본래 고기로 만든 모로코식 쿠스크수였지만, 후에 나이지리아를 통해 수입되었을 때는 이 지역의 풍부한 어류로 요리하는 생선 쿠스쿠스로 바뀌었다.

이 지역 식문화의 또 다른 특징은 아이스크림인데, 화려한 아랍세계의 영향을 받아 처음에는 에트나산의 눈으로 만들었다고 한다. 그러나 이 섬의 가장 큰 자랑거리는 과자류로서 수많은 색의 마술세계로 우리의 미각을 빠져들게 만든다. 특히 이 지역의 특산물인 아몬드 가루로 만드는 과자와 라코타치즈, 설탕으로 절인 과일을 다져 넣은 대롱 모양의 칸노롤모과자는 관광객의 발걸음을 멈추게 한다. 섬의 스파게티들 중에는 지중해성 농업의 산물인 가지를 토마토와 섞어 요리하는 스파게티 콘 수고 멜란자네와 정어리를 넣어 만드는 파스타 콘 레 사르데(Pasta con le sarde)가 유명한데, 이 두 가지 음식은 당시 가난했던 민중의 삶의 애환과 지혜를 상징하는 대표적인 요리로 간주된다.

3. 이탈리아의 예술

이탈리아의 예술은 라틴정신인 리얼리즘을 기조로 가톨릭교의 영향을 받아 발전하였으며, 자치도시사회에서 통일국가 형성에 이르는 역사적 변천을 배경으로 하면서 문예의 지방분산주의적 전통을 반영하고 있다.

그리스도교는 노예제의 속박을 타파할 것을 목적으로 하면서 오히려 교황권의 확립을 도모하였다. 교회가 스스로 영주가 되면서부터 봉건제가 더욱 강하게 뿌리를 내렸다. 외국과의 전쟁이 끊임없던 11~13세기경 특히 북부 이탈리아의 각 도시는 성벽을 쌓아 외적을 방어하였으며 자기의 이익을 위하여 사법, 군사 그 밖의 제도를 자체적으로 갖추고 정부를 수립하였다. 이것이 자치도시 '코무네(Comune)'로서 중세에서 르네상스기에 걸쳐 북부 이탈리아, 중부 이탈리아, 남부 이탈리아와 로마 등을 중심으로 해서 독특한 발전을 하였다. 코무네의 성립은 한편으로 외국세력의 지배로부터 독립하는 실마리가 되었으며, 다른 한편으로는 조상의 유산을 전승하여 문학적 기초를 구축하였다.

회화에서는 피렌체를 중심으로 하는 중부 이탈리아에서 보티첼리(Botticelli), 리피(Lippi), 시뇨렐리(Signoreli)가 나타나 피렌체파의 전통에 나타난 사실적 경향과 정열적 경향과의 결합을 시도하여 이상주의적인 미를 추구하였다. 피렌체학파는 르네상스를 상징하는 레오나르도 다 빈치(Leonardo Da Vinci), 미켈란젤로(Michelangelo), 라파엘로(Raffaello)의 3대 화가를 배출하였다. 한편 베네치아는 베네치아파의 거장인 티치아노(Ticiano), 틴토레토(Tintoreto), 베로네세(Veronese) 등이 나와 색채의 풍만, 구도의 복잡 등 피렌체파와 전혀 다른 특징을 발휘하였다.

문학으로는 신곡을 쓴 단테 알리기에리(Dante Alighieri)에 이어 시인이자 인문학자인 페트라르카(Petrarca)가 나타났다. 16세기는 이탈리아문학의 황금시대였다. 이것은 15세기 후반의 정치가이자 시인인 메디치가의 로렌초(Lorenzo)가 스스로 학예를 보호한 것에 힘입은 바 크다. 이 기간에 풀치(Polci), 보이아르도(Boiardo), 아리오스토(Ariosto), 타소(Taso) 등과 같은 시인을 배출하였다.

또한 문학에서는 파리니(Parini)가 국민도덕 진흥과 사회개량을 목적을, 알피에리(Alfieri)는 애국주의의 비극을, 몬티(Monti)와 포스콜로(Foscolo)도 애국적 감정을 노래하였다. 만조니(Manzoni)는 17세기 스페인이 지배한 롬바르디아

(Lombardia)지방을 배경으로 봉건제도의 학정에 시달리는 서민의 모습을 정확한 사실에 입각하여 묘사하였으며, 외국 위정자의 횡포를 국민의식에 호소한 《약혼자》(Promessi sposi)를 저술하였다.

그리고 레조날리즘(Regionalismo)때문에 민족적 단결이 저지당하여 비참한 노예시대를 되풀이한 이탈리아는 해방통일운동으로서 소위 국가재흥혁명을 완수하여 근대국가로서의 이탈리아가 성립되었다. 이 시기에 만조니(Manzoni)의 로맨티시즘(Momantismo)문학의 영향을 받아 대두한 프라티(Prati), 프라가(Praga)에서 볼 수 있는 로맨티시즘(Romantismo)은 카르두치(Carduci), 파스콜리(Pascoli)의 신고전주의로 변화었다. 음악에서는 로시니(Rossini), 도니체티(Donizetti)에 이어 베르디(Verdi), 푸치니(Pucini)가 가극에서 세계를 압도하고, 미술에서는 프랑스 화단의 영향을 받아 반아카데미즘(Antiaccademismo)의 경향을 보였다.

20세기로 들어서면서 다시 문학운동으로 나타났다. 제1차 세계대전이 일어나기 수년 전부터 파시스트정권 수립 직후까지 활발하게 전개된 보체(Voce), 론다(Ronda)양파의 논쟁이 그것이다. 론다파가 지방적 색채가 짙은 전통주의를 표명한 것에 대하여 보체파는 전통주의를 압도하는 문화적 혁신과 근대성을 강조하였다. 이 운동은 그 후 지방주의파와 도회주의파로 나누어졌지만 파시스트 정부의 문화정책과 상반되었기 때문에 중단되었다. 파시즘(Fascismo)의 붕괴 후에 나타난 경향은 사회적 리얼리즘(Realismo)이라는 것으로, 도시 또는 직접 전쟁의 피해를 받은 지방, 혹은 문화적으로 뒤진 남부 이탈리아의 농촌 등을 무대로 이탈리아가 현실에 직면하고 있는 사회문제를 다룬 것이 많다.

주세페 포르투니노 프란체스코 베르디 (Giuseppe Fortunino Francesco Verdi, 1813. 10. 9 ~ 1901. 1. 27)

베르디는 북이탈리아의 작은 마을에서 1813년 10월 10일 태어났다. 아버지는 행상인 상대로 조그마한 여인숙 겸 잡화상을 경영하였다. 1832년 5월 18세 때 고향을 떠나 밀라노로 가서 밀라노 음악원의 입학시험을 보았으나 실패했다. 결국 베르디는 밀라노에서 개인교수를 받아 작곡공부를 시작했다. 이듬해 베르디에게 기회가 왔다. 밀라노 악우협회가 하이든의 오라토리오《천지창조》를 연주했을 때 베르디는 대리 지휘자 역할을 했는데 이때의 역량이 인정되어 악우

협회로부터 오페라 작곡을 의뢰받은 것이다. 이리하여 최초의 오페라 《산 보니파치오의 백작 오베르토》가 작곡될 예정이었으나, 1834년에 베르디는 취직 차 일단 귀향하였고 그리고 1836년 아버지 친구의 딸과 결혼했다. 그러나 이 동안에도 밀라노의 화려한 오페라 분위기를 잊을 수가 없어 1839년 처자를 데리고 밀라노로 이주하였다. 이 해《산 보니파치오의 백작 오베르토》가 밀라노 스칼라극장에서 초연되어 다소의 성공을 거뒀다. 이로 인하여 유명한 악보 출판업자인 조반니 리코르디가 이 오페라의 출판을 신청해 왔고, 스칼라 극장에서도 3편의 오페라의 작곡을 의뢰해 왔으나《하루 만의 임금님》의 실패로 인하여 베르디는 한때 작곡을 단념했다.

그러나 친구들의 원조나 조언으로 베르디는 이 위기를 극복하여 1842년부터 1850년에 걸쳐 14곡의 오페라를 썼다. 이러한 작품 가운데에는《제1회 십자군의 롬바르디아인》(1843),《에르나니》(1844),《잔 다르크》(1845),《레냐노의 전쟁》(1849) 등 애국적인 독립정신을 구가한 작품이 특히 뛰어났다. 당시의 이탈리아는 오스트리아나 프랑스의 압박하에 있어 완전한 독립국이라고는 할 수 없는 상태였다. 이에 베르디의 오페라는 그러한 이탈리아인들의 기분을 대변하는 것이었다. 베르디는 오페라에 애국주의를 주입함으로써 오페라에 새로운 생명을 불어넣었다.

베르디는 명성이 높아짐에 따라 국외로부터도 초청되어 런던이나 파리에서 자작을 상연하여 이탈리아 오페라의 대표적 작곡가로 간주되기에 이르렀다. 1850년 37세의 베르디가 작곡한《리골레토》는 이듬해 3월 베네치아에서 초연되어 오페라 역사상 큰 성공을 거두었다. 특히, 유명한 아리아《여자의 마음》은 초연 전에 거리의 사람들에게 알려지는 것을 피하기 위해서, 무대연습 때에도 가수에게 악보를 주지 않고 초연의 전야 겨우 악보가 주어졌다고 한다.

《리골레토》 이후의 베르디는 그의 독특한 선율미와 극적 구성력을 마음껏 구사하여 걸작을 세상에 내놓았다.《일트로바토레》(1853),《춘희》(1853),《돈 카를로스》(1867),《아이다》(1871),《오텔로》(1887), 《팔스타프》(1893) 등이 그 주된 작품이다.

자코모 푸치니(Giacomo Puccini, 1858.12.22~1924.11.29)

푸치니는 이탈리아의 유서있는 음악집안에서 1858년 12월 22일에 태어났다.

아버지 미켈레는 나폴리에서 도니제티를 사사한 오페라 작가이며, 조부 도메니코도 파이젤로 문하에서 오페라를 배운 음악가였다. 그리고 증조부 안토니오와 또 그 아버지가 되는 사람도 교회 음악가로 널리 알려져 있었다

푸치니는 어려서 부친을 잃었기 때문에 외삼촌 등에게 음악의 초보를 배우고, 루카 교회 합창단원이나 부근 도시의 오르간 주자로서 일찍부터 현장 음악가로서의 경험을 쌓았다. 1876년 피사에서 본 베르디의《아이다》의 충격으로 일전하여 오페라를 강하게 지망하게 되었다.

당시의 이탈리아에서는 오페라로 입신하려면 밀라노에서의 공부가 아무래도 필요했다. 루카의 파치니 음악학교 졸업 수년 후 그는 장학금을 획득, 밀라노에 나가 그곳 음악원에서 바지니와 폰키엘리를 사사하게 되었다. 푸치니의 졸업작품인《교향적 카프리치오》는 선율의 유려함, 악기법의 교묘함 때문에 호의적인 비평을 받았다. 푸치니는 졸업 이전부터 이미 오페라에 손을 대고 있었다. 스승 폰키엘리가 푸치니에게 밀라노의 출판사 손초노가 정기적으로 실시하고 있는 콩쿠르에 작품을 제출하도록 권하고 있었다. 이런 상황에서 만들어진 1막 오페라《빌리》(1884년)는 동 콩쿠르에서는 무시당하고 말았지만, 1884년 5월 밀라노의 테아트로 달 베르메에서 상연하여 커다란 성공을 거두었다.

바로 이 무렵 푸치니는 엘비라 본투리라는 기혼 여성과 동거하기 시작했다. 이로 인하여 그는 가족과 불화를 겪고, 경제적 궁지에 빠지게 하였다. 어려운 상황 속에서 진행된 오페라《에드가》의 진척상은 여의치 않아 1889년에 초연되었으나 3회로 공연이 중단되었다.

푸치니의 제3작인《마농 레스코》도 어렵게 만들어진 작품이다. 왜냐하면 그 당시는 마스카니의《카발레리아 루스티카나》(1890, 초연)와 레온카발로의《팔리아치》(1892, 초연) 그리고 베르디의 최후작품인《팔스타프》(1893, 초연) 등의 걸작이 발표되어 푸치니의 장래는 위태로워질 수 있는 시기였다. 그러나 토리노에서의 초연(1893년)은 대성공을 거두어 그의 명성은 이탈리아 내외에 울려 퍼졌다.

푸치니의 다음 작품인《라 보엠》(1896, 토리노 초연)은 혹평도 많아 이탈리아 오페라사에 발자취를 남길 만한 작품은 아니다. 한편 로마에서 1900년에 초연된《토스카》는 관중으로부터는 환영을 받았으나, 푸치니의 음악에서 서정적인 표현을 기대하고 있었던 비평가들은 그 줄거리의 생생함, 음산함에 반발을

느끼고 이 작품을 호의적으로 받아들이지 않았다.

푸치니는 여행을 좋아했는데 1900년 여름 런던에서 본 다비드 벨라스코의 극《나비 부인》에 감명을 받고 이를 오페라로 작곡했다. 이 곡은 밀라노의 라스칼라 극장에서 초연(1904년)된 작품이었으나 결과는 비참했으나 개작 후 브레시아에서의 공연으로 비로소 진가를 인정받았다.

1904년에 엘비라 본투리와 정식으로 결혼한 푸치니는 그녀와 함께 1907년에 미국에 건너갔다. 메트로폴리탄 오페라 극장에서 열린 '푸치니제'에 입회하기 위해서였다. 그 당시 베르스코의 극《황금의 서부 아가씨》를 보고《서부의 아가씨》라는 제목으로 1910년 뉴욕에서 초연했으나 인기를 얻지는 못했다.

또 희가극풍 작품《라 론디네》는 제1차 세계대전으로 인해 몬테카를로에서 초연(1917년)되었다. 이 작품과 병행하여 푸치니의 3부작으로 알려진 제1편은 인간의 정욕을 리얼하게 그린《외투》, 종교적 감상 비극인 제2편《수녀 안젤리카》그리고 인간의 금전욕에 대한 풍자 희극인 제3편《잔니 스키키》는 1918년 뉴욕에서 초연되어 인기를 끌었다.

푸치니는 미완성인 오페라《투란도트》(1926, 초연)로 자신의 노성을 입증시키는 대신 자기 의념에 사로잡히는 작곡가가 되어 갔지만 이 작업을 완성하지 못한 채 1924년 11월 29일 인후암으로 브뤼셀에서 숨을 거두었다.

참고문헌

강석영, 스페인·포르투갈사, 대한교과서주식회사, 2005

______, 스페인 교육제도:스페인 유학 가이드, 명지, 1992.

______, 현대 스페인, 한국외국어대학교 출판부, 2007.

게레로·필라르 플로레스, 스페인 역사, 빛샘, 1993.

고범석, 이탈리아 요리의 세계, 훈민사, 2008.

과학기술정책관리연구소, 스페인의 과학기술체제와 정책, 과학기술정책관리연구소, 1997.

권미란, 스페인 역사:초기에서 18세기까지, 부산외국어대학교 출판부, 1995.

권미선, 스페인 문학사, 고려대학교출판부, 2008.

권삼윤, 이탈리아, 지중해의 바람과 햇살 속을 거닐다, 푸른숲, 2005

김문정, 스페인은 맛있다, 위즈덤하우스, 2009

김미영, 포르투갈, 휘슬러, 2005.

김시홍, "이탈리아의 정치변동", 『EU연구』, 제3권, 한국외국어대학교 외국학종합연구센터 EU연구소, 1997.

______, 이탈리아 사회연구 입문, 명지출판사, 1996.

김용재, 포르투갈 문학사, 부산외국어대학교 출판부, 1996.

김은희, 이사벨 1세:스페인 제국의 길을 열다, 북스, 2009.

김정하(역), 미완의 통일 이탈리아사, 개마고원, 2001.

______, "이탈리아의 식생활 문화", 『외대사학』, 제7권 1호, 한국외국어대학교 역사문화연구소, 1997.

김종법, "정치적 전환기의 이탈리아", 『국제정치논총』, 제47집 4호, 한국국제정치학회, 2007.

______, 이탈리아 포도주 이야기, 학민사, 2003.

김지선, 리스본의 밤은 당신의 낮보다 아름답다, 북노마드, 2008.

김한원·박원규·이경훈, 이탈리아 정치와 경제, 경희대학교 이탈리아연구소, 1994.

김 혁, 이탈리아 와인기행 : 문화와 예술의 향기가 가득한 이탈리아 와인 여정, 학산문화사, 2007.

김현창, 스페인 문학사, 범우사, 2004.

김효선, 산티아고 가는 길에서 포르투갈을 만나다, 바람구두, 2010.

김효신, 이탈리아 문학사, 학사원, 1997.

김희은, 포르투갈 내게로 오다, 즐거운 상상, 2009.

나인자, 스페인 문화 산책, 대구가톨릭대학교출판부, 2002.

______, 스페인 예술, 대구가톨릭대학교출판부, 2006.

노매드, 이탈리아 내비게이션(Italia navigation), 그리고책, 2009

대한무역진흥공사, 스페인, 대한무역진흥공사, 1982.

동아출판사백과사전부, 세계의 여행:스페인·포르투갈, 동아출판사, 1983.

______, 세계의 여행:이탈리아, 동아출판사, 1986.

랜덤하우스코리아, 스페인·포르투갈, 랜덤하우스코리아, 2007

레 바캉스, 이탈리아, 레 바캉스, 2007.

마상영, 스페인 문화예술의 산책, 청동거울, 2006.

박 철, 스페인 역사, 삼영서관, 2009.

박기남, 이탈리아 데이(Terra's Italia day : 2010-2011), 테라, 2010

박상진, 이탈리아 문학사, 부산외국어대학교출판부, 2003.

박주희, 이탈리아 가정요리, 동아일보사, 2002.

______, 자장면 싫증난 날은 이탈리아 요리, 랜덤하우스코리아, 2008.

박효영, 스페인문학의 이해, 뉴워드사, 1999.

서울대학교 서어서문학과, 차이를 넘어 공존으로:스페인어권 세계의 문화 읽기, 서울대학교출판부, 2007.

신길만, 이탈리아 요리, 신광출판사, 2000.

신지연, 이탈리아 요리, 그리고 책, 2010.

안병직, 서양사, 책세상, 2007.

안영옥, 스페인문화의 이해, 고려대학교출판부, 2005.

______, 올라 에스파냐:스페인의 자연과 사람들, 고려대학교출판부, 2008.

안청시·백창재, 한국정치자금제도: 문제와 개선방안, 서울대학교 출판부, 2003.

염홍철(역), 남부유럽과 민주화:이태리·그리스·포르투갈·스페인·터키, 한울아카데미, 1989.

외교통상부, 이탈리아 개황, 외교통상부, 2006.

______, 포르투갈 개황, 외교통상부, 2005.

유럽정치연구회, 유럽정치, 백산서당, 2004.

유시민, 유시민과 함께 읽는 이탈리아 문화이야기, 푸른나무, 1999.

윤성호, 이탈리아 현대 성당 건축, 가톨릭출판사, 2002.

윤영순, 포르투갈·모로코·스페인 여행기, 솔과학, 2008.

윤종태, 이탈리아·이탈리아인, 부산외국어대학교 출판부, 2004.

윤준식, (돈키호테를 따라 간) 스페인, 성하출판, 2001

이강혁, (한 권으로 보는)스페인 역사 100장면, 가람기획, 2003.

이동열, 현대 이탈리아 요리, 훈민사, 2007.

이원희, 이탈리아 정치개혁의 과정과 94.3월 총선에 따른 향후 정국의 전망, 국회도서관 입법조사분석실, 1994.

이해영, "90년대 이탈리아 정치사회변동과 중도-좌파정치", 『한국과 국제정치』, 제15권 2호, 경남대학교 국동문제연구소, 1999.

임성빈, 맛있는 이탈리아 요리, 효일, 2008.

장해진, "이탈리아의 지역음식문화에 관한 연구", 『한국조리학회지』, 제9권 4호, 한국조리학회, 2003.

전수연, "베르디와 리소르지멘트", 『학림』, 제24권, 연세대학교 사학연구회, 2003.

정병기, "이탈리아 정치사회변동과 중도-좌파정부(1996-2001)", 『한국정치학회보』, 제37집 3호, 한국정치학회, 2003.

______, "이탈리아의 새로운 선거제도와 정치개혁", 『국회보』, 2000년 12월호.

______외10인, 현대유럽정치, 동성출판사, 2002.

정진민, "이탈리아 정당정치의 변화", 『유럽연구』, 제7권 1호, 한국유럽학회, 1998.

조혜진, 스페인어의 어제와 오늘:스페인어와 스페인 역사, 월인, 2008.

중앙일보사, 세계를 간다:스페인·포르투갈, 중앙일보사, 1994.

______, 세계를 간다:이탈리아, 중앙일보사, 1990.

최보선, "이탈리아의 교육제도", 『교육연구논집』, 제3권, 대구효성가톨릭대학교 교육연구소, 1994.

______, 이탈리아 문화, 효성여자대학교 출판부, 1994.

최선화, 스페인 현대음악 입문, 음악춘추사, 2004.

최승주·박찬일, (최승주와 박찬일의) 이탈리아 요리, 리스컴, 2008.

하마다 유이노, 스페인 음악의 즐거움, 세광음악출판사, 1988.

한국수출입은행, 포르투갈:투자가이드, 한국수출입은행, 1997.

허인, 이탈리아사, 대한교과서주식회사, 2005.

http://ko.wikipedia.org

http://www.jungbyungkee.net/

http://www.mpr.es

http://www.palazzochigi.it/

http://www.portugal.gov.pt

□ 지은이

홍성후

한국외국어대학교 정치학 박사
충북대학교 학생처장(1998~2000)
충북대학교 사회과학연구원장(2003~2007)
충북대학교 출판부장(2009~현재)
현재 충북대학교 정치외교학과 교수

□ 저서 및 논문

「남북한 통일정책연구: 한국정치연구의 대상과 방법」, 한울출판사, 1993.
「개입과 혁명」, 형성사, 1983.
「미국의 외교정책과 제3세계」, 형성사, 1981.
"9.19 공동성명의 이행단계구조와 전망",「한반도군비통제」제39집, 국방부, 2006.
"일본의 유사법제가 동북아 평화에 미치는 영향",「한국동북아논총」제38집, 2006.
"북한 핵문제 해결을 위한 6자회담에 대한 분석",「한국동북아논총」제32집, 2004.

남부유럽론

저　자: 홍성후
발행처: 충북대학교 출판부
발행인: 김승택
주　소: (361-731) 충북 청주시 흥덕구 성봉로 410(개신동)
전　화: (043) 261-2952, 3014
팩　스: (043) 274-1256
이메일: presscbu@chungbuk.ac.kr
인터넷: http://web.chungbuk.ac.kr/~presscbu
등　록: 제1983-2001-7호
초판1쇄 인쇄: 2010. 8. 5
초판1쇄 발행: 2010. 8. 10
인쇄처: 수덕인쇄 (043) 266-4627

ISBN 978-89-7295-169-8 93920

값 18,000원